U0907557

国家社会科学基金项目“基于教育赋权理论的新时代高校思政课分众教学模式研究”(19VSZ067)

赋权型高校思政课分众教学模式研究

A Focused Teaching Model of University Ideological and Political Courses Based on the Theory of Educational Empowerment

周倩 著

目　录

导　言 …… 001

第一节　研究背景 …… 001

第二节　价值意义 …… 015

第三节　内容框架 …… 017

第四节　研究方法 …… 019

第五节　创新、不足与打算 …… 021

第一章　理论基础和基本概念 …… 023

第一节　马克思主义关于人的全面发展理论 …… 023

第二节　思政课建设的根本遵循 …… 039

第三节　赋权理论 …… 046

第四节　教育赋权 …… 050

第五节　分众理论 …… 060

第六节　教学模式 …… 065

第七节　赋权型分众教学模式 …… 071

第二章　调查结果、问题和方案 …… 078
第一节　样本概况 …… 078
第二节　信效度检验与基本数据情况 …… 079
第三节　主要问题 …… 097
第四节　解决方案 …… 102

第三章　赋权型“原理”课分众教学模式 …… 106
第一节　“原理”课教学研究综述 …… 107
第二节　“原理”课教学调研概况 …… 114
第三节　新时代“原理”课教学存在的问题与原因分析 …… 116
第四节　教育赋权理论应用于“原理”课教学的机理 …… 129
第五节　赋权型“原理”课分众教学模式应用的策略 …… 138

第四章　赋权型“概论”课分众教学模式 …… 147
第一节　“概论”课教学研究综述 …… 148
第二节　“概论”课教学调研概况 …… 155
第三节　新时代“概论”课教学存在的问题与原因分析 …… 157
第四节　赋权型分众教学模式融入“概论”课的价值 …… 173
第五节　赋权型“概论”课分众教学模式实践的探索 …… 177

第五章　赋权型“纲要”课分众教学模式 …… 187
第一节　“纲要”课教学研究综述 …… 188
第二节　“纲要”课教学调研概况 …… 194
第三节　新时代“纲要”课教学存在的问题与原因分析 …… 196
第四节　赋权型“纲要”课分众教学模式优势与价值 …… 204
第五节　赋权型“纲要”课分众教学模式的建构路径 …… 208

第六章 赋权型“德法”课分众教学模式 …………………………… 223
第一节 “德法”课教学研究综述 ……………………………………… 224
第二节 新时代“德法”教学存在的问题与原因分析 ……………… 231
第三节 赋权型“德法”课分众教学模式应用价值 ………………… 242
第四节 赋权型“德法”课分众教学模式应用挑战 ………………… 251
第五节 赋权型“德法”课分众教学模式应用程序 ………………… 253
第六节 赋权型“德法”课分众教学模式应用途径 ………………… 261

第七章 赋权型“形策”课分众教学模式 …………………………… 267
第一节 “形策”课教学研究综述 ……………………………………… 272
第二节 “形策”课教学调研概况 ……………………………………… 284
第三节 新时代“形策”教学存在的问题与模式应用 ……………… 290
第四节 赋权型“形策”课分众教学模式实践案例 ………………… 299
第五节 赋权型“形策”课分众教学模式应用评价 ………………… 305
第六节 赋权型“形策”课分众教学模式应用展望 ………………… 314

第八章 高校思政课网络教学调查与策略 ………………………… 316
第一节 问卷调查对象的样本构成 …………………………………… 316
第二节 思政课网络教学基本情况 …………………………………… 318
第三节 思政课网络教学存在的问题 ………………………………… 323
第四节 思政课网络教学的影响因素 ………………………………… 327
第五节 改进思政课网络教学的建议 ………………………………… 329

第九章 赋权型高校思政课教学模式变革 ………………………… 334
第一节 问卷调查与访谈 ……………………………………………… 334
第二节 学生差异性分析 ……………………………………………… 336

第三节　思政课教学模式存在的主要问题 …………………………… 343
第四节　影响思政课教学模式变革的因素 …………………………… 352
第五节　思政课教学模式变革的理论基础 …………………………… 356
第六节　思政课教学模式变革的基本路径 …………………………… 357

结　语 …………………………………………………………………………… 364

附　录 …………………………………………………………………………… 371
附件一　高校思政课教学改革调查问卷 ……………………………… 371
附件二　普通公立本科高校思政课网络教学调查问卷 ………… 379
附件三　高校思想政治理论课教学模式现状调查问卷 ………… 389
附件四　高校思想政治理论课教学模式现状教师访谈提纲 …… 392

参考文献 ………………………………………………………………………… 393
后　记 …………………………………………………………………………… 411

导　言

第一节　研究背景

一、新时代高校思想政治教育面临的形势与任务

习近平总书记在全国高校思想政治工作会议上指出:“高等教育发展水平是一个国家发展水平和发展潜力的重要标志。”①截至2022年,我国高等教育在学总规模4655万人,其中普通本科在校生1965.64万人,职业本科在校生22.87万人,高职(专科)在校生1670.90万人,毛入学率达到59.6%②,普及化更进一步,事业发展成绩斐然。青年大学生作为当前思想文化领域最为活跃的群体,其思想政治素养不仅决定着自身能否成长成才,更是深刻影响着国家和民族的前途命运。作为培养社会主义合格建设者和可靠接班人的重要阵地,高校必须立足新形势,牢牢把握新任务,做好新时代思想政治教育工作。

① 《习近平谈治国理政》第二卷,外文出版社2017年版,第376页。

② 教育部:《2022年全国教育事业发展统计公报》,2023年7月5日,见http://www.moe.gov.cn/jyb_sjzl/sjzl_fztjgb/202307/t20230705_1067278.html。

（一）新时代高校思想政治教育面临的形势

1.“新时代”赋予高校思想政治教育新定位

中国特色社会主义进入新时代，是以习近平同志为核心的党中央科学把握国内外发展大势作出的重大政治论断，标定了我国发展新的历史方位，为我们深刻把握当代中国发展的新特征提供了基本依据。对于高校思想政治教育而言，“新时代”虽然是一种背景性的呈现，但却意味着其所处的时空场域发生了根本性变化，需要“因事而化、因时而进、因势而新”，在新的时代坐标上推动高校思想政治教育工作创新发展，优化高校思想政治教育的过程与效果，确保高校思想政治教育与新时代同频共振。

新时代高校思想政治教育在功能定位上极端重要。习近平总书记强调：“意识形态工作是党的一项极端重要的工作。”①高校思想政治教育是党的意识形态工作的重要组成部分，担负着培养社会主义合格建设者和可靠接班人的重要使命，同样极端重要。从世情看，利用技术优势向其他发展中国家进行意识形态渗透，仍然是西方国家实现其国家利益的重要手段。面对西方国家从未停止的渗透战略，特别是对青年学生群体的意识形态渗透，如何强化大学生群体的凝聚力向心力，成为高校思想政治教育的重要任务。从国情来看，随着改革开放的不断深入，我国经济和科技实力不断跃升，人民生活水平大幅提高，人民群众对美好生活的憧憬和向往不断丰富拓展，特别是青年学生群体对精神文化的需求一定程度上已经超过对物质的需要。同时，社会发展中出现的现实矛盾、学生成长中出现的“幸福的烦恼”等，也在不断困扰着他们的思想。因此，构筑青年学生健康的精神家园，也是高校思想政治教育的重要责任。

新时代高校思想政治教育在机制定位上强调协同育人。习近平总书记指

① 《习近平著作选读》第一卷，人民出版社 2023 年版，第 147 页。

出:“思想政治理论课要坚持在改进中加强,提升思想政治教育亲和力和针对性,满足学生成长发展需求和期待,其他各门课都要守好一段渠、种好责任田,使各类课程与思想政治理论课同向同行,形成协同效应。”①总体上讲,协同育人机制体现的是“人在哪里,思想政治工作就在哪里”的大思想政治教育观。新时代,协同育人机制需要重视的是教书育人、科研育人、管理育人、文化育人、心理育人等各方面的有机统一。其中,教书育人是核心。守好一段渠、种好责任田,要使高校开设的各类课程与思想政治理论课同向同行,充分挖掘各类各门课程中蕴含的育人资源,承担育人责任,实现思政课程和课程思政的有机统一,努力培养能够担当民族复兴大任的时代新人。

2.“社会主要矛盾”转变蕴含高校思想政治教育新问题

党的十九大报告指出:“中国特色社会主义进入新时代,我国社会主要矛盾已经转化为人民日益增长的美好生活需要和不平衡不充分的发展之间的矛盾”“我国社会主要矛盾的变化是关系全局的历史性变化,对党和国家工作提出了许多新要求。”②高校思想政治教育作为党和国家工作的重要组成部分,其发展变化也从根本上受制于社会主要矛盾的变化发展。社会主要矛盾的变化反映到高校思想政治教育领域,暴露出高校思想政治教育也存在着发展不平衡和不充分的突出问题。

高校思想政治教育发展“不平衡”。发展不平衡,主要指各区域各方面发展不够平衡,存在“一条腿长、一条腿短”的失衡现象,制约了整体发展水平提升。在一些重要衡量指标上,比如师生比、学位点建设、经费投入与保障、信息化水平、重要设施建设等,高校思想政治教育发展“不平衡”,首先,表现为地域之间发展不平衡,存在“阶梯现象”。东、中、西部地区高校思想政治教育发展水平不一,整体上呈现出东部优于中部,中部优于西部的情况。其次,表现

① 《习近平谈治国理政》第二卷,外文出版社 2017 年版,第 378 页。

② 习近平:《决胜全面建成小康社会　夺取新时代中国特色社会主义伟大胜利——在中国共产党第十九次全国代表大会上的报告》,《人民日报》2017 年 10 月 28 日。

为院校之间发展不平衡。呈现出从“985”高校、“211”高校、“双一流”建设高校、普通本科院校到高职专科院校逐层分布的阶梯态势。最后,表现为同一高校内大学生思想政治素质发展不平衡。面对大致处于同一水平的师资力量和学习生活环境,不同专业背景的学生在思想道德素质、政治觉悟等方面存在着一定差异。

高校思想政治教育发展“不充分”。发展不充分,主要指一些地区、一些领域、一些方面还存在发展不充分的问题,发展任务仍然很重。高校思想政治教育发展“不充分”主要表现为以下几个方面。首先,高校思想政治教育队伍人才配备不充分。许多高校面临着思想政治教育师资短缺的难题,未能达到教育部所规定的思政课教师“师生比不低于 1:350”、辅导员“师生比不低于 1:200”等要求,不能完全满足思想政治教育的针对性和有效性。其次,高校建构美好精神生活的引领力和感染力不充分。一些大学生在日常生活中寻求不到精神世界的富足安定,甚至有学生呈现心灵空虚、人格不够健全等现象,这在一定程度上反映出高校思想政治教育效果不够理想,引领力和感染力不够充分。最后,高校思想政治教育评价反馈机制建设不充分。面对新时代发生的巨大变化,一些高校仍然沿用以往惯用的单一评价反馈机制,“以不变应万变”,这与新时代高校思想政治教育全员、全程、全方位育人的实践要求相违背。

3.“立德树人”明确高校思想政治教育新指向

习近平总书记在全国高校思想政治工作会议上强调:“高校立身之本在于立德树人。”①党的二十大报告也明确强调要落实“立德树人”根本任务,这不仅为高校人才培养提供了鲜明目标,更指引着高校思想政治教育在实践中不断探索创新。

“立德树人”是高校思想政治教育任务在新时代的优化调整。我们党自

① 《习近平谈治国理政》第二卷,外文出版社 2017 年版,第 377 页。

成立以来就特别重视思想政治教育在人才培养中的重要作用，始终把培养一代又一代合格建设者和可靠接班人作为党的重要工作。新中国成立后，我们党提出要培养“又红又专”的社会主义建设者。改革开放以后，我们党提出要培养有理想、有道德、有文化、有纪律的“四有新人”，推动社会公德、职业道德、家庭美德、个人品德“四德”教育。进入新时代，锚定实现“两个一百年”奋斗目标，我们党明确提出把“立德树人”作为高校思想政治教育的根本任务，提出培养担当民族复兴大任的时代新人，这对于教育引导广大青年学生坚定信心、强化信念、增强素养，积极投身民族复兴伟业具有深远意义。

“立德树人”要求新时代高校思想政治教育突出“大德”。“人无德不立”，“德”在中国人的字典中有着丰富的含义，几千年的道德教化和文化熏染，造就了一个崇尚道德的中华民族。“立德树人”要回答的根本问题就是“立什么德，树什么人”，习近平总书记以“明大德、守公德、严私德”①对“立什么德”作出了深刻阐释。高校是为党为国培养高素质人才的沃土，开展思想政治教育工作更应突出强调“明大德”，也就是“国家的德、社会的德”②。因此，新时代高校思想政治教育就是要教育引导青年学生把个人奋斗目标同党和国家发展、同中华民族伟大复兴的中国梦有机结合起来，牢固树立共产主义远大理想和中国特色社会主义共同理想，厚植爱国情、强国志、报国行，以主动担当的精神为实现中华民族伟大复兴贡献青春力量。

（二）新时代高校思想政治教育肩负的任务

1. 用习近平新时代中国特色社会主义思想铸魂育人

习近平总书记在学校思想政治理论课教师座谈会上指出：“办好思政课，就是要开展马克思主义理论教育，用新时代中国特色社会主义思想铸魂育人”③。

① 习近平：《论党的宣传思想工作》，中央文献出版社2020年版，第78页。
② 习近平：《论党的宣传思想工作》，中央文献出版社2020年版，第72页。
③ 习近平：《思政课是落实立德树人根本任务的关键课程》，人民出版社2020年版，第6页。

坚持用马克思主义科学理论特别是习近平新时代中国特色社会主义思想铸魂育人，是新时代高校思想政治教育的重要使命，也是推进高校思想政治教育改革创新的思想指引和行动指南。

习近平新时代中国特色社会主义思想明确了新时代高校思想政治教育的根本方向。党的十八大以来，习近平总书记多次就高校思想政治教育发表重要讲话并作出系列重要指示。一是新时代高校要坚持社会主义办学方向。坚持以马克思主义为指导，坚持教育为人民服务、为中国共产党治国理政服务、为改革开放和社会主义现代化建设服务。二是要落实“立德树人”根本任务。解决好培养什么人、怎样培养人、为谁培养人这个根本问题，立志于中华民族千秋伟业，坚持把培养社会主义事业建设者和接班人作为根本任务，培养一代又一代拥护中国共产党领导和我国社会主义制度、立志为中国特色社会主义奋斗终身的有用人才，培养担当民族复兴大任的时代新人。

习近平新时代中国特色社会主义思想是高校思想政治教育的核心内容。习近平新时代中国特色社会主义思想是当代中国马克思主义、21 世纪马克思主义，是中华文化和中国精神的时代精华，是一个系统完整、内涵丰富、不断发展的科学理论体系，实现了马克思主义中国化时代化新的飞跃。推动习近平新时代中国特色社会主义思想进教材、进课堂、进头脑是高校思想政治教育的首要任务和核心内容。要通过系统教育教学，深入阐释习近平新时代中国特色社会主义思想的时代背景、重大意义和丰富内涵，使之内化为青年学生的思维方式和行为准则。

习近平新时代中国特色社会主义思想为高校思想政治教育提供了行动指南。一是明确了要将高校思想政治教育放在“世界百年未有之大变局”中考察，从全面建成社会主义现代化强国、实现第二个百年奋斗目标，以中国式现代化全面推进中华民族伟大复兴的战略高度理解思想政治教育的特殊作用，只能加强、不能削弱，必须提高水平，要理直气壮、越办越好。二是为高校思想政治教育提供了方法论指导。要遵循思想政治工作规律、教书育人规律、学生成长规律,做到因事而化、因时而进、因势而新。三是为高校思想政治教育提供了检验标准。要以贯彻落实习近平新时代中国特色社会主义思想的成效作为评判和检验高校思想政治教育成果的首要标准,构建制度保障机制、意识形态引领机制、组织领导机制,为高校思想政治教育提供科学的行动指南。

2. 教育引导广大青年学生树立坚定的理想信念

习近平总书记在2018年的全国教育大会讲话中指出:“要在坚定理想信念上下功夫,教育引导学生树立共产主义远大理想和中国特色社会主义共同理想,增强学生的中国特色社会主义道路自信、理论自信、制度自信、文化自信,立志肩负起民族复兴的时代重任。”①理想信念是人们在一定的认识基础上,对某种思想、理论和事业所抱有的坚定不移的观念并身体力行的心理态度和精神状态,也是人们的世界观、人生观、价值观在奋斗目标上的集中体现。青年学生信仰什么主义、高举什么旗帜、认定什么道路,决定着国家和民族的命运。

加强大学生理想信念教育,是高校思想政治教育的重要课题,是促进学生健康成长和全面发展的现实需要,也是应对当前日益复杂意识形态形势的迫切要求。作为中国特色社会主义事业建设的生力军,新时代大学生不仅要具备丰富的专业知识技能,更要有立志为祖国奉献的远大理想和坚定信念。因此,新时代高校思想政治教育必须把教育引导学生树立坚定的理想信念作为一项重要任务常抓不懈。新时代开展理想信念教育需要注重从实际出发,立足当今社会现实的具体情况,关注大学生在社会环境中的新变化、新特征,坚持理论性与现实性相结合。要从大学生的思想实际和现实利益出发,不能“空洞说教”,要改变传统教育方式难以调动学生学习兴趣和积极性的弊端,通过加强师生之间思想交流和信息沟通,产生情感共鸣和心灵碰撞,增进互信和理解,促进学生主动接受教育,树立坚定的理想信念。

---

① 《习近平在全国教育大会上强调:坚持中国特色社会主义教育发展道路　培养德智体美劳全面发展的社会主义建设者和接班人》,《人民日报》2018年9月11日。

3. 积极培育和弘扬社会主义核心价值观

社会主义核心价值观是一个社会赖以维系的精神纽带，是一个国家共同的思想道德基础。社会主义核心价值观反映了我国社会主义意识形态的核心内容，代表着社会的主流价值观念。中共中央办公厅《关于培育和践行社会主义核心价值观的意见》提出要把培育和践行社会主义核心价值观融入国民教育全过程。高等教育作为国民教育体系中极为重要的一环，更应该把培育和弘扬社会主义核心价值观作为新时代高校思想政治教育的重要使命。

以社会主义核心价值观作为高校思想政治教育的价值导向。社会主义核心价值观代表着中国人民的共同理想，从个人、国家和社会三个层面倡导了应该实现和达成的目标。从个人层面看，高校思想政治教育要强调通过爱国主义教育、诚信教育、职业道德教育等，引导学生养成积极、健康和科学的价值观，不断完善充实自我。从国家和社会层面来看，高校思想政治教育要强调精神文明建设和树立远大理想，让学生注重个人与国家、与社会共同成长，真正成为社会主义的合格建设者和可靠接班人。

以社会主义核心价值观作为高校思想政治教育的文化导向。文化自信是一个国家、一个民族更为深沉的自信。社会主义核心价值观是中华文化的价值内核，是对几千年来中华优秀传统文化的继承和发展。基于此，高校思想政治教育必须以培育和弘扬社会主义核心价值观为文化导向，营造良好环境，切实提升青年学生的精神归属感和制度认同感，确保青年学生具备文化自觉和文化自信。

以社会主义核心价值观作为高校思想政治教育的实践导向。社会主义核心价值观不仅仅是一种价值理念，更是一种具体的行动指南，对广大青年学生具有广泛的约束性和指引性。高校思想政治教育必须要在增进大学生知行合一上下功夫，在积极宣传社会主义核心价值观的同时，鼓励学生围绕践行社会主义核心价值观开展实践活动，让青年学生在实践活动中提高思想境界，提升精神追求，将内在的价值追求转化为外在的实际行动。

4. 着力构建高校“大思政”育人工作格局

习近平总书记指出，要“把思想政治工作贯穿于教育教学全过程，实现全过程育人、全方位育人，努力开创我国高等教育事业发展新局面。”①这就要求高校要充分调动各种育人资源和力量，紧紧围绕“立德树人”根本任务，各个部门齐抓共管、各类课程同向同行、各个环节相辅相成，着力构建“大思政”工作格局，推动新时代高校思想政治教育创新发展。

构建高校思想政治教育工作联动机制。高校思想政治教育是一项整体性和系统性工程，要注重顶层设计，建立健全分工明确、权责清晰、协调联动的体制机制，将思想政治教育的职责要求和评价标准融入整体制度设计环节，依靠体制机制发挥效能，充分调动各部门的积极性，形成思想政治教育的强大合力。

充分发挥高校思想政治理论课的主渠道作用。思想政治理论课是落实立德树人根本任务的关键课程，也是“大思政”育人格局中的中心环节。高校要理直气壮开好思政课，深入学习贯彻习近平总书记提出的“六个要”和“八个相统一”要求，进一步优化思政课人才队伍建设，丰富充实思政课内容，创新思政课教学方式方法，完善细化思政课评价体系，引导广大青年学生永远听党话、跟党走。

推动高校课程思政建设走深走实。高校要切实解决好各类课程同思政课相互配合问题，深入研究挖掘各类课程中的育人资源，找准着力点，让思想政治教育贯穿课程教学全过程，充分发挥各类课程育人功能。注重提升全体教师的政治素养和思想水平，狠抓师德师风建设，引导广大教师践行“传道、授业、解惑”的为师之道，切实提高思想政治教育效果。

提升高校网络思想政治教育实效。互联网是当代青年学生学习和生活的重要空间，是青年学生获取信息和表达思想观点的主要平台。高校要紧跟时

---

① 《习近平在全国高校思想政治工作会议上强调：把思想政治工作贯穿教育教学全过程 开创我国高等教育事业发展新局面》，《人民日报》2016 年 12 月 9 日。

代变化,创新思想政治教育内容和载体,善于运用互联网对青年学生进行思想政治教育。组建具备思想性、专业性和亲和力的网络思想政治教育人才队伍,营造清朗的网络校园空间,促进学校与学生、教师与学生、学生与学生在网络空间中的良性互动。同时注重线上与线下相结合,整合各种教育力量,利用各种教育资源,探索建立网络思想政治教育长效机制。

二、新时代高校思想政治理论课教学改革的趋势

习近平总书记在全国高校思想政治工作会议上指出:"思想政治理论课要坚持在改进中加强,提升思想政治教育亲和力和针对性,满足学生成长发展需求和期待。"①教学是传授思政课知识最基本的形式,教材是思政课教学的重要载体。与时俱进的思政课教材是教师教学之本,也是教师实施精准教学的重要依据。

(一)修订出版2021版高校思政课教材

高校思政课教材是推进中国共产党理论创新成果时代化、大众化的重要载体,是教师进行思政课教学的重要依据,也是教师贯彻落实"立德树人"根本任务的基本遵循。自2018版高校思政课教材修订以来,我们党相继召开十九届四中、五中和六中全会,对新时代坚持和发展中国特色社会主义作出了一系列重要部署。因此,教材也要与时俱进,适应时代要求。2020年12月,中宣部和教育部联合印发《新时代学校思想政治理论课改革创新实施方案》的通知,要求大学阶段开设"思想政治理论课"必修课程和选择性必修课程,规定本科阶段设置"马克思主义基本原理"(简称"原理")、"毛泽东思想和中国特色社会主义理论体系概论"(简称"概论")、"中国近代史纲要"(简称"纲要")、"思想道德与法治"(简称"德法")、"形势与政策"(简称"形策")五门

① 《习近平谈治国理政》第二卷,外文出版社2017年版,第378页。

必修课程。同时,对硕士阶段和博士阶段的学生制定了相应的学习教材。

根据中宣部、教育部关于马克思主义理论研究和建设工程教材修订工作的要求和部署,在马克思主义理论研究和建设工程办公室的直接领导下,高校思政课教材编写组认真学习习近平新时代中国特色社会主义思想,准确把握中办、国办印发的《关于深化新时代学校思想政治理论课改革创新的若干意见》和中宣部、教育部制定的《新时代学校思想政治理论课改革创新实施方案》精神,深入了解高校师生对2018年版教材的教学使用反馈,力求新出版的教材充分体现党的理论创新成果。2021版教材坚持用习近平新时代中国特色社会主义思想铸魂育人,有机融入党的十九届四中、五中、六中全会的重大战略部署,有机融入党的百年奋斗历程中相关重要育人元素,有机融入习近平总书记关于培养担当民族复兴大任时代新人的系列重要论述精神,以实现课程教材与党的理论创新成果实现同频共振,协同育人。这对于深入推进习近平新时代中国特色社会主义思想“三进”工作具有重要的战略意义和现实意义。其中,《马克思主义基本原理(2021年版)》主要反映了马克思主义世界观和方法论的最基本的原理,帮助学生深刻领会、准确把握马克思主义的根本性质和整体特征,学习掌握贯穿其中的马克思主义立场观点方法,提升运用马克思主义基本原理分析世界的能力;《毛泽东思想和中国特色社会主义理论体系概论(2021年版)》概括介绍了马克思主义中国化的理论成果,帮助学生理解毛泽东思想、邓小平理论、“三个代表”重要思想、科学发展观、习近平新时代中国特色社会主义思想是一脉相承又与时俱进的科学体系,引导学生深刻理解中国共产党为什么能、马克思主义为什么行、中国特色社会主义为什么好,坚定“四个自信”;《中国近现代史纲要(2021年版)》重点讲解了中国近代以来争取民族独立、人民解放和实现国家富强、人民幸福的历史,帮助学生了解党史、国史、国情,深刻领会历史和人民选择马克思主义、选择中国共产党、选择社会主义道路、选择改革开放的必然性;《思想道德与法治(2021年版)》主要介绍马克思主义的人生观、价值观、道德观、法治观,社会主义核心价值观与社会主义法治建设的关系，帮助学生筑牢理想信念之基，培育和践行社会主义核心价值观，传承中华传统美德，弘扬中国精神，尊重和维护宪法法律权威，提升思想道德素质和法治素养。从高校思想政治理论课新版教材规定的教学重点中，可以洞观新时代高校思想政治理论课教学改革的新趋势与新走向。

一是突出时代性，与时俱进地培养学生。高校思政课教材作为高校思政课教学的重要载体，传递着“立德树人”的基本教学宗旨，体现着党和国家的基本意志，关乎人才培养的基本方向。高校新版思政课教材在促使学生扎实掌握毛泽东思想和中国特色社会主义理论体系的基础上，更加突出了习近平新时代中国特色社会主义思想，具有突出的时代性和先进性。

二是强调针对性，强化“以生为本”的教学理念。高校思政课教学的目标在于促使学生成为具备正确人生观、价值观和世界观的社会主义合格公民，从而进一步培养为社会主义事业的建设者和接班人。当前，高校思政课教学改革更加强调教学设计的针对性，主张根据学生成长过程中出现的新问题和新矛盾，重点突出地设计教材、完善教学内容，引导学生辩证性地分析问题，正确处理生活和学习过程中遇到的阻碍，帮助学生“扣好人生的第一粒扣子”。

三是加强创新性，不断优化教学内容与教学方式。高校思政课课程教材机制不断完善，教学内容持续优化，要求思政课教师在新时代的发展背景下，努力破除传统教学的弊端，创新教学方式，结合新旧教学模式的优势环节，增强学生的理论知识学习和思想道德素养，提高学生在获取知识过程中的主动性、创新性、反思性与批判性。

四是关注差异性，循序渐进地组织教学。不同发展阶段的学生在身体、心理、文化等方面存在较大差异。为此，结合各年龄阶段学生的身心成长特点，《新时代学校思想政治理论课改革创新实施方案》对不同学习阶段的学生编写了对应的思政课教材。这要求高校在思政课教学改革过程中，充分关注学生的群体性和差异性，因“人”而异、循序渐进地开展教学。

（二）以“精准教学”推进新时代高校思政课改革

2019年3月，习近平总书记在学校思想政治理论课教师座谈会上的重要讲话中提出了新时代思政课改革创新的根本遵循，即“不断增强思政课的思想性、理论性和亲和力、针对性”①，指明了新时代应该坚持和发展什么样的思政课。增强思政课的思想性、理论性和亲和力、针对性，必须摒弃各种脱离学生学习生活实际的浅层次教学模式，走向深度的精准教学。

高校思政课精准教学是相对于传统教学中教学针对性不强而言的。从“教”的一方来看，精准教学意在强调教师对知识的讲授要从单纯讲授知识与理论的层面走出来，深入到“知识讲解+深度讲道理+问题答疑”的精准融合，走进学生心中。突出价值引领，从“是不是”“对不对”的知识讲授层面，进入到“实然”“必然”与“应然”的辩证统一，深刻认识思政课的本质。2022年4月25日，习近平总书记在考察中国人民大学时强调“思政课的本质是讲道理”。从“学”的一方来看，精准教学直击学生提出的问题进行教学，学生的学习疑惑“在场”，学习后就会有实实在在的获得感。就高校思政课而言，精准教学包含四个相互联系、有机统一的维度，即精准统筹、精准分析、精准教学、精准反馈，旨在克服只为了完成教学任务的“教”、只为了追求教学形式热闹好看的教学方法。

高校思政课教学精准统筹，意味着教学要观全貌。教学有法、教无定法。教学需要统筹考虑各种因素，包括教师自身的理论功底、教材的熟悉程度、学情分析程度、社会实际的了解程度、教学目标预设的难易程度、教学重难点讲解的深度、教学方法运用得合适与否、课后作业布置的质与量、教学反馈是否真实客观等。精准统筹多种教学因素是一项系统工程，每一个教学因素都是一个子系统，各子系统相互独立、相互依存、相互制约。精准统筹应立足于整体，每个子系统应协调于整个教学系统中，做到整体与部分辩证统一，最终达

---

① 习近平：《论党的青年工作》，中央文献出版社2022年版，第190页。

到教学系统的整体优化。

高校思政课教学精准分析，意味着教学判断要准。教学判断是高校思政课教师容易忽视的一个环节，而这也恰恰是教学中最重要的一个环节。教师在教学实践中出现的教学目标设计不够合理、理论和实际脱节、教学互动效果欠佳等问题都与教师自身的教学判断有关。习近平总书记指出："只有打动学生，才能引导学生。"教师除了厚植理论功底，还需要结合社会实际、学生学情，准确定位教学目标的达成度、教学方法的适宜度、进而创新理论话语表达，避免学术化、教条式、宏大叙事的说教模式，真正做到让教师讲家常话，让思政课变成生动形象，更加满足学生的期待。

高校思政课教学精准教学，意味着教学设计要准。精准教学建立在教学设计之上，好的教学设计源自客观准确的教学分析与教学判断。习近平总书记强调："办好思想政治理论课关键在教师，关键在发挥教师的积极性、主动性、创造性。"①新版高校思政课教材融入新思想、反映新实践、回应现实问题、探索新的内容呈现形式，章节目结构大都有调整，教师要在吃"透"教材上下功夫。教材在编写过程中有自身的理论逻辑，教师要悟透教材体系中的理论体系。在此基础上，实现教材体系向教学体系、知识体系向价值体系的精准转化。精准教学要求教师科学设置教学目标、精准讲解重难点、运用符合学情和教学内容的教学方法，实现教材体系向教学体系的精准转化，以最大限度地增强思政课的思想性、理论性和亲和力、针对性。

高校思政课教学精准反思，意味着教学反馈要准。教学反馈既来自教师对课堂教学管理、课堂氛围、教学目标达成度、学生参与度、教学方法适宜度、学生获得感等方面的主观认识，也来自课后作业达成度与学生交流的反馈之中，亦可来自问卷调查。高校思政课教师要清楚在每一堂课结束后，哪些教学设计达成了预设目标，哪些设计值得咀嚼，哪些教学环节设计不够严谨，哪些

---

① 习近平：《论党的青年工作》，中央文献出版社 2022 年版，第 188 页。

突发问题没有及时解决等。建立在教学反馈基础上的精准反思是高校思政课教师更为主动参与教学、提高教学实效的重要手段。它不是终点,而是下一次精准施教的起点。

具体问题具体分析,是马克思主义活的灵魂,也是高校思政课精准施教的哲学基础。精准施教是马克思主义世界观和方法论在新时代高校思政课教学改革方面绽放出的新智慧。如果精准统筹、精准分析是要“把准脉”,那么精准教学、精准反思就是要“下对药”。可见,精准施教是契合新时代高校思政课改革要求的路向选择,教师要在精准施教上下真功夫、下大功夫、下苦功夫、下实功夫。推进高校思政课精准施教是教师担当起培养时代新人这一历史使命、巩固马克思主义在高校意识形态领域指导地位的必然选择,也是新时代高校思政课强起来的迫切需要。

第二节　价值意义

思想政治理论课是高校落实“立德树人”根本任务的关键课程。习近平总书记在中国人民大学考察时指出:“思政课的本质是讲道理,要注重方式方法,把道理讲深、讲透、讲活”①。在教育赋权维度下探讨分众教学在高校思政课中的运用,有助于丰富高校思想政治理论课的教学理论、创新高校思想政治理论课的话语体系、提升高校思想政治理论课的参与度和优化高校思想政治理论课的评价方法。

一、理论意义

(一)丰富高校思想政治理论课教学理论

本书在分析赋权理论、分众理论、教学模式关系的基础上,提出了赋权型

① 《习近平在中国人民大学考察时强调　坚持党的领导传承红色基因扎根中国大地　走出一条建设中国特色世界一流大学新路》,《人民日报》2022年4月26日。

高校思想政治理论课分众教学模式的概念。这种模式遵循“以学生为中心”的教学理念,体现“因材施教”的教学方法,着眼于提升教学质量的目标,有利于充分发挥学生学习的民主参与性和主观能动性,增加学生学习的积极性。同时,基于教育赋权理论,构建了“一体两维三级一主导”的思政课分众教学结构模型,在学生个人层面、教育关系层面、教学环境层面对学生增权赋能。这有助于改变传统思政课教学模式单一、教师单向灌输所造成的弊端。立足于分众教学,教育更具针对性,学生在分众过程中提出问题,教师在分众过程中解疑释惑。学生之间的朋辈影响、师生之间的协同效应更为深刻。这使得学生在解决自身理论或现实困惑的过程中,自主建构新的知识体系,自主补充新知,并主动完成认知、认同的内化过程,继而将所形成的理论知识体系外化为对马克思主义信仰和共产主义信念的追求。

(二)创新高校思想政治理论课话语体系

将教育赋权理论和分众理论引入高校思想政治理论课,有助于改变课堂教学模式,完成教师话语体系和学生话语体系之间的互换。当前,思政课教师话语体系与学生话语体系之间存在隔阂,两个体系各自独立,互不融通,知识流动不顺畅。教师恒定作为知识的生产者,学生恒定作为知识的接受者,逆流空间较小,教师和学生自说自话的现象比较突出。而教育赋权理论和分众理论有助于使学生与教师成为平权的课堂主体,形成以问题为导向,以学生为主体、以教师为主导、学生自主“参与”“探讨”“学习”“实践”的教学模式,让教师走近学生,体察学生需求,最终实现思想政治理论课话语体系的创新发展。

二、实践意义

(一)提升高校思想政治理论课参与度

经过赋权的思政课分众教学一改传统的“填鸭式”教学方式,强调教师要把学习的权力和责任交给学生,让学生成为学习的主人,倡导学生要积极主动地参与到思政课教学中并给予学生充分的选择权。在思政课教学中,教师不只是知识的呈现者,更是一个指导者和协助者,以便从传授知识转变为支持和指导学生学习。教师不再掌控教学内容,而是控制学习过程,以便培养学生的反思和质疑能力。教学不再依靠师道尊严的地位优势,而是与学生组成"同盟军"或学习盟友,最终实现从以"教"为中心向以"学"为中心转变,从"传授模式"向"学习模式"转变。赋权后的思政课分众教学是一种参与式的教学,有利于师生共建理想的教学氛围,激发学生的求知欲和探索精神。

(二)优化高校思想政治理论课评价方法

赋权型思政课分众教学需要教师更加关注教学过程和教学组织,注重学习过程的多样性评价,以期对学生进行科学、合理、公正的评价。从评价主体看,赋权后的思政课分众教学一改"一元"评价模式,实行"双主体多元评价",将教师、学生、管理者等多元利益共同体融入进来,使得评价更具客观性和公平性。从评价方法看,赋权型思政课分众教学支持教师对学生进行持续评价,课前、课中和课后采取不同的内外部评价方式,从而提升学生的知识储备和实践技能。从评价内容上看,赋权型思政课分众教学不仅要考查学生"学得怎样",更要考查学生"做得怎样",既重"知",更重"行","把教学评价和教学过程紧密结合起来,这就避免了把教学过程窄化为教教材、学教材、考教材"。与传统思政课教学过分关注结果评价而忽视过程的导向相比,赋权型思政课分众教学更为关注过程的教学效果和学习效果,以过程性为导向的教学评价理念为越来越多的人所关注和接受。

第三节 内容框架

本书分十个部分。其中,以导言和第一章至第七章为主体,第八章、第九章以阶段性报告为基础完成。

导言　主要介绍研究背景、研究意义、研究思路与方法、研究的创新之处、不足和未来打算等。

第一章　基本概念和理论基础。主要阐释和界定赋权理论、教育赋权、分众理论、教学模式、赋权型分众教学模式①等概念和理论，提出理论应用于该研究的适切性。

第二章　调查结果、问题和方案。通过问卷调查、个别访谈、书面访谈等形式对新时代高校思想政治理论课取得的成就和存在的主要问题及原因进行分析，提出解决问题的总的思路和整体方案。

第三章　赋权型"原理"课分众教学模式。基于"原理"课教学研究进展和问卷调查，针对发现的问题，查找和分析背后的深层次原因，探讨教育赋权理论和分众理论应用于"原理"课教学的机理和策略。

第四章　赋权型"概论"课分众教学模式。主要梳理"概论"课教学研究进展，通过调研发现存在的问题，分析其中的原因，探讨赋权型分众教学融入"概论"课教学的价值，并提出相应的策略。

第五章　赋权型"纲要"课分众教学模式。对"纲要"课教学研究进行综述和评价，在大规模调查的基础上，进行典型问卷调查，以使得查找出的问题更精准。同时，从多方面研究赋权型分众教学的优势和价值，提出融入"概论"课教学的路径。

第六章　赋权型"德法"课分众教学模式。述评"思修""德法"课教学研究进展，探讨如何通过分众教学落实教育赋权的理念和合理的教学操作程序，解决传统教学和问卷调查发现的问题。

第七章　赋权型"形策"课分众教学模式。在归纳整理和评价"形策"课教学研究的基础上，将问卷调查和书面访谈相结合，一方面发现现阶段"形

---

① 基于教育赋权理论的高校思政课分众教学模式，简称为"赋权型高校思政课分众教学模式"。在上下文明确的情况下，亦简称为"赋权型分众教学模式"。

策”课教学中的主要问题,另一方面将实践中的教学效果通过评价客观反映出来,正反两方面认识赋权型“形策”分众教学模式。

第八章　高校思政课网络教学调查与策略。以教师和学生为对象,对高校思政课网络教学情况进行大规模问卷调查,发现存在的突出问题,以便改进和丰富教学模式,对学生赋权增能,提高教学效果,为政府部门和学校决策提供参考。

第九章　赋权型高校思政课教学模式变革。基于教育赋权理论,提出高校思想政治理论课教学模式变革的路径,即从赋权保障、赋权基础、赋权核心三大方面入手,促进师生权力的合理分配,进一步提升思想政治理论课教育教学质量。

第四节　研究方法

一、文献研究法

收集文献、阅读文献、梳理文献、分析文献是本课题开展研究的基础。通过对相关政策文件、相关著作和学术论文的梳理,可以从整体上把握目前高校思政课教学研究的深度和广度,明确新时代高校思想政治理论课教学的发展现状和发展指向,同时也可以发现在既往研究中存在的问题和进一步的研究空间,既为本研究的开展厘清了思路,又能够呈现出高校思想政治理论课教学研究过程中出现的新问题和新情况,帮助明确教育赋权理论和分众理论等如何应用于思想政治理论课教学的具体方向,提升了本研究的时代性和针对性。

二、问卷调查法

采用问卷调查形式对高校思想政治理论课进行抽样调查,可以如实呈现高校思想政治理论课教学的真实状况。调查问卷的信度和效度直接决定了调查结果的可靠性和稳定性,直接影响着本课题相关内容的调查结论和理论分析。为了提高研究的实效性,我们在全国范围进行了“高校思政课教学改革问卷调查”。此次调查问卷采用网络匿名形式进行,回收有效问卷 18446 份,发放对象覆盖了多所高校的不同专业、不同年级的大学生,使问卷结果具有较高的效度,使本研究更具科学性和规范性。在阶段性研究中,开展了线上新冠疫情下高校思政课网络教学调查,共回收到教师问卷 313 份,学生问卷 10560 份。并在问卷中插入了部分线下思政课教学问题,以便和线上做出对比,同时服务于主干部分的内容。

三、系统分析法

从高校思想政治理论课的整个教学过程角度看,教学模式是思政课教师和学生在一定教学目标指导下,依据教学内容开展的一系列提升教学实效性的活动,如讨论式教学模式、启发式教学模式、实践式教学模式等。一个完整的教学模式系统想要有效运行,必须深入研究其内在的构成要素,使其环环相扣、层层相连、同向而动。这就需要运用系统分析法对这些要素构成的方法系统进行深入研究,以期达到提升思想政治理论课教学效果的目的。

四、跨学科研究法

现代科学的发展表明,任何一门学科研究都不是单一发展的,需要运用多学科的理论、方法和成果从整体上进行综合研究。基于教育赋权理论的新时代高校思想政治理论课分众教学模式研究涉及多门学科的内容,因此,要重视运用马克思主义理论、教育学、社会学、管理学、政治学、心理学、统计学等学科的理论与方法,有机整合与本研究相关的理论资源,从整体上进行综合研究。

第五节 创新、不足与打算

一、创新之处

(一)学术思想具有新贡献

本书以强烈的问题意识为导向,聚焦于教育赋权理论、分众理论与高校思想政治理论课教学相关问题,深化了习近平总书记关于思想政治理论课重要论述的理论研究,有利于增强高校思想政治理论课的实效性和精准性。在研究对象方面,将赋权理论运用于学生,突破以往多以教师作为赋权对象的研究限制,重视学生权力的发挥和运用,充分做到"以学生为本",尊重学生个体需求和成长特点,进一步促进赋权理论与教育领域的贯通融合。通过对学生进行赋权的方式,帮助学生发现并认识自身学习的困境,实现学生自我意识的解放,努力提高高校思政课的教学实效性。

(二)学术观点体现新视角

学术界对高校思想政治理论课教学的研究方兴未艾,学者从不同角度进行了广泛探讨,但是专门将教育赋权理论、分众理论和高校思想政治理论课教学进行融合研究的则比较少,这也是本研究的最大创新点。本书从教育赋权理论入手,调查高校思政课堂师生权力分配等情况,为思政课分众教学模式研究提供全新的理论结合点。将教育赋权理论中的价值、理念和方法运用到高校思政课分众教学模式的研究中,发挥学生在思想政治教育过程中的积极性、主动性、主体性、参与性、创造性等特点,克服传统灌输模式的缺陷,为高校思政课教学模式研究提供新的理论视角。

（三）研究方法突出新特点

从目前可以查阅到的资料来看，学术研究呈现一定的碎片化现象，视野仍囿于某一学科范围，本研究将在原有研究基础上，采用理论与实践，定性与定量相结合的方法进行研究。理论研究中采用多学科理论结合法，综合使用马克思主义理论、政治学、教育学、社会学、统计学等多学科理论；实证研究中采用多种分析方法相结合，综合运用文献分析法、问卷调查法、访谈法、主成分分析法、层次分析法、因子分析法、归纳分析法、综合评价法等多种分析方法。

二、不足与打算

在两年多的时间内，我们开展多场次问卷调查、深度访谈和现场交流。但自 2020 年初全球范围内突如其来的新冠疫情，严重影响了原定的研究计划。无法进行更多的现场问卷调查和访谈，因而主要采用了线上问卷调查。本研究是跨地区、跨校联合开展的，但因为疫情，更多的线下交流研讨被迫中断，只能采用腾讯视频会议方式。这也成为我们的遗憾。

下一步，我们拟对下列问题进行深入研究：一是赋权型高校思政课分众教学模式推广研究。未来将推动更多的教师和高校采用这种模式进行教学，特别是如何使这种教学模式的可操作性更强。二是赋权型高校思政课分众教学模式应用评价研究。原有研究只是对其中的一两门课和授课高校进行了应用效果评价，将来会扩大样本的数量和覆盖范围，选取不同地区的高校开展研究，使评价结果更具说服力，更加科学化。

第一章　理论基础和基本概念

理论是实践的先导、时代的精华。高校思政课教学模式创新不但需要坚实的科学理论做支撑，而且要紧跟时代主题，顺应历史发展趋势。进入新时代，高校思政课肩负更为繁重的"立德树人"根本任务，帮助学生树立马克思主义世界观、人生观、价值观是其核心要义。在推进高校思政课教学模式创新进程中，应将马克思主义关于人的全面发展理论、习近平总书记关于思政课建设的重要论述贯穿始终，并将其作为思想灵魂。"工欲善其事，必先利其器。"赋权理论和分众理论诞生于西方的社会学、传播学，它们不但深化了对人类社会的认识，而且具有方法论价值。将赋权理论、分众理论引入高校思政课教学，不但有助于深化对高校思政课教学的认知，而且有助于突破传统高校思政课教学中的陈规旧制。本书力图实现赋权理论、分众理论、高校思政课、教学模式的有机融合，最终构建出一套既能肩负时代重任，又能体现以人为本，还具有时代特色的新型教学模式。

第一节　马克思主义关于人的全面发展理论

（一）马克思主义人论

始终关注、重视、聚焦"人"是马克思主义的重要理论特质，也是其理论支撑点。马克思主义的理论创立者,正是在继承资本主义理论家将目光从"神"转向"人"的理论基础上,实现了对资本主义"人"理论的超越,最终发展出以人的全面发展为旨归的"人的解放"理论。

在漫长的人类文明史中,什么是"人"的问题一直萦绕在思想家的头脑中。在西方,"人"是什么,被视为难以回答的"斯芬克斯之谜",俄狄浦斯(Oedipus)虽然猜中了斯芬克斯之谜的答案:"人",但俄狄浦斯的回答只是停留在对"人"的表象认识之上,并没有真正揭示"人"的本质。人的本质问题也即是"人性"问题,针对这一问题,中西方古典文化学者多有不同的阐述。比如,孟子倡导"性善论","人之性善也,犹水之就下也"①;荀子主张"性恶论""人之性恶明矣,其善者伪也"②;告子坚持"性无善恶论""人性之无分于善不善也,犹水之无分于东西也"③;董仲舒主张"性三品",认为人之性可以分为"圣人之性""中民之性""斗筲之性"。在西方古典时期,学者针对"人性"也提出了各种各样的观点,比如,德谟克利特(Demokritos)明确提出"人是一个世界";普罗泰戈拉(Protagoras)强调人在世界中的至关重要的价值,认为"人是万物的尺度";亚里士多德(Aristotle)将人置放于社会关系之中,并认为人的"确定"离不开复杂的社会关系,由此提出了"人天生是社会动物""人天生是政治动物"的命题。综合来看,中西方古典文化时期并没能真正揭示出"人的本质",但相对于"斯芬克斯之谜"来说,古典文化学者已经突破了单纯从"外在表象"认识人,试图从"人"的内在关系中揭示人、认识人。

在漫长的中世纪,"人"被视为"上帝"的"造物",这使得"人性"变得神秘化。在文艺复兴时期,人文主义开始萌发,"人"被视为有理性、自由意志、欲望的存在,人不再匍匐在上帝的脚下,"人"的主体性开始觉醒。到启蒙运动时期,资本主义的"人性观"逐渐确立并广泛普及,许多学者秉持"天

① 杨伯峻:《孟子译注》,中华书局2010年版,第235页。

② 王天海:《荀子校释》下册,上海古籍出版社2005年版,第934页。

③ 杨伯峻:《孟子译注》,中华书局2010年版,第254页。

赋人权”思想，认为人生而被赋予权利、人生而自由平等，自由平等乃是人的本性。

相对于古典文化时期及中世纪时期，资本主义实现了“人的解放”，将“人”的本质认识提升到了一个更高的高度。但是，资本主义并没有能够实现“人”的完全解放，它只是从形式上、“政治上”解放了人，它对人的认识也不可避免地滑向了“本质主义”。本质主义对人的本质进行了“非科学的抽象”，它具有两个鲜明的特点：其一，纯粹思辨，即脱离人的现实生活，将人的本质归结为一种逻辑范畴；其二，形而上学的抽象，形而上学看不到事物之间及事物内部要素之间的联系性、发展性特质，将事物视为割裂的、静止的、片面的存在，将事物孤立的部分抽取出来，将这种孤立的抽象作为判准去认识事物，从而产生对事物认识的“假象”。在马克思主义之前，资本主义思想家在对人的认识过程中，基本上都陷入了本质主义的“怪圈”。本质主义者先预设对象存在着某种本质，然后再去用这种本质去阐释事物，从其逻辑顺序来看，则是认为“本质”先于“对象”，其鲜明特点是“否认现象的价值，否定感性的价值，把本质绝对化，把抽象思维绝对化，并给本质附加了超自然的属性”①。

资本主义的人学理论突出表现为“人道主义”。人道主义出现于 14 世纪末，此后在不同的历史时期以不同的理论面貌呈现出来，在文艺复兴时期以人文主义面目出现，在启蒙运动时期以理性人道主义面目呈现，在 19 世纪以费尔巴哈人本主义形态呈现。如前所述，文艺复兴解放了人，将人从神秘的仪式、禁欲主义、客体主义中解放了出来，但在人得到解放的同时，却又陷入了“意义危机”。为了救治文艺复兴人文主义下的人生意义危机，布鲁诺（Bruno）、笛卡尔（Descartes）、斯宾诺莎（Spinoza）等学者发展出理性人道主义，将“理性”视为人的最高本质，而“理性”又往往等同于几何学的原则或法则，这使其被阐释为自然科学理性。理性人道主义看似破解了人生意义危机，

① 寇东亮等：《人文关怀论》，中国社会科学出版社 2015 年版，第 78 页。

实则使人陷入了更严重的危机之中,也即“人”沦为科学知识摆布的毫无生机、活力的对象,人的情感、意志等都消失不见了。在黑格尔(Hegel)这里,“理性”以“绝对精神”的面貌呈现出来,人的本质也由此成为“绝对精神”的产物,在这里,现实的人成了客体,观念的精神成了主体,马克思因此批评道,“黑格尔想使人的本质作为某种想像中的单一性来独自活动,而不是使人在其现实的、人的存在中活动”①。费尔巴哈(Feuerbach)对人的理解是在批判理性人道主义的基础上发展起来的。他力图用感性的人代替理性的人,这使其对人的本质的理解具有了唯物的特质。但是,费尔巴哈在克服理性人道主义对人的本质“神秘化”的同时,却又陷入了“庸俗化”困境,因为他将人的本质仅仅视为感性的对象,而不是感性的活动,即“没有从人们现有的社会联系,从那些使人们成为现在这种样子的周围生活条件来观察人们”②。换言之,费尔巴哈实际上仍然是对人的本质进行了抽象直观的理解,即他只看到了人的本质的普遍性面向——“类”,而忘记了人不是一种普遍的、雷同的、静止的存在,人是活生生的、现实的、历史的存在。这使得费尔巴哈对人的本质的理解并未能超脱出理性人道主义、本质主义的窠臼,不过是以一种全新的面貌呈现出来而已。

马克思主义对人的本质的科学抽象是在批判本质主义的基础上发展起来的。用一些学者的话说,理性人道主义在试图“解放”人时却走上了敌视“人”的境地,因此,它是一种“伪人道主义”。③ 马克思对这种“伪人道主义”进行了深刻的剖析,他指出,“迄今为止人们总是为自己造出关于自己本身、关于自己是何物或应当成为何物的种种虚假观念。他们按照自己关于神、关于标准人等等观念来建立自己的关系。他们头脑的产物不受他们支配。他们这些

① 《马克思恩格斯全集》第三卷,人民出版社 2002 年版,第 51 页。
② 《马克思恩格斯文集》第一卷,人民出版社 2009 年版,第 530 页。
③ 寇东亮等:《人文关怀论》,中国社会科学出版社 2015 年版,第 83 页。

创造者屈从于自己的创造物”[①]。在批判本质主义的基础上，马克思主义创立者明确提出要从现实的人出发去揭示人的本质，也即“从人间升到天国”的方法。“现实的人”认为人“不是处在某种虚幻的离群索居和固定不变状态中的人，而是处在现实的、可以通过经验观察到的、在一定条件下进行的发展过程中的人”[②]。从“现实的人”出发，马克思主义创立者认为人的本质既不是先天确定的，也不是一次完成的，而是在“过程”中构建的，即“世界不是既成事物的集合体，而是过程的集合体”[③]，寇东亮等学者因此认为马克思主义的实践观蕴含着一种“生成主义的人学观”。正是从实践、过程等维度出发，马克思主义的人论实现了对本质主义的超越，将其从“天国”拉回了“人间”，又从“人间”上升到“天国”。也正是从这一逻辑思维出发，马克思主义认为人的本质并不具有先定性和固定性，而是在过程中生成、在过程中终结、在过程中完善。换言之，马克思主义认为人的本质从逻辑上看存在着一个“圆满”的结果，也即逻辑终点，但从现实的角度看，它是没有终点的，是一个无限的过程。从理论逻辑角度来看，马克思主义创立者将人性完全实现的逻辑终点称之为“全面的人”。“全面的人”继承了人道主义中的合理成分，又实现了对传统人道主义观念的超越，实现了对人的本质科学揭示。也正是在此基础上，马克思有时把自己的理论称为共产主义、人道主义、自然主义，并认为三者并不具有本质的区别。“这种共产主义，作为完成了的自然主义，等于人道主义，而作为完成了的人道主义，等于自然主义，它是人和自然界之间、人和人之间的矛盾的真正解决，是存在和本质、对象化和自我确证、自由和必然、个体和类之间的斗争的真正解决。”[④]相比于理性人道主义，马克思主义人道主义的突出特质在于“实践”，正是在“实践”的基础上，马克思主义实现了对唯心主义和旧

① 《马克思恩格斯文集》第一卷，人民出版社 2009 年版，第 509 页。
② 《马克思恩格斯文集》第一卷，人民出版社 2009 年版，第 525 页。
③ 《马克思恩格斯文集》第四卷，人民出版社 2009 年版，第 298 页。
④ 《马克思恩格斯文集》第一卷，人民出版社 2009 年版，第 185 页。

唯物主义的双重超越，揭示了人的科学本质，构建了科学的人学理论——实践人道主义。

从实践人道主义出发，人的本质、人的发展不应到观念世界中去寻找，而应到经济生活领域、物质生产领域去寻找。而在物质生产领域中居于核心地位的乃是生产资料的所有制状况，也正是基于这一理论逻辑与现实逻辑，马克思主义创立者才提出共产主义社会是真正的"人类社会"。用马克思的话来说，"共产主义作为私有财产的扬弃就是要求归还真正人的生命即人的财产，就是实践的人道主义的生成"①。在共产主义社会，人的本质与人的生活、人与人之间、人与社会之间不再是隔绝的、对立的，而是辩证统一的，在此过程中，"人以一种全面的方式，就是说，作为一个完整的人，占有自己的全面的本质"②，在《共产党宣言》和《资本论》中，马克思、恩格斯将其明确表述为"每个人的自由发展是其他一切人自由发展的条件"。

在社会主义建设过程中，马克思主义人论所蕴含的科学理论很长一段时期未曾得到实践，比如，第二国际的"经济决定论"将"经济"视为决定意义的存在，消解了人的主观能动性；苏联模式的社会主义建设过度强调计划性，只强调无产阶级政权的主导性，无视工农大众的积极性、能动性。在反思社会主义建设经验教训和吸收西方马克思主义研究的基础上，20世纪90年代初，马克思主义人学研究在中国成为一种热潮。中国人学学会于2002年成立，可谓中国马克思主义哲学研究的一个重大发展。以黄枬森、高清海、夏甄陶、王锐生、陈新夏、韩庆祥、张奎良、张一兵、陆剑杰等为代表的学者出版了一系列专著，发表了一系列文章阐发马克思主义的人学立场、人学观点、人学方法。此外，随着研究的深入，马克思主义人学研究者逐渐呈现出各具特色的"人学园地"特点。整体来看，20世纪八九十年代以来的马克思主义"人的本质""人的发展"等研究都可以划归为马克思主义人学研究，在此过程中，除了上述专

① 《马克思恩格斯文集》第一卷，人民出版社2009年版，第216页。

② 《马克思恩格斯文集》第一卷，人民出版社2009年版，第189页。

题性、整体性的“马克思主义人学”研究之外，马克思主义人的研究越来越细化、微观化。比如，宋生贵提出要以美学教育促进人的全面，[①]陶玉泉指出要辩证看待市场经济和人的全面发展的关系。[②] 李燕指出在研究人的全面发展理论时必须关注“丰富的个体”思想。[③] 吴海江、武亚运指出要关注人工智能对人的发展的双重意义。[④] 马梦菲、韩英等学者则对马克思主义人的理论进行了文本性的发掘和解读。

综合来看，“人的解放”是马克思主义的核心命题，但“人的解放”并不是一个空泛的话语术，而是要落实到无产阶级解放和人类解放的实践行动之中。在推进“人的解放”伟大事业征程中，需要正确理解人的本质。马克思主义从科学的实践观出发，将人的一般本质概括为“劳动”，将人的具体本质描述为“一切社会关系的总和”和人的需要。正是在对人的本质科学认识的基础上，提出了实现人的解放的正确道路，即走向共产主义社会。当然，马克思主义对人的本质的理解和认识是一般性和特殊性的有机统一，它随着时代的发展而不断发展并丰富。

我国高校是开展马克思主义教育的前沿阵地，要彰显马克思主义的鲜亮底色。而思政课是做“人”的工作，其最终目的是帮助学生树立马克思主义世界观、人生观、价值观。人的全面发展是马克思主义一切理论、实践的总旨归、总目的、总立场，它不但为高校思政课教学提供坚实的价值支撑，而且提供科学的方法原则，是高校思政课教学模式的总灵魂。中国特色社会主义进入新时代，在推进高校思政课教学模式创新过程中应立足马克思主义人的全面发

---

① 宋生贵：《美的教育与人的发展——兼论马克思主义关于人的全面发展学说》，《辽宁教育学院学报》1995 年第 1 期。

② 陶玉泉：《马克思的市场经济与人的发展观初探》，《南京政治学院学报》1995 年第 5 期。

③ 李燕：《论“丰富的个体”——兼析马克思的人的发展理论》，《中国人民大学学报》2000 年第 3 期。

④ 吴海江、武亚运：《人工智能与人的发展——基于马克思人学理论的考察》，《学术界》2019 年第 3 期。

展理论,把教书育人与铸魂育人有机统一起来,最终培养出能堪当中华民族伟大复兴重任的社会主义建设者和接班人。

(二)列宁的思想政治教育观

马克思、恩格斯从理论层面为思想政治教育奠定了基础,列宁在新的历史背景下,不但继承与发展了马克思、恩格斯的思想政治教育理论,而且将其贯彻于实践之中,实现了思想政治教育的实践化。列宁的思想政治教育观有着一条清晰的萌芽、形成、发展、成熟的脉络。十月革命之前,列宁的思想政治教育观主要服务于无产阶级革命的实际需要;十月革命之后,尤其是在新经济政策时期,列宁的思想政治教育观主要服务于巩固和建设苏维埃制度。列宁的思想政治教育观反映了列宁对思想政治教育理论的独特认知和思想政治教育功用的独特思考。

1. 思想政治教育是进行无产阶级革命和社会主义建设的必要环节和有机部分

科学的行动离不开科学的理论。在统治阶级占据主导地位的国家或社会,统治阶级的思想也占据着主导地位。无产阶级的革命运动发生于资产阶级或封建统治者处于绝对主导地位的国家或社会,资产阶级思想或封建统治思想占据着绝对的统治地位,一方面,统治阶级的思想历经时代的洗礼不断完善,甚至已经走向成熟。正如列宁所指出的,“资产阶级意识形态的渊源比社会主义意识形态久远得多,它经过了更加全面的加工,它拥有的传播工具也多得不能相比。”①另一方面,统治阶级掌控着国家政权,在政治、经济、制度、法律、社会等各方面保障着其统治思想处于主导地位。在此背景下,开展无产阶级运动,不但会受到各种陈旧的、迂腐的统治阶级思想的敌视,而且无产阶级队伍自身也会沾染上这种陈旧的思想,并向这种陈旧的思想所妥协。因此,要

① 《列宁选集》第1卷,人民出版社2012年版,第328页。

积极、主动地开展无产阶级的思想政治教育工作，清除旧的、错误的思想，树立科学的马克思主义观。

2. 思想政治教育应坚持理论与实践相结合的原则

列宁认为，思想政治教育要紧扣革命和建设的实际，服务于革命和建设的实际。在十月革命之前，列宁主要从推进无产阶级革命的视角阐发思想政治教育。面对民粹主义、修正主义等对马克思主义的攻击和俄国工人中存在的经济主义和工联主义，列宁撰写了一系列著作、文章进行回击，论证了马克思主义的科学性和革命性，并明确指出要对工人进行教育，提出了科学的“灌输论”。十月革命胜利之后，如何巩固和发展苏维埃政权成为列宁思想政治教育思想的核心主题。在这一阶段，列宁围绕文化建设问题、国民教育问题、书籍报刊的教育功用、爱国主义教育等方面进行了深刻阐释。

3. 思想政治教育要坚持“灌输”的方法论

列宁的“灌输论”有一个发展的历程，从 1894 年的《什么是“人民之友”以及他们如何攻击社会民主党人?》，到 1897 年的《俄国社会民主党人的任务》、1899 年的《俄国社会民主党人抗议书》，再到 1900 年的《我们运动的迫切任务》，最终在《怎么办?》中得到了全面的、系统的、深刻的阐述。列宁“灌输论”的提出有着深刻的现实动因，相比于西欧诸国，俄国资本主义起步晚、发展迟，工人力量不足，在工人运动过程中面临着纪律散漫，易受各种错误思潮影响的问题。对于俄国的先进分子来说，他们虽然自觉接受了马克思主义，但很多时候理解的不够彻底，这也使得他们往往受到虚无主义、激进主义的影响。列宁在《怎么办?》中指出，作为有产阶级中有教养的人的知识分子是社会主义学说的创立者，工人头脑中是不会自发产生科学社会主义思想的，因此，工人对任何自发性的信仰都有损于社会主义事业。科学的社会主义政治意识需要从外部灌输进去，这也就要求社会民主党人要深入生活，重视宣传。总体来看，列宁的“灌输论”并不是一个单纯的教育学概念，而是贯穿着列宁对历史、社会、理论、方法的认识，具有世界观、方法论、认识论的价值。

4. 思想政治教育要以培养共产主义新人为使命

思想政治教育是做“人”的工作，其核心是培养什么样的人。列宁的思想政治教育观聚焦于培养共产主义新人的任务。在《俄共（布）纲领草案》中，列宁指出，“在无产阶级专政时期，即为使共产主义的完全实现成为可能而准备条件的时期，学校不仅应当传播一般共产主义原则，而且应当对劳动群众中的半无产者和非无产者阶层传播无产阶级在思想、组织、教育等方面的影响，以培养能够最终实现共产主义的一代人。”①也正是从培养培养共产主义新人出发，列宁强调要进行共产主义理想信念教育和共产主义道德教育。针对如何进行共产主义新人培养问题，列宁认为应该坚持直接教育和间接教育相统一、理论教育和实践教育相统一的方针。他在《共青团的任务》的演讲中指出，如果青年只重视理论学习的话，是不能成为一个合格的共产主义者的，反而会变成书呆子和吹牛家。但是，如果轻视理论学习，也是不会成为一个合格的共产主义者的。列宁对培养共产主义新人的认识及方法对于当前的思想政治教育依然具有启发意义。

5. 思想政治教育要重视方法的研究与创新

列宁在坚持马克思主义方法论的基础上，从俄国革命和建设实际出发，探索出了一条具有俄国特色的思想政治教育方法道路。具体来看，列宁重视实践在思想政治教育中的重要作用。思想政治教育不能仅仅停留于理论的宣传与传播，要鼓励俄国人民群众投身于轰轰烈烈的革命和建设实践。他指出：“离开工作，离开斗争，那么从共产主义小册子和著作中得来的关于共产主义的书本知识，可以说是一文不值。”②此外，列宁还重视模范榜样在思想政治教育中的重要作用。他不但主张俄国布尔什维克党员和思想政治工作者向积极向上的民众学习，而且强调民众也要向先进的布尔什维克和先进党员代表学习。最后，列宁强调思想政治教育要重视文化、理论的教育。他指出，要通过

---

① 《列宁全集》第36卷，人民出版社2017年版，第87页。

② 《列宁专题文集　论无产阶级政党》，人民出版社2009年版，第279页。

不断发展文化、提高民众的文化知识水平，努力创新宣传方式方法、提升马克思主义的通俗化水平等增强思想政治教育的实效。

（三）毛泽东的思想政治教育观

毛泽东一贯重视思想政治教育。他在党的七大政治报告中指出："掌握思想教育，是团结全党进行伟大政治斗争的中心环节。如果这个任务不解决，党的一切政治任务是不能完成的"。毛泽东的思想政治教育观有着坚实的理论基础，他既受到了马克思列宁主义思想政治教育观的滋养，又自觉继承和发展了中华优秀传统文化中的思想政治教育理念。在长期的革命、建设实践过程中，毛泽东的思想政治教育观得到了理论的升华，并最终形成一个完整的体系。

1. 思想政治教育要重视对马克思主义基本原理的学习

马克思主义基本原理为世界无产阶级革命和建设提供了科学的世界观、方法论和认识论，深入学习马克思主义基本原理，掌握马克思主义基本原理，并将其运用于中国的革命和实践，使其成为看家的本领，是中国共产党成立以来面临的迫切任务。毛泽东不论是在革命时期，还是建设时期，都非常重视马克思主义基本原理的学习，并主张活学活用马克思主义。毛泽东一方面肯定马克思主义基本原理是指引中国革命和建设的基本理论。辩证唯物主义是"共产党的理论基础"①。"唯物史观是吾党哲学的根据"②。另一方面他又从历史和现实的经验教训出发论证学习马克思主义基本原理的必要性。针对党在历史上所犯的左的和右的错误，他指出根本性的原因是"唯物辩证法思想在党内还没有普及与深入"③。要克服党内存在的主观主义、教条主义错误，他指出要加强辩证唯物主义的教育和学习，发动一个启蒙。"我们的干部

① 《毛泽东文集》第 8 卷，人民出版社 1999 年版，第 5 页。
② 《毛泽东文集》第 1 卷，人民出版社 1993 年版，第 4 页。
③ 《毛泽东文集》第 1 卷，人民出版社 1993 年版，第 509 页。

中,自以为是的很不少。其原因之一,是不懂马克思主义的认识论。因此,不厌其烦地宣传这种认识论,是非常必要的"①。

2. 思想政治教育要坚持理论与实际相结合的原则

理论联系实际是中国共产党三大优良作风之一,也是毛泽东思想政治教育观的重要内容之一。从党的历史经验来看,什么时候理论和实际相结合,党的事业就能够顺利发展;什么时候理论和实际相脱节,党的事业就会遭到损失。毛泽东从党的正反两个方面多次论证中国共产党人要坚持理论和实际相结合的原则。具体来看,学会理论联系实际是中国共产党人党性的鲜明体现,毛泽东指出,"没有马克思列宁主义的理论和实践统一的态度,就叫做没有党性,或叫做党性不完全。"②只有坚持理论联系实际的原则,才能够科学地对待马克思主义,才能够科学地分析中国的实际情况,最终才能够为中国革命和建设指明正确的道路。毛泽东指出:"要使马克思列宁主义的理论和中国革命的实际运动结合起来,是为着解决中国革命的理论问题和策略问题而去从它找立场,找观点,找方法的。"③正是由于理论联系实际的原则经受住了实践的检验、历史的检验,毛泽东明确指出要将此一原则贯彻于教育之中,使其成为改造学习的一条重要准则,"对于在职干部的教育和干部学校的教育,应确立以研究中国革命实际问题为中心,以马克思列宁主义基本原则为指导的方针"。④

3. 思想政治教育要紧密贯彻群众路线

马克思主义认为人民群众是历史的主体和创造者,毛泽东指出,"人民,只有人民,才是创造历史的动力"。毛泽东认为,思想政治教育要坚持正确的阶级立场。一方面要站稳人民立场,坚持全心全意为人民服务的宗旨。1934

---

① 《毛泽东文集》第8卷,人民出版社1999年版,第324页。

② 《毛泽东选集》第3卷,人民出版社1991年版,第800页。

③ 《毛泽东选集》第3卷,人民出版社1991年版,第801页。

④ 《毛泽东选集》第3卷,人民出版社1991年版,第802页。

年，毛泽东指出，“我们对于广大群众的切身利益问题，群众的生活问题，就一点也不能疏忽，一点也不能看轻。”①另一方面要坚持向人民群众学习。思想政治工作就是要做人民群众的工作，人民群众能够从自身实际出发开展思想政治教育，使思想政治教育形式真正地贴近人民群众的生活，使教育成效事半功倍。毛泽东在《〈农村调查〉的序言和跋》一文中指出，“必须明白：群众是真正的英雄，而我们自己则往往是幼稚可笑的，不了解这一点，就不能得到起码的知识。”②将群众路线贯彻于思想政治教育，回答了思想政治教育的立场问题，这不但使思想政治教育具备了坚实的现实基础，使思想政治教育方式方法具备了科学性，而且有利于推动党和群众事业的发展。

4. 思想政治教育要坚持榜样示范、言传身教的原则

孔子曰：“其身正，不令而行；其身不正，虽令不从”。中国古人一贯重视思想政治工作中的榜样示范、言传身教，毛泽东将其吸纳贯彻于中国近代革命与建设实践之中。毛泽东指出，共产党员和领导干部要身先示范，在革命与建设工作发挥模范带头作用，动员、鼓励、宣传、引导广大人民群众参与到革命与建设事业中间来。不论是革命战争时期的刘胡兰、张思德、白求恩、董存瑞，还是新中国成立之后的黄继光、邱少云、焦裕禄、雷锋、王进喜，一个个鲜活的英雄形象影响了成千上万的中国人，激励着无数中国人以他们为榜样，奉献自身力量，投身于革命和建设事业。对于长期处于物质匮乏状态的中国和中国共产党来说，榜样示范和言传身教发挥了弥补物质不足的状况，彰显出不竭的精神动力。除此之外，毛泽东也通过树立反面典型的方式教育全党，不论是革命战争年代处决黄克功，还是新中国成立后严惩刘青山、张子善，都是要通过典型示范的方式告诫全党要坚守党的使命，坚持党的宗旨，牢守党的纪律。

---

① 《毛泽东选集》第1卷，人民出版社1991年版，第136页。

② 《毛泽东选集》第3卷，人民出版社1991年版，第790页。

5. 思想政治教育要采用科学的方式方法

方式方法是思想政治教育主体与客体发生关系的中介，决定着思想政治教育的成效。毛泽东将马克思主义基本原理与中国具体国情结合起来，形成了一系列行之有效的思想政治教育工作方法。具体来看，坚持灌输与启发相结合的思想政治教育方法。毛泽东重视马克思主义基本原理的学习，并认为马克思主义基本原理不可能无师自通，也不可能在人的头脑中自发生成，因此要坚持灌输的方法。但是，毛泽东也反对单纯的机械式灌输模式，主张通过启发、研讨等方式使人们自觉接受马克思主义，并有助于提升学习者的主动性、主体性和自觉性。毛泽东还主张坚持理论学习与实践锻炼相结合的教育方法。他认为理论来源于实践，理论也只有回到实践中才能发挥其功用和被检验。因此，在抓好理论学习的同时，要将理论回归到实践之中，向实践要经验、要知识、要思想觉悟。实际上，向实践学习根本来看则是向人民群众学习，因为人民群众是实践的真正主体。

（四）中国特色社会主义理论体系中的思想政治教育观

党的十一届三中全会实现了中国历史的伟大转折，“改革”与“开放”随之成为中国历史的主题词。在新的历史语境下，中国共产党人开辟了中国特色社会主义道路，形成了以邓小平理论、“三个代表”重要思想、科学发展观为核心内容的中国特色社会主义理论体系，为中国社会发展与建设提供了科学的指引。思想政治教育是中国特色社会主义理论体系的关键组成部分，并呈现出新的时代特点。

1. 思想政治教育是开展一切工作的生命线

在以经济建设为中心的新时代语境下，是否有必要继续开展思想政治教育是改革开放之后需要回答的问题。邓小平、江泽民、胡锦涛从多个方面论证了继续开展思想政治教育的必要性、关键性，并将其视为顺利开展其他一切工作的生命线。邓小平指出，只有加强思想政治教育才能为改革开放创造和平、稳定的政治局面,才能推动社会精神文明建设。针对改革开放过程中出现的否定党的领导、否定社会主义道路等现象,邓小平明确提出要坚持“四项基本原则”。他指出,“我们要在中国实现四个现代化,必须在思想政治上坚持四项基本原则。这是实现四个现代化的根本前提”①。党的十三届四中全会以后,江泽民继承了思想政治教育的“生命线”地位论,并从多个方面进一步丰富和发展了思想政治教育,将思想政治教育视为开展经济和其他一切工作的生命线,视为中国特色社会主义的特殊优势。他指出,“党的思想政治工作是经济工作和其他一切工作的生命线,是团结全党和全国各族人民实现党和国家各项任务的中心环节,是我们党和社会主义国家的重要政治优势。”②他明确,只有坚持和强化思想政治教育才能为中国特色社会主义建设指明正确方向,才能提供不竭动力。进入新世纪,中国特色社会主义面临着新的机遇和挑战,胡锦涛指出,“我们党历来重视思想理论建设,我们还要继续加强对新形势下思想政治工作的研究”③。他认为,在新的时代背景下,要把中国建设成为社会主义现代化强国就必须把思想政治教育的功能发挥到最大化,不断提高社会的精神文明,不断提升人民大众的道德素质。

2. 思想政治教育要服务于中国特色社会主义实践主题

在中国这样一个经济文化比较落后的国家建设什么样的社会主义,怎样建设社会主义是一个首要的,并需要不断回答的问题。邓小平深刻总结社会主义道路初步探索中的经验和教训,将认清“社会主义的本质”作为核心问题,并在党的十三大提出了党在社会主义初级阶段的基本路线,明确了党在社会主义初级阶段的奋斗目标、领导力量、依靠力量、基本途径、根本保证和基本方针。随着中国改革开放的深入,江泽民指出,如何认识社会主义发展的历史进程,如何认识资本主义发展的历史进程,如何认识我国社会主义改革实践过

① 《邓小平文选》第2卷,人民出版社1994年版,第164页。
② 《江泽民文选》第3卷,人民出版社2006年版,第74页。
③ 《胡锦涛文选》第1卷,人民出版社2016年版,第454页。

程对人们思想的影响,如何认识当今的国际环境和国际政治斗争带来的影响,是四个迫切的问题。这也就实际上回答了"三个代表"重要思想形成的历史起点和逻辑起点。其核心则是党的建设问题,江泽民指出,"我提出这个问题,是经过了长时期思考的。在实行改革开放和发展社会主义市场经济的条件下,建设什么样的党、怎样建设党,是一个重大现实问题,直接关系到我们党和国家的前途命运"①。科学发展观是在抗击非典疫情和探索完善社会主义市场经济体制中一步步形成的,随着改革开放的不断深入,发展过程中的深层次问题不断暴露,胡锦涛敏锐注意到了发展的问题,并针对此一问题提出了科学的创见,科学发展观有力地回到了在新的历史形势下我们要实现什么样的发展、怎样发展等问题。中国特色社会主义实践主题的确立实际上也就框定了思想政治教育工作的主题,思想政治教育要服务于中国特色社会主义实践主题,为其提供精神支撑、人力支撑、价值支撑。

3. 思想政治教育要立足于培养中国特色社会主义建设者和接班人

重视人,重视人的解放,是马克思主义一贯的观点。在新的历史语境下,邓小平提出要培养有理想、有道德、有文化、有纪律的"四有"新人。"四有"是一个有机的整体,"理想"是"钙",只有具有了坚定的理想信念,才能不畏艰难、奋勇前行,邓小平指出,我们在艰苦的条件下最终赢得胜利,"就是因为我们有理想,有马克思主义信念,有共产主义信念。"②"道德"是"理想"的具体表现,只有"有道德"才能规范和引导人的行为,使其符合社会主义的建设要求。"文化"是社会主义建设者的基本素质要求,是基础。"纪律"是一种外在的约束,有力地保障社会主义建设行驶在正确的轨道上。江泽民和胡锦涛在坚持邓小平"四有"新人的基础上,并丰富了它的内涵,江泽民指出,"培养有理想、有道德、有文化、有纪律的新人,是建设社会主义精神文明的根本目标"③。胡锦涛

① 《江泽民文选》第3卷,人民出版社2006年版,第44页。

② 《邓小平文选》第3卷,人民出版社1993年版,第110页。

③ 《江泽民在与北师大师生代表座谈时的谈话》,《人民日报》1992年9月10日。

指出，思想政治教育不但要深入学习马克思主义基本原理，而且要重视法制和民主观教育、荣辱观教育等。

4. 思想政治教育要坚持科学、可行的方式方法

邓小平、江泽民、胡锦涛都重视思想政治教育的方法问题，并提出了一系列实质有效的教育方法。邓小平吸取改革开放前思想政治工作的经验教训，指出要充分利用说服教育的方法、因人施教的方法、批评与自我批评的方法、榜样示范的方法，不能搞强制、搞一刀切。他指出，“用大搞群众运动的方法，而不是用透彻说理、从容讨论的方法，去解决群众性的思想教育问题…从来都不是成功的”①。江泽民在继承中国共产党思想政治教育科学方法的基础上，根据时代背景的变化，又提出了思想政治教育要占领网络阵地的方法。随着新技术革命的发展，世界各国对网络阵地的争夺益加激烈，如何让思想政治教育成为网络工作的生命线是一个新的时代课题，江泽民提出要重视网络阵地的重要地位，深入研究网络，网络工作者要主动出击等。针对思想政治教育的新情况、新问题，胡锦涛指出要不断强化理论教育的学习、要进一步强化榜样的模范引领作用、要进一步推进理论和实践相结合、要不断提升全民族的文化素养等方法，这些方法形成了一个有机的整体，提升了思想政治教育的实效。

第二节　思政课建设的根本遵循

2019 年 3 月 18 日，习近平总书记在学校思想政治理论课教师座谈会上的讲话中明确指出，“思政课建设要向改革创新要活力。如果做一天和尚撞一天钟，照本宣科、应付差事，那‘到课率’‘抬头率’势必大打折扣。很多学校在思政课上积极采用案例式教学、探究式教学、体验式教学、互动式教

① 《邓小平文选》第 2 卷，人民出版社 1994 年版，第 336 页。

学、专题式教学、分众式教学等，运用现代信息技术等手段建设智慧课堂等，取得了积极成效”①。“分众式教学”得到肯定和倡导，为本研究提供了重要依据。具体来看，习近平关于思政课建设的重要论述主要包括以下几个方面的内容。

一、准确把握思政课在中国特色社会主义建设中的地位、价值、意义

新中国成立以后，根据社会建设和坚持党的领导需要，我国学习苏联的高等教育模式，在高校设置了思想政治理论课。从时间维度来看，自从思想政治理论课开设以来，基本上可以划分为以下几个阶段：①1949—1952 年。这一时期的高校思政课主要开设三门课程，即新民主主义论、政治经济学、辩证唯物论和历史唯物论。中央政府和教育部门出台了一系列文件规范各级学校的思政课开设、建设。②1953—1956 年。这一时期的高校思政课程逐渐完备，课程门类由三门增加为五门，分别为马列主义基础、中国革命史、政治经济学、辩证唯物论和历史唯物论、时事政策。③1957—1960 年。这一时期的高校思政课程受到国内政治运动的影响呈现出混乱状态，主要开设三门：社会主义教育、政治经济学、辩证唯物论和历史唯物论。④1961—1966 年。这一时期针对文理不同学科，高校设置了两类思政课。文科的思政课程为四门，分别为中共党史、马克思列宁主义基础、政治经济学、哲学。理科的思政课程为两门，为中共党史、马克思列宁主义概论。其中，不论是文科还是理科，都需要开设形势与任务课。⑤1966—1976 年。这一时期的思政课演化成了“政治课”。加之高校停招，整个教育生态进入不正常状态。思政课程也呈现出不正常状态。⑥1977—1984 年。随着“文化大革命”的结束，整个国家逐步回到正常状态，高校思政课基本上实现了向“文革”前的回归，课程主要设置为四门，分别为辩证唯

① 习近平：《论党的青年工作》，中央文献出版社 2022 年版，第 191 页。

物主义和历史唯物主义、政治经济学、中共党史、国际共运史。1982年增设了共产主义思想品德。⑦1985—1997年。这一时期思政课的制度化、规范化提上日程，比如1985年通过的《关于改革学校思想品德和政治理论课程教学的通知》，明确提出不同层次思政课的课程内容、要求。⑧1998—2005年。这一时期的突出事件是"98方案"的出台，思政课的课程基本上定型化。⑨2005—2011年。这一时期高校思政课开设主要基于"05方案"之上，相比于"98方案"，"05方案"对既有的八门思政课课程进行了整合，使其更系统化、体系化。思政课程主要为五门，也即马克思主义基本原理概论、思想道德修养与法律、毛泽东思想与中国特色社会主义理论体系概论、中国近现代史纲要、形势与政策。⑩2012年—至今。随着中国特色社会主义进入新时代，思政课也进入新时代。这一时期的思政课体系更加优化，内容更加体现时代性，新理论融入课程的程度更高。纵观新中国成立以来思政课的发展历程，可以发现党和政府一贯重视思政课建设，在思政课教学过程中尤其重视马克思主义基本原理的基础性价值。党和政府总是及时将马克思主义中国化的最新理论成果充实到思政课，并一贯坚持理论联系实际的原则。但是，在高校思政课建设过程中也出现过曲折和挑战。比如，体系化、制度化不足导致稳定性不强，针对大中小不同学历水平而缺乏有效的课程体系建设和内容分层；教学模式陈旧，方法单一，很难对学生产生吸引力；资源不足导致教师获得感不强、荣誉感不足，使得整体教学效果不好。

党的十八大以来，推进思政课建设成为摆在党和政府面前的一项关键工作。习近平总书记指出，"我们办中国特色社会主义教育，就是要理直气壮开好思政课"①。在全国高校思想政治工作会议上，习近平总书记指出："高校思想政治工作关系高校培养什么样的人、如何培养人以及为谁培养人这个根本问题。"②在学校思想政治理论课教师座谈会上，习近平总书记指出："办好思

① 习近平：《思政课是落实立德树人根本任务的关键课程》，《求是》2020年第17期。

② 《习近平在全国高校思想政治工作会议上强调：把思想政治工作贯穿教育教学全过程开创我国高等教育事业发展新局面》，《人民日报》2016年12月9日。

政课，最根本的是要全面贯彻党的教育方针，解决好培养什么人、怎样培养人、为谁培养人这个根本问题。”“我们党立志于中华民族千秋伟业，必须培养一代又一代拥护中国共产党领导和我国社会主义制度、立志为中国特色社会主义事业奋斗终身的有用人才。”①在这个根本问题上，必须旗帜鲜明、毫不含糊。整体来看，党的十八大以来，思政课的历史地位、时代价值、方式方法更加清晰，围绕思政课建设的很多争议、困惑得到解决，人们逐渐认识到思政课既不是单纯的道德教育课、心理课，也不是单纯的政治课，而是肩负立德树人重要任务，事关培养社会主义事业建设者、中华民族伟大复兴者的一门“大课”。

二、不断提升思政课建设体系化、制度化

回顾历史，高校思政课并不是一门“新”课，而是伴随共和国成长的一门“老”课。但在思政课建设过程中，不论是横向，还是纵向，思政课建设的体系化、制度化水平都显不足。具体来看，在横向层面，思政课内外环境衔接不够，没有形成协同育人、合力育人的格局；在课程设置方面，课程门类长期以来不稳定，思政课程门类时有增加或减少，缺乏连贯性、稳定性。在纵向层面，“小学—中学—大学”的思政课程缺乏统筹考虑、一体设置，主题不明确、中心不聚焦、内容多重复，不完全符合人才培育规律、课程发展规律。

党的十八大以来，思政课建设体系化、制度化不断提速。在横向层面，一方面，思政课内外环境的贯通已经成为推进思政课建设的关键。2018 年 5 月 2 日，习近平总书记在北京大学考察时指出，“加强党的领导和党的建设，加强思想政治工作体系建设，是形成高水平人才培养体系的重要内容。”②在学校思想政治理论课教师座谈会上，习近平强调：“各级党委要把思政课建设摆上

① 习近平：《思政课是落实立德树人根本任务的关键课程》，《求是》2020 年第 17 期。

② 习近平：《在北京大学师生座谈会上的讲话》，《人民日报》2018 年 5 月 3 日。

重要议程，抓住制约思政课建设的突出问题，在工作格局、队伍建设、支持保障等方面采取有效措施。要建立党委统一领导、党政齐抓共管、有关部门各负其责、全社会协同配合的工作格局，推动形成全党全社会努力办好思政课、教师认真讲好思政课、学生积极学好思政课的良好氛围。学校党委要坚持把从严管理和科学治理结合起来。学校党委书记、校长要带头走进课堂，带头推动思政课建设，带头联系思政课教师。”①打通思政课内外环境，将一切有利于思政课建设的资源调动起来，才能形成思政课建设的合力，才能改变长期以来思政课“单打独斗”“势单力薄”的局面。另一方面，思政课程门类设置的规范化、制度化程度不断提升。在“05 方案”的基础上，思政课的门类设置基本上稳定了下来。当前，思政课门类设置也没有脱离“05 方案”，而是在“05 方案”基础上进行有限调整。比如，2021 版思政课教材修订中，将《思想道德修养与法律》修订为《思想道德修养与法治》，将《马克思主义基本原理概论》修订为《马克思主义基本原理》。此外，如何有效开展习近平新时代中国特色社会主义思想的学习与宣传已经成为学校思想政治工作的核心工作之一，不少高校新设置习近平新时代中国特色社会主义思想教研室开展课程教学与研究。与此同时，随着“四史”学习教育的重要性日益提升，部分高校（主要是全国重点马克思主义学院）已经试验性开设了“四史”公共政治课。综合来看，党的十八大以来，思政课内外环境隔阂的状况已经被打破，合力开展思政工作的局面已经形成，思政课与课程思政一体建设、领导干部讲思政课等日益制度化、体系化，课程内容设置的总体框架基本稳定了下来。在纵向层面，打通长期以来大中小学“关门”办思政课局面成为一项关键工作。习近平总书记在学校思想政治理论课教师座谈会上指出，“在大中小学循序渐进、螺旋上升地开设思政课非常必要，是培养一代又一代社会主义建设者和接班人的重要保障。”②他在中国人民大学考察调研时也指出，“鼓励各地高校积极开展与中小学思

① 习近平：《思政课是落实立德树人根本任务的关键课程》，《求是》2020 年第 17 期。

② 习近平：《思政课是落实立德树人根本任务的关键课程》，《求是》2020 年第 17 期。

政课共建,共同推动大中小学思政课一体化建设。”①当前,大中小学思政课建设的一体化水平不断提升,整体性、递进性、协同性程度越来越高,各地围绕如何推进大中小学思政课建设一体化进行了具有地方特色的尝试,逐渐形成了协同育人、全过程育人的局面。

三、不断提升思政课教学实效

思政课建设的一切工作都要落脚于增质提效。在方法论方面,习近平总书记围绕思政课教学增质提效提出了许多新观点、新论断、新设想,为提升思政课教学实效指明了方向、道路和方法。

首先,构建“大思政课”格局。2021 年 3 月 6 日,习近平总书记指出:“‘大思政课’我们要善用之,一定要跟现实结合起来。上思政课不能拿着文件宣读,没有生命、干巴巴的。”②构建“大思政课”的关键在于准确把握“大”,它与长期以来思政课的“小”格局构成了鲜明对比。推进“大思政课”格局建设要从“大”处着手,改变长期以来思政课视野狭窄、模式陈旧、方法单一的局面。

其次,充分调动思政课教师的积极性。古人谓:“师者,所以传道受业解惑也。”“师”绝对不是简单的知识传播者,更是青少年世界观、人生观、价值观的引导者。提升思政课教学实效的关键在于教师。习近平在多次讲话中都指出要重视思政课教师的地位,发挥思政课教师的积极作用,并对思政课教师队伍建设提出了明确要求。习近平指出,“‘经师易求,人师难得。’教师承载着传播知识、传播思想、传播真理,塑造灵魂、塑造生命、塑造新人的时代重任。思政课教师,要给学生心灵埋下真善美的种子,引导学生扣好人生第一粒扣

---

① 《习近平在中国人民大学考察时强调　坚持党的领导传承红色基因扎根中国大地　走出一条建设中国特色世界一流大学新路》,《人民日报》2022 年 4 月 26 日。

② 杜尚泽:《“‘大思政课’我们要善用之”(微镜头 · 习近平总书记两会“下团组” · 两会现场观察)》,《人民日报》2021 年 3 月 7 日。

子。"[①]在看望参加全国政协十三届四次会议的医药卫生界、教育界委员并参加联组会时，习近平指出，广大思想政治理论课教师，政治要强、情怀要深、思维要新、视野要广、自律要严、人格要正。[②] 总体来看，党的十八大以来，思政课教师队伍不断壮大，思政课教师的获得感、荣誉感不断增强，为提升思政课教学实效提供了主体支撑。

最后，改革创新思政课教学模式与方法。时代在不断发展变化，思政课也要与时俱进，改变思政课教学模式单一、教法单板的状况，不断推进思政课教学模式和教学方法的变革。一方面，要进一步凸显学生中心地位。长期以来，思政课教学主要采取自上而下的灌输模式，学生处于完全的被动地位，积极性不足。推进思政课教学模式和教学方法改革，就要坚持教师和学生"双中心"地位，在肯定教师课堂主体性的同时，不断提升学生的主体地位。习近平指出，"思政课教学离不开教师的主导，同时要坚持以学生为中心，加大对学生的认知规律和接受特点的研究，发挥学生主体性作用。"[③]另一方面，要不断创新思政课教学方法。习近平指出，"改革创新是时代精神，青少年是最活跃的群体，思政课建设要向改革创新要活力。"[④]思政课的主要对象是青少年学生，他们思维活跃、视野开阔，思政课要将最新的科技手段引入思政课，在坚持课堂主阵地地位的同时，创新课堂形式、丰富课堂内容。习近平在全国高校思想政治工作会议上的讲话中明确提出："要运用新媒体新技术使工作活起来，推动思想政治工作传统优势同信息技术高度融合，增强时代感和吸引力。"[⑤]

---

① 习近平：《思政课是落实立德树人根本任务的关键课程》，《求是》2020 年第 17 期。

② 《习近平谈治国理政》第三卷，外文出版社 2020 年版，第 330 页。

③ 《习近平在中国人民大学考察时强调　坚持党的领导传承红色基因扎根中国大地　走出一条建设中国特色世界一流大学新路》，《人民日报》2022 年 4 月 26 日。

④ 习近平：《思政课是落实立德树人根本任务的关键课程》，《求是》2020 年第 17 期。

⑤ 《习近平在全国高校思想政治工作会议上强调：把思想政治工作贯穿教育教学全过程开创我国高等教育事业发展新局面》，《人民日报》2016 年 12 月 9 日。

总之,党的十八大以来,习近平总书记针对思想政治理论课建设发表的一系列重要讲话,提出的一系列新思想,作出的一系列新指示,为本研究提供了遵循、指明了方向、明确了道路、确认了抓手、明晰了重点。

第三节 赋权理论

“赋权”是对英文“Empowerment”的汉译,也有学者将其翻译为“增权”“赋能”“增能”。据学者考证,赋权的英文注释最早可查阅至 1849 年版《牛津英大词典》:“the action of empowering;the state of being empowered”。在此注释中,“Empowerment”不但体现为一种“过程”,而且表现为一种“结果”。

一、权力(Power)、无权(Powerlessness)、去权(Disempowerment)

“权”是赋权理论的“核心词”,正确理解“权”对于准确把握赋权理论的内涵具有重要意义。赋权理论的“权”是对英文“Power”的汉译,从观念史的角度看,“Power”源于法语“Pouvoir”,法语“Pouvoir”源于拉丁语“Potestas”或“Potentia”,后者具有“能力”的意思,这是权力被阐释为能力的词源根据。

如果将英文“Power”直接阐述为“权力”,那么,赋权的内涵是很明晰的,即“赋予对方相应的权力”。尽管“Power”的汉译通用词是“权力”,但“权力”内涵并不统一。此外,权力与权利之间也并非毫无关系,因为赋予对方权力的结果会使得对方获得“权利”。正是权/权力本身的含义模糊性,使得学界对赋权理论的“权”做出了多种解读。大多数学者将“权”解读为“权力”(Power),也有学者认为“权”具有“权力”(Power)和“权利”(Right)两重含义。孙奎立认为,“对于控制生活能力来说,可以理解为‘权力’,但相对于经过控制所带给主体的主观效能感以及生活质量的改善,也可以视作是一种‘权利’”①。如果综合国内

① 孙奎立:《“赋权”理论及其本土化社会工作实践制约因素分析》,《东岳论丛》2015 年第 8 期。

外赋权研究者的主流观点,“权”基本上指“权力”(Power),即使具有权利的意涵,权利也只具有从属地位。

陈树强对赋权理论者研究后指出,赋权中的“权力”指拥有一种能力,这种能力包括两个方面:一种客观存在和作为内在感受的权力感。① 周林刚从西方文化的整体视角探究“权力”。他认为权力研究者主要基于两个视角:能力和关系,“权力是指行动者在社会生活中所拥有的获取各种资源的能力,它既是一种客观事实,又是一种主观感受,即权力感。”②

如果说赋权理论的“权”主要取“权力”含义,那么,还必须注意到赋权理论的“权力”并不是政治层面的权力,而是一种社会权力,“赋权理论提及的权力概念不完全等同于日常理解的权力定义,生活中权力被提及的概念理解更多是一种依赖于制度和职位所拥有的强制性能力,是一种政治概念;这里,我们讨论的权力还是一种社会学概念,是社会主体利用其掌握的资源,出于维护自身利益角度,对外部环境和公共生活产生影响或支配的能力,这里的社会主体既可以是个人,也可以是集体,此处提到的资源不仅是指金钱可以购置的有形资源,也指诸如能力、自尊感、信心感等无形资源,外在的‘权力获取’可以使得赋权主体在内在精神层面产生一种‘自我效能感’(Self-efficacy),自信心得到增强”③。因此,赋权理论的权力更多地标识为一种“影响力”,而不是自上而下的“压迫能力或压迫感”。

二、赋权(Empowerment/Empower)

赋权理论者关注弱势群体,主张从提升权力和权力感入手改变他们的社会处境,也就是“赋权”。综合来看,赋权体现为过程性的,但又具有结果导

① 陈树强:《增权:社会工作理论与实践的新视角》,《社会学研究》2003 年第 5 期。

② 周林刚:《激发权能理论:一个文献的综述》,《深圳大学学报(人文社会科学版)》2005 年第 6 期。

③ 舒仁凯:《从个体能力到集体行动——国外赋权理论研究》,硕士学位论文,南昌大学公共管理学院,2018 年,第 16 页。

向,过程包括了问题确认、症结分析、伙伴关系、环境改善、资源分配等,结果导向于实现提升案主的权力和权力感。这是一种区别于传统社会工作的全新理论与方法。

首先,赋权的理论预设。相对于传统社会工作理论的病理分析视角,将案主视为有缺陷、不完善、消极被动的一方,赋权理论采取了优势视角,也即社会工作者与案主之间乃是一种平等关系。案主不是等待着被援助的被动状态,而是具有内在的优势和能力。通过赋予案主一定的资源、机会,激发案主的内在潜能,案主能够成为社会合格的参与者。在赋权理论优势视角之下,社会工作的重点不再是简单地赋予案主权力或资源,而是通过一定的工作激发案主的内在潜能或提供某些条件使得案主能够掌控自己的生活。除了对案主内在潜力和潜能的基本肯定之外,赋权理论还预设案主有内在主动性改变自身现状,也即案主对自身状况并不满意,有动力和意识借助外部资源和内在精神的变化去融入现实社会。尽管社会工作者认为案主是社会生活中平等的一员,案主也有动力去改变自身现状,但案主的现实状况则是"无权"状态。因此,改变案主现状的最主要手段是改变案主无权的状况。

其次,赋权的内容。赋权的内容是要改变案主的无权状况,其中涉及两个方面:一方面,改变案主的资源匮乏状况,也即为其提供外部环境支撑;另一方面,改变案主的权力感匮乏状况,也即为其增强权力感、成就感、荣誉感提供支撑。总之,赋权并不是简单的"赋予权力","赋权的本质是权力的再分配,但这个再分配的过程并不是此消彼长的'零和博弈',赋权不是权力从强势者到弱势者交付转移的过程,而是激发无权者潜能使其获取本应拥有的能力和权益。"① 赋权是"授之以渔"的行为、过程和结果,它的内容是一个连贯的统一体,首先是案主个人的意识觉醒,也即意识到自身的无权状况与无权感;其次是通过积极行动改变自身的无权状况与无权感,提升个人的能力;再次是参与集体行

① 舒仁凯:《从个体能力到集体行动——国外赋权理论研究》,硕士学位论文,南昌大学公共管理学院,2018 年,第 18 页。

动,通过组织、社区等集体行动获得相互的认同、承认与支持,获得参与社会的能力与内心的社会满足感;最后是以平等状态融入现实社会。

再次,赋权的应用。从历史维度来看,赋权理论首先是作为一种教育措施被提出来的,随着索罗门将其应用于美国黑人的社会工作研究,然后开始成为一种社会工作理论从而受到社会的关注。在20世纪八九十年代,进入了赋权理论研究与应用的大发展时期,赋权理论由一种学术理论介入现实社会生活之中,开启了实践应用阶段,但也因此逐渐滑出了社会学的研究范围,进入到了多学科研究与应用阶段。在此过程中,赋权理论被广泛应用于社会多个领域,比如拉帕波特(Rappaort)将赋权理论应用于社区管理,康格尔(Conger)和克南郭(Kanungo)将其应用于企业管理,意图提升企业员工的归属感与积极性,霍兰德(Holland)等将其应用于女性赋权研究等等。除此之外,赋权理论还被广泛应用于教育研究、失足青年、老年人养老等领域。

最后,赋权的模式。赋权理论经过"理论—实践"的"飞跃"之后,随之进入了赋权理论的范式建构阶段,代表人物是齐默尔曼(Zimmerman)和古铁雷斯(Gutiérrez)等人。前者将赋权分为三类:心理赋权、组织赋权和社区赋权。① 其中,心理赋权乃是提升案主内心权力感、认同感的重要活动。组织赋权是通过获取资源、合作组织,从而提高组织工作的效能。与此同时,提升组织成员的工作技能和协作能力,最终引发组织变革以适应社会变迁。社区赋权则是希望通过把社区中的个体组织起来,提高他们集体生活的质量和加强社区生活中的公共联系。帕森斯(Parsons)从个体、人际和社区三个层面阐释赋权。② 多德(Dodd)和古铁雷斯(Gutiérrez)、李(Lee)等人则把赋权分为个体赋权、人际赋权、政治赋权三类。个体赋权侧重于个体意识觉醒与个体能力培养。人际赋权侧重于个体融入集体生活之中从而获取参与社会生活的能力。政治赋权

---

① 孟莉:《社区心理学》,中央广播电视大学出版社2016年版,第187页。

② R.J.Parsons,"Empowerment:Purpose and Practice Principle in Social Work",*Social Work With Groups*,No.2(1991),pp.7-21.

则是人际赋权的扩大化,也即随着人际赋权规模的扩大、影响力的提升使其能够对现实社会规则产生影响。艾德曼将赋权分为自我赋权、个体赋权、团体赋权、组织赋权以及社区赋权和政治赋权。① 拉帕波特、玻姆(Boehm)和史泰博(Staples)等人则把赋权区分为个体赋权和集体赋权②。个体赋权侧重于赋权对象的个人化,集体赋权是除个人赋权之外的一切赋权。

总之,兴起于20世纪70年代的赋权理论是一种全新的社会工作方法,它摒弃了传统的病理学分析视角,而是将研究对象视为平等的、不存在任何病理的一方,将其社会被动角色的存在归因于社会规则的不公正导致的资源不公正、不平等。因此,要改变案主的无权现实与无力感,就必须改变社会资源分配的不平等,通过赋予案主以资源使其生发出积极融入现实社会的能力和内在自信、自尊与自重感。

第四节 教育赋权

社会工作理论从整体的视角看待个人,尊重个人的尊严、权利、人格的完整性,将人从"工具人"提升到"社会人"的高度。社会工作理论不但重视人的完整性,而且侧重从人与社会的关系角度理解人,并且认为个人的很多问题并不源于个人自身的原因,而是由社会环境导致,因此,破解个人困境的关键点是重塑个人与社会的关系。作为一种新型社会工作理论的赋权理论,将案主视为平等的一方,希望通过激发案主自身的潜力以摆脱弱势状态,社会工作的

---

① [英]马尔科姆·派恩:《现代社会工作理论》,何雪松等译,华东理工大学出版社2005年版,第8页。

② Julian Rappaport,"Terms of empowerment/exemplars of prevention:Toward a theory for community psychology", *American Journal of Community Psychology*, No. 2 (1987), pp. 121 – 148; Zimmerman M. A. "Psychological Empowerment: Issues and Illustrations", *American Journal of Community Psychology*, No.5(1995), pp.581–599; Boehm, A., Staples L. "Empowerment: The Point of View of Consumers: Families in Society", *The Journal of Contemporary Social Services*, No.2(2004), pp.270–280.

重心在于给案主希望、决心和自信心，通过激发案主的积极性、主动性，使其通过能力的提升而实现发展的境界。社会工作者主要充当支持者、资源供给者、服务提供者等角色，这些角色保障了社会工作能够及时向案主提供其所需要的资源。正如有学者指出的“社会工作的本质就是‘助人自助’，也就是要深入探讨问题产生的深层原因，立足于发挥案主的潜能，鼓励案主自己去解决问题，这是社会工作注重发挥案主主体性的一个主要体现。”①学校是社会有机体的重要组成部分，因此，通过把社会工作理论融入学校工作，意在调整学校、社区、家庭、学生之间的复杂关系，使其维持一种“良好”关系，实现“教”与“学”的良好互动，提升教与学的质量，最终培养学生完善的人格和融入社会的能力。

相对于赋权，教育赋权是一个下位概念。从现有研究来看，教育领域不但是赋权理论研究的对象，其自身就是一种赋权行为。在知识文化占据主导地位的现代社会，缺乏知识或者无法享受系统的教育，会使得受教育者缺乏足够的能力和信心去应对现代社会中的众多挑战。通过教育赋权，可以使他们能够积极融入社会、感知社会，从中获得尊严。2015 年，联合国教科文组织提出教育的新理念：“赋权型教育可以培养出我们所需要的人力资源，这样的人才能够继续学习、解决问题、具有创造能力，能够以和平、和谐的方式与他人及自然实现共存”②。具体来看，教育赋权主要围绕以下几个主题进行研究。

一、现实意蕴

从早期的弗莱雷将赋权引入教育领域，实际上暗含了教育赋权的一种解放意蕴，它突破了教育范畴，具有了社会、政治、文化意义。考斯（Courts）基于

① 沈炜：《从说教灌输到增能赋权：高校思政教育模式改革的社会学思考》，《上海理工大学学报（社会科学版）》2014 年第 2 期。

② 滕珺：《教育是全人类共同核心利益——联合国教科文组织成立 70 周年提出教育新理念》，《中国教育报》，2015 年 11 月 22 日。

“过程”视角强调教育赋权的重要意义，即人们是从未知到已知的过程中感悟到赋权的存在。他认为教育具有典型的赋权意义，并认为教育对于不同的人群有着不同的赋权价值和意义。① 肖尔认为，教育赋权是一种以学生为中心的、批判性的、民主的教育方法。它形成一种对话，教师和学生在对话中相互交流日常主题、社会问题和学术知识。通过对话和提出问题，学生成为学习的积极参与者。② 翁洁考察了将赋权理论引入校园调解的重要价值，有助于提升素质教育和促进人的全面发展；有助于进一步完善高等教育机构组织与管理，能够对建立社会主义和谐社会产生积极影响。③ 张宇莲尝试将赋权引入高校社会工作课程，创造性地发展出“小组工作”教学模式。它以“在做中学”为基本特征，在课程设计中引入赋权元素，如组成小群体、传授技巧、动员资源、体验助人关系、引导学生参与、帮助学生反省个人与社会变革的关系等，最终培育出学生的自主意识和责任意识。从具体结果来看，当学生的“无力感”被改变之后，学生不但提升了对专业的认同，提升了学习的主动性和积极性，而且增强了学生将知识运用于实践的动力和能力，学生在理论与实践的结合中进一步加深了对知识的理解和自身的能力。④ 李家新和汤俊雅认为，MOOCs 教学本质上就是一种以学习者为中心的“技术赋权”，“通过教学关系的‘泛民主化’赋予学习者以学习主动权，通过教学内容的‘反本质化’赋予学习者以知识建构权，通过教学过程的‘去中心化’赋予学习者以过程参与权”⑤。通过 MOOCs 教学所引发的技术赋权，高校教学范式将发生巨大变革，教学关系将从依附型转变为主动型，教学内容从封闭型转变为开放型，教学过

① Donaldo Macedo & Patrick L. Courts, *Literacy and Empowerment: The Meaning Makers*, New York: Bergin & Garvey, 1991, p.29.

② Ira Shor: *Empowering Education*, Chicago: University of Chicago Press, 1992.

③ 翁洁：《赋权理论对我国高等教育发展的意义初探》，《新疆教育学院学报》2013 年第 1 期。

④ 张宇莲：《增权取向的“小组工作”教学模式》，社会科学文献出版社 2006 年版，第 49—55 页。

⑤ 李家新、汤俊雅：《从赋权理论看 MOOCs 教学的本质》，《高校教育管理》2015 年第 3 期。

程从垂直型转变为扁平型。沈炜、石耀月、张吉东等探讨了赋权理论对高校思想政治教育(课)的重要价值,认为赋权理论为高校思想政治课改革提供了新理念、新模式、新路径。

二、教师赋权

教师赋权理论作为学校革新策略的一部分日益受到重视,国外学者绍特(Short)、瑞内哈特(Rinehart)总结了国外教师赋权的具体内涵,"(1)教师在直接影响教学工作的重要决策中的参与程度;(2)教师对影响学校工作的指标形成过程所具有的影响力;(3)从同行对其专业的尊敬角度来考虑教师地位;(4)教师在工作中可以自主控制和确定的范围;(5)推进继续学习发展中专业技能的专业发展机会;(6)在指导学生学习方面,自我效能感的提升"。① 关于教师赋权的目的,泽茨纳(Zeichner)认为,教师赋权意在通过改变学校的权力结构,提升教师参与决策的能力和权力,最终改进教师的专业地位和能力。② 帕瓦特(Prawat)认为教师赋权涉及政治和知识两个层面的目标,其过程又涉及自我对话、个人与环境的双重对话(见表1-1)。③

表 1-1 自我对话和与环境对话目标

背景	目标	
	知识的	政治的
与自己对话	我应该接受哪些知识	我自己应该提供什么,才能在持续的教育对话中有所贡献

① Paula M.Short, Rinehart, James S, "Teacher Empowerment and School Climate", *Questia: Journal Articles(Education)*, No.4(1993), p.592.

② K.M.Zeichner, "Contradictions and Tensions in the Professionalization of Teaching and the Democratization of Schools", *Teacher College Record*, No.3(1991), pp.363-379.

③ Richard S.Prawat, "Conversations with self and conversations with settings: A framework for thinking about teacher empowerment", *American Educational Research Journal*, No.28(1991), pp.737-757.转引自田莉:《教师赋权增能视野下的学校改进:内涵及策略》,《教育理论与实践》2014年第11期。

续表

背景	目　标	
	知识的	政治的
与环境对话	在教学过程中我应该专注于哪些领域	作为一名专业人员,我需要哪些资源和支持才能在工作上有所成就

针对教师赋权的具体内容,威尔森(Wilson)和库利坎(Coolican)认为涉及两个部分:外部权力(Extrinsic Power)和内部权力(Intrinsic Power)。其中,外部权力主要涉及改变教师专业地位的路径,内部权力则指教师个人对于职业的态度。① 切尼斯(Cherniss)曾从心理和政治两个维度探讨赋权,并认为心理上的赋权比政治上的赋权具有更强的效力,"心理上的赋权比通过外部机制赋予的权力更能影响教师对新计划的支持,当然,政治的赋权也很重要,因为它也会有助于心理上赋权的实现"②。此外,还有学者从心理、行动、政治三个角度探讨教师赋权增能。心理上有助于教师认同职业和熟练掌握知识的能力,行动上有助于教师通过具体行动提升自我能力和获得资源,政治上有助于教师通过权力配置的改变提升教师角色地位等。田莉认为可以通过赋权增能促进教师参与学校改进,从而提升学校办学水平。刘万海聚焦于新课改下教师所面临的"应为"与"难为"困境。认为新课改以"学生为中心"的取向对传统的教师赋权模式提出了挑战。教师在新课改语境中实现从"应为"到"能为"的跨越,需要面临着多重障碍,核心是"孱弱和缺失的教育权利"。具体表现为,"一方面是法律赋予教师职业的基本权利得不到理想的维护;另一方面,根据权责相称的原则,新课程给教师提出一些新的职责,却没有对等地赋予其充分的权利"③。赋权增能是改变新课改语境下教师困境的关键,一方面要保障传统教学中教师的基本权利,比如专业自主与发展的权利、民主管理的

① S.M.Wilson, M.J.Collican, "How High and Low Self-empowered Teachers Work with Colleagues and School Principals", *Journal of Educational Thought*, No.2(1996), pp.99-117.

② Michalinos Zembylas, Elena C.Papanastasiou, "Modeling Teacher Empowerment: The Role of Job Satisfaction", *Educational Research and Evaluation*, No.5(2005), pp.433-459.

③ 刘万海:《论教师增权与教师新课程角色的实现》,《教育理论与实践》2003 年第 12 期。

权利、获得补偿的权利;另一方面要基于新课程赋予教师新权利,比如课程的决策权、设计权、实施权和评价权。其中,教师自身的内部因素和外部资源支撑因素的有机配合构成了具体路径。① 符太胜和严仲连关注到教师赋权增能与信任的关系问题。他们认为信任是教师赋权增能的基本条件,但是当前学校弥漫着的信任危机威胁到教师的赋权增能,将导致"虚假的赋权",即"权力的一方在形式上让教师分享权力和参与决策,表面上尊重教师的教学自由和专业自主,实质上却借助于赋权的幌子,以更高明的手段控制教师,尽可能地骗取教师更高程度的承诺和责任感。"②其结果是进一步削弱了教师的权力,进一步扩大了学校的信任危机,导致了教师的"表面的增能"。破解教师赋权增能中的信任危机,关键是建立可信任的学校制度、树立可信任的教师形象和化解信息的不对称。何丽娜和贾新艳聚焦于研究型课堂中教师的赋权增能问题。认为研究型课堂是一种基于师生双主体的课堂设计,但是,在强化学生主体性的同时必须强化教师的主体性。可以通过赋权增能使教师具有专业自主性和地位,掌握专业判断,通过参与学校业务决策等提升专业素质,最终提升教师的自我效能和专业发展。③

三、学生赋权

将赋权理论引入教育领域的一个重要目的就是重构旧的教学模式,其中,对学生赋权是其关注的核心问题。张杰分析了高校课堂中"师—生"的权力状况,认为学生缺乏权力能力和权力感,其中,学生的权力能力主要表现为三个方面:"一是个人的层次,即获得自己所需要东西的能力;二是人际的层次,即与他人合作和影响他人思考、行动的能力;三是社会环境的层次,即影响资

① 刘万海:《论教师增权与教师新课程角色的实现》,《教育理论与实践》2003 年第 12 期。

② 符太胜、严仲连:《信任与信任危机:教师赋权增能的核心问题》,《教育理论与实践》2014 年第 25 期。

③ 何丽娜、贾新艳:《研究型课堂中教师的"赋权增能"》,《社科纵横》2016 年第 6 期。

源在社会系统中分配的能力。"①这种权力能力会逐渐内化为一种无权感,学生的无权感源于三个方面的原因,"一是本人的负向自我评价,是本人对自身能力的不正确认识造成的;二是人与社会环境间互动的负向经验,如受到过羞辱、不公平对待等;三是社会环境的影响,如资源分配不均、歧视等"②。要改变课堂教学过程中的学生无权状况,在实现教师赋权的同时,也要赋权于学生,具体来看,则是要实现学生个人层面、学生人际关系层面、学生社会层面的赋权,其中,学生自身层面侧重于培养更有影响力的自我意识,人际关系层面侧重于形成对人际关系的正确认识和评价,社会层面侧重于形成对社会环境的正确认识并能够积极适应、融入社会环境。具体操作手段包括建立一贯目标、接纳新理念、师生共同创造教学愿景、唤起学生的权力感、学生参与到课堂教学、教师授权、消除恐惧、营造分享课堂文化、消除数字目标标准、去除伤害自尊的障碍、建立教育与自我改善计划、以结构化的管理完成改造等。秦程现、刘晓明和任永波认为,可以依托赋权理论构建以学生为中心的高效课堂教学模式,将赋权理论引入课堂教学之后,教学模式将呈现出以下样态:教学关系的"泛民主化"、教学内容的"知识建构化"、教学过程的"去中心化"、学生评价的"多元化"。赋权后的高效课堂教学模式通过构建"分组协作"的聚合中心、"线上线下"结合的资源中心、"教师+AI Teacher"组合的服务中心和多元评价体系实现课堂再造。③ 金宏妍、张向前、王艳认为大学生群体处于一种弱势状态,如果基于赋权理论分析,可以将大学生群体进一步细化为强势大学生群体、中间状态大学生群体和弱势大学生群体。整体来看,并不存在完全无权的大学生,但弱权和失权状态的大学生却处于增加状态。改变大学生弱权

---

① 张杰:《学生增权:高校课堂教学改革的新路径》,《江苏教育学院学报(社会科学版)》2009年第1期。

② 张杰:《学生增权:高校课堂教学改革的新路径》,《江苏教育学院学报(社会科学版)》2009年第1期。

③ 秦程现、刘晓明、任永波:《以学习者为中心:赋权理论视角下高效课堂教学模式研究》,《河北能源职业技术学院学报》2020年第4期。

状态的一个重要途径是构建辅导员助理制度，它能够从多个层面实现弱势大学生的赋权增能。①

从现有研究看，教育赋权具有以下典型特征：

一是学习活动体现学生的内在动机。教育赋权是学生主动投入的学习，是由自身掌控、主动负责、出于自身内在动机的学习。这种学习动机使学生全身心投入到学习活动当中，他们身体、情感、认知的应激反应，恰恰是教育赋权中学生所表现的状态。教育赋权中，学习动机的内在化，使学习活动更多地由学生的内在动机所驱动。②

二是学习成员之间呈现良好的互动。教育赋权基于建构主义，强调对知识的深度理解、应用、分析、评价和创造，重视知识的社会性建构，要求学生产出真实的学习作品，帮助学生设定个人的、社会的和学习的目标。因此，学生在教育赋权过程中，必然要与同学、教师等学习单元内的成员积极互动，通过互动完成自己的知识建构，产出学习产品。教育赋权强调与他人合作的重要性，强调要从学习成员中积极获取反馈，不断改善自己的学习，完成自己的知识建构，发展高级认知思维，形成发散思维、辩证思维、分析思维、创新思维。

三是教育赋权得益于现代信息技术支持。教育赋权中，为学生赋权是关键，但是，赋权之后，学生能否在新时代真正享有权力、实现对学习的掌控，信息技术的支持十分必要，尤其是各种个性化技术工具对学习活动的支持。在目标设定、资料收集、数据分析、结果展示、交流互动等学习环节，正是因为有技术工具的支持，学生才有了更多的选择权，才能实现自我指导的学习，真正根据自己的需求和个人偏好进行学习。信息技术在日常生活中已经普及，融入学生的方方面面，他们的学习过程深度依赖信息技术参与。

---

① 金宏妍、张向前、王艳：《增权理论模式下高校学生工作创新研究》，《燕山大学学报（哲学社会科学版）》2009 年第 3 期。

② 贺斌：《智慧学习：内涵，演进与趋向——学习者的视角》，《电化教育研究》2013 年第 11 期。

四是教育赋权需要体现学生的主体性。赋权实质是把学习的权力和责任交给学生，让学生掌握学习的主动权，让他们在学习主题选择、学习目标设定、学习策略选择、学习结果展示等过程中享有充分的发言权和选择权。这就要求教师在教学实践中与学生建立协商机制，给学生提供足够的机会，让学生成为课堂的主体、学习的主人，让学习活动成为驱动学生学习的过程，而他们则变身为学生学习的指导者和支持者。

教育赋权是作为教育改革的一个重要策略或手段来应用，并围绕教学过程中存在的问题进行探讨，由此形成了丰富的成果。但整体来看，尚缺乏系统性、整体性的研究，而且偏重于技术层面。此外，教育赋权研究的高水平成果尚不多见，这使得当前赋权理论融入教育教学过程的研究缺乏深度的学理支撑，而缺乏学理支撑的教育赋权将流于形式化、技术化，失去发展的方向。因此，教育赋权研究需要实现"教育"与"赋权"的统一，换言之，教育的目的与赋权的本质应实现有机统一，而不是机械堆砌。

教育赋权理论是赋权理论在教育领域的衍生物，旨在将教育资源的决策权和控制权与教育中的弱势群体（受教育者）共享，让教育弱势群体更多地参与、控制教育资源。从这个意义上看，教育赋权就是指给予教育弱势群体更多的教育权利，挖掘与激发教育弱势群体个体潜能的实践活动，且通过教育使各方深入互动，形成教育弱势群体积极参与、共享管理与控制教育资源权力的过程和状态。一方面，让以学生为代表的教育弱势群体将学习主动权掌握在自己手中，有利于自觉地推动其充分发挥主观能动性，真正地参与到学习活动中，并自主建构自己的知识体系，最终实现深度学习和真实学习；另一方面，拥有对学习资源的支配权、参与权和使用权，有利于打破传统的以灌输为主的教学模式，促使师生在民主、平等的教学氛围中创造性地完成教学任务和教学目标。

教育赋权理论的本质在于教育权力的转化与赋予，其具有以下几方面的特征：一是理念的人本性。教育赋权主张教师不再是知识权威的象征，而是意义建构的帮助者、指导者和促进者，学生不再是外部刺激的被动接受者，而是信息加工的主体。教育赋权倡导在课堂教学中，教师要根据学生的实际需要、成长规律、个体差异，制定教学方案、设计教学内容，从而不断地帮助学生主动建构自己的知识和观念。二是参与的民主性。教育赋权倡导平等民主的课堂氛围，破除了传统教学“为学生”的桎梏，使教师从“布道者”转化为“学习共同体”的成员。在这样一个民主、和谐的氛围中，能够最大限度地使学生参与到教学中来，通过师生互动、生生互动，使学生自内而外地发挥主体性，真正体现师生共学和教学相长。三是交往的互动性。经过教育赋权的课堂一改教师讲、学生听、教师评价、学生接受的单向形态，主张教学即交往，整个课堂就是一个动态的交往过程。在这个动态的交往中，不仅有师生间的互动，而且有生生间的互动，教师与学生之间相互作用、相互交流、相互沟通，彼此形成一个真正的“学习共同体”。四是发展的共生性。教育赋权提倡双向互动的教学模式，通过师生的互动切磋和学生的有效参与，不仅使学生的思维得到发散、认识得到提升，而且无形中给教师提出了更高的要求，形成了共生的发展环境。

2015 年的欧盟高等教育埃里温部长峰会上明确提出要为学生进行教育赋权，推进以学生能动性为核心的观点，体现了以学生为中心的教育理念。① 2017 年的美国国家教育技术计划也提出要为学生教育赋权，培养学生的赋权感和学习信仰。② 有研究表明，教育赋权的学生，在资源获取不公平的情况下学得更好，善于个性化学习，能养成执行力、持久力、自我意识、容忍模糊等素质技能，这些技能对于在当前和未来社会获得成功至关重要。③

---

① Maja Klemenčič,“From Student Engagement to Student Agency:Conceptual Considerations of European Policies on Student-Centered Learning in Higher Education”,*Higher Education Policy*,No.1 (2017),pp.69-85.

② The Office of Educational Technology:*Reimagining the Role of Technology in Education*:2017 *National Education Technology Plan Update*,https://www.sabes.org/content/reimagining-role-technology-education-2017-netp-update.

③ 王永军:《赋权学习理论及实践案例研究:赋权视域中的技术变革学习》,中国电化教育 2018 年第 11 期。

第五节　分众理论

“分众”(Fragmented mass audience 或 Declassification)是一个传播学用语,由美国未来学家阿尔文·托夫勒(Alvin Toffler)于1970年所提出。托夫勒在《未来的冲击》一书中提出未来的报纸将从“同质”走向“多样”,它不会为不同的读者提供完全相同的内容,未来的传播将是“分众”式的。“分众”理念一经提出便受到传媒界的接受和广泛传播,成为指导此后传媒发展的重要理论。随着分众理论的不断社会化,其使用范围逐渐溢出传播学领域被“嫁接”于各个不同的理论学科或问题域,由此呈现出分众理论广泛适用的图景。

分众理论的诞生有着坚实的学理和实践支撑,反映了社会观的变迁,即从二元对立结构观转变为多元主义社会观,具体表现为社会关系论和个人差异论的崛起。社会关系论和个人差异论都聚焦于传媒中的“受众”,其中,社会关系论由美国传播学者拉扎斯菲尔德(Lazarsfeld)、贝雷尔森(Berelson)、卡茨(Katz)等人提出,它区别于个人差异论和社会类型论,更多地关注受众组织、团体对受众接受传媒信息的影响。社会关系论认为个人不是独立的个体,传媒也不可能直接将信息客观、准确、真实地传达到个人,其间必须经历受众组织、团体的审查,经过组织或团体审查的传媒信息可能不再是客观的、准确的、真实的,而是掺杂了团体、组织“意见领袖”的信息。因此,在看待传媒与受众的关系时,传媒相对于受众来说既不是强大的、直接的,也不是一致的,而是经历过“曲折的”。个人差异论是由美国传播学家卡尔·霍夫兰(Carl Hovland)1946年提出、由美国学者梅尔文·德弗勒(Melvin DeFleur)在1970年做了修正而形成的一个系统化的理论。个人差异论坚持行为主义理论取向,以心理学上的“刺激—反应”模式为基础,以批判媒介万能论为出发点,意在阐述受众成员并不是铁板一块,受众成员存在着心理上和认知结构上的差异。

德弗勒将个人差异归结为五种：心理结构差异、先天禀赋与后天习性导致的个人差异、差异化社会环境导致的心理构造差异、差异化社会环境导致的个性差异、既有观念影响着人们的选择，这些差异影响着受众对媒介的注意力和对媒介所讨论问题、事物采取的行为。[①] 从个人差异论理论出发可以推导出不存在整齐划一的传播对象，受众的选择深受所处社会环境、社会经历、社会教育的影响，因此，媒介应针对不同的受众个体采取不同的传媒行为、模式和策略。

托夫勒之所以在 1970 年提出“分众”概念，源于传媒领域正在发生巨大的变革，这种变革可以从不同的维度进行分析。

一、历史维度

人类社会传播经历了从小众传播到大众传播再到分众传播的变迁。在人类社会早期，由于缺乏传播的组织者，传播完全是一种自发行为，传播者、内容、受众者都具有“偶然性”，且规模小、不确定性等特点，这使得当时的传播呈现出“小众”特点。随着文字、纸张的发明，人类社会的传播进入规模化时代，出现了专业性的传媒机构和编辑人员，传播具有了确定性且规模巨大，由此迈进“大众传播”时代。随着电子媒介的出现，大众传播逐渐繁荣发展。但是，到了 20 世纪五六十年代，欧美发达国家的大众传播出现了一次重要变革，即随着传播媒介的成熟，对信息的不同偏好和受众的不断分化，使得没有任何一个媒介能够吸引所有人，这时很多媒介开始进行转型，采取吸引小型化、特定化的受众群体为目标的传播战略。原有的大众传播转向消解阶段，传媒跨进分众化时代。有学者将其归结为三个方面的原因：一是“消费市场、广告市场、受众市场的分化使得媒介走向分众化道路”；二是“传播媒介争夺眼球的

① ［美］M・德弗勒、E・丹尼斯著：《大众传播通论》，颜建军等译，华夏出版社 1989 年版，第 303 页。

战争愈演愈烈,迫使媒介自身进行变革——走分众化的路子,搞特色经营";三是"受众选择余地大,主动性更强以及个性化要求等,也促使大众传媒走向分众传播"。[①] 但是,分众传播也不是一个静止的概念,而是呈现出动态性、过程性。有学者将其分为两个阶段:前分众传播和后分众传播。在前分众传播时代,媒介聚焦于受众的特定需要,因此以满足特定受众的需要作为媒体经营的主要工作,结果是媒介越来越细化、专业化,相对于传统的大众传播,这种分众传播凸显了受众的主体地位。但是,前分众传播虽然以满足受众的需要为出发点,却往往从媒介自身的主观判断出发决定媒介传播的内容,在这种情况下,受众的地位看似很高,实则依然无法自由地选择信息,因此处于一种"沉默的主体"状态。随着网络时代的到来,媒介能够借助于网络将风格迥异、内容不同的信息提供给受众,而受众可以基于自身的需要选择合适的信息,在这种状况下,受众的主体性完全被激活,可以真正履行主体的角色,分众传播也就转入到后分众传播时代。在后分众传播时代,媒介的信息传播不再以传播者的意志为转移,而是以受众者的选择为中轴,这是一种高级的分众传播,实现了真正的信息繁荣与有效对接。

二、技术维度

分众传播源于信息时代的到来。在人类社会的早期,在文字和刻画载体出现之前,传播的主要载体是语言,语言在促进人的意识发育的同时,也存在难以克服的问题,比如声音差异、信息差异导致的无法理解、无法准确传递等。随着早期简单刻画符号的出现,骨器、石头、陶器等都成为信息传播的有效载体,随着信息传播载体的改进,传播的范围在扩大、传播的形式多元化、传播的内容稳定化,但此时离真正大规模的大众传播仍有距离。随着社会的进一步发展,复杂文字符号的出现,人们能够通过文字进行抽象的

① 方雪琴:《大众传播分众化趋势及对策》,硕士学位论文,郑州大学新闻与传播学院,2002年,第8页。

思考和抽象信息的传播，尤其是简牍、纸草、纸张等的出现和大规模普及，官府能够借助于纸张等载体进行统一的政令发布、道德教化，人类社会逐渐进入大众传播时代。但真正从小众传播进入大众传播，则要等到电子传媒技术的推广和普及。有学者把大众传播分为传统大众传播和当代大众传播，其中，从 19 世纪末到 20 世纪 60 年代乃是传统大众传播时期，这一时期随着报纸、电视、电台的出现使得信息能够被生产和复制，而且面向全社会公开发行。尽管这一时期报纸和电台能够对所有受众进行信息传播，但不论是报纸还是电台都是非常简陋和低端的，能够制作和传输的信息极为有限，即使电视出现之后也没能改变信息的"有限性"这一状态。受众在这一时期不具有选择信息的机会和可能，所有受众收到的信息都是相同的，而且是被动接收的。从 20 世纪 70 年代到 90 年代末，信息传播的载体发生了翻天覆地的变化，电视普及、电脑问世和信息化时代到来，媒介的硬件和软件同时发生了变革，受众能够接收的信息逐渐丰富化、多元化、个性化，大众传播由此进入当代大众传播时代，也是大众传播的鼎盛时代。进入 21 世纪之后，信息化技术的进一步发展，人们一方面能够通过媒介载体获得个性化满足和定制性信息服务，另一方面也面临着信息"过载"的困扰，这使得传统的大众传播进入了瓶颈而不得不变革的时期。传媒从业者针对传播领域的新变化做出调整，分众传媒、分众传播等理念和媒介出现，意味着一个新的传播时代的到来。

三、受众维度

分众传播凸显了受众的主体性。传播的历史发展进程表明，传播受众从早期的被动状态逐渐转化为主动状态，从信息的被动接受者转变为信息的主动选择者和生产者，正是传播受众地位的变迁推动着传播形式和理念不断发生变革。据考证，汉语"受众"一词最早出现在由宣伟伯著、余也鲁译述的《传学概论——传媒·信息与人》一书中。翻译者将"受众"界定为"在传播的过程的另一端的读者、听众与观众的总称”①。有学者指出,大众传播学中的“受众”是作为传播信息的目标接受者而被指称的,带有明确的对象性。② 进入分众传播之后,受众呈现出一些新的特点,方雪琴将其归纳为“受众不再是被动地接受媒介的信息‘推入’而是主动地‘拉出’信息”“在网络出现后的后分众化时代,受众主动掌握和控制信息,并参与到信息的提供和传播之中”“在分众化时代,受众将能享受到前所未有的个性化服务”。③ 赵冠闻和郭玲玲则指出随着受众对信息需求的专业化和窄化,不同的受众对信息的需求出现了巨大的差异,这在无形之中把受众划分为不同的信息需求群体,但是,这些需求群体并不是静止不动的状态,而是根据时代的变迁和信息需求的差异而不断地进行拆分和组合,在此情况下,可以把“某一时间段内对某一种信息有着共同需求的受众群体”统称为“类”。“类”有两个特点:“一是他们必须有共同的信息需求;二是必须在一定的时间段内。”④综合来看,从传统的小众传播到大众传播再到今天的分众传播,人的主体性不断凸显,人不再是信息的“奴隶”,而逐渐凸显出人是信息的“主人”,信息是服务于人的生存和发展的。

随着分众传播的出现,分众理论应运而生,它是对分众传播实践的理性认知,那么,到底什么是分众理论呢?有学者认为传播学领域中的“分众观”核心内容有四点:一是社会结构多样化,是多元利益的复合体;二是社会成员分属不同社群,其态度和行为受群体属性制约;三是分属于不同社群的受众个人对大众传播有着不同需求和反应;四是受众不是被动地存在,具有自主性和能动性。⑤ 赵

---

① [美]宣伟伯:《传学概论——传媒·信息与人》,余也鲁译,中国展望出版社 1985 年版,第 20 页。

② 方雪琴:《大众传播分众化趋势及对策》,硕士学位论文,郑州大学新闻与传播学院,2002 年,第 3 页。

③ 方雪琴:《大众传播分众化趋势及对策》,硕士学位论文,郑州大学新闻与传播学院,2002 年,第 4 页。

④ 赵冠闻、郭玲玲:《论分众传播的产生及发展——从媒介的演变看传播的发展》,《理论界》2006 年第 11 期。

⑤ 董栋、毕军:《论传播学分众理论与翻译学主体间性理论的异曲同工之妙》,《青年文学家》2018 年第 10 期。

冠闻、郭玲玲认为分众具有以下特点：首先，具备“类”的特点，也即在某一时间段内具有共同信息需求的群体；其次，他们具有相同的接受信息习惯；再次，具有相同的社会信息环境。在明确了分众的特点之后，两位学者将分众传播界定为“分众传播是针对分众的一种传播形式，它不是大众传播的一种替代，而是传播系统的一种补充”。① 综合来看，当前并不存在一个清晰的分众理论概念，但这并不表示分众理论的内涵是模糊不清的，分众理论实际上是通过对现象的描述而彰显出自身独特的理论特质，而这些特质正是其本质的外化表象。

第六节　教学模式

教学模式（Mode of Teaching）是美国哥伦比亚大学教授乔伊斯（Joyce）和韦尔（Meil）提出的概念。他们于 1972 年出版了《教学模式》一书。书中在综合研究 80 个以上的理论、研究计划和学派基础上，对其中的 23 个模式用较为规范的形式进行了分类化的研究和阐述，将其归纳为四大类：信息处理模式（Information Processing Models）、人格发展模式（Personal Models）、社会交往模式（Social Interaction Models）及行为控制模式（Behavioral Models）。乔伊斯和韦尔认为教学模式就是“试图系统地探讨教育目的、教学策略、课程设计和教材，以及社会和心理理论之间的相互影响，以设法考察一系列可以使教师行为模式化的各种可供选择的类型”②。在第九版《教学模式》中，乔伊斯、韦尔、卡尔霍恩（Emily Calhoun）发展了这一概念，认为“教学模式是一种方式，通过这种方式建立一个利于学生成长且具有激励性的生态系统，学生可以与这个生态系统的组成部分互动，以此实现学生的自主学习。”③可见，“教学模式”概念的提

① 赵冠闻、郭玲玲：《论分众传播的产生及发展——从媒介的演变看传播的发展》，《理论界》2006 年第 11 期。

② 李定仁：《教学思想发展史略》，青海人民出版社 1993 年版，第 369 页。

③ ［美］布鲁斯·乔伊斯、玛莎·韦尔、艾米莉·卡尔霍恩：《教学模式》，兰英等译，华东师范大学出版社 2021 年版，第 4—5 页。

出反映了人们对于“教学”认识的深化，反映了处理教学理论与教学实践之间矛盾问题的一种新思路，也即打通教学理论与教学实践，实现二者的有机统一。

尽管教学模式概念是在 20 世纪 70 年代提炼出来的，但是教学模式的存在则有着悠久的历史，不论是中国传统文化，还是西方传统文化中，都存在着丰富的教学模式理念、模型和操作流程。教学模式的差异实际上反映了人们对于教学的差异化认识，有学者将其概括为：“应取哪种学习？这种学习是由什么构成的？又应如何实现这种学习？这些问题就其意义分别是规范性的、认识论的和经验性的问题，对其作出回答正是教育事业的要义所在”①。针对这一关涉教学的核心问题，余进利选取了三种古典教学模式进行探讨，分别是以柏拉图（Plato）和奥古斯丁（Augustine）为代表的“顿悟教学模式”，以洛克（Locke）为代表的“刻印教学模式”和以康德（Kant）为代表的“规则教学模式”。其中，刻印模式“把人的头脑基本上是看作对可接收的外部印象进行筛选和贮存。教学所期待的最终目的是使学习者从无到有积累起从外部注入的、以标准方式加以组织和加工，然而无论如何都不是由他本人产生的基本要素”。② 刻印模式以经验主义为认识论依据，把学习的过程等同于知识的增长过程，求诸经验是刻印模式的优点，但是刻印模式认为存在着简单的观念和改变学习者心理的能力则是不符合经验事实的，此外，刻印模式否定了学习者进行创新的可能性，这是其无法回避的缺点。顿悟模式反对知识是从外部输入的观点，“它认为知识是通过洞察得来的，洞察无法分解为可在人之间传输的基本感觉或语言单位。它最多能由教师激发或推动，即便真的如此，也远远不是它的全部。洞察力能够界定和组织特殊经验，并凸显其意义。正是对意义的洞察或顿悟使只是贮存和复制习得的句子与理解它们的基础和应用严格区

① 余进利：《古典教学模式的现代意识》，《华东师范大学学报（教育科学版）》1996 年第 2 期。

② 余进利：《古典教学模式的现代意识》，《华东师范大学学报（教育科学版）》1996 年第 2 期。

别开来”。[①] 顿悟模式在刻印模式的不足之处凸显出其优越性，但无须将两种模式视为非此即彼的关系，相对于刻印模式，顿悟模式将关注重心从“知识”转向了“学习者”，这使得对教学的认识更加完整。但是，顿悟模式也存在着无法克服的缺点：其一，将顿悟视为求诸于头脑中先在的观念，这种设定太过简单；其二，顿悟模式强调学习者的个人认知，这使其很难延伸到教学的主要方面。规则模式实现了对顿悟模式的补充，它强调理性认知过程中原则的重要性，换言之，规则模式并不是对顿悟模式的完全否定，而是“强调顿悟本身只要是在它与决策或判断有关的地方，都得经过背景性原则系统的过滤。由此表明顿悟不是孤立的、瞬间的、或个人的现象，知识增长不是诠释为师生之间的人际互动，而是需要得到理性得以存在的一般原则的调解”[②]。尽管顿悟模式、刻印模式、规则模式被称为古典教学模式，但实际上它们并没有上升到模式化的高度，而只是后人依据教学模式概念进行的归纳总结罢了。

考察教育发展史，第一个创立成型教学模式的思想家是夸美纽斯，但夸美纽斯的教学模式理念直到19世纪中叶才引起人们的广泛重视，此后，赫尔巴特教学模式和杜威教学模式先后占据了教学实践的主导地位。赫尔巴特反对夸美纽斯所倡导的教学要遵循自然的观点，而是认为教育具有道德意义，目的是培养道德性格，作为教育核心的教学任务是培养德行。教育或教学的道德塑造者功能使得赫尔巴特必然要突出教师的功能，把教师摆在了核心或主导者地位，教学成为了建设。赫尔巴特从心理学的统觉论出发构建出一套教学方案，意图为教师提供一套可以在任何时间教授任何功课都可以采用的简单明了的程序，由此发展出一套包括四个递进部分的教学模式，也即明了—联合—系统—方法。“明了”也即“清楚、明确地感知新教材，把所要教学的内容从它所联系的一切东西中分离出来，得到清楚的认识。这是一个吸收经验的

---

① 余进利：《古典教学模式的现代意识》，《华东师范大学学报（教育科学版）》1996年第2期。

② 余进利：《古典教学模式的现代意识》，《华东师范大学学报（教育科学版）》1996年第2期。

过程,主要表现为提示教学和分析教学”①。“联合”也即“把分析新教材所得的新知识、新观念通过自由谈话同旧观念、旧知识发生联合。”此阶段要求学生把新旧相关的观念说出来,开始关注二者的联系,此一阶段主要采用联合教学。“系统”也即“学生在新观念、新知识和旧观念、旧知识产生联合的基础上寻找结论和规律”。“方法”则是“通过练习将所学知识应用于新的场合,学生通过练习、作业把所学的知识变成自己的知识。”②服从于教学达至德性培养的目标,遵循四个教学程序,赫尔巴特认为在教学过程中需要遵循一定的策略,比如:教学中要培养学生多方面的兴趣、教学要使学生具有主动性、使教学具有教育性。赫尔巴特教学模式统治了20世纪欧美教育领域,成为一套普遍适用的模式,教师地位越来越高,学生完全被视为填充知识的容器,这使得教育教学既无生气又无活力,它必然被新的教学模式所取代。在对赫尔巴特教学模式批判的基础上,杜威提出了进步主义教育观,强调“做中学”。进步主义教育以实用主义为思想支撑,反对赫尔巴特教学模式中强调灌输、被动、死记硬背式的教学方法,反对把未来生活的知识需要作为目标强加到学习者身上,而是主张以学习者为中心进行教学组织,认为教学的关键是培养学习者的思维能力。为了实现这一目标,杜威设计了由五个步骤组成的教学模式:创设情境、明确问题、提出假设、解决问题、检验假设。在具体操作过程中,教师也不再是外化的存在,而是作为成员融入学习者的活动之中,并根据实际情况的变化调整教学的过程。③ 在杜威进步主义教学模式逐渐被美国教育界广泛接受的同时,新的教学模式仍在不断孕育和产生,比如斯金纳(Skinner)的“程序教学模式”、布鲁纳的“发现教学模式”、加涅(Gagne)的“信息加工模式”、布鲁姆的“掌握学习模式”“合作学习模式”等。随着网络时代的到来,以互联网+思维变革教学模式成为一种新的风潮,及时教学模式、慕课、微课、对分课

① 夏慧贤:《赫尔巴特教学模式述评》,《上海教育科研》1993年第5期。

② 夏慧贤:《赫尔巴特教学模式述评》,《上海教育科研》1993年第5期。

③ 吴晓义:《美国教学模式的演进》,《外国教育研究》1995年第4期。

堂、翻转课堂等应运而生。此外，在对现代教学模式批判的基础之上，有学者已经开启了后现代教学模式的研究。后现代教学模式反对现代教学模式对"统一性"的过度强调，而主张构建出"确立互惠共生的教学理念""明确创新型人才的培养目标""建构动态性的教学模式"为基本特征的教学模式。①

纵观教学模式的发展史，可以发现教学模式有着悠久的"萌芽—确立"演化史，并在20世纪70年代之后作为一个专有概念而被提炼出来。在不同的历史时期，教育学者依据不同的思想理念和社会环境设计出了各不相同的教学模式，呈现出历史的"层递"性，但总体来看，教学模式的创新繁荣和研究热潮是在20世纪之后才出现的。有学者认为在20世纪50年代之前，教学模式主要围绕"传统"与"进步"进行设计，呈现出单一性，在50年代之后呈现出多样化发展趋势。主要有四个方面的表现：研究目的上，由"教授模式"和"学习模式"向名副其实的教学模式发展，研究的结构上走向概括性与操作性的辩证统一，研究的功能上由单一性向多样性发展，研究方法上向演绎法与归纳法并举发展。② 也有学者将20世纪初至今的教学模式演进划分为四个阶段：①20世纪初到20世纪50年代为第一阶段。此阶段的教学模式变革主要受到实用主义影响，教学模式变革主要是回应两个核心问题：教育与个体生活和经验相联系的问题；班级授课制统一性要求与学生差异化发展之间相矛盾的问题。②20世纪50—60年代为第二阶段，主要是在反实用主义思潮影响下进行教学模式变革。这一阶段的教学模式主要解决三个核心问题：学生已有观念与新教学内容的关系问题；知识的无限性与学生学习能力和学习时间有限性的矛盾问题；精英拔尖学生培养与广大学生实际发展水平的关系问题。③20世纪70—90年代为第三阶段，主要是在建构主义影响下进行教学模式变革。这一时期教学模式主要解决两个核心问题：学生知识运用和知识迁移能

① 刘婧：《从统一性到多样性：后现代主义教学模式的重构》，《教育理论与实践》2020年第25期。

② 姚云：《谈教学模式的研究趋势》，《课程和教学理论研究》1995年第10期。

力的问题;个体如何在合作中建构知识和提升能力的问题。④20 世纪末至今为第四阶段,主要是在网络技术发展背景下的教学模式变革。这一时期教学模式主要聚焦于学生个性化学习、课堂教学的互动效率、学生的学习反馈等问题。①

综合来看,教学模式对于教育教学具有基底性价值,但是,尚不存在一个可以被大众广泛接受的教学模式概念。在 20 世纪 70—90 年代的教学模式理论研究过程中,学者们基于不同的立场、视角、观点而提出多种概念。有学者认为"教学模式,简单地说,就是在一定教学思想指导下所建立起来的完成所提出教学任务的比较稳固的教学程序及其实施方法的策略体系。"②主要存在五种教学模式,分别是讲授式、启发式、问题式、范例式、放任式,而这五种教学模式相互搭配又可以发展出更多的教学模式。有学者基于教学方法视角探讨教学模式,将其界定为"是教学形式或方式方法的稳定化、系统化和理论化,是使教师在具体的教学活动中所能参照的标准样式。教学模式俗称教学的大方法。而实际上,教学模式所体现的不仅仅是教学方法,而且是从教学原理、教学内容、教学目标和任务、教学过程直至教学组织形式的整体、系统的操作样式"。③ 并将教学模式概括为"非指导性教学模式"和"掌握学习教学模式"。有学者从价值取向出发把 20 世纪教学模式纷争归纳为"科学主义"和"人文主义"之争。也有学者指出国内教学模式理论研究主要从两个视角进行把握:归纳法和演绎法。也有学者在综合研究了国内 10 余种教学模式概念之后发现,"国内学者的观点尽管角度不同,说法各异,但从教学模式归属的角度看,不外乎以下 6 个方面,即教学理论、教学结构、教学设计、教学程序、教学范型、教学策略或方法等"④。

① 赵婷婷、田贵平:《网络教学到底能给我们带来什么——基于教学模式变革的历史考察》,《教育科学》2020 年第 4 期。

② 甄德山:《教学模式及其管理浅议》,《天津师大学报》1984 年第 5 期。

③ 高笑天:《教学方法与教学模式》,《教育探索》1996 年第 1 期。

④ 张志勇:《对教学模式的若干理论思考》,《中国教育学刊》1996 年第 4 期。

尽管尚不存在一个统一的教学模式概念，但从20世纪70年代以来的教学模式研究可以窥探出以下几点：第一，教学模式所关涉的领域具有综合性，换言之，教学模式是对教学过程所涉及问题的综合化、系统化。第二，教学模式的构建和发展离不开理论，但它又不是一个纯粹的理论问题，而是教学理论与教学实践的贯通或综合，因此，教学模式的研究既要有理论维度，又要关涉具体操作。第三，教学模式作为一种“模式”必然呈现出稳定性、普遍性特质，寻求可以为各课堂、各时间所广泛适用，但又具有动态性，它是稳定性与动态性的统一。第四，教学模式的适用具有兼容性，换言之，课堂教学过程中是多元教学模式的综合运用，不应固守一种教学模式。第五，教学模式的研究已经从理论驱动走向了技术驱动，如果说21世纪之前的教学模式研究主要聚焦于理论层面，进入21世纪之后，技术尤其是互联网越来越成为教学模式创新的关键，这也使得教学模式的研究实现了从理论创新到实践创新的飞跃。正如乔伊斯等人所言，“在过去的30年间，有三项重大的发展促进了教学，一是对特定教学模式的持续研究，以及对新教学模式的开发。这些教学模式的运用增强了教学效果。二是模式与高品质课程的结合。三是电子科技的发展，使线上和线下的图书规模扩大，大量信息带入教室，甚至给到最小的孩子们。”①

第七节　赋权型分众教学模式

教学模式的研究为赋权型分众教学模式的概念构建奠定了基础。赋权理论和分众理论具有什么样的内在关系，构建这一教学模式的合理性是什么，原则是什么，途径是什么，如何定义等，需要从机理上进行探讨。

---

① ［美］布鲁斯·乔伊斯、玛莎·韦尔、艾米莉·卡尔霍恩：《教学模式》，兰英等译，华东师范大学出版社2021年版，第2页。

一、赋权理论与分众理论关系的契合性

赋权理论是一种社会学理论,分众理论是一种传播学理论,二者在适用领域方面存在着差异性,是为了解决不同的社会问题而发展起来的,但是二者在理论指向、立场、视角、观点等方面具有内在的契合性。其一,赋权理论和分众理论都立足于现代"权力"基础之上。赋权理论作为一种新型社会学理论,它摒弃了传统病理分析学,将案主视为与社会工作者具有平等地位的人。考诸人类社会史,传统社会中虽然也有思想家强调人的平等性,但基本上都是从道德性的人格出发进行论证,而在现实的法律政治制度层面人则是不平等的。只有到了现代社会之后,不但从理论上而且从实践上确立了人的平等性。现代社会的平等一方面建立于自然法理论的权利理念基础之上,另一方面通过社会契约使其具有了可操作形式,并通过宪法和制度设计将权利保障置于中心位置,使其得到了确定性。赋权理论聚焦社会权力分配的不平等,从而力图通过权力赋予以改变不平等的现状,但不可将赋权理论的"权"单纯理解为"权力",因为按照现代政治观念,"权力"出于人民主权,实则是从"权利"中推演出"权力"的合理性和合法性,换言之,没有权利托举的权力是不具有合法性的。因此,赋权理论在实现权力赋予的过程中,实则是对案主的权利肯认和对不平等权利的拉平。从历史维度来看,分众理论的发生史就是信息权力从独占到共享的历史。在大众传播时期,信息权力被政府、媒介、编辑所掌握,受众是没有话语权的,但随着技术的进步和观念的改变,受众的主体意识不断凸显出来,并具有了实现的途径,这促使分众传播超越了大众传播。由此可见,不论是赋权理论还是分众理论,本质上都是基于对权力的确认为前提,以平等为价值取向的。其二,赋权理论与分众理论的实践具有相通性。赋权理论的生发前提就蕴含了人的"分众",正是通过对不同群体所处社会地位的差异、需求的不同、资源的多寡而推导出进行赋权的合理性。此外,在进行赋权实践过程中,针对案主采取相应的策略以提升其权力能力和权力感,也是建立

在分众的行为基础之上。分众理论以相同的信息需求为基础进行信息生产和传输,从功能角度来看可以称为赋权实践的操作性工具系统。但是,在关注到赋权理论和分众理论的"统一"性之时,也要关注到二者在权力/权利理解方面存在的歧义,赋权理论偏重于"权力",分众理论偏重于"权利",虽然权力与权利具有逻辑上的相通性,但也必须关照到二者之间的冲突性,权力的肆意会侵犯权利,权利的极端个人化会消解权力,权力与权利的冲突背后实则是公共利益与个人利益的冲突问题。其三,赋权理论与分众理论建立联系需要前提。如前所论,赋权理论的合理性建立在一定的分众现实基础之上,如果人的"分众"不复存在,那么赋权理论也就失去了存在的合理性。从赋权理论的价值取向来看,它是反不平等而追求平等的,因此,赋权理论实际上存在着消解分众理论的逻辑推论。但是,赋权的过程实则就是分众的过程,从这一维度来看,赋权又成为了分众的理论前提。另外,分众的社会现实构成了赋权生发的现实语境,但是分众不必然能推导出需要进行赋权,因为从"主—客"关系角度来看,分众的历史演化中蕴含着赋权的必要性,但从"主—主"关系角度来看,受众的分化乃是一种非可比性、非同质性的差异,其间不涉及任何权力上的不平等。因此,在将赋权理论和分众理论糅合为一体的过程中,要以二者的统一性为出发点,克服二者的不恰切性。

二、赋权理论、分众理论构建教学模式的合理性

从现有的研究来看,有聚焦于赋权理论与分众理论在教育领域相同性的。董磊磊认为,"二者都是遵循'以学生为中心'的教学理念,体现'因材施教'的教学方法,着眼于提升教学质量的目标,实现深度学习、真实学习"①。如何实施,他认为首先是搭建三层体系,即第一层为面向所有学生进行课堂教学,第

① 董磊磊:《基于赋权理论的新时代高校思政课分众教学模式研究》,《黄冈职业技术学院学报》2020年第6期。

二层为面向同质需求进行分众授课，第三层为面向提升需求进行引领培养。其次是把握好三个环节，分别是加强互动、增加供给、完善机制。① 综合来看，以赋权理论和分众理论构建新型教学模式的研究尚不充分，成果也较少，理论研究的深度有待提升，实践操作的设计仍然流于一些原则性建议，如何落地以及是否具有可行性仍有待进一步检验。

总体而言，我们认为，二者一方面在"突出学生主体地位、激发学生学习兴趣、服务学生全面发展等方面具有内在契合性"②。但另一方面二者在构建教学模式中也存在差异性，比如赋权理论更加关注参与的主体，赋权的对象既包括了学生，也包括了教师和其他人员等，而分众理论更加关注教育的模式，主要聚焦于通过何种方式实现教学目标。此外，赋权理论聚焦于学生赋权，分众理论则聚焦于教师如何组织课堂。赋权理论的内涵和外延更加具有广泛性，而分众理论的内涵和外延更加具有集中性。教学模式设计中如何体现赋权理论和分众理论？我们认为，首先要坚持三大原则：去中心化、同权异质、智造金课。在具体实施方面则可以从以下几个方面着力：教学内容前置、确立分众标准、组内权能适配、课堂主导策略、评估反馈机制"五位一体"。③

一方面，如果不将教学模式视为赋权理论和分众理论的操作化、实践化载体，而是把握住教学模式乃是打通教学理论与教学实践的关键环节或枢纽，是一个综合性、稳定性、系统性、操作性的体系、方法或策略，那么，就更容易把握住如何将赋权理论、分众理论、教学模式三者有机统一起来。从教学模式的变革历程来看，既有现实教育教学过程中出现的问题挑战，也离不开理论的创新

① 董磊磊：《基于赋权理论的新时代高校思政课分众教学模式研究》，《黄冈职业技术学院学报》2020年第6期。

② 杨静娴、钟科代、周倩：《教育赋权视域下新时代高校思政课分众教学模式探索》，《郑州大学学报（哲学社会科学版）》2021年第2期。

③ 杨静娴、钟科代、周倩：《教育赋权视域下新时代高校思政课分众教学模式探索》，《郑州大学学报（哲学社会科学版）》2021年第2期。

与指导,赋权理论和分众理论为教学模式的变革提供了新的理论支撑,但它们与此前的自然法理论、经验主义、实用主义、统觉心理学等存在哪些方面的差异,换言之,赋权理论和分众理论的独特性到底是什么?这构成了构建新型教学模式的关键。另一方面,作为“横跨”理论与实践的关键环节,教学模式的设计实际上遵循了从具体到抽象再到具体的思维方法,即要通过对纷繁芜杂的教学问题的分析,抓住问题的实质,进行抽象理论的把握,然后指导新的教学实践。因此,要将赋权理论和分众理论落实于教学模式的构建,关键的一点是对当前教学模式的批判式分析,找准当前教学模式存在的根本性问题是什么,然后才会有赋权理论和分众理论是否能够融入的问题。具体来看,随着网络技术的发展,学生主体意识的觉醒和平等观念的强调,权力/权利的平等、差异化需求的满足、知识转化为能力的断裂等都构成了教学过程中亟待解决的问题,因此,以赋权理论和分众理论为指导构建新型教学模式具有合理性,但如何将其提升到理论的高度并通过设计使其具有可操作性则有待进一步地深入研究。

三、构建“三位一体”的赋权型分众教学模式

“所有的模式都有一个固定的理论基础。”①本研究将基于教育赋权理论的高校思政课分众教学模式简称为“赋权型分众教学模式”。它是在教育赋权理论指导下依据一定标准对学生进行分众,形成的比较稳定的教学程序及其实施方法体系,包括按专业、兴趣、主题、专题等进行分众,赋予学生更多的教学决策权、课程设计权、教学实施权和教学评价权,有助于实现“赋权理论”“分众理论”与教学模式三者的有机统一,是以赋权理论和分众理论为指导的教学模式创设,其中,赋权理论是其理论基底,分众理论是其操作性理论,而教学模式则是物化载体。

① ［美］布鲁斯·乔伊斯、玛莎·韦尔、艾米莉·卡尔霍恩:《教学模式》,兰英等译,华东师范大学出版社 2021 年版,第 5 页。

选择教学模式的标准,是由围绕学校所需要培养学生的基本目标所决定的。赋权型分众教学模式,作为一种新型教学模式,是在回应现实教育教学挑战的基础上的一种创新,它既有丰富的理论做支撑,又能够充分利用现代技术为载体,这使其能够实现理论与实践的贯通。2022 年 4 月 25 日,习近平总书记在中国人民大学考察调研时指出,“思政课的本质是讲道理,要注重方式方法,把道理讲深、讲透、讲活,老师要用心教,学生要用心悟,达到沟通心灵、启智润心、激扬斗志。”①从上面的分析看,赋权型分众教学模式有利于更好地实现高校思想政治教育“立德树人”的根本目任务。与中学政治课相比,高校思想政治理论课的授课内容、方式都发生了较大变化,教师完全主导的“填鸭式”教学方式已经不适合高校课堂。“满堂灌”式的课堂教学会极大挫伤大学生学习思政课的积极性,而教育赋权理论强调突出大学生在课堂上的自主权、行动权、参与权。基于这种理论,采用分众教学模式有利于充分发挥学生学习的民主参与性和主观能动性,增强学习的积极性,提高学习的动手能力,形成正确的世界观、人生观、价值观。

教学的本质是解决问题,教师的任务就是引导学生发现问题和解决问题。如果教师仅是简单地向学生传授知识,学生就很可能无法对理论和知识产生透彻的理解和正确的运用。思政课在新时代大学生思想发展过程发挥着不可替代作用,内容上从个人到集体再到国家无一不涵盖,这一过程自然引发大学生的疑问与困惑。没有问题的发现就没有问题的解决,发现问题是教学活动开展的起点和基础。“问题”是引领学生思考的前提,没有准确地对学生存在问题的把握和解读,教学就无法引起学生的兴趣,就无法对学生进行有目的的引导。赋权型高校思政课分众教学模式能够围绕“满足学生成长发展需求和期待”,以发现问题为工作起点,以分众教学为手段,以专题教育为实施路径,以团队协同为工作支撑,在教学过程中引导学生分析问题、解决问题,是思政

① 《习近平在中国人民大学考察时强调　坚持党的领导传承红色基因扎根中国大地　走出一条建设中国特色世界一流大学新路》,《人民日报》2022 年 4 月 26 日。

课教学本质的鲜明体现。①

赋权型高校思政课分众教学模式需要教师坚持“围绕学生”，通过与学生的多轮“切磋”，建立师生之间的良性通道。这个通道能够帮助教师不仅成为学生的“良师益友”，更成为塑造学生的“大师”。因为它强调在施教过程中“对学生的教育和引导应是充满爱心和信任的”，要善于“通过真情、真心、真诚拉近同学生的距离，滋润学生的心田，使自己成为学生的好朋友和贴心人”②。

“许多教育者期望教学研究能找到一个简单且对所有学生都适用的模式，然而那并不是我们探究教学模式的初衷，现在也不是。出色的教学会用到有益于特定教学目的的系列模式，这些模式需要重新整合，以生成最优于学生学习环境的新形态，即优质教学不是单一模式的操作，而是多重教学策略与模式组合运用的结果，这是因为教学指向不同的学生，涉及多重要求，从而生成了系列具有针对性和多种属性目标的缘故。”③赋权型高校思政课分众教学模式并不排斥其他教学模式，反而和其他教学模式相互补充，在通识知识传授的基础上，开展专题授课，多由不同专长的教师主讲，使学生“八面来风”，提升学习效果。同时，这种模式还可依据学生不同兴趣和学习层次将其细分为多个小众群体，以此为基础进行适当的教学倾斜。这就要求教师有赋权意识和分众能力，能够追踪学生学习进度、掌握学生对知识的了解程度以及存在的问题，以便对症下药。

---

① 张润枝：《以问题为导向的思想政治理论课分众教学模式探索》，《思想理论教育》2015年第2期。

② 习近平：《做党和人民满意的好老师——同北京师范大学师生代表座谈时的讲话》，《人民日报》2014年9月10日。

③ [美]布鲁斯·乔伊斯、玛莎·韦尔、艾米莉·卡尔霍恩：《教学模式》，兰英等译，华东师范大学出版社2021年版，第1页。

第二章　调查结果、问题和方案

第一节　样本概况

在 2020 年 12 月 22—31 日组织的《高校思政课教学改革调查问卷》中，调研组收到学生问卷共计 18446 份，分布在全国 31 个省、自治区和直辖市。其中，男生 5317 份，占比 28. 82%，女生 13129 份，占比 71. 18%。调查对象的政治面貌构成上，中共（预备）党员占比 3. 68%，共青团员占比 88. 06%，群众占比 8%，其他占比 0. 26%。所在高校类型方面，一流大学建设高校占比 22. 83%，一流学科建设高校占比 13. 74%，非“双一流”建设普通公立本科高校占比 40. 51%，民办本科高校占比 8. 2%，高职（高专）占比 14. 72%。在专业类别方面，文科生占比 56. 58%，理科生占比 26. 16%，工科生占比 13. 54%，医学生占比 3. 72%。所在年级构成上，一年级占比 41. 45%，二年级占比 38. 59%，三年级占比 14. 57%，四年级占比 4. 77%，五年级占比 0. 62%。学生干部任职方面，36. 93%的学生表示曾担任或正在担任学生干部，其中在任占比 27. 71%，担任过学生干部的占比 9. 22%，剩余 63. 07%的学生未担任学生干部。在预期毕业去向的调查中，传统就业（党政机关、事业单位、各类企业、其他）占比 36. 17%，非传统就业（自主创业、自由职业、灵活就业）占比 11. 24%，升学发展（国内读研、出国留学）占比 41. 09%，未确定去向（暂无打算）的占比 11. 5%。

在 2020 年 3 月 5 日—15 日组织的《普通公立本科高校思政课网络教学调查问卷》中，共收集到学生问卷 10560 份，教师问卷 313 份。其中男性教师 150 人，女性教师 163 人。20—29 岁的教师 22 人，30—39 岁的教师 133 人，40—49 岁的教师 89 人，50—59 岁的教师 67 人，60 岁以上的教师 2 人。一流大学建设高校教师 72 人，一流学科建设高校 23 人，其他普通公立本科高校教师 218 人。1—5 年教龄的教师 98 人，6—10 年教龄的教师 53 人，10 年以上教龄的教师 162 人。教授职称的教师 39 人，副教授职称的教师 99 人，讲师职称的教师 158 人，助教职称的教师 17 人。博士研究生学历的教师 176 人，硕士研究生学历的教师 108 人，本科学历的教师 29 人。2019 年 12 月编制实施了《高校思想政治理论课教学模式现状调查问卷(学生)》和教师访谈提纲，对综合性的 Z 大学进行了典型调研，收到有效问卷 385 份。上述调查问卷都进行了测试和信效度检验。

同时，调研组成员根据需要于 2020—2021 学年第一学期还对 710 位大学生进行了书面访谈，对教学进行反馈评价。对所教授 2019 级本科生进行了随机调研。这些非整体性、课程式调研辅助和服务了本研究。

第二节　信效度检验与基本数据情况

以下基本数据主要来源于《高校思政课教学改革调查问卷》，其中有 5 个问题来源于《普通公立本科高校思政课网络教学调查问卷》，其数据主要反映在第八章研究中。

一、信效度检验

研究将调查问卷中的 19 道五级计分题目按照教学方法、教师角色、教学内容、教学互动、教学评价五个维度进行信效度分析。数据分析软件使用 SPSS 23.0 和 Amos 21.0 进行操作。为方便说明，五个维度所包含的题项分别用 A~E 进行编号。教学方法维度包含 6 道题目,分别记为题项 A1、A2、A3、A4、A5、A6;教师角色维度包含 4 道题目,分别记为题项 B1、B2、B3、B4,教学内容维度包含 3 道题目;分别记为题项 C1、C2、C3;教学互动维度包含 4 道题目,分别记为题项 D1、D2、D3、D4;教学评价维度包含 2 道题目,分别记为题项 E1、E2。

(一)信度分析

信度是指测验结果的一致性、稳定性及可靠性。本研究采用 Cronbach α 系数检测调查问卷量表部分的信度,并参照克隆巴赫系数的评价标准:如果 0.7≤α<0.8,表示量表的信度高;如果 0.8≤α<0.9,表示量表的信度很高;如果 α≥0.9,表示量表的信度非常好。可靠性分析结果显示(表 2-1):教学方法、教师角色、教学内容、教学互动以及教学评价的 Cronbach α 值依次为 0.842、0.749、0.859、0.842、0.785,问卷总量表部分的 Cronbach α 是 0.939,这说明五个核心维度因子的内部一致性良好,问卷量表部分的信度理想。

表 2-1 各要素克隆巴赫系数

要素	题项	克隆巴赫系数
教学方法	A1	0.842
	A2	
	A3	
	A4	
	A5	
	A6	
教师角色	B1	0.749
	B2	
	B3	
	B4	
教学内容	C1	0.859
	C2	
	C3	

续表

要素	题项	克隆巴赫系数
教学互动	D1	0.842
	D2	
	D3	
	D4	
教学评价	E1	0.785
	E2	

（二）效度分析

1. 结构效度

研究首先使用软件 IBM SPSS Statistics 23.0 进行探索性因子分析。结果显示：KMO = 0.952>0.9，巴特利特球形检验 χ^2(18447) = 232250.521，sig = 0.000<0.05，根据 Kaiser 决策标准，KMO 值大于 0.9，且巴特利特球形检验达到显著性水平，说明样本非常适合进行因子分析。接着使用 Amos 21.0 对全部样本数据进行验证性因子分析得出结果（表 2-2），近似误差均方根指标为 RMSEA = 0.089<0.10，说明拟合效果可以接受，GFI = 0.870，AGFI = 0.822，均大于 0.80，表明拟合度尚可；PGFI = 0.637>0.50，CFI = 0.92，IFI = 0.912，均大于 0.9，表示拟合度良好，且各题目的载荷因子均大于 0.50，表明问卷的量表部分具有较好的结构效度。

表 2-2　整体拟合系数表

X2/df	RMSEA	GFI	AGFI	PGFI	CFI	NFI
148.575	0.089	0.870	0.822	0.637	0.912	0.911

2. 聚敛效度

本研究使用 Amos 21.0 建构高校思政课教学改革结构方程模型（图 2-1），分别从教学方法、教师角色、教学内容、教学互动和教学评价 5 个核心维度进行路径分析(表 2-3)。结果显示,各潜变量对应题项的标准化因子载荷值从 0.387 到 0.869,这表明所有测量题项均具有良好的聚敛效度。各因子的组合信度值分别为:教学方法(0.8373),教师角色(0.8099),教学内容(0.8075),教学互动(0.8573),教学评价(0.7895)。各因子的组合信度均大于 0.7,这说明测量指标具有良好的同构性,该问卷量表部分具有良好的聚敛效度。

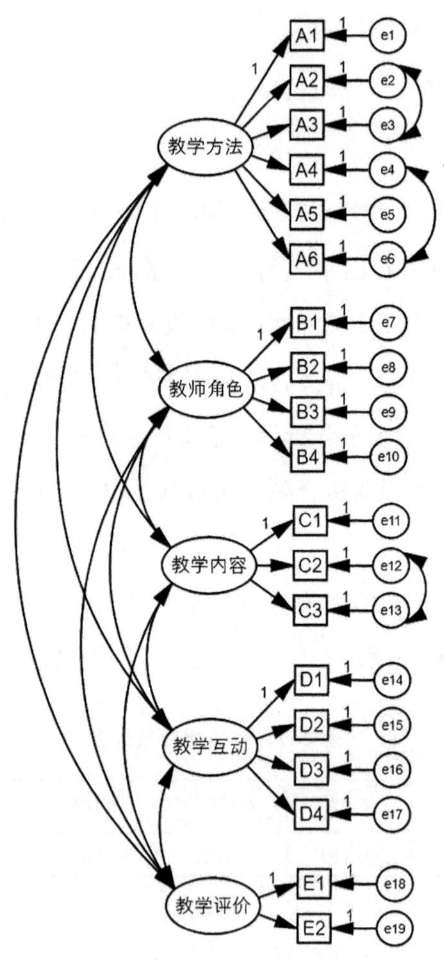

图 2-1　高校思政课教学改革结构方程模型

表 2-3　因子载荷路径图

路　径			Estimate	AVE	CR
A1	<---	教学方法	0.514	0.4668	0.8373
A2	<---	教学方法	0.663		
A3	<---	教学方法	0.588		
A4	<---	教学方法	0.755		
A5	<---	教学方法	0.775		
A6	<---	教学方法	0.762		
B1	<---	教师角色	0.387	0.5324	0.8099
B2	<---	教师角色	0.818		
B3	<---	教师角色	0.839		
B4	<---	教师角色	0.779		
C1	<---	教学内容	0.800	0.5834	0.8075
C2	<---	教学内容	0.749		
C3	<---	教学内容	0.741		
D1	<---	教学互动	0.776	0.6021	0.8573
D2	<---	教学互动	0.678		
D3	<---	教学互动	0.769		
D4	<---	教学互动	0.869		
E1	<---	教学评价	0.824	0.6523	0.7895
E2	<---	教学评价	0.791		

3. 区分效度

区分效度是表示一个测验能够与其他测量不同特质的测验相区别程度的指标。计算结果显示（表 2-4），教学方法、教师角色、教学内容、教学互动、教学评价这 5 个因子之间均具有显著的相关性（$P<0.001$）。另外，各因子间相关性系数绝对值均小于 0.5，且均小于所对应的 AVE 的平方根，说明各个潜变量之间具有一定的相关性，样本数据的区分效度理想。

表 2-4　区分效度

	教学方法	教师角色	教学内容	教学互动	教学评价
教学方法	0.467				
教师角色	0.180***	0.532			

续表

	教学方法	教师角色	教学内容	教学互动	教学评价
教学内容	0.312***	0.243***	0.583		
教学互动	0.304***	0.207***	0.425***	0.602	
教学评价	0.285***	0.207***	0.416***	0.448***	0.652
AVE 平方根	0.683	0.730	0.764	0.776	0.808

注：*** 表示 $P<0.001$

二、基本数据情况

（一）“学生对思政课的认识”调查结果

1. 兴趣层面。问卷结果显示，从整体上看，学生对思政课的兴趣程度较高。在参与调查的 18446 名学生中，当被问及“对该门思政课是否感兴趣？”时，31.59%的学生表示对思政课非常有兴趣，32.8%的学生对思政课比较感兴趣，25.64%的学生对思政课感兴趣，而认为“反感”“不太感兴趣”的学生分别占比 1.5%和 8.46%。

2. 到课率与听课情况。统计结果显示，思政课教学的整体形势比较乐观，学生听课状态良好。一方面，从缺勤次数上看，93.41%的学生从未缺席过思政课，缺勤次数为 1—3 次的学生占比 5.29%，在 18446 名被调查学生中，有 239 名学生在思政课中缺席次数超过三次，缺勤超 10 次的学生有 44 名，占比 0.24%。另一方面，从听课情况上看，全程认真听课的学生占比 30.56%；多数时间都在认真听课的学生占比 49.14%，接近半数；仅听感兴趣的内容、基本不听课、全程都在划水的学生占比分别为 17.27%、1.95%、1.08%，这说明虽然学生的整体听课情况良好，但也呈现不均衡状态，部分学生的听课状态亟须调整。

3. 学生对思政课教师的认识。在被调查的 18446 名学生中，超过 80%的学生认为思政课教师需要具备“较深的学术造诣”“强烈的责任感”“突出的人格魅力”以及“较强的教学能力”。同样，在回答“什么样的思政课教师最能激发学生学习思政课的热情”时,87.01%的学生认为思政课教师要多讲故事、案例,通过对故事、案例的讲解可以使抽象的理论形象化,更有益于学生对理论知识的准确理解和把握;70.87%的学生认为思政课教师要在课程中融入对时事热点和社会现实问题的解读;62.12%的学生认为思政课教师要开展与讲授内容相关的课堂讨论,启发学生思考,活跃课堂气氛;56.67%的学生认为思政课教师要针对不同专业,将思政课元素与专业方向相结合;仅有33.49%的学生认为思政课教师通过讲授式教学能激发学生学习思政课的热情,这一数据表明传统的讲授式教学已经不能满足当今高校思政课改革的发展趋势(图2-2)。

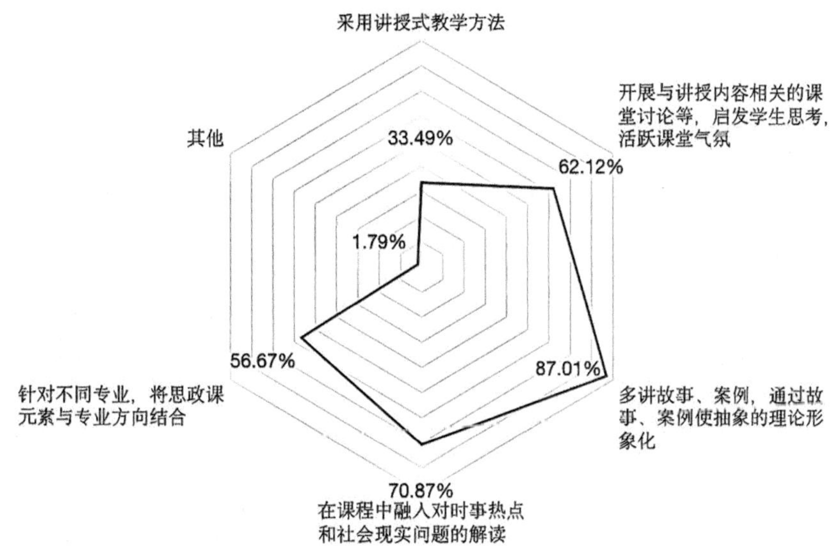

图2-2 你觉得什么样的思政课教师最能激发你学习思政课的热情

4.学生对思政课教学的认识。在被问及“你认为该门思政课教学存在以下哪些方面的问题”时,有超半数的学生认为课程趣味性不足,这说明目前高校思政课教学较为枯燥、缺乏趣味性。35.51%的学生认为课程内容与专业学习关系不大,25.70%的学生认为课程内容不贴近学生思想实际问题,还有14.82%的学生认为教师的讲授方式和效果不佳也是思政课教学中不容忽视的问题(图2-3)。

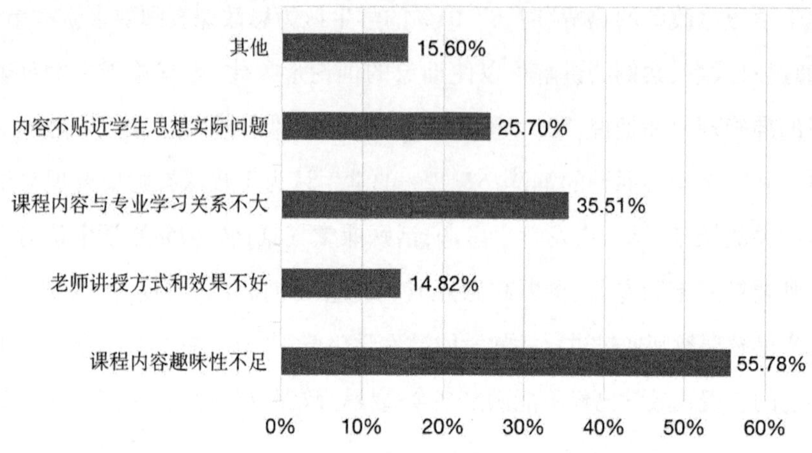

图 2-3　你认为该门思政课教学存在哪些方面的问题

(二)教学方法调查结果

1. 教学方法。在对思政课教师教学方法的满意度调查中,74.74%的学生对思政课教师的教学方法持满意态度,满意度一般的学生占比 22.35%,而不太满意甚至非常不满意的学生仅占比 2.91%(图 2-4)。这表明,从整体上看,学生对当前思政课的教学方法还比较满意,但还有很大的提升空间。

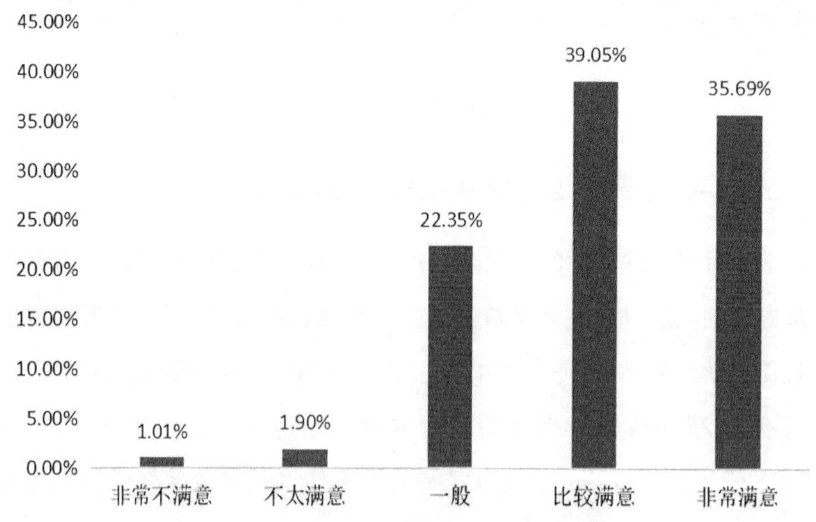

图 2-4　你对思政课授课教师教学方法的满意度

2. 教学方式。(1)关于思政课的教学方式频率问题,70. 05%的学生认为,讲授式教学是当前高校思政课的教学常态,其次是互动式教学,占比53. 77%,最后是分组讨论,占比40. 20%(表2-5)。(2)在调查学生对参与思政课课堂小组讨论的意愿上,有超过六成的学生表示比较愿意或非常愿意参加课堂小组讨论,说明学生的问题意识较强、课堂参与的主体意识较强。相比之下,可以发现当前思政课运用分组讨论式教学的频率相对较低,教学方式现状与对学生问题意识的培养之间契合度不高,满足不了当前学生自主探求知识的期望。(3)在被问及“你对于思政课教师课堂上组织案例讨论或要学生制作课件并在课堂上讲解的看法”这一问题时,有33. 79%和25. 2%的学生分别表示“比较感兴趣”和“非常感兴趣”,共计58. 99%,表明大部分学生对教师组织的“案例讨论”或“制作课件”这类学习方式表示赞同,学习积极性较高。(4)在调查“你最喜欢哪种思政课的授课方式”时,39. 43%的学生认为“引用材料和事实案例来说明书本理论知识”这一授课方式最佳,“走出课堂,开展实践”的授课方式位居第二,占比35. 7%。可见,学生对高校思政课能够理论联系实际、贴合社会生活的诉求非常强烈(图2-5)。

表2-5　思政课的教学方式频率

教学方式	选　项				
	从来不用	偶尔	一般	经常	非常频繁
讲授式	1. 15%	4. 06%	23. 74%	36. 58%	34. 47%
互动式	2. 65%	11. 02%	32. 57%	31. 35%	22. 42%
分组讨论	10. 72%	18. 1%	30. 98%	22. 48%	17. 72%

3. 教师角色。教师在教学中具有主导地位,教师在教学中承担的角色对课堂氛围、师生关系以及教学目标的实现等有着至关重要的作用。(1)调查显示,79. 10%的学生比较希望或非常希望思政课教师在教学中承担知识传授者的角色,而在高校思政课教学改革进程中,思政课教师多以协作者的身份出现。数据表明,有74. 29%的学生比较希望或非常希望思政课教师承担课堂学

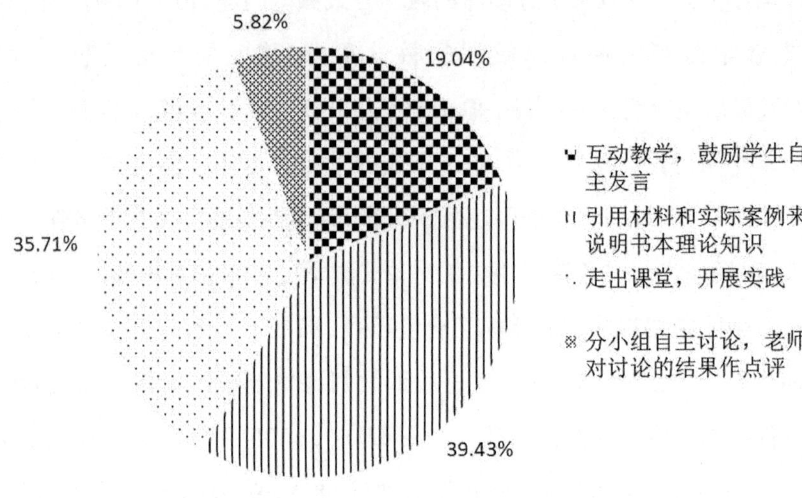

图 2-5　你最喜欢哪种思政课的授课方式

习的协作者这一角色，说明大多数学生对思政课教师承担此身份表示认可（表2-6）。(2)在分析思政课教师讲课缺乏吸引力的原因时，76.38%的学生认为"教学方式陈旧、单一，难以激发学生的学习兴趣"，其次是"语言表达缺乏感染力，导致课堂气氛沉闷"，占比62.69%，还有28.27%和25.43%的学生认为思政课缺乏吸引力的第三、第四原因分别是"教师的言谈举止、个性，对待学生的态度和教师的个人修养等"以及"理论功底欠缺，掌握本学科知识缺乏必要的广度和深度"（图2-6）。可见，思政课的教学方式亟须创新，教师的专业素养和课堂感染力有待进一步提高。

表 2-6　你在多大程度上希望思政课教师在教学中承担以下角色

角色	选项				
	非常不希望	不太希望	无所谓	比较希望	非常希望
权威者	15.4%	21.22%	28.78%	20.2%	14.4%
指导者	2.04%	4.04%	22.2%	41.75%	29.96%
协作者	1.31%	2.65%	21.76%	42.99%	31.3%
知识的传授者	1.11%	2.19%	17.59%	37.74%	41.36%

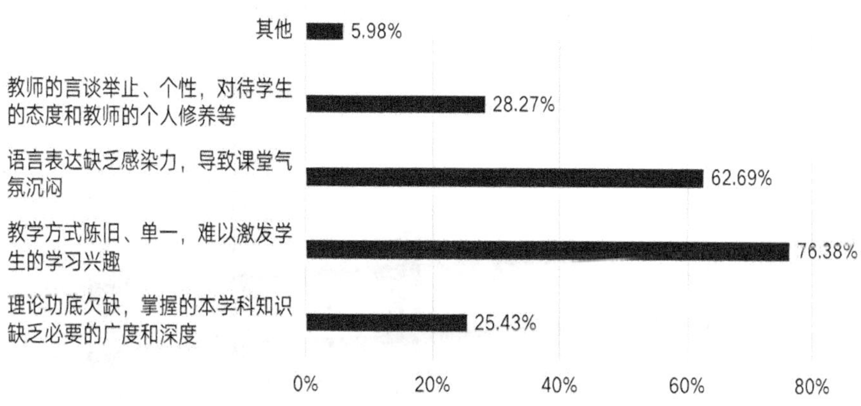

图 2-6 你认为有些思政课教师讲课对学生缺乏吸引力的主要原因

(三)教学内容、教学模式调查结果

1. 教学内容。(1)调查结果显示,在项目“你对该思政课内容掌握情况如何”中,该矩阵题平均分是 3. 68,其中 56. 44%的学生对思政课教学内容的掌握是比较了解或非常了解的,有近四成的学生对思政课的教学内容掌握一般,还有 4. 47%的学生表示掌握情况不太好甚至非常不好,这说明大部分学生对思政课的教学内容掌握情况较好,但还有相当一部分学生需要加强思政课学习。(2)在被问及“思政课教师了解新时代大学生的兴趣爱好吗”这一问题时,超七成的学生认为思政课教师可能知道大学生的一些兴趣爱好,有近五成的教师做过有关大学生兴趣爱好方面的调查。可见,当前思政课教师对于大学生的兴趣爱好还是比较关注的。(3)当调查学生对于“思政课教师征集学生感兴趣的话题,并对此进行针对性讲解”这一做法的态度时,有 73. 15%的学生表示比较支持或支持或非常支持,这说明大部分学生渴望得到更多的关注,并希望思政课教师能“走下讲台”,对当代大学生感兴趣的话题进行调查,了解学生需求的动态变化。同样,76. 10%的学生认为“思政课教师在课堂上讲授学生感兴趣的话题”的教学效果良好(图 2-7)。

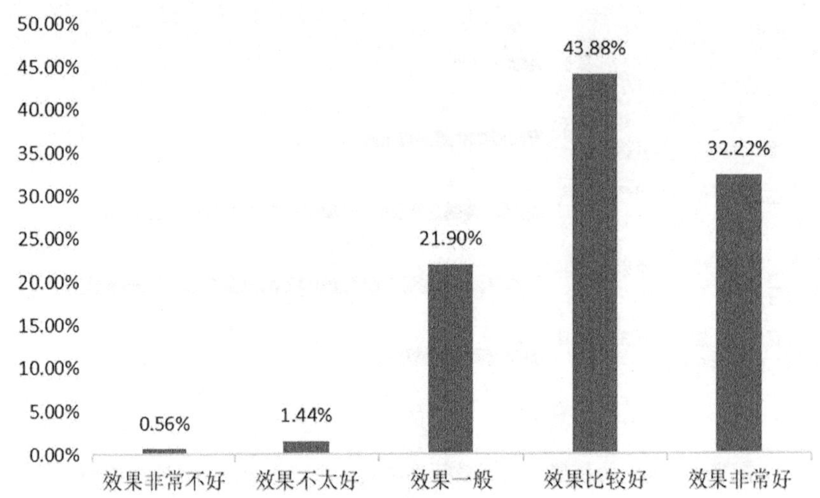

图 2-7　如果思政课教师针对学生感兴趣的话题在课堂上讲授,你认为效果如何

2. 教学模式。对于教师讲授思政课内容的方式,46. 06%的学生认为思政课教师的授课方式是“以教材为主,辅之以学生感兴趣的内容进行讲授”,30. 65%的学生认为思政课教师的授课方式是“依据教学大纲,设置若干专题进行讲授”,19. 34%的学生认为思政课教师的授课方式是“按照教材章节进行讲授”,仅有 3. 96%的学生认为思政课教师的授课方式是“完全脱离大纲,搜集并汇总学生感兴趣的话题进行讲授”。在就如何开展思政课教学的调查中,73. 05%的学生希望思政课要“与社会实践、社会热点相结合进行教学,不依赖教材”,65. 07%的学生主张启发式教学,即围绕本节课的几个重点问题,启发学生思考、讨论、回答,还有 44. 7%的学生认为思政课要开展小组教学,将有共同兴趣的学生分成若干小组,不同的老师对不同的小组进行教学,而“学生讲、教师点评式教学”则不太受欢迎,表示认同的学生仅有 19. 33%(图 2-8)。

(四)教学互动调查结果

1. 互动现状。教学是教师的教与学生的学共同组成的双边互动活动。调

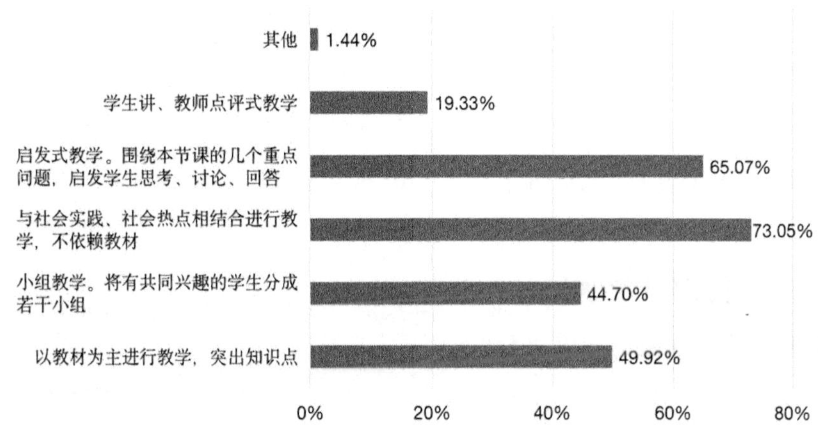

图 2-8　你认为思政课应如何开展教学

查结果显示，思政课教师采用的互动式教学被学生们普遍认可，82.45%的学生认为互动式教学能够活跃课堂气氛，72.26%的学生认为互动中观点的碰撞能启发思考，66%的学生认为互动式教学能够拓宽知识面，还有65.15%的学生认为在互动中教师能够发现学生思想认识等方面的问题。而从调研结果来看，学生认为目前思政课课堂互动频率不高，35%的学生认为所学课程的课堂互动一般，34.60%的学生表示所在课程经常互动，而仅有25.24%的学生认为所学课程每堂课均有互动（图 2-9），这说明教学互动现状并未达到预期。

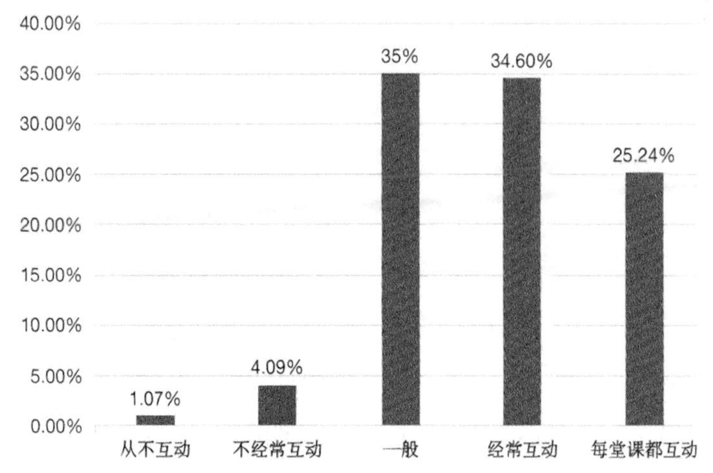

图 2-9　教师在课堂教学过程中的互动频率

2. 互动方式。一方面,随着互联网信息技术的高速发展,教师在课堂教学中不再局限于传统的多媒体教学模式,而是更多地引进了多样化的网络教学平台,增强了师生之间的交往和互动。如在就“教师在该课程教学中使用的网络教学平台有哪些”的调查中,仅有 28.16%的思政课教师没有使用网络教学平台;而在使用网络教学平台的思政课堂中,学习通的使用率最高,为 60.65%,其次是钉钉和腾讯会议,分别占比 22.7%、16.58%,说明在新冠疫情的影响下,思政课堂为响应“停课不停学”的号召,在一定程度上也采取了线上教学的模式。另一方面,在课堂互动方式上,教师也不再只依赖于按照名单对学生进行简单随机提问的互动方式。数据显示,当前 53.03%的教师更多地采用通过网络教学平台进行提问、讨论的互动方式,此结果与学生倾向选择的课堂教学互动方式不谋而合,有超过 70%的学生认为“借助网络教学平台进行的互动有后台记录,每个人都要参加”,而仅有 29.91%的学生怀着逃避课堂互动的心态选择了覆盖范围小的传统互动模式,这表明学生对思政课课堂互动的需求还是普遍较高的。

3. 互动形式。(1)在互动形式方面,除了课堂提问、讨论这一基本互动形式,有 61.61%的学生参与过“围绕某一主题进行课堂展示,演讲、讲课、制作视频等”的教学活动,42.45%的学生参加过所学思政课的实践调研活动,这说明随着高校思政课教学改革的不断推进,教师也在不断摸索课堂互动的新形式,尝试构建理论与实践相结合的创新型思政课堂。但是,仍有 25.76%的学生表示除了课堂提问、讨论这种互动形式,没有参加过思政课的其他任何教学活动。(2)关于课下交流频率方面,调查结果显示,教师与学生之间课下交流不多,“从不交流”和“偶尔交流”的占比分别为 16.27%、15.13%,共计 31.40%,交流频率“一般”占比 34.44%,而“经常交流”和“每堂课都交流”仅占 19.14%、15.03%。可见,课堂之外教师与学生之间的交流共振较弱,思政课下课即“下学”、结课即“止学”的现象仍然大量存在。(3)对于思政课的互动时间分配,学生们也给出了明确的建议,

57.07%的学生希望课堂互动时间能合理控制在11—20分钟。

4. 互动意愿。在被问及“是否有必要让学生在思政课教学大纲制定、教学内容选用、教学方法使用、课堂教学组织等方面有更多的决策参与权?”时，超过一半的学生认为是有必要的，这说明学生的自我效能感增强，对课堂权力回归的意识在逐渐觉醒。而在调查学生在思政课堂上的民主参与意识和能动性大小时发现，“比较强”和“非常强”的占比分别为32.77%、18.8%，共计51.57%，“一般”“不太强”“不强”分别占40.52%、5.97%、1.94%，共计48.43%，这说明近半数学生的民主参与意识和能动性还有待提高(图2-10)。

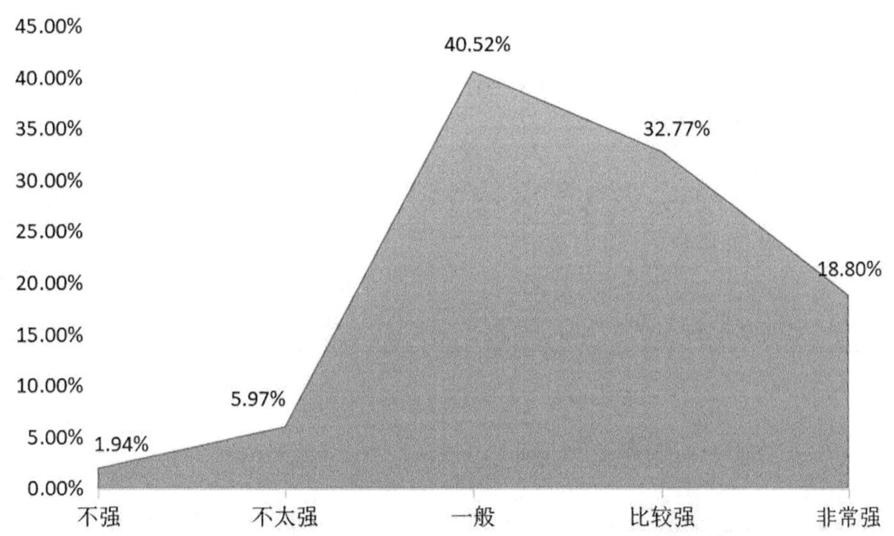

图2-10 你认为思政课课堂上学生的民主参与意识和能动性怎么样

5. 互动时间。在问及给学生发言互动的时间每节课平均有多长，选择5分钟以下的教师占20.13%，6—10分钟的占37.06%(表2-7)。这说明目前思政课上课的形式还是主要以教师讲授为主。

表 2-7　你在线下上思政课时,给学生发言互动的时间每节课平均有

选项	比例
A. 5 分钟以下	20. 13%
B. 6—10 分钟	37. 06%
C. 11—15 分钟	28. 12%
D. 16—20 分钟	8. 95%
E. 21—25 分钟	4. 15%
F. 26 分钟以上	1. 6%

6. 互动效果。在问及思政课堂让学生发言互动时,15. 97%的教师认为学生很少发言,38. 66%教师认为发言集中在几个学生(表 2-8)。这说明学生参与互动的覆盖面较小,互动效果一般。

表 2-8　线下思政课堂上让学生发言互动时

选项	比例
A. 很少有学生发言	15. 97%
B. 集中在几个学生发言	38. 66%
C. 大多数学生积极发言	34. 5%
D. 学生都主动发言,留的发言时间总显得不够	10. 86%

(五)教学评价调查结果

科学的思政课教学评价体系是教学质量和教学效果的重要保障。此部分对思政课教学评价的调查主要围绕学生学业成绩评价这一方面进行。

结果显示,一方面,在考核评价方式上,47. 99%的思政课期末考试采用“闭卷考试,试卷成绩和平时成绩叠加”的方式,22. 22%的思政课期末考试采用“开卷考试,试卷成绩叠加平时成绩”的方式(图 2-11)。而在“你认为思政课期末成绩应该以哪方面为主”这一问题中,认为“日常思想行为表现”最为重要的学生占比最高,为 32. 21%,其次才是“试卷考试”,占比 24. 22%(图 2-12)。

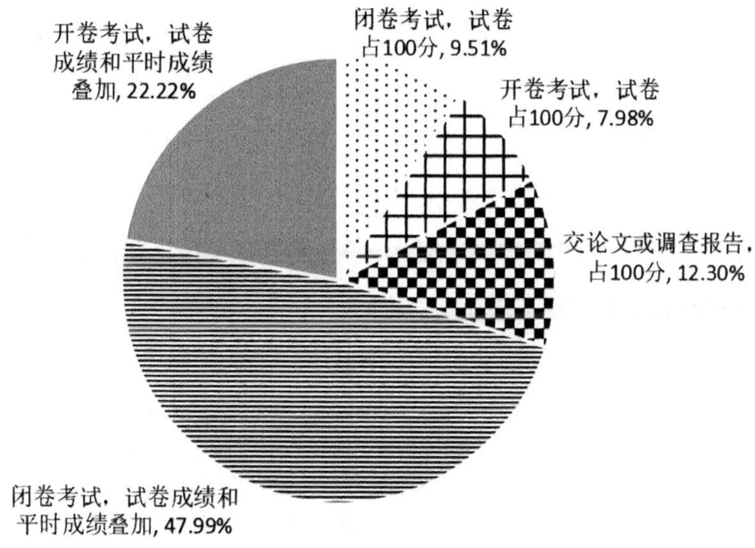

图 2-11　思政课期末考试是以什么方式进行的

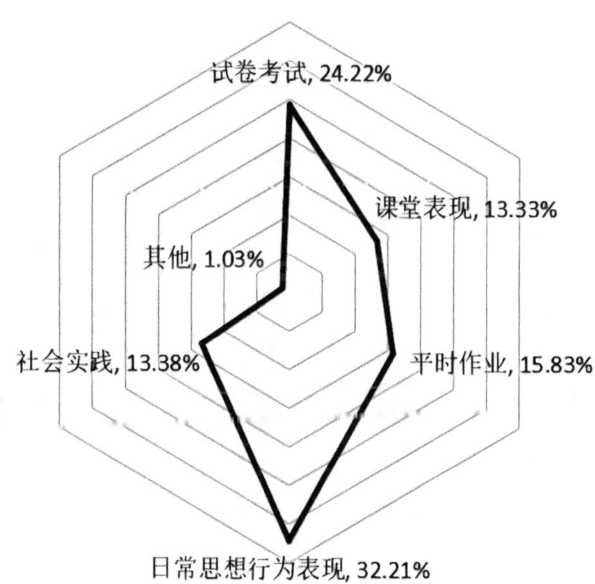

图 2-12　你认为思政课期末成绩应该以哪方面为主

另一方面，调查结果显示，高校思政课的考试评价机制还不够完善。例如，在被问及“你认为该门思政课考试评价机制合理吗”时，40.97%的学生认为“比较合理”，仅20.99%的学生认为“非常合理”，而还有近四成的学生认为合理程度一般、不尽合理甚至非常不合理。同样，根据“你认为当前思政课期末考试成绩是否能够客观反映学生的思想素质实际情况”的调查结果显示，有38%、12.27%、2.96%的学生分别认为“一般”“不太能”“完全不能”，共计53.23%，超过被调查学生总数的一半（图2-13）。这说明单一的期末考试成绩在对学生思想素质实际情况的客观反映上还有很大差距，而努力冲破应试教育只注重结果性评价的牢笼，逐步完善学生学业成绩评价体系，使指标更加科学化，才能真正向素质教育迈进，将立德树人的根本任务落到实处。

最后，在被问及“学校是否应该公开思政课教师评价的信息”时，学生的看法不一，认为“应该公开”“公不公开都行，无所谓”“不必要公开”的学生分别占比35.89%、37.21%、26.89%。

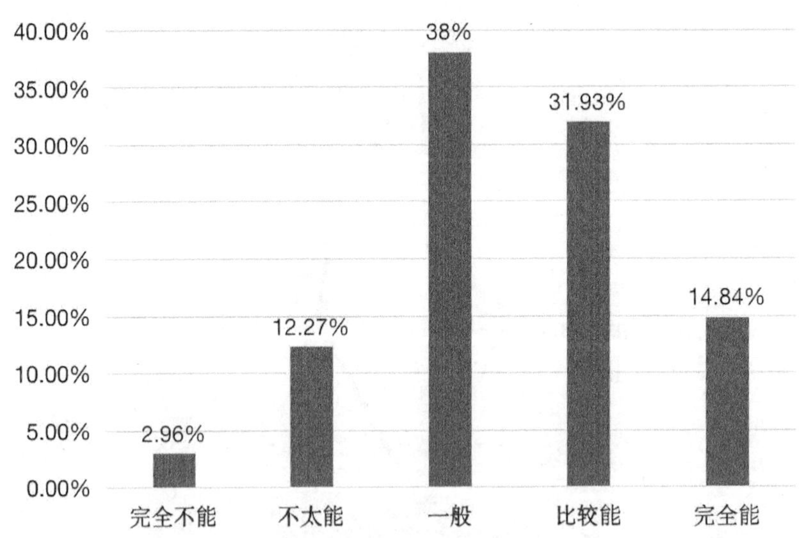

图2-13　你认为当前思政课期末考试成绩是否能客观反映学生的思想素质实际情况

第三节　主要问题

虽然思政课教学在一定程度上已取得很大进步，获得了学生的认可与理解，但调研数据显示，当前思政课堂仍存在教学现状与学生期望相差悬殊、教学方法相对单一、教学内容针对性不强、教学程式固化、教学互动和师生交流欠缺、课堂权力分配失衡、教学评价制度不完善等问题。

一、教学现状与学生期望相差悬殊

一方面，学生对思政课的求知欲与教师不能有效激发学生学习兴趣之间存在矛盾。学习兴趣可以激发学生强烈的求知欲，从而转化为强大的内生性动力，促进其进行高效的课堂学习。调查数据显示，多数学生对思政课抱有期待。但在教学过程中，思政课教师对学生的兴趣爱好不甚了解，这就导致教学内容与当代大学生的思想实际相脱节，学生认可度不高，教学效果不佳。可见，思政课教师对学情的准确把握，是提高教学实效的重要途径之一。因此，思政课教师在了解学生实际学习需求、激发学生学习兴趣、解决学生思想实际问题等方面有待进一步完善，还需在结合教学目标以及教学重难点的前提下，在教学方式、方法、手段等各方面加以创新。

另一方面，学生的课堂获得感高低不一。调查显示，大多数学生对思政课的教学内容掌握情况良好，且对教学方法、手段、评价方式等表示认可，但仍有超过半数的学生认为思政课课程教学较为枯燥、缺乏趣味性，还有超过三分之一的学生认为与专业学习关系不大。导致这一现象的原因除了思政课教师不太了解当代大学生的学习情况之外，还存在思政课堂班额过大的问题。大班授课容易忽视不同院系、不同专业、不同兴趣学生群体的个性化差异，教师难以针对学生的专业需求、兴趣特点等开展差异化教学，导致学生学习兴趣不大、学习动力不足。

二、教学方法不丰富

教学方法是为了完成教学任务而采用的方法,是动态的、灵活多样的。不同的教学方法或教学方式,决定师生之间的互动关系,影响教师“教”的积极性和学生“学”的主动性,其教学效果与学生的学习质量也相差甚远。随着科技的进步和社会的发展,教学方法更加多样化,不再局限于单一的讲授和问答模式,而是需要采用演示、联系、实验、设计等方法,借助互联网和多媒体等现代技术,以取得更好的教学效果。但由于受传统师生地位的影响,思政课堂中教师的权威地位仍坚如磐石,这与学生希望教师扮演的角色相冲突。调查显示,学生更希望教师在思政课教学中承担知识的传授者、学习的指导者和协作者这一身份,而对教师作为权威者这一角色抵触情绪明显。

当前,思政课堂仍以传统的灌输式教学为主,即使大部分教师在课堂上采用多媒体技术辅助教学,也是所谓的“电教灌输”,这种“电教灌输”虽形式新颖,但并未突破教师“重教不重学”的壁垒,仍将教学视为教师向学生单方面传授知识技能的活动,忽视对学生学法的研究和探讨,忽视学生的主体地位。这与在调查“思政课缺乏吸引力的原因”时,认为思政课教学方式陈旧、单一的学生将近八成这一结果相符合。可见,教学方法的选用,不但要从学生的实际情况出发,还要注重方法的科学性与创新性,才能进一步增强思政课堂的吸引力,提高教学质量。

三、教学内容针对性不强、教学程式固化

提高教学内容的针对性,解决学生实际的思想问题,一直是高校思政课教学改革的关键一环。学生的全面发展是围绕德智体美劳和综合实践能力等不同维度展开的,具有整体性。因此,思政课不仅要促进学生理解基础理论、掌握基本知识和技能,还要注重对学生问题意识的培养,引导学生进行独立思考,激发其创新意识和创造才能,培养学生具有正确的价值观、情感和态度。

但调查显示，当前思政课的教学内容针对性不强，远离社会现实和社会热点问题，“空中楼阁”式的思政教育是高校思政课教学改革的一大痛点。

新时代大学生思维发散，在课堂教学中主体意识更强，单一的讲授式教学已经不能满足学生主动求知的需求，且目前思政课的教学程式较为固化，基本上以教材为主，根据教学大纲，辅以学生感兴趣的话题或分专题进行讲授。调查结果表明，学生更希望思政课能够与社会热点、社会实践相结合，不依赖教材，也希望思政课教师能摒弃以往的照本宣科模式，围绕教学重点问题，开展启发式教学，引导学生进行科学的讨论和思考。可见，高校思政课教学改革不仅需要教师具备较高的专业素养，实现教学中理论和实践的统一，还要从教学目标和学生个体发展两个角度开展针对性教学，提高教学实效性。

四、教学互动和师生交流不足

教学是教与学的双边互动活动，而教学过程是一个以交往为背景和手段的活动过程。在教学活动中，教师是教学的组织者和引领者，学生是学习的主体和发展的主体。一个完整的教学活动肯定不是孤立的，它是围绕着师生之间、生生之间的交往和互动开展的。思政课教师不仅要在教学过程中对学生进行知识的传授，带领学生进行理论的学习，还要通过课堂互动和课下交流与学生产生情感上的沟通与共鸣，了解学生的思想实际，在师生互动中发现教学中存在的不足并予以改进。

尽管多数教师为互动教学做了充分准备，但学生的课堂参与度并不理想。从表2-8、表2-9、表2-10教师的回答中可见一斑。师生之间的交流和互动能活跃课堂气氛、激发思想碰撞、拓宽知识面。因此，促使教师发现学生思想认识方面的问题，是开展有效教学的重要保障。虽然大多数思政课教师开始借助多样化的网络平台与学生互动，突破了覆盖范围小的传统简单随机互动模式，但互动形式仍较为单一，仅以课堂提问、讨论这一基本形式进行互动的思政课堂还大量存在，互动形式的创新性和多样性存在很大的拓展空间。另外,师生间的课下交流频率也比较低,"下课"即"下学"、"结课"即"止学"现象普遍存在。课堂时间有限,特别是当前高校思政课班额过大、师生比较低,教师很难做到关注到每一位学生的需求,与每个学生进行深度的互动与交流,因此建立有效的课下交流机制较为迫切,这样就能在很大程度上改善师生之间联系薄弱的局面,为教师"揭开权威面纱",与学生"走进知识殿堂"建立起沟通的桥梁。

表 2-9 对于线下思政课互动式教学,我的主要做法是

选项	比例
A. 不采用	2.88%
B. 不事先准备,主要根据课堂情况临时提问	16.61%
C. 课前精心设计问题	75.72%
D. 如果有主动学生提问,就讨论一下	4.79%

表 2-10 在线下思政课堂上中,有没有学生打断您讲课进行提问或者交流

选项	比例
A. 没有	28.12%
B. 有,但极少	61.34%
C. 有,还不少	7.35%
D. 有,很普遍	3.19%

五、课堂权力分配失衡

课堂权力分配失衡主要表现在师生权力分配失衡。具体体现在教师知识权力权威化和学生的权力意识薄弱、课堂话语权不足、民主参与意识不强以及权力保障机制缺失等方面。基于教育赋权理论基础,我们不难发现,赋权是权力的双向赋予,它包括教师下放权力和学生运用权力两个方面。而当前的思政课堂仍以课堂教学、教材内容的授受为主,教师的知识权力权威化明显,对比学生权力，教师的权力仍然处于压倒性地位。但实际上，思政课应以学生的自主学习和自我建构为主，教师权力过大，势必会压制学生权力发挥其应有的作用，直接影响学生学习的主动性和能动性，不利于学生主体地位的发挥。

从学生对教学决策参与权的认识以及民主参与的意识上，可以发现，学生虽具有一定的权力感知，但对于权力的认知以及权力的分配、运作等方面，并没有进行深入的思考和实践。一方面，建立健全权力保障机制是均衡师生权力的重要保证，对调整师生间权力的分配起到制约和保障作用。另一方面，赋权理论强调无权者权力的回归和运用，鼓励无权力者积极争取自身利益，提高自我效能感。这就要求高校思政课教学改革不能忽视对学生权力意识的培养，要加深学生对自身权力的思考，鼓励学生对自身权力的运用和实践。

六、教学评价制度不完善

教学评价是对教学工作质量所做的测量、分析和评定。作为教学活动中最有效的反馈机制，教学评价是实现教学目的、完成教学任务的重要手段之一，包括学生学业成绩评价、教师教学质量评价以及课程评价等。因此，建立健全科学的教学评价体系对提高思政课的教育教学质量至关重要。调查结果显示，当前思政课的期末考核成绩不能完全客观反映学生思想素质的实际情况。一方面，思政课的考核评价方式较为单一，虽然大部分思政课已逐步开始重视学生的平时表现，期末考核时采用试卷成绩叠加平时成绩的做法，但对学生的学习成效及其发展的测评，是一件复杂且困难的工作，对学生的能力、思想品德、日常行为表现的测量往往由于具体情境的多变，缺乏特定的标准，其评定结果也带有较强的主观性。另一方面，高校思政课的考核评价机制不够合理，学生认可度较低。单一的结果性评价容易导致教学目标与教学实践相脱节，削弱学生的创新意识和主观能动性，造成思政课的教学现状与教育目的貌合神离，已经完全不能适应高校思政课未来改革发展的要求。

当前的教师评价体系也不被广大教师接受和认同。原因在于对教师的评价主要依赖于学生的网上评教。学生对教师的教学水平、专业素养、教学效果、工作态度等各个方面进行打分,虽然评教的内容和标准都比较详细,但由于高校对思政课的重视程度不够,学生对评教的意义理解不到位,导致评教往往流于形式,评教结果大多缺乏公正性,不能全面客观地反映教师的实际教育教学水平。思政课教师在完成教学任务的同时,在对教学内容、教学方式、教学手段的探索以及对学生思想认识的了解和创新意识的培养等方面是一个复杂漫长的过程,有些效果是无法进行量化的。因此,通过学生评教这一方式对教师进行单一评价存在不科学之处,亟须完善高校思政课教师评价机制和评价体系,增强评价的科学性和合理性,激发教师的教学热情,进一步提升思政课教学改革的效果和质量。

第四节　解决方案

高校思想政治理论课主要由毛泽东思想和中国特色社会主义理论体系概论、思想道德与法治(原为思想道德修养与法律基础)、马克思主义基本原理、中国近现代史纲要、形势与政策五门课程组成,其内部结构的异质性和多要素特征决定了不同思政课课堂教学的差异化发展格局。毛泽东思想和中国特色社会主义理论体系概论是高校思想政治理论教育的重要课程,旨在帮助大学生系统掌握中国化马克思主义的生成逻辑、核心内容及精神实质;思想道德与法治是新生入学后学习的第一门思政课程,旨在运用辩证唯物主义和历史唯物主义世界观和方法论,引导大学生树立正确的世界观、人生观、价值观、道德观和法治观;马克思主义基本原理课涵盖马克思主义哲学、政治经济学、科学社会主义三大部分,通过向学生阐释马克思主义的立场、观点与方法,帮助学生掌握运用马克思主义的世界观和方法论观察事物、分析问题并逐步解决问题的能力;中国近现代史纲要课以历史叙事的方式,阐释中国近现代社会发展的革命与改革历史进程,总结内在发展规律,促使当代大学生更加深刻地学习和认识党史、国史和国情，具有中国近现代历史知识传授和思想政治教育的双重功能；形势与政策课是对大学生展开国家形势与政策教育的主渠道，借助课堂讲授促使学生正确地认识党和国家所面临的政治、经济等复杂形势以及所处的国际环境，助益学生全面正确地认识党和国家面临的形势和任务，更加系统地掌握形势与政策问题的基本理论和基础知识。

在调研过程中，我们发现不同科目的思政课程既有前列的共性问题，还存在不同的教学问题。如"毛泽东思想和中国特色社会主义理论体系概论"课存在学生主体性发挥不足、教学方法相对单一、教育内容针对性不够、教学评价不尽如人意、课堂教学相对浅表化等问题，而"思想道德修养与法律基础"（"思想道德与法治"）课则存在教学内容出现断裂、教学方法运用的认可度不高、教学深度互动欠缺、部分教师的教育信息素养不能完全适应现代教学等问题。

乔伊斯等人归结了她们选择的教学模式的共同属性：一是帮助学生学会学习，二是建构主义倾向，三是支架教学，四是形成性评价和判定，五是 21 世纪所需技能，六是文化能力和全球意识，七是合作与协作技能，八是创造性。① 对照这些标准，根据前面章节的分析，赋权型高校思政课分众教学模式聚焦学生中心，帮助学生建构知识、技能和价值观，鼓励和激发学生的参与性，培养学生的合作能力，塑造未来发展需要的素养，加深政治、思想、文化、历史、法律、道德、爱国主义底蕴，增强全球意识，从外部推动学生对知识和技能的掌握，通过形成性评价，判断学生是否需要更多引导，教师是否需要教育改进，帮助学生找到合适的学习途径。"学习是创制所有模式的起因，但其他属性是共通的。"②因此，赋权型高校思政课分众教学模式立于哲学基础，具有教学模式的基本属性，是

---

① ［美］布鲁斯·乔伊斯、玛莎·韦尔、艾米莉·卡尔霍恩：《教学模式》，兰英等译，华东师范大学出版社 2021 年版，第 6—9 页。

② ［美］布鲁斯·乔伊斯、玛莎·韦尔、艾米莉·卡尔霍恩：《教学模式》，兰英等译，华东师范大学出版社 2021 年版，第 6 页。

值得研究和应用的。

因而,本研究的重要目的和方式是,基于教育赋权理论,在教学实践的基础上,发展和优化分众教学模式,提升思政课教学质量和人才培养质量:一是因材施教,体现个性化。根据学生的兴趣和专长改进教学方式。二是线上线下结合,体现互动性。借助公共课程资源平台和网络平台优势拓展互动渠道,借助平台,共商课程实施策略,赋予更多权力,提高课堂设计和研讨内容质量,提高学生课堂主体地位。三是小班授课,体现精品化。按照兴趣、专业等,根据学校基本情况和教师数量,充分研讨。四是"一课多师",体现专题性。对于像"形势与政策"这样的课程,充分发挥每个教师的专业和学术专长,增强教学讲授质量和交流质量。五是突出学生课堂主体的地位,体现民主性。在分众模式中进行赋权,重视教学过程,改善教学环境和条件,达到学生更加充分地融入课堂教学,让学生"沉浸"在思政课知识内容的"海洋"之中。

鉴于高校思想政治理论课内部结构和子要素间存在问题的多元化与差异性,我们在原有"五位一体的教学路径"①的基础上,提出了总的思路和解决方案:基于教育赋权理论,构建"一体两维三级一主导"的赋权型高校思政课分众教学结构模型(见图 2-14):建立完整的"O&O(ONLINE and OFFLINE)"链条,即以学生为主体,立足教育赋权理论和分众教学模式两个维度,问题、技术、思政课堂平台三个层级,通过教师主导,适当赋权(赋予学生更多的思政课教学决策权、课程设计权、教学实施权和教学评价权),按分众教学模式(包括按专业、兴趣、主题、专题等形式)设计教学,课堂互动、线上和线下互动,增强学生课堂的民主参与性和学习能动性,使思想政治理论课教学效果达到最大化。调研组根据调查、访谈中发现的问题,结合授课经验和课程特点,按照这一方案和分类定序的研究思路,对五门课程逐一展开针对性、专

① 杨静娴、钟科代、周倩:《教育赋权视域下新时代高校思政课分众教学模式探索》,《郑州大学学报》2021 年第 2 期。

门性的课堂教学检视,并根据教学过程中出现的具体问题提出相对应的解决思路和建议。

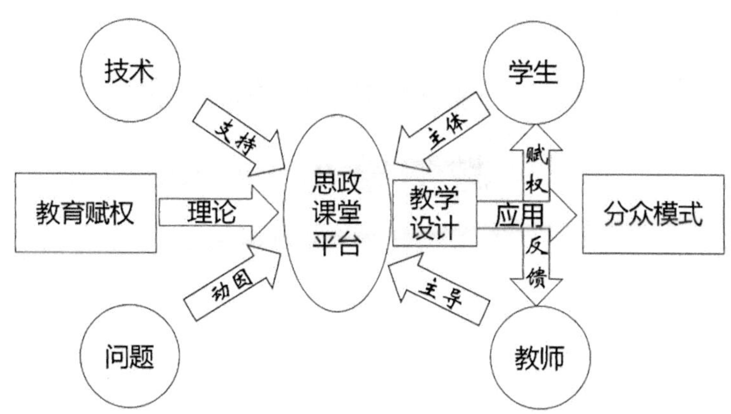

图 2-14　“一体两维三级一主导”的赋权型高校思政课分众教学结构模型

第三章　赋权型“原理”课分众教学模式

“马克思主义基本原理”（简称“原理”）是高校思想政治理论主干课程之一。回顾我国思想政治教育史，可以发现中国共产党很早就重视马克思主义基本原理的传播、普及工作。延安时期，毛泽东指出，“如果我们党有一百个至二百个系统地而不是零碎地、实际地而不是空洞地学会了马克思列宁主义的同志，就会大大地提高我们党的战斗力量”。[①] 改革开放后，邓小平指出，“老祖宗不能丢啊！”[②]中国特色社会主义进入新时代，习近平旗帜鲜明地指出，“学习马克思主义基本理论是共产党人的必修课”。学习、掌握、领会、运用马克思主义不仅是党员的基本必修课，更是事关党的事业能不能代代传承、永不变色的核心要义，因此，在全社会营造学习、传播马克思主义，向广大青年学生宣传、普及、教导马克思主义意义重大。

在传播马克思主义基本原理的路径中，高校思想政治理论课是主阵地。如何守住、用好这个阵地，做到马克思主义不失踪、不失语、不失声，让学生在学习“原理”的过程中做到真正的入耳、入脑、入心，就需要提升“原理”的课堂教学实效。改革开放前，马克思主义的教育教学从属于“政治思想教育”。课

① 《毛泽东选集》第2卷，人民出版社1991年版，第533页。

② 《邓小平文选》第3卷，人民出版社1995年版，第369页。

堂教育主要采用政治宣传式的正面灌输方式，并伴之以政治运动的经常性形式。改革开放后，思想政治教育从之前的“政治思想教育”演变为“思想政治教育”。思想政治教育除了凸显“政治性”之外，更强调为经济、社会的发展服务，从此前的关注世界观、人生观到主要讲述价值观，人文关怀和心理疏导成为其出发点和落脚点，并将思想政治教育的价值追求从单纯服务于政治需要转变为以人文本①，党的十八大之后更是明确为“立德树人”。

世情、国情、党情的变化深刻体现在马克思主义基本原理的教育教学全过程，也对“原理”课教学构成了挑战。调研组通过调查，基本摸清了当前“原理”课教学过程存在的问题及改革的重点，也为教育赋权理论和分众教学模式能否融入“原理”教学改革提供了数据支撑。

第一节　“原理”课教学研究综述

“原理”课及其前身（“马克思主义哲学原理”和“马克思主义政治经济学原理”）自开设以来，提升教学实效便成为教师、专家学者关注的核心问题。早在1984年，陶德麟发表《对马克思主义哲学原理课教学问题的几点看法》，针对马克思主义哲学原理教学过程中遇到的问题提出了破解思路，首先就是不能把马克思主义哲学讲述得“简单化”，主要涉及两个方面：一方面讲授内容不能简单化，比如如何看待马克思主义的科学性、如何看待唯心主义与唯物主义的关系、如何对待西方马克思主义等问题；另一方面讲授方法不能简单化，比如在讲述原理时论证少、宣传多，对反面观点缺乏分析，以哲学干预具体科学的是非问题。其次，导致教学内容和方法简单化的重要原因是“知识结构有缺陷”，要克服知识结构不完善的问题需要努力学习现代科学、熟悉中外哲学史、研究现代哲学的各个流派、总结革命建设的经验、掌握必要的工具和技能。最后，如何正确对

① 贾晓慧：《从“政治思想”到“思想政治”话语的演变——新中国思想政治教育的发展及特点》，《天津行政学院学报》2008年第5期。

待教学过程中的不同意见。核心是贯彻“双百”方针，“马克思主义哲学原理的教学同样应该贯彻自由争论的精神。”①1989年，曲为民发表《坚持“少而精”，运用启发式——关于〈马克思主义原理〉课教学试点的体会》，该文首先阐述了教学过程中遇到的两大难题：“改革后的‘马克思主义原理’课包括了原先的马克思主义哲学、马克思主义政治经济学和科学社会主义三门课的内容。过去按三门课上，教员们各专一科，现在将它们合在一起，由一个人全面讲下来，无疑有很多困难；再者，马克思主义理论在现今的中国社会已不被人们重视，社会中出现的腐败风气虽不是主流，但却困扰着许多人——马克思主义还灵不灵？大学生中有很多人持有马克思主义已经过时的观点”②。如何破解两大难题？他认为应采取以下对策，其一，弄清什么是马克思主义的基本原理是把握“马克思主义原理”课教学内容的关键。换言之，要把马克思主义基本原理中最本质的东西讲清楚、讲透彻，使学生抓住主要矛盾。其二，教学内容上主次分明，回应现实。针对当时社会存在的信仰危机问题，主要讲述马克思、恩格斯的人生历程；针对学生已经熟悉的知识则采用略讲；此外，引入原著，并通过讨论法深化学生对于既有知识的理解。其三，在教学方法上，改灌输式为联系实际说理式、讨论式。主要是利用理论去剖析现实，让学生从死记硬背条条框框的学习模式中走出来，感受到马克思主义的科学性和革命性。其四，针对教学学时不足的问题，采用“学生熟悉的内容少讲，新的内容，联系实际的内容多讲的方法。”最后，他还论及了深化马克思主义基本原理教学过程中亟待解决的问题，“首先，对于什么是马克思主义的基本原理？全国应有统一的口径，不应该一人一把号，各唱各的调。其次，学生愿意与教员一起讨论问题，然而大班上课，不容易调动所有人的积极性。增加讨论课次数又牵涉

① 陶德麟：《对马克思主义哲学原理课教学问题的几点看法》，《内蒙古社会科学》1984年第5期。

② 曲为民：《坚持“少而精”，运用启发式——关于〈马克思主义原理〉课教学试点的体会》，《辽宁高等教育研究》1989年第2期。

教员很大精力。要是小班上课就灵活多了。第三，关于“马克思主义原理”课的考试，我认为也应改革一下，我们不应以考查学生的记忆能力为主，而应考查学生运用理论分析问题解决问题的能力。既然这样，不必要非采取传统的闭卷考试，形式可以多样”①。

这些观点对今天的思政课教学改革仍有启发意义。回顾马克思主义基本原理课教学改革走过的历程，可以发现陶德麟和曲为民两位学者在20世纪80年代提出的问题，一部分在教学改革过程中已经得到了解决，比如马克思主义基本原理是什么这个问题，从曾经的各喊各的口号，到今天统一为马克思主义的立场、观点、方法的表述。一部分并没有真正得到解决，而是成了“历史遗留问题”，比如简单化、课时不够、学生厌学、灌输论等问题。这些问题不但是20世纪80年代以来历代马克思主义基本原理研究者和教学工作者力图破解的问题，也是当下“原理”课教学亟待回应的问题，这些问题也成为“原理”课教学改革贯穿的主线。

高校“原理”课历经多次课程改革，直到“05方案”正式形成为马克思主义哲学、马克思主义政治经济学、科学社会主义“三位一体”模式，并基本上稳定下来。其间的教学也是经历了不断地摸索、定型、创新、发展等历程，直到今天已经成为马克思主义基本原理研究的热潮。综合来看，高校“原理”课教学研究主要聚焦以下问题。

一、教学内容

在“05方案”实施之前，马克思主义哲学、马克思主义政治经济学、科学社会主义并没有整合在一门课里面，而是由不同的课程来承担，这使得教师和学生极易将马克思主义的三大板块视为独立的三个部分，认为每个部分之间有着明确的边界。但是，从马克思主义的发展史和学理结构来看，马克思主义的

---

① 曲为民：《坚持“少而精”，运用启发式——关于〈马克思主义原理〉课教学试点的体会》，《辽宁高等教育研究》1989年第2期。

三大板块之间从来都不是割裂开来的，而是“一整块钢铁”。因此，在高校《原理》课教学内容方面的一个重要问题就是如何处理三个板块之间的关系，是将其依然割裂开来？还是融合在一起？在“05 方案”之前，就有学者注意到这一问题，针对此问题，提出在教学过程中要关注马克思主义的“整体性”问题。彭继红在 1993 年就提出马克思主义原理课的教学要实现整体性与时代性的统一，并正确处理好两者之间的关系。① 此后，整体性研究成为认识马克思主义原理的一个重要维度，专家学者围绕这一问题进行了深入讨论。黄映然②、梅学兵和王丹③、陈乐④、陈金兰⑤、李萍⑥、凌小萍⑦、唐昆雄⑧、闫方洁⑨、龙小平⑩、孙文营⑪、孙月红和郭彩星⑫、欧海燕⑬、王琼⑭等围绕马克思主义整体性

① 彭继红：《正确把握马克思主义的整体性和时代性——〈马克思主义原理〉教学的一些体会》，《教学与研究》1993 年第 4 期。

② 黄映然：《关于马克思主义的整体性与“原理”课的教学问题》，《经济与社会发展》2007 年第 10 期。

③ 梅学兵、王丹：《从马克思主义的整体性维度看马克思主义基本原理课教学理念的转变》，《重庆工学院学报（社会科学版）》2008 年第 9 期。

④ 陈乐：《以整体性凸现科学性——“马克思主义基本原理概论”课教学探析》，《沈阳教育学院学报》2008 年第 5 期。

⑤ 陈金兰：《“马克思主义基本原理”教学应突出整体性》，《西南科技大学学报（哲学社会科学版）》2009 年第 2 期。

⑥ 李萍：《整体性原则在“马克思主义基本原理概论”课教学中的把握》，《北京教育（德育）》2009 年第 10 期。

⑦ 凌小萍：《“原理”课教学要贯彻并体现马克思主义的整体性》，《高教论坛》2011 年第 7 期。

⑧ 唐昆雄：《在教学中科学把握和全面贯彻马克思主义的整体性特质——“马克思主义基本原理概论”课程教学的思考》，《思想理论教育导刊》2011 年第 9 期。

⑨ 闫方洁：《“马克思主义基本原理概论”课教学重点难点的整体性分析》，《思想理论教育》2012 年第 7 期。

⑩ 龙小平：《论马克思主义基本原理教学的整体性问题》，《思想教育研究》2012 年第 6 期。

⑪ 孙文营：《“马克思主义基本原理概论”课整体性教学的影响因素与对策》，《思想理论教育导刊》2013 年第 3 期。

⑫ 孙月红、郭彩星：《“马克思主义基本原理概论”课整体性教学改进对策》，《思想理论教育导刊》2014 年第 6 期。

⑬ 欧海燕：《马克思主义基本原理整体性与系统性视角下的思政课案例教学法创新研究》，《学校党建与思想教育》2018 年第 11 期。

⑭ 王琼：《整体性视角下“马克思主义基本原理”教学探索》，《大学》2021 年第 32 期。

与《原理》课教学的关系进行了研究，指出在进行马克思主义基本原理教学过程中要凸显马克思主义的整体性，以内容的整体性彰显理论的科学性，以理论的科学性验证内容的整体性。除了马克思主义三大板块的结构关系之外，另一个需要回应的问题是内容讲授过程中的主次关系和时间安排，因为马克思主义基本原理是一个丰富的宏大理论体系，如果面面俱到，一学期的学时远远不够，因此必须对其内容进行有选择性地讲授。1995 年，全国高校马克思主义原理教学研讨会的主题就是在回应这一挑战，提出了两大原则“精”和“管用”，①实际上为“原理”课的教学时间、内容安排指明了方向。根据教学要求，“原理”课应该是利用一学期的时间讲授完毕，但现实教学过程中，很多教师会将重点放在哲学部分，而科学社会主义基本上采取略讲方式。具体来看，“原理”课的课时分配问题是一个老问题，从 20 世纪 80 年代提出以来直到今天尚未得到完全解决。

二、教学模式

教学模式是打通教学理论与教学实践的关键环节。高校“原理”课教学改革应通过教学模式的不断创新来实现。围绕“原理”课的教学模式讨论和创新起步很早，首先是基于对旧的灌输模式的反思或批判而发展起来的。1987 年，鲁兰沁发表《马克思主义理论课改革断想——关于“灌输论”和“灌输式教学模式”的形成》一文，指出随着时代的发展，灌输式教学模式已经跟不上时代的发展，因此，必须推进教学模式改革，而改革的关键就在于正确全面地理解列宁的“灌输式教学模式”。② 张鸿秋③针对马克思主义哲学原理教

① 余克：《在“精”和“管用”上下功夫——全国高校马克思主义原理教学研讨会综述》，《高校理论参考》第 1995 年第 2 期。

② 鲁兰沁：《马克思主义理论课改革断想——关于“灌输论”和“灌输式教学模式”的形成》，《齐齐哈尔师范学院学报（哲学社会科学版）》1987 年第 2 期。

③ 张鸿秋：《马克思主义哲学原理》课教学模式初探》，《中国高教研究》2001 年第 7 期

学提出了一个“讲授—理论—运用”的教学模式。王学静①基于受教育者选择和接受教育的需求问题提出可以采用案例教学模式。邵德进②提出了实践教学模式。李晓晴③提出了“434”教学模式，包括改革教学内容、尝试互动式课堂教学、深化社会实践教学、运用多媒体技术等。胡海波(2006)提出“656”教学模式，首先实现6个方面的整合，然后采用“读书+教学+讨论+论文+实践”5阶段做法激活学生积极性，最后采用“知识的掌握+知识的理解+知识的运用+论文+实践+读书笔记”6种模式的考核。④ 也有学者提出了师生互动教学模式、贴近性教学模式、双主教学模式、“九环”课堂教学模式、“研究主导型”教学模式、立体教学模式、PBL教学模式、协作式教学模式、开放性教学模式、“师生四同”模式、“五位一体”研究性教学模式、“三环五步”教学模式等。总体来看，《原理》课教学模式改革创新研究比较活跃，积累诸多理论和实践成果，虽然形式不同，但出发点都是提高教学实效。同时也说明，“原理”课教学模式创新还存在不足，一方面，缺乏明确的理论支撑，很多流于形式化、技术化；另一方面，多种教学模式之间区分度不高，虽然在教学过程、具体操作等方面各有特色，但大部分都是枝节性的变化，总的教学安排并没有发生本质性的变化。

三、教学方法

“工欲善其事，必先利其器”。“原理”课的教学方法改革早就受到了学界的重视。1983年，李秀林提出要把马克思主义的认识论和辩证法运用于具体教学过程之中，具体来看，包括了晓之以理、辅之以形、动之以情、导之以行四

① 王学静：《马克思主义哲学原理多样化教学模式研究——案例分析教学法探析》，《黑龙江高教研究》2003年第6期。

② 邵德进：《创新马克思主义哲学实践性教学模式的探讨》，《南通职业大学学报（综合版）》2004年第1期。

③ 李晓晴：《马克思主义哲学原理课“434”教学模式初探》，《教育探索》2005年第10期。

④ 胡海波：《马克思主义哲学原理课656教学模式初探》，《教育探索》2006年第7期。

个方面。[①] 1986年,郭万祯明确提出“政治理论课的教学方法必须进行认真的改革”。他认为课程设置和内容影响着教学质量和效果,但缺乏好的教学方法,同样无法实现教学的目的。[②] 郭万祯的呼吁可谓开启了高校“原理”课改革的先河。此后,“原理”课教学方法探索进入稳步发展时期。但具体来看,在20世纪八九十年代,“原理”课教学方法的探讨尚未进入专业化时期,专家学者主要是针对教学过程中遇到的问题提出了一些原则性的建议和设想,比如张帆[③]提出要坚持“理论联系实际”,王冬桦[④]提出要关注教学方法的理论基础问题,时永松[⑤]提出要改变“要他学”为“他要学”。进入21世纪之后,“原理”课教学方法的专业化时代到来,各种体系化、系统化、结构化的教学方法如雨后春笋般涌现出来,尤其是2007年,吴凌[⑥]《“马克思主义基本原理概论”课教学法初探》的发表开启了新一轮“原理”课教学方法大讨论的先河。学界提出很多重要影响的教学方法,比如:黄伟力[⑦]提出要把案例教学法引入“原理”课;赵准清[⑧]提出利用因特网指导学生撰写论文及构建研究型教学方法;陈媛[⑨]建议引入参与性教学方法;谭淏予[⑩]主张利用实践教学方法;

① 李秀林:《马克思主义哲学原理教学方法自议》,《高教战线》1983年第10期。

② 郭万祯:《政治理论课的教学方法必须进行认真的改革》,《张家口医学院学报》1986年第4期。

③ 张帆:《理论联系实际　加强马克思主义原理课教学针对性》,《广东行政学院学报》1996年第1期。

④ 王冬桦:《教学方法改革的理论基础刍议》,《课程·教材·教法》1996年第11期。

⑤ 时永松:《关于改进〈马克思主义原理〉教学方法的探索与思考》,《南京政治学院学报》1997年第4期。

⑥ 吴凌:《“马克思主义基本原理概论”课教学法初探》,《思想理论教育导刊》2007年第9期。

⑦ 黄伟力:《应把案例教学引入“马克思主义哲学原理”课》,《思想理论教育导刊》2000年第10期。

⑧ 赵准清:《利用因特网指导学生撰写论文及研究型教学方法初探——“马克思主义政治经济学原理”教学改革的一些收获和体会》,《清华大学教育研究》2005年第S1期。

⑨ 陈媛:《参与性教学方法在马克思主义基本原理课中的运用初探》,《南方论刊》2008年第10期。

⑩ 谭淏予:《〈马克思主义基本原理概论〉实践教学方法探析》,《法制与社会》2011年第32期。

崔希福[①]、于今玺[②]主张引入"问题式"教学方法;王强[③]主张引入叙事式教学方法;谷永新[④]主张专题式教学方法。综合来看,教学方法创新已经成为当前提升"原理"课教学实效的重要抓手,而且学者们尤其突出利用互联网载体推动教学方法创新,并紧紧围绕"教—学"的矛盾、激发"学习者"的主动性、积极性等方面展开。

高校"原理"课教学研究反映了这门课一直面临着理论与社会现实之间的矛盾问题,如何将抽象的理论时代化、大众化、中国化,是"原理"课教学一直以来在不断回答的问题。从 20 世纪 80 年代以来,高校"原理"课不断走向了规范化、体系化道路,学术界围绕课程设置、课程内容、教学模式、教学方法等进行了深入的讨论,取得了丰硕的成果,但是,一些老问题仍然存在,而新问题也在不断迭生,比如:"原理"课教学改革的理论支撑问题、教学的学理化与生活化矛盾问题、教学过程中讲授与参与的关系问题,等。这些问题的存在,有赖于理论与实践的进一步发展,给予时代性的回答。

第二节 "原理"课教学调研概况

为深入分析高校"原理"课教学存在问题的具体表现和存在痛点的原因,调研组通过发放调查问卷,对当前"原理"课教学情况进行了抽样调查。

---

① 崔希福:《"马克思主义基本原理"课"问题式"教学方法初探》,《内蒙古财经大学学报》2013 年第 2 期。

② 于今玺:《问题引导式教学方法在课程教学中的实践路径——以"马克思主义基本原理概论"课程为例》,《科教导刊(上旬刊)》2020 年第 34 期。

③ 王强:《"马克思主义基本原理概论"课叙事式教学方法探索》,《思想理论教育》2015 年第 7 期。

④ 谷永新:《新时代高校"马克思主义基本原理概论"课专题教学方法研究》,《黑龙江教育(理论与实践)》2021 年第 5 期。

一、调研方式

在调查分析时，我们主要采取定量分析和定性分析两种方法。在回收的18446份《高校思政课教学改革调查问卷》中，涉及“原理”课有效问卷共3549份。

二、样本构成

（一）性别比例

在性别类型抽样中，女性学生占比74.73%，男性学生占比25.27%，女性多于男性。

（二）政治面貌

在政治面貌样本中，共青团员占比91.43%，中共（预备）党员占比3.18%，群众占比5.1%，其他占比0.28%。以共青团员为主。

（三）高校类型

在高校类型抽样中，一流大学建设高校占比30.12%，一流学科建设高校占比29.42%，非“双一流”建设普通公立本科高校占比31.42%，民办本科高校占比6.45%，高职（高专）占比2.59%。以非“双一流”建设普通公立本科高校为主。

（四）专业类型

在专业类型抽样中，文科占比61.23%，理科占比27.08%，工科占比9.16%，医学占比2.54%。以文科为主、理科次之。

（五）学生任职

在任职类型抽样中，非学生干部占比61.23%，学生干部（在任）占比

28.94%,学生干部(经历)占比9.83%。以非学生干部为主。

(六)预期毕业去向

在学生预期毕业去向抽样中,升学发展(国内读研、出国留学)占比39.67%,传统就业(党政机关、事业单位、各类企业、其他)占比43.2%,非传统就业(自主创业、自由职业、灵活就业)占比8.51%,未确定去向(暂无打算)占比8.62%。以升学发展和传统就业为主。

第三节　新时代“原理”课教学存在的问题与原因分析

随着意识形态在国家发展和社会进步中的重要性日益凸显,以“立德树人”为根本任务的高校思政课教育教学逐渐受到重视,思政课也日益摆脱了“说起来重要、做起来次要、忙起来不要”的尴尬境地。但是,与思政课所受重视不相匹配的是其教学实效仍然亟待提升,仍然面临着如何履职尽能的挑战,期望与现实之间仍然存在巨大差距。具体到教学层面,通过调查发现,学生对思政课并不存在所谓的“偏见”,反而对思政课抱有“期待”,但与思政课所肩负的任务、学生的期待相比较,思政课还存在众多不如意之处,有学者将其称之为思政课教学的“痛点”,主要表现为“抬头率不高”“认同度不够”“获得感不强”等。① 作为高校思政课的组成部分,“原理”课教学除了面临的共性问题,也存在一些个性问题。

一、总体情势:理论生发与时代现实的疏离

历史学家克罗齐指出:“一切真历史都是当代史。”历史具有两层语义:真

① 阮一帆、武彦斌:《消除思政课“痛点”提升教育满意度》,《中国社会科学报》2020年3月12日。

实发生的历史事实与观念层面的历史。人类的发展历程就是一部不断建构历史事实的事件堆积，但在庞杂、丰富、偶然、必然并存的事件堆积中又有多少能够上升到观念维度？即是，生活于具体时代背景下的人们不可能去重温过往的历史事实，而只能通过观念层面的历史去感知过往。当克罗齐提出“真历史都是当代史”时，他意在指出“历史书写者要借助对当前生活的关切来观察过去，基于当前的思想和兴趣来阐释史事。换句话说，过去只有用思想的光芒来照亮，才能显现出鲜活的生命力。而历史只有进入当前的生活，才会具有真正的意义”①。此外，克罗齐还表达了另一层含义，“唯有对当下生活有所体验，才有能力理解历史”。② 对于“原理”课来说，虽意在阐释马克思主义的立场、观点与方法，但其何尝不是一部关涉马克思主义的思想史？正是这种历史的维度使得“原理”课与其他高校思政课区别开来，呈现出独特的气质。

首先，理论诞生背景与现代社会的时空距离感。马克思主义诞生于19世纪中叶的自由资本主义时代，与高校学生日常接触的现代社会存在着巨大的差异。一方面，19世纪中叶的西方世界正处于第一次工业革命时期，正在经历从传统社会向现代社会的转型，不论是现代工厂、公路，还是资产阶级与无产阶级、城市化等都是新兴事物。这是一个既包含着众多传统因素，又包裹着新时代因子的过渡时期。此时的西方国家，在政治层面正伴随着封建制度与资本主义制度的拉锯战，英国已经确立起资本主义制度，法国正在孕育着资本主义的力量，德国还处于分裂状态。在英国，资本主义制度虽然已经基本确立起来，但其制度也是不够完备的。从1825年开始爆发了十年一次的周期性经济危机，工人的工作时间为每天14—16小时，社会中存在着大量的童工，工人根本没有任何政治权利。这一切都使得整个西方世界处于一种大动荡之中，这种不稳定的、复杂的社会环境为马克思主义的产生提供了客观条件。当时的社会背景条件与现代社会几乎完全不同，高校学生所感知的资本主义、现代

① 单颖文：《“一切历史都是当代史”？》，《文汇报》2016年8月19日。

② 单颖文：《“一切历史都是当代史”？》，《文汇报》2016年8月19日。

社会已经是一个全新的国家资本主义，他们很难身临其境地感受无产阶级在近代的苦难与抗争，从而使其往往运用现代西方资本主义视角去生搬硬套马克思所生活的自由资本主义，进一步导致一种时空的倒转与问题的错置。另一方面，在整个资本主义世界处于大动荡、大变迁的时代背景下，德国状况更是复杂。19世纪中期的德国还处在分裂状态，马克思恩格斯所生活的普鲁士还处在封建制度统治之下，但是，法国启蒙运动的思想随着拿破仑的入侵已经浸淫到德国的社会生活之中，对于此时的德国思想家来说，他们既羡慕英法的资本主义制度与思想，但又不敢明目张胆地反抗封建君主制度，这使其思想往往具有深刻的隐晦性。马克思幼年时期就深受法国启蒙运动思想的影响，导致他对普鲁士的封建专制深恶痛绝，尤其是在参加工作之后，目睹了普通民众的悲惨生活，马克思逐渐抛弃了黑格尔哲学，而转向了唯物主义哲学，从一个通过资产阶级革命建立资本主义制度的革命民主主义者转变为共产主义者。这一系列复杂的社会变动、思想冲突对马克思主义的产生与发展施加了重要影响。而对于我国高校学生来说，他们未曾经历过资本主义，更不明了何谓普鲁士的封建专制制度，这使其很难深入了解到马克思思想变迁的现实根源，从而产生无法避免的疏离感。

其次，理论诞生于中华文明的思想距离感。学生都会通过学习了解到马克思主义诞生的三大直接理论来源是德国古典哲学、英国古典政治经济学、英法空想社会主义，但是，却往往将三大理论来源的作用夸大化、绝对化，忽视了马克思主义实际上深植于西方文明大地。结果，要么将马克思主义从西方文明中隔离出来，要么将马克思主义视为马克思、恩格斯纯粹的思想创造，导致对马克思主义认识的不可能或马克思主义的神话化。“只有回到西方思想传统和社会发展的具体情境中，回到马克思的文本、文献中才能探究清楚他的问题和观点。”①对于大多数人来说，在马克思、恩格斯构建哲学体系的过程中，

① 聂锦芳：《滥觞与勃兴：马克思思想起源探究》，中国人民大学出版社2017年版，第8页。

黑格尔和费尔巴哈发挥了重要作用。有学者通过对马克思思想起源的探究，发现马克思主义哲学的起点乃是命名为《伊壁鸠鲁哲学》的“笔记”。在这份笔记摘抄中，古希腊的哲学流派、思维变迁、物质与理念等都对马克思产生了深刻的影响。通过对 Idealismus 一词的研究，有学者指出，“长期以来我们对‘唯心主义’‘唯物主义’之类哲学范畴内涵的理解是多么偏狭。事实上，在马克思这里它们根本不是带有政治倾向的哲学判断和标准，而是理解世界的不同的思维方式”①。除了古希腊理性文明，基督教的平等精神、超越主义，近代资本主义的人道主义、启蒙主义等都对马克思构成了重要影响。聂锦芳认为，“可以明显地看出，源远流长的古希腊—罗马文明、犹太—基督教传统、近代人道主义、启蒙思潮和自我意识学说，不仅构成了马克思成长的思想资源和历史背景，更作为一种文化基因植入到其幼小的心灵中，加之从小生长的家庭氛围、自然环境和学校教育孕育出他初期的启蒙意识、人文情怀和自我意志，而这些因素又以一种相互关联的逻辑显现出来，促成了他最初的思考和思想的起源，并对其以后的社会批判和哲学变革产生了深刻的影响”。② 学生只有了解了这些知识，与我国国情深度结合，才能更好地学懂“归根到底是马克思主义行，是中国化时代化的马克思主义行”。才能真正明白“只有把马克思主义基本原理同中国具体实际相结合、同中华优秀传统文化相结合，才能始终保持马克思主义的蓬勃生机和旺盛活力”的含义。

复杂理论背景对学生完全把握马克思主义理论构成了巨大挑战。一方面，“原理”课学生的学科背景各有不同，又有多少学生能够熟知西方文明？这种对西方文明的疏离，使很多学生以先入为主的偏见对待西方文明，有时甚至将马克思主义从西方文明中割裂出来，将其视为西方文明的异类，这是不符合历史事实的，也导致对马克思主义的错误认知。另一方面，由于不少学生对西方文明较为浅显的了解，使得在学习过程中缺乏马克思主义的参照物。综

① 聂锦芳：《滥觞与勃兴：马克思思想起源探究》，中国人民大学出版社 2017 年版，第 15 页。

② 聂锦芳：《滥觞与勃兴：马克思思想起源探究》，中国人民大学出版社 2017 年版，第 16 页。

观“原理”的教材内容和其他读物，通篇多为马克思、恩格斯的言说，可是，构成马克思主义来源的思想甚至与之相对的思想是什么？难道只有马克思、恩格斯在思考这些问题吗？马克思主义与同时代思想又有哪些区别与联系？马克思主义为什么能够被称为科学与真理？在现有的“原理”课教学过程中，如果教师没有很好地诠释和互动，学生很难获得这方面的知识传播。当学生从网络或学术著作中读到马克思、恩格斯同时代的思想观念时，往往缺乏批判的能力，也使得马克思主义理论教学显得单薄化。

总之，当前高校“原理”课教学过程中存在的理论生发与时代背景、文化传统的差异性甚至不恰切对学生正确、全面了解马克思主义构成了巨大挑战，也使得马克思主义理论教学显得较为贫乏，在课堂设计中更多体现出教师的独断和独角作用。马克思主义作为回应时代问题的科学理论，它有一条清晰的发展脉络，马克思主义从来都不是独白的、抽象玄思的，而是回应现实、多姿多彩的，可当前这种生动性、现实性都有一定程度的消解。

二、教材表达：政治话语与生活话语的隔膜

“原理”教材是马克思主义的物化载体，是马克思主义的直观表达，其内容编排也反映了编写者对“原理”课的基本认知。马克思主义课程开设具有历史传承性。在1978年之前，马克思主义课程的开设主要服务于阶级斗争的需要。改革开放以来，马克思主义课程的开设主要服务于以经济为中心的建设需要，服务于“立德树人”。从“政治思想教育”到“思想政治教育”的变迁也必然反映在教材体系上。前期的“原理”教材内容偏重于世界观、人生观，偏重于阶级斗争，改革开放之后的“原理”教材随着课程体系的变化几经变迁，价值观成为教材重点凸显的内容。尽管“原理”教材经历了多次修订，但与学生的接受度之间仍然存在一定差距。

首先，教材政治性话语与生活性话语的对接困难。调查数据显示，61.76%的学生认为“原理”课教学存在课堂内容趣味性不足的问题（图3-

1)。思政课话语的基本特征是政治性,这是其意识形态属性所决定的。30.63%的学生认为“原理”课教学内容不贴近学生思想实际。政治性话语的严肃化、刻板化、知识化决定了它与现实生活话语存在着不小的距离。互联网是一个解构政治的空间,在互联网的世界里所有的话语都是平等的、民主的,甚至是戏谑的、庸俗的,有时越是格调不高的话语反而越能助长其在网络世界里的传播,当其从网络空间漫溢出来进入现实生活空间中时,这种网络话语就会成为生活话语的重要构成部分。因此,完全可以想象当习惯于生活性话语的学生读到“原理”教材中政治性话语时的感受一定多为枯燥乏味、无趣、不生动,潜在地构成了制约“原理”课教学实效的一个重要因素。不过,从20世纪80年代的教材到2018版教材,编写者在力图使语言生动化、活泼化,更为贴近学生的现实生活,提高学生的学习接受度。但从教材使用看,成效并没有获得显著提升,有35.25%的学生表示课程内容与专业学习关系不大也是思政课教学存在的问题,学生的反映依然是枯燥乏味、读不懂。究其根本,应是由两种因素导致的:一方面,“原理”课的政治性决定了它绝对不能庸俗化、戏谑化,尽管编者已经力图使之贴近生活、生动活泼,但政治性理论决定了它必然“高于生活”。列宁曾提出“最高限度的马克思主义=最高限度的通俗化”,但是通俗化绝对不等于庸俗化,即使对于通俗化的马克思主义,要领悟通透其中的奥义仍然需要下一番苦功夫。另一方面,“原理”课的理论性需要案例提供支撑。学生对于“原理”教材的基本观感是从一个理论到另一个理论,很多都是判断句,其中缺乏逻辑严密的推理过程,这使学生不易将其中各个不同部分串联起来,造成了理解的断裂、碎片化。

其次,教材板块结构对整体把握马克思主义带来的挑战。有33.1%的学生表示,“原理”教师主要依据教学大纲进行授课,24.5%的学生表示教师主要按照教材的章节进行讲授(图3-2)。从板块结构认识马克思主义可以追溯到恩格斯、列宁,高校使用的“原理”教材正是基于板块结构进行内容的编排。将马克思主义分为马克思主义哲学、马克思主义政治经济学、科学社会主义三大块的

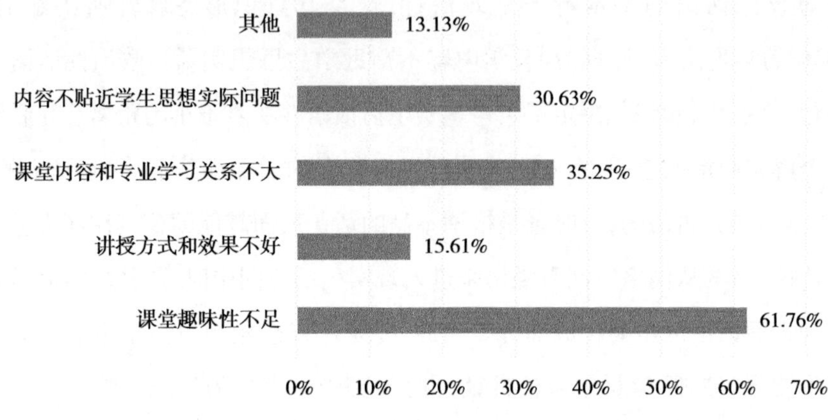

图 3-1　你认为"原理"课教学存在以下哪些方面的问题

结构编排有利于主题聚焦与统一,但其带来的挑战也不可忽视。对于学生来说,他们很容易直观地将马克思主义理解为由互不干涉的三大部分构成,并认为三大部分之间不具有密切的联系。此外,"05 方案"将"马克思主义哲学""马克思主义政治经济学"两门课程统一于"马克思主义基本原理概论"一门课程,又把"科学社会主义"纳入其中。问题是,"原理"课的课时并没有随之增加,这带来了教学进度安排的难题。对于大多数高校来说,重点讲解的是马克思主义哲学,政治经济学和科学社会主义大多情况下都被略过了,这进一步加剧了学生对"原理"课认识的割裂化,潜在地增强了学生获取知识的残缺。

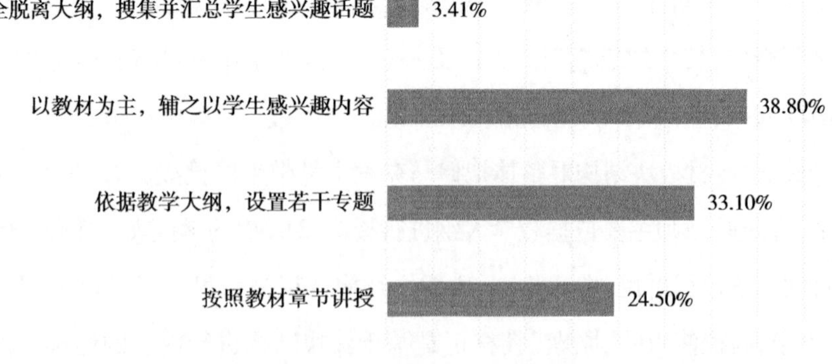

图 3-2　教师讲授"原理"课内容的方式

总之，相比于高校其他课程教材，“原理”课教材是政治性与理论性的统一，这使其相较于其他课程的教材而言更难被学生所喜爱。政治性决定了它的严肃性，内容与板块结构的复杂很难使学生理解其理论逻辑的严密性，最终呈现在学生面前的是一本严肃有余、活泼不足、内容庞大、逻辑关系体现不明显的教材。“原理”教材的现状对于学生的接受情况构成较大挑战，现在有学者正力图推动从整体性视角进行马克思主义阐释，推动“原理”教材的时代化和通俗化，但短期来看，“原理”教材内容和形式改变甚至突破仍有较大难度。

三、教师行动：灌输模式与现代教学的错位

“经师易求，人师难得。”“办好思想政治理论课关键在教师，关键在发挥教师的积极性、主动性、创造性。”有学者将当前的思政课教学模式称之为“文本”式教学范式，它的特点是“四重四轻”：“重视思政教育者的主导性，轻视大学生的主体性；重视大学生的普遍性特征，轻视大学生个体之间的差异性；重视对大学生的共性要求，而轻视每个大学生的个性发展；着重强调集体主义，轻视大学生追求和实现个人的价值。”①这种“文本”范式的思政课教学模式是一种“主体中心模式”或“单一主体论模式”，它将思政课的师生关系视为一种不平等的“主体—客体”关系，其中，教师被视为教育的唯一主体，掌握着教学的全过程和所有资源，学生则被视为无主动性或边缘性的存在。当前，这种“文本”式的思政课教学模式越来越不适应现代思政课教学的需要，成为制约思政课教学实效的一个重要因素，而“原理”课教学过程中教师因素又具有不同于其他思政课的特质。

首先，主—客体关系预设无法有效调动课堂积极性。40. 07%的学生希望思政课教师能在教学中承担知识传授者的角色，同样地，有 29. 36%的学生表示希望教师能够承担指导者或协作者的角色，仅有 12. 43%的学生倾向于教

① 沈炜：《从说教灌输到增能赋权：高校思政教育模式改革的社会学思考》，《上海理工大学学报（社会科学版）》2014 年第 2 期。

师承担权威者的身份(表 3-1)。传统教学模式是一种典型的"主体—客体"关系预设,在这种关系预设中,主体与客体并不是一种平等关系。这种不平等不但表现在身份认同上,更加表现在所掌握的知识水平上,换言之,传统教学模式是将教师作为知识的拥有者、人格的塑造者、观念的传输者来对待,学生则被视为知识匮乏、人格不健全的对象。因此,在教师与学生之间,便呈现为单向的影响力传输过程。随着互联网时代的到来,学校、教师已经无法做到像传统社会那样垄断知识的生产与销售,知识传输变得更为灵活和多元,这就为打破高校教学过程中"教师主导权"提供了基础。这是因为,在信息化时代,每个人都能够成为知识的生产者,随着人类对世界认识的深化,已经没有人能够做到对所有的知识都完全掌握。从此意义上看,这是一个专业知识大行天下的时代,每个人都可以在某些领域、某些方面成为权威。以"原理"课为例,相比于其他专业课,它兼具政治性与专业性,其外在表现是价值观念的塑造与理论知识传输的有机统一,那么,其教学成效为何可能不如其他专业课呢?一方面,价值观念塑造是一个长期的过程,也是一个全方位、全领域的过程,很多学生在进入大学之前就已形成了自己的世界观、人生观、价值观雏形,力图通过短短一学期的"原理"课就让学生完全接受马克思主义的世界观、人生观、价值观难度是显而易见的。此外,学生在接受观念的过程中,会从自身已有的观念出发,选择性地进行学习。另一方面,相对于作为必修课的"原理"课,大学还存在专业性的马克思主义哲学、马克思主义发展、马克思主义中国化等课程,相较于知识深度,"原理"课不如其他专业课,这就很难对学生构成一种"理论的挑战"从而激发其学习的兴趣,学生很容易将"原理"课视为一种通识课、知识普及课。当学生对"原理"课的认知产生偏差,不利于构建"原理"课教师的主导地位,换言之,主体与客体之间的传输链条是断裂的或不顺畅的,处于客体地位的学生很难把自己的真实想法表达出来,更加加剧了课程交流的不通畅,课堂教学实效必然大打折扣。

表 3-1　你在多大程度上希望“原理”课教师在教学中承担以下角色

角色	选　项				
	非常不希望	不太希望	无所谓	比较希望	非常希望
权威者	14. 45%	22. 18%	30. 37%	20. 57%	12. 43%
指导者	1. 72%	2. 93%	21. 87%	44. 13%	29. 36%
协作者	1. 44%	2. 4%	22. 29%	44. 52%	29. 36%
知识的传授者	1. 16%	1. 97%	17. 16%	39. 64%	40. 07%

其次,灌输理念与模式的异化。“灌输”理念的提出者是列宁。列宁面对俄国工人运动中出现的严重的“自发论”,在《怎么办?》中提出要把科学社会主义“从经济斗争外面,从工人同厂主的关系范围外面灌输给工人”。自从列宁提出“灌输论”以来,它已经成为马克思主义思想政治教育的重要理论支撑。它既可以在马克思主义理论中得到充分的阐发,又可以在现代政治社会学理论、发展经济学的后发优势理论、教育学的教育发生理论、西方马克思主义的阶级意识理论中得到阐发。长期以来,在“原理”课实际教学过程中,灌输充当了主导性方法,在指导理论传播、促进价值观整合、塑造共同理想等方面发挥了不可替代的作用。但是,今天“原理”课的灌输模式受到了越来越多的批判,灌输论已经过时了吗? 灌输论没有过时,现代价值观念、知识并不会在学生头脑中自发生成,依然需要从外部灌输进去。如果说灌输论没有过时,那么为何会引发众多的批评? 我们认为,原因在于灌输论在长期的实践过程中出现了异化。如果回到列宁的《怎么办?》中所阐述的灌输论,可以发现对于“从外面灌输给工人”的意思,不能理解为从工人的头脑外面对其填鸭式地注入理论。关于这一提法的含义,列宁自己解释得非常清楚——“阶级政治意识只能从外面灌输给工人,即只能从经济斗争外面,从工人同厂主的关系范围外面灌输给工人。只有从一切阶级和阶层同国家和政府的关系方面,只有从一切阶级的相互关系方面,才能汲取到这种知识。换言之,马克思主义者要帮助工人克服文化水平、认识能力、交往范围的局限,从而超越经济斗争的范围而上升到政治斗争的认识高度、超越工人同厂主的范围上升到阶级斗争的认识

高度。简言之,‘灌输论’的精神实质在于阐明实现革命理论与群众实践相结合的重大意义,在于揭示马克思主义思想理论教育的一般规律。”①除了对列宁灌输论认识的异化之外,灌输论还受到西方德育思想的影响,在西方古代教育观念中,“灌输”与教育是同义词,经过杜威等人自由主义教育观改造后的“灌输”成为与“教育”相对立的贬义词。此外,“当代西方主流德育界一般是以抽象人性论为理论基础,从西方自由主义的立场出发,力图回避和超越阶级性来批判所谓的反人道的施教方式,将‘灌输’解释为所谓洗脑、强迫接受等活动。”②由此可见,当前“原理”课教师所需要深入思考的不是要不要灌输,而是要什么样的灌输。

总之,教师在“原理”课教学过程中扮演着主导性角色,提升“原理”课教学实效的重心在于不断提升教师的政治觉悟、理论水平和教学模式。“原理”课知识的深奥义理决定了企图弱化教师角色的任何设想都是脱离现实的,但是,教师必须针对新时代学生的特质做出相应的改变以实现传统与创新的统一。

四、学生成长:被动角色与主动求知的悖论

长期以来,学生一直被视为教育的被动客体,其主体性、主动性、能动性被轻视乃至忽视,导致学生的积极性一直未能被充分激发出来。当前的大学生是互联网的一代,他们习惯遨游于虚拟世界,这个虚拟世界是一个形式上平等的世界。一方面,随着知识信息化的到来,大学生可以随时从网络上获取各种信息、知识,不断弱化着传统社会中教师扮演的知识权威角色,教师企图通过知识权力给学生施加影响,变得越来越难。另一方面,虽然学生可以更为便捷地获取知识和追求平等化角色,但是学生的被动性地位与主动求知要求仍然脱节,限制了其深度理解“原理”知识的可能性。

① 孙来斌:《列宁灌输理论的当代价值澄明》,《思想理论教育》2020年第3期。

② 孙来斌:《列宁灌输理论的当代价值澄明》,《思想理论教育》2020年第3期。

首先,应试教育背景弱化了对“原理”知识的渴求。对于中国高校的大学生来说,他们自小所接受的教育理念和模式是典型的“应试化教育”。其外在表现是“分数”决定一切,其理念内核则是典型的功利主义、实用主义。功利化、实用化的教育理念传导到学生那里,则以是否“有用”作为学习与否的标准,而“有用”又被诠释为是否有助于找工作、获得奖学金、赚取丰厚回报。作为思政课的重要组成部分之一,“原理”课以培养学生树立正确的世界观、人生观、价值观为目标,其教学特点具有渐进性、隐蔽性,潜移默化地对学生施加影响,而不是物质化、功利化。当前工具主义之风盛行,“原理”课价值理性与社会工具理性一定程度的脱节,使得一些高校管理者、教师、学生将其教学视为“没用”。此外,互联网时代的一个突出特征是“反权威”与“解构”,这给坚持政治正确的思政课教学带来了巨大挑战。在学生心目中,以“原理”课为代表的思政课就是实施权威“图腾崇拜”的课程,青年学生的反权威特质和从网络上接触到的各种负面信息,使其难以与“原理”课所传输的理念进行对接,这更助长了他们对“原理”课的疑虑,结果使部分学生对“原理”课抱有成见,以先入为主的态度将“原理”课视为“洗脑课”“灌输课”。

其次,快餐化式的学习与系统化思维不匹配。数据显示,仅有21.58%的学生能够做到全程认真听课,51.79%的学生表示多数时间都在认真听课,而22.37%的学生选择仅听自己感兴趣的内容,剩下4.26%的学生则基本不听或全程都在划水。数据表明,学生整体的听课积极性和听课效率有待提升(图3-3)。相比于其他思政课,“原理”课的学理性更强,与现实社会实践的距离相对来说更远一些。另外,虽然大学生从基础教育阶段就开始接触马克思主义的相关知识,但大多情况下,只是教师对马克思主义知识的碎片化讲授,这使得学生对马克思主义的认知也是碎片化的。其结果,一方面,自基础教育阶段起,重复性的理论灌输使得学生易于产生逆反心理,这根源于从小学的思想品德课到中学政治课再到大学的思政课未能完全实施针对性教学,以至于从小学到大学,马克思主义课程所讲授的知识很多具有重复性,学生的学习兴趣不高。73.2%的学生希望通过在课程中融入对时事热点和社会现实问题的解读进一步激发自身学习思政课的热情,86.1%的学生希望思政课能够多借助故事和案例,促使理论知识更加形象化,便于理解(图3-4)。因此,必须开展针对性教学,中小学应侧重于马克思主义知识的传授,大学应强调马克思主义理论讲授。当前我国高校的"原理"课仍然侧重于通俗知识的普及,缺乏针对性的教学模式、方法,导致其成效必然不高。另一方面,针对"原理"课教学过程中的"文本"教育范式和学生的被动状态,众多学者力图激发学生的积极性和主动性,从而参与到课程教学过程中去,可是,学生浅表化的"原理"课知识能否承担起主体责任?换言之,提升学生的主体性角色,就必须从提升学生的知识水平层次着手,让他们能够顺利融入课程教学过程之中,否则,以学生为主体的教学尝试不过是形式主义。

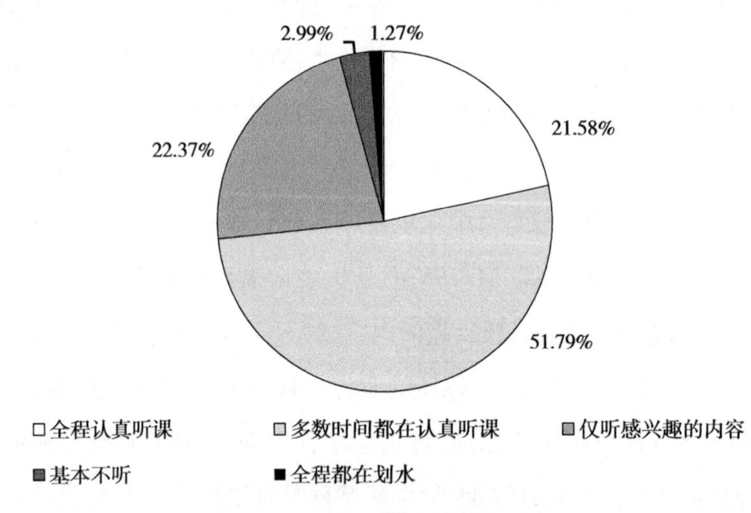

图3-3 你在"原理"课的听课情况

总之,学生在"原理"课教学过程中事实上处于一种弱权地位。这种弱权地位是由多种因素导致的,如果从学生自身角度来看,必须改变学生学习知识的功利化思维,激发学生学习主动性,重点在于促进学生的全面发展,对自身

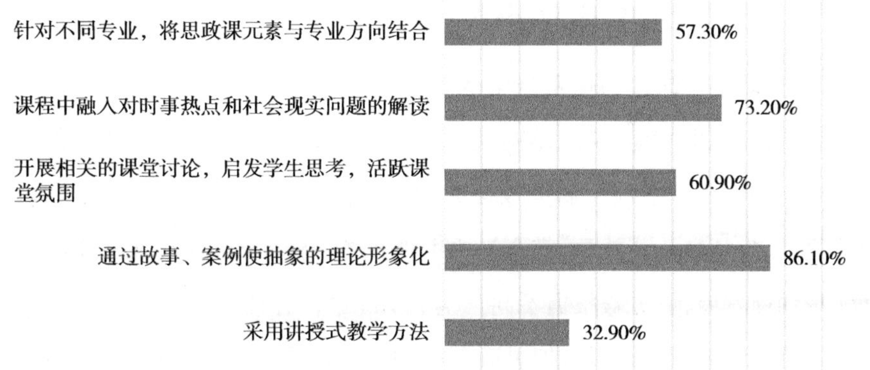

图 3–4　你觉得什么样的“原理”课教师最能激发你学习热情

课堂主体的角色进行正确认知，在享有主体权利的同时承担起相应的责任。当前的改革的困境在于，学生一方面没有享受到主体的权利感，另一方面又不具备承担主体责任的能力。

第四节　教育赋权理论应用于“原理”课教学的机理

“原理”课作为高校思政课的主干课程之一，长期存在着课堂教学实效不高的问题。那么，能否将教育赋权理论应用于“原理”课程，从而提升课堂教学实效呢？其中涉及教育赋权理论应用于“原理”课的可行性分析。在将教育赋权理论应用于“原理”课程分析的过程中，实质上是分析“原理”课程的权力状况，这里涉及两个方面因素：“原理”课程的外部环境和内部环境。外部环境是思政课在高校系统中的处境；内部环境主要包含两大群体：教师群体和学生群体。因此，赋权理论应用于“原理”课程的可行性分析主要是对“原理”课程的外部资源状况、教师群体的权力状况、学生群体的权力状况的分析。

一、"原理"课程的外部权力状况

一方面,思政课作为偏重教学的"托底型课程",在很长一段时间内并不十分受重视,几乎沦为一种"陪衬性课程",结果是包括"原理"课在内的高校思政课在资源分配中处于弱势或被无视。具体表现为:首先,"原理"课教师缺编严重,教师高负荷教学,完全沦为上课机器,导致教师无法在教学与科研间实现均衡发展,更无暇根据不同学生的情况进行有针对性的教学。其次,专任教师短缺。很多高校没有把思政课教师队伍建设放在重要位置,针对思政课专职教师严重不足的情况,不是着力于引进高素质人才充实教师队伍,而是随意指定某些有其他学科背景或者不具备从教资质的人员从事思政课教学,这使得思政课教师队伍素质参差不齐,教学效果大打折扣。再次,教师发展受限。截至2020年11月,我国登记在库的高校思政课专兼职教师总数达106411人,突破了10万人关口。随着思政课教师数量的不断充实,任课教师教学精力不足的状况已经有所改变。但与此同时,思政课教师短时间激增,出现千军万马挤"职称"的窘境。长期以来,高校职称评定往往以专业性学科为参照系,科研业务作为评聘的主要依据,使得以教学为主要业务的思政课教师在职称评定时处于劣势,因此,如何在职称评定、晋升、成长等方面为思政课教师开拓通路,仍然需要深思。最后,教师评价不科学。由于评价标准一般倾向于科研,思政课教师科研产出往往低于专业性教师,加上一些高校在资源分配时轻思政、重专业,导致思政课教师收入偏低且流失严重,教师无法从教学中获得职业成就感与荣誉感。

另一方面,"原理"课与国家政权有密切的关系。政治性决定了"原理"课程内容的严肃性,必须实事求是,而不能戏说、夸大或过度演绎,给予教师的发挥空间极为有限。"原理"课除了具有理论性、政治性之外,还具有鲜明的实践性。马克思主义正是在回应社会现实问题中彰显了自己的科学性和革命性的统一,这也就要求"原理"课教师在坚持政治性、理论性的同时,必须将理论实践化、生活化，使抽象的理论变成生活中的实践。政治性、理论性、实践性与生活性本来是马克思主义的三重面向，在马克思主义理论中是高度统一的，但是在“原理”课教学中很容易发生断裂，比如为了保持政治性和理论性的统一性而牺牲实践能力和生活化能力，有时为了贴近生活和实践而曲解马克思主义的政治性和理论性，等等。总体来看，“原理”课，政治性是排在第一位的，对于政治性的强调促使很多教师为避免曲解政治的发生，往往选择照本宣科、回避现实，在此背景下的课程则多是枯燥乏味，缺少吸引力和说服力。

只有明晰思政课在高校体系中的现实处境，才能深刻领悟习近平总书记提出“要理直气壮开好思政课”的重大意义。十八大以来，包括“原理”课在内的思政课和思政课教师在高校的地位正在发生巨大的变化，但“冰冻三尺非一日之寒”，深刻改变思政课和思政课教师在高校的弱势地位，仍有待进一步深化结构改革。此外，在推进高校改革过程中，思政课教师要首先做好本职工作，更要增强高校主人翁意识，摆脱长期以来的“混日子”“佛系”状态。

二、教师是体制性①弱权②与课堂主体的统一体

教师对于学生的学习效果有直接影响。有学者通过调研发现，“有77.1%的受访者表示，师资队伍整体水平决定了自己对于思政课的获得感。”③因此，激发教师积极性是提升“原理”课堂活力的关键，但现实中“原理”课教师积极性尚显不足。

首先，“原理”课教师在高校思政教育体系中处于弱权状态。作为体系的

① 孙奎立把弱势群体分为两类：生理弱势和社会弱势。生理弱势是由于个人因素导致的无权；社会弱势与社会结构、社会政策、社会制度有着密切关系。具体到我国，众多弱势群体与社会体制关联紧密，具有“体制性”失权特征。（孙奎立：《“赋权”理论及其本土化社会工作实践制约因素分析》，《东岳论丛》2015 年第 8 期。）

② 范斌将“无权”分为三类：无权——完全没有权力；弱权——有一部分权力，但不足以正常获取改善生活和环境的资源；失权——原来拥有部分权力，由于种种原因被剥夺或失去了权力。（范斌：《弱势群体的增权及其模式选择》，《学术研究》2004 年第 12 期。）

③ 高锡文：《增强大学生思政课获得感关键在教师》，《人民论坛》2020 年第 1 期。

一分子，“按照系统的安排执行相应教育辅导任务，这样的安排导致教育过程中教师的保守，不敢树立自己的个性”①。比如，对于“原理”课程的改革探索要求与评价考核单一的矛盾，“一方面，面临着上级部门和学校要求思政课不断进行改革探索的压力；另一方面，又面临着担心评教成绩影响职称晋升、评奖、评优等而不敢尝试突破旧的教学模式的矛盾。”②但是，通过调研也可以发现，“原理”课教师有意愿、有意识、有动力创新“原理”课教学模式与方法，力图改变这种弱权状态。

其次，教师的课堂表现影响着学生对“原理”课的认知。虽然“原理”课教师在高等教育体系中处于一种弱权状态，但是，相对于学生，则具有更大的影响力。通过对“原理”课调研的数据进行分析，可以发现当前“原理”课教师的课堂表现基本能够契合学生的心理期待。通过对教师教学方法的满意度进行调查，发现选择“比较满意”和“非常满意”的占比高达 74.31%（图 3-5）。

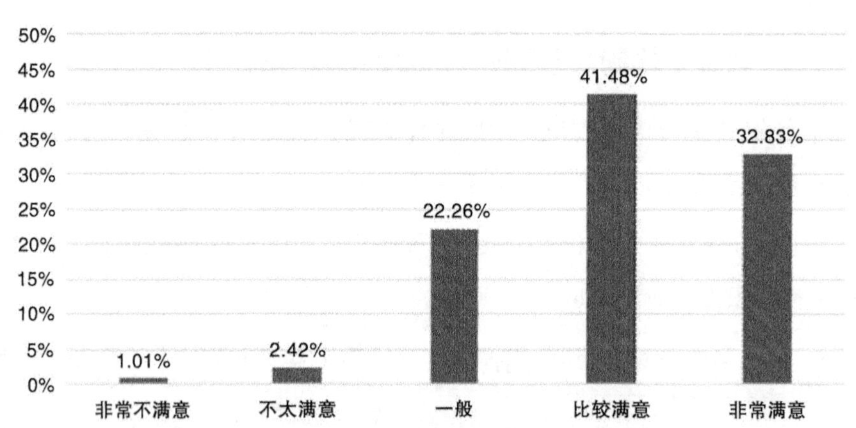

图 3-5　对“原理”课授课教师教学方法的满意度

① 沈炜：《从说教灌输到增能赋权：高校思政教育模式改革的社会学思考》，《上海理工大学学报（社会科学版）》2016 年第 36 期。

② 李巧针：《新形势下高校思政课教学面临的新困境与改革思路》，《北京教育（高教）》2020 年第 3 期。

22.26%的学生对“原理”课教师教学方法持中立态度，极少数学生表示不满意（图 3-5）。综合而言，大部分学生较为满意当前的教学方法，且“原理”课教师的教学方法存在较大的提升空间。同时，根据调研也发现超过一半的学生认为思政课教师的语言表达缺乏感染力、教学方式单一，难以激发学生的学习兴趣。因此，如何破除陈旧的教学方式、激发课堂活力仍是“原理”课教师需要关注的焦点问题。（图 3-6）

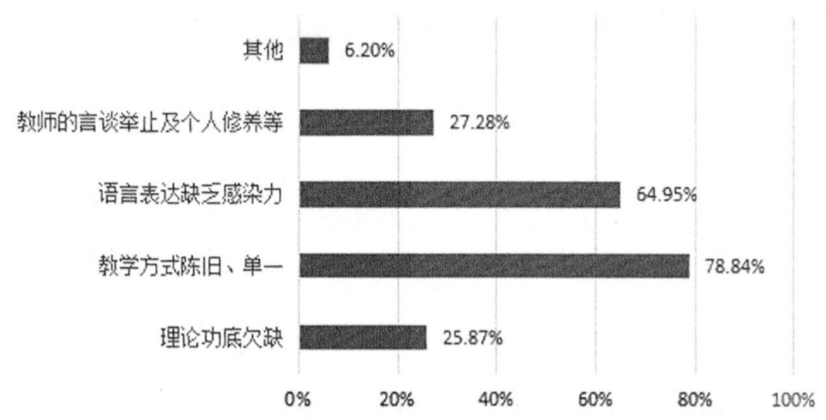

图 3-6　有些“原理”课教师讲课对学生缺乏吸引力，你认为主要原因是

而对于“原理”课教师的角色扮演，也可以明显感知到权威性角色最不受学生欢迎，“知识的传授者”最符合学生的胃口（表 3-1）。

最后，“原理”课教师话语权面临危机，亟须重构。“原理”课教师话语由社会主义意识形态主导权、大学生全面发展引导权、思想政治教育活动控制权三部分构成。但在网络媒体背景下，话语传播呈现出模式双向化、方式解构化、内容叙事化、手段网络化等特征，这使得思政课教师话语权从权力到权利再到能力的全方位消解。① 此外，“原理”课教师是否能够将政治性话语生活化，是否能够用青年人的话语进行沟通、交流都对课堂教学实效造成影响。调

① 梁海娜：《新媒体时代高校思政课教师话语权的消解与提升》，《教育评论》2020 年第 2 期。

研发现,“原理”课教师的话语体系仍然较为陈旧,比如 64.95%的学生认为教师的“语言表达缺乏感染力,导致课堂气氛沉闷”,从而对“原理”课堂失去了吸引力(图 3-6)。

提升“原理”课教学话语感染力的切入点,在于“原理”课教师运用青年人的话语表达讲授知识,要求“原理”课教师深入青年人的生活,了解青年人的喜好。调查发现,高达 73.63%的学生认为教师“可能知道大学生的兴趣爱好”,换言之,“原理”课教学话语的生动性、生活化、大众化仍有很大提升空间(图 3-7)。

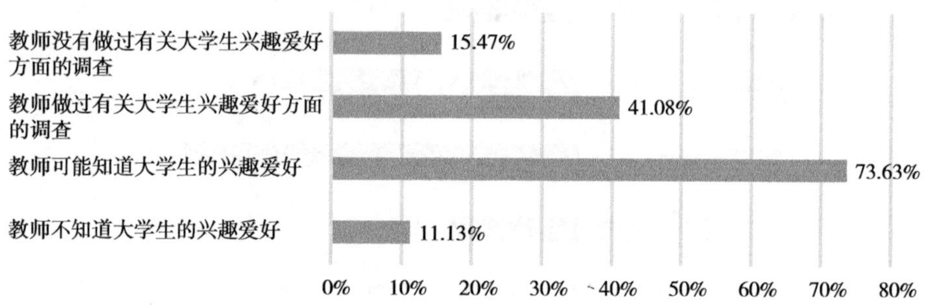

图 3-7　你认为“原理”课教师了解新时代大学生兴趣爱好吗

三、学生是体制性无权与课堂客体的统一体

学生是“原理”课堂教学参与者,也是“原理”课堂质量的评价者,更是课堂两大主体之一,但在传统的课堂教学过程中,学生的主体性处于一种“被遮蔽”状态,课堂以教师为中心,学生是被动的知识接受者。调研发现,学生对于自身所处困境有所感知,且产生了期望改变处境的想法,学生对于课堂教学有着自己独立的思考,这为赋权理论的融入提供了可能性。

一方面,学生对于“原理”课堂被动角色的认知。如前所述,传统“原理”课堂更像是一种“文本”教育范式,教师是主体、中心,学生是客体、边缘,教师是权威性角色,学生则是被动的接受者,知识传输的方向是自上而下的单向式传递。数据表明,当前高校“原理”课教学模式仍然是“讲授式”的天下,占比达到了 76. 53%，但是，另一个值得关注的现象是“互动式教学”和“分组讨论教学”虽然占比不是最高，但已经开始在“原理”课堂上被逐渐使用，其中，“互动式教学”的“一般”和“经常”频率达到了 66. 1%，“分组讨论”式教学的“一般”和“经常”频率达到了 55. 03%（表 3-2）。

表 3-2　“原理”课的教学方式频率

教学方式	选　项				
	从来不用	偶尔	一般	经常	非常频繁
讲授式教学	1. 07%	2. 48%	19. 92%	38. 46%	38. 07%
互动式教学	3. 41%	10. 93%	33. 22%	32. 88%	19. 55%
分组讨论	10. 85%	18. 46%	31. 95%	23. 08%	15. 67%

需要强调的是，尽管大多数高校“原理”课堂教学主要采用“讲授式教学”，学生的主体性角色没有完全地凸显出来，但学生对“讲授式教学”并不是完全排斥，而是希望在讲授的过程中把深奥的理论大众化、生活化。研究表明，“原理”课堂教学模式的创新并不以牺牲传统的讲授式教学为代价，而是要在此基础上进行创新（图 3-8）。

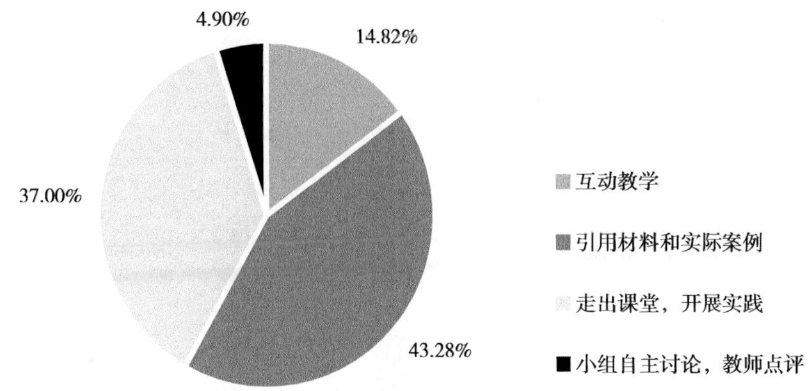

图 3-8　你最喜欢哪种“原理”课授课方式

另一方面，学生具有参与课堂教学的意愿。从小学开始，学生就已经习惯于一种文本式教学范式，因此，在他们成为大学生之后，即使内心有充当课堂主体的意念和想法，但如何去操作与实施，仍然处于一种迷茫状态，这一特点通过调研可以清晰地呈现出来，针对"'原理'课应该如何开展教学"这一问题，仅有16.60%的学生选择了"学生讲、教师点评"式教学这一答案（图 3-9）。

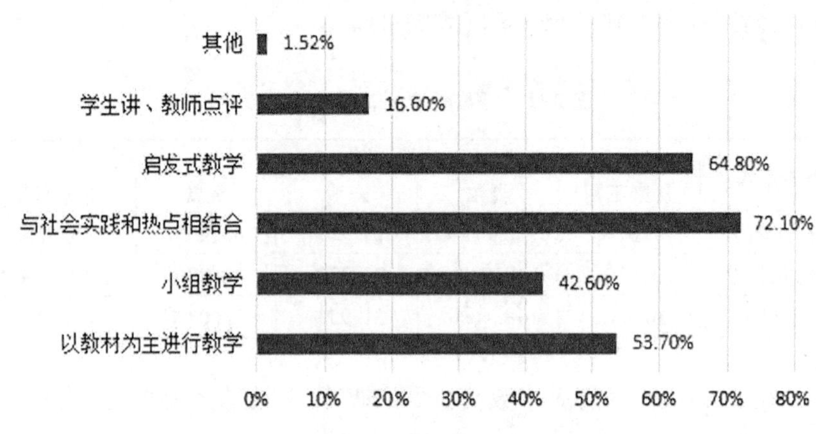

图 3-9　你认为"原理"课应如何开展教学

与"原理"课堂教学中教师的中心地位受到了学生的认可相比，学生的主体意识如何呢？通过调研可以发现，学生的主体性角色认知相对来说是比较清晰的，可能是由于缺乏展现主体性的机会与途径，现实中仍然处于一种"潜伏"状态（图 3-10）。

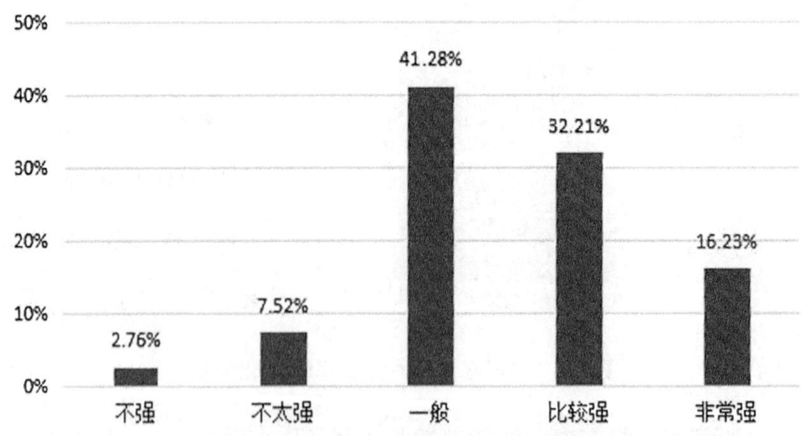

图 3-10　你认为"原理"课堂上学生的民主参与意识和能动性如何

由于缺乏纵向的比较数据，尚并不能研判相对于以往来说，当代大学生的主体意识是提升了还是持平。但综合来看，学生有意愿参与课堂，并且不喜欢一言堂式授课模式。如前所述，在学生的观念中，"原理"课教师最理想的角色乃是"知识的传授者"，而能够在维持教师主体角色的同时，又激发学生积极性的最有效方法应该是"互动式教学"，从前面的调研数据也可以观察到，当前众多"原理"课教学正在尝试"互动式教学"（图3-11）。

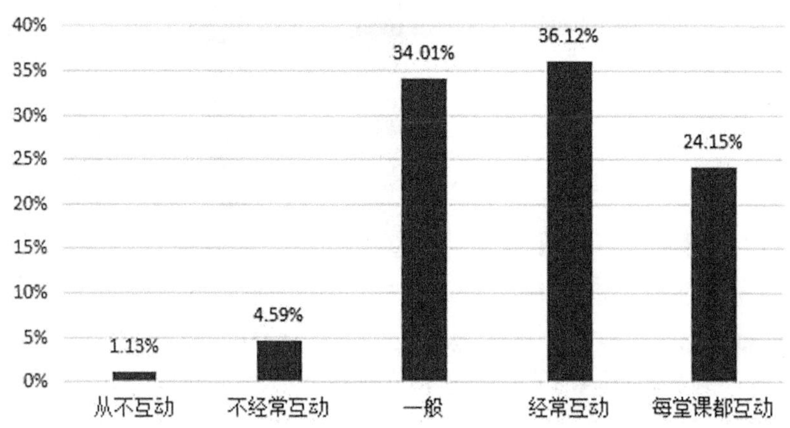

图3-11　教师在教学过程中的互动情况如何

而对于何谓互动式教学？学生可能会只限定于提问、讨论等模式，这些模式实质上仍是教师中心论的产物。因此，进一步针对互动式教学进行调研，可以发现很多教师正在进行着除了互动式之外的其他方式创新（图3-12）。

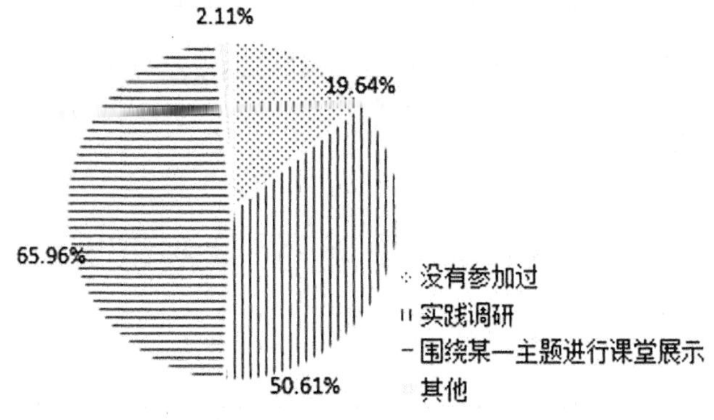

图3-12　除课堂提问、讨论等互动形式，你还参与过"原理"课的哪些教学活动

除了围绕教师——学生的双主体开展教学之外，能否让学生参与到课堂教学与设计呢？即掌控课堂的大纲制定、内容、方法、组织等，通过调研可以发现学生基本上持正面观点（图 3-13）。

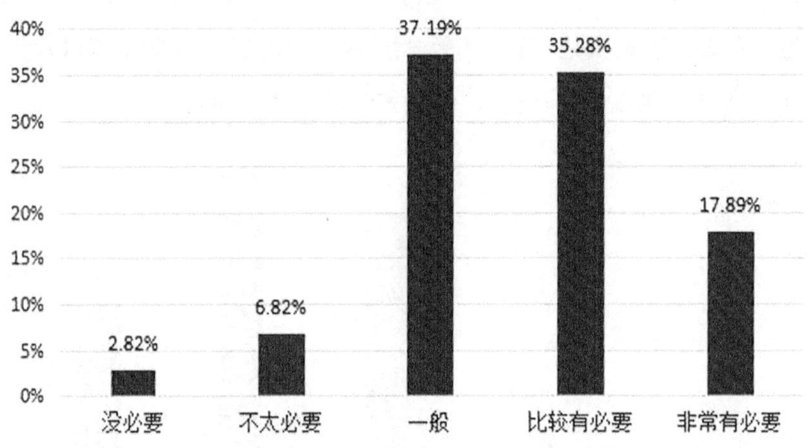

图 3-13　你认为让学生在“原理”课教学大纲制定、教学内容选用、教学方法使用、课堂教学组织等方面有更多的决策参与权，是否有必要？

综合来看，学生对当前的“原理”课课堂教学中的教师角色扮演、教学模式、方法等评价趋于“中间化”，也即“原理”课堂教学并不像刻板印象中的教师“一言堂”模式，学生毫无主动性；但课堂活跃度不高，学生的参与意愿并没有得到真正的满足。这可能与“原理”课的内容有着密切的关系，也即学生对于主体性角色的理解是替代教师角色，学生没有信心与能力。因此，“原理”课堂教学的教师与学生角色的理想化状态应该是在不弱化教师主体地位的同时提升学生的参与能力、拓宽参与途径。

第五节　赋权型“原理”课分众教学模式应用的策略

教育赋权理论应用于高校“原理”课教学，为提升“原理”课教学实效，消除"原理"课教学过程的"痛点"提供了全新的理论视角和路径尝试。如前所述,高校"原理"课作为思政课的主干课程之一,与其他思政课相比,既存在相同性,又具有自身的特殊性,决定了"原理"课教学的创新并不能照搬照抄其他思政课程教学的改革。此外,在"原理"课教学过程中,身处其中的教师、学生之间并不是一种一维的"师生权力关系",而是一种多维化的"外部环境—思政课程—教师—学生"复杂权力关系。那么,如何将教育赋权理论落实于"原理"课教学呢?分众教学模式为其提供了有效的实践平台。

一、赋权理论为分众教学模式提供理论支撑

分众教学模式要求实现教师能动性与学生主体性的有机统一,打破传统单一、自上而下的灌输式教学模式,以激发教师和学生的生机与活力。前面我们提到,分众作为一个概念最早出现于传播学,意思是针对不同的受众采取不同的方法传播不同的内容。但分众教学模式中的"分众"与传播学中的"分众"的含义并不完全相同,分众教学模式中的"教师—学生"关系是确定的、固定的、长期的,而传播学中的"传播者—受众者"关系则多为不确定的、变动的、短期的。尽管存在差异,但是,两种话语体系中的"分众"实则都涉及权力关系问题,这为赋权理论与分众教学模式的融合提供了可能性。

根据赋权理论,当前思政课堂内外存在的弱权或权力不对等问题,不仅会给常规教学带来影响,也会阻碍"原理"课分众教学模式的构建,因此,需要扭转"原理"课堂内外弱权或权力不对等问题。第一,改变"原理"课资源不足的弱权状态。高校在资源分配、教师职称评定标准、课程引导等方面应注意"原理"课的课堂特色,并与其他课程一视同仁。第二,扩大"原理"课教师的自由权限。"原理"课程的意识形态性决定了教师和学生的自由发挥空间较为有限,不少教师为了防止出错而在上课过程中照本宣科、念教材、回避现实政治问题。提升"原理"课教学活力,应对教师和学生进行相应赋权,从体制和机制层面保障"教学—研究"相统一。换言之,要允许教师基于自身或其他学者

对马克思主义的最新研究成果阐释相关理论,克服"书本主义""教条主义"。第三,注重加大"原理"课教师的培训力度。能否熟练运用马克思主义的立场、观点、方法解读现实社会,有赖于教师对马克思主义理论的掌握程度。通过加大对"原理"课教师的培训力度,才能有效提升思政课教师理论厚度、增加现实热度,从而将理论与现实结合起来。第四,赋予学生充分而平等的课堂参与权,允许学生针对马克思主义的某些观点、方法提出疑问,进行探讨。提出问题的过程也就是深入思考、了解理论的过程,因此,要保护学生的积极性,而不能把"原理"课堂教学搞成一言堂、一种声音。

二、建立支撑"原理"分众教学模式的教评制度

基于赋权理论对"原理"课教学资源的公平分配或是"教师—学生"自由权限的扩大,为课堂教学采纳分众教学模式提供了权力支撑。但是,要使分众教学模式能够长期、持久、稳定地坚持下去,离不开对分众教学模式的制度支撑,要从"教学—评价"入手构建支撑"原理"分众教学模式的教学评价制度。

首先,建立不同学科专业教师的分类评价制度。"原理"课教师和其他思政教师一样,深受单一评价制度的危害,因此,要突破当前高校教师考核标准"重科研轻教学"的一刀切模式,针对思政课和专业课教师采取不同的考核方式。对科研和教学采取不同的赋值,使思政课教师通过教学能够得到获得感,激发其教学和科研兴趣,从而使其全身心投入到思政课的教学和研究之中,提升思政课的学术意味和课堂魅力。换言之,思政课教师的主体地位要确立起来,激发思政课教师创新课堂教学模式方法和探究学生诉求的动力,从而为实施分众式教学提供心理支撑。

其次,实现"原理"课学术性与政治性的统一。"原理"课教学的"满堂灌"、完全讲授式、照本宣科、趣味性不足的根源在于日常管理中过于偏重课程的意识形态性、政治性,忽略其学术性、思想性。意识形态性和政治性讲求统一性,基本不具有讨论的操作空间,而学术性则具有开放特点,讲究逻辑性、

系统性、辩证性和理论性。“原理”课教学在坚持“学术研究有底线,课堂讲授有纪律”的前提下,应实现政治性与学术性的统一,要用学术去支撑政治,用彻底的理论来说服学生。由此,教师要针对不同学科背景的学生设置具有针对性的课程议题,既要契合其基础,又要激发其兴趣,同时还能达到传播意识形态的目的,实则就是要针对学生特点实行差异化授课和区别性知识传播。

最后,构建“大思政课”提升“原理”课堂活力。实践性是马克思主义基本原理的基本特征之一。“原理”课教学在讲授清楚理论的同时,要回应现实社会问题的关切。要构建“大思政课”,改变“小思政课”单调乏味的状况。构建大思政课一方面要赋权教师挑选课程辅助材料、创新教学模式、改革学生评价的权力;另一方面要积极调动学生的课程积极性,将学生的专业课程、理论关注点、社会兴趣点纳入“原理”课教学设计,改变“原理”课干巴巴、不生动的状况。

三、以赋权理念构建“原理”课教学新型主体关系

“原理”课教学的实效性有赖于教师的讲授质量,但是,“原理”课教师存在学科背景、研究专长、理论兴趣的差异。此外,“原理”课作为公共必修课,学生的状况千差万别,也非整齐划一。因此,教师和学生的多元化决定了构建分众教学模式的可行性,并能够基于教育赋权理念构建发挥特长、综合成长的“教—学”体系。

一方面,基于赋权理念构建“原理”课教师伙伴关系。将分众教学模式运用于“原理”课教学需要提升教师调控权力的能力,掌控课程和课堂的能力,使每位教师能够结合自身特长讲述“原理”知识,并能够在了解学生既有知识结构的基础上共同进行课程设计和课堂编排。通过在“原理”课分众教学中引入教育赋权理念,既可以体现教师在课堂教学中的地位、角色和作用,又可以明晰所教课程与其他课程的区别,让教师共享课程设计和教学特色,在此基础上构建出教师与教师之间的伙伴关系。此一伙伴关系既是一种“利益共同

体”,又是一种学术、情感共同体,既能促进教师权力意识的觉醒,又能够有效推动教师教学能力提升。此外,也正是在此共同体关系中,教师可以获得心理上的“认同”,以增强身份荣誉感。

另一方面,基于赋权理念构建“原理”课教师与学生、学生与学生伙伴关系。“原理”课教师和学生作为课堂中的双主体,不存在高低贵贱之分,而是在课堂上扮演着不同的主体角色。一个生动、活泼、有质量的课堂必然是师生共同参与的课堂,这也就必须扭转长期以来教师的“权威性角色”和“课堂讲授式教学模式”,积极把学生纳入整个教学的过程。教师角色应向“知识传授者”和“互动式教学”进行转换,学生要积极改变被动接受知识的传统角色认定,通过激发主体意识、提升知识储备和能力等方式,实现从“知识接受者”向“知识建构者”的身份转换。在此过程中,教师和学生之间不再是“权力”式关系,而是一种“伙伴”式关系,换言之,“原理”课教师通过创建课程平台为学生参与课程学习提供渠道,倾听他们对课程的意见,共同设定课程目标和关注重点。学生之间也不是单枪匹马式的个人表现,而是建构一种以课堂教学内容为主题的伙伴关系,既提升学生的课程掌控能力,又可增强课程获得感,从而以积极心态与行动参与到课堂学习活动中。

教师伙伴关系、教师—学生伙伴关系和学生—学生伙伴关系的建构本质上是要在“原理”课堂上构建基于教育赋权理论的分众教学模式,换言之,教师与教师、教师与学生、学生与学生之间,基于共同的理论知识、现实问题困惑产生了商谈、协作、交流的迫切需要性。在此关系建构过程中,分众教学模式正视了各方的特殊性,教师伙伴关系侧重稳定性、专业性、利益性,教师—学生伙伴关系侧重动态性、趣味性、指导性,学生伙伴关系侧重临时性、专业性、利益性。载体选择方面,教师伙伴关系的建构可以依赖全国性培训、课程群、校际交流等平台,而学生—学生、教师—学生伙伴关系的建构主要依赖课堂、班级课程群、兴趣小组等平台。伙伴主题也呈现出不同特质,教师伙伴关系侧重于基本知识的交流与沟通,侧重于对原理知识的深化理解和探讨;而教师—学生、学生—学生伙伴关系则应侧重于基本知识的理解与掌握、对学生现实困惑的解答、学生之间不同理论知识的碰撞、师生不同学科知识的交叉理解等。

四、在赋权型“原理”课分众教学中创新“教—学”技巧

随着“原理”课教学中相关各方的无权或弱权状况发生改变，课堂教学获得了高质量发展的前提条件。教师外部环境变得有利，自身理论水平提升，并增强了身份荣誉感。学生主体意识的觉醒与参与权的被赋予，能够积极融入课堂建设，提升了理论学习能力，增强课堂获得感。一种基于教育赋权理念的全新“原理”课分众教学模式被建构出来。

一方面，旧模式传承与新模式构建的同步推进。随着赋权型“原理”课分众教学模式的建构，将实现“原理”课堂教学模式的“发展”。理论讲授仍将占据相当重要的地位，教师依然扮演主导角色，这是由马克思主义的理论特质所决定的。但是，在肯定理论讲授重要性的同时，需要创新理论讲授形式，比如将专题式、问题链式、师生共情式教学方法运用于课堂讲授之中。此外，灌输仍将是不可或缺的课堂教学方法，但那种自上而下、枯燥乏味的灌输形式将被抛弃，必须将显性灌输与隐性灌输结合起来，引入视频、故事、实践课程等使学生感知到马克思主义的真理性和革命性。另一方面，以互联网为载体推动“原理”课分众教学模式。后工业时代，互联网正在重新界定课堂教学，互联网理念、数字技术、互联网手段、互联网模式正在深度介入学校的教学生活。对于“原理”课教学来说，互联网、数字化使过去抽象的知识变得更加具象化，通过视频、故事、纪录片、影视等方式使人物和理论变得立体化、生动化，增强了学生对理论的理解能力。此外，互联网为教师与教师、教师与学生、学生与学生之间的沟通提供了更加便捷的渠道，通过MOOC、微信、学习通、雨课堂等传播平台实现平等交流与知识共享。在虚拟的网络世界中实现了人格的平等、知识的平等、理念的平等、机会的平等，每一方都能从中获得能力与成就感。以“互联网+”思维创新理论灌输形式，一方面，改变传统单纯语言文字灌

输的模式，将视频、故事、图片、音乐等融入“原理”课教学，拉长课堂知识的延长线和拓宽课堂知识的面，使学生通过理论所处的复杂时代背景加深对知识的认识。另一方面，要针对不同专业、层次的学生设置不同的知识话题。对于哲学、社会学、历史学、法学等人文社会科学专业的学生对“原理”课知识已经有了一定程度的了解和认识，就应提升课堂教学内容的知识难度，通过将“原理”课知识细化、深化而引导学生去探究的兴趣，比如，比较黑格尔与马克思的辩证法、斯密和马克思的政治经济学等。生物、材料、化学、数学、医学等专业的学生要侧重于对原理知识的准确理解和把握，然后充分发挥其专业素养，从科学、理性等方面阐发对唯物主义、辩证法等方面的认识。此外，还要充分发挥学生的网络兴趣和技术能力创新课堂教学，比如，历史学专业的学生可将历史小知识引入课堂或者编排历史话剧、短视频；生物学专业的学生可从现代生物理论角度探讨唯物主义；哲学专业学生可从哲学角度比较研究马克思主义与其他哲学流派的关系，探讨后马克思主义等等。

综合来看，“原理”课的性质决定了教师必然在其中发挥指导者作用，但完全可以通过分众教学模式实现灌输的隐秘化或无形化。通过激发教师的能动性和学生的主体意识，并利用双方各自的专业特长提升课堂的趣味性、挑战性，实现知识讲授与兴趣探索的有机结合。

五、赋权型“原理”课分众教学模式应用例举

以讲授“两山论”为例。党的十八大以来，习近平总书记十分重视生态环境保护，并指出要“算大账、算长远账、算整体账、算综合账”①，并明确指出，“绝不能以牺牲生态环境为代价换取经济的一时发展”②，多次提出“既要金山银山，又要绿水青山”“绿水青山就是金山银山”。“两山论”是马克思主义时代化的最新理论成果，可以将其作为案例阐释马克思主义世界观、方法论、

① 《习近平著作选读》第二卷，人民出版社 2023 年版，第 173 页。

② 《习近平关于社会主义生态文明建设论述摘编》，中央文献出版社 2017 年版，第 21 页。

认识论、历史观。

环节一:突出讲授。马克思主义世界观、方法论、认识论、历史观的课堂理论知识讲授。通过专题式教学方法将马克思主义的世界观、方法论、认识论、历史观进行知识讲解,使学生对马克思主义哲学的基本理论知识有了完整的、系统的理解。

环节二:突出赋权。将“两山论”作为案例引入课程。重点介绍“两山论”的提出背景和发展历程,然后,利用QQ、微信、电子邮件等多种网络交流平台鼓励学生提出疑问和兴趣点,中间可以进行开放式交流,并对收集到的问题、话题进行整理、归纳、分类,将其凝练为几个核心问题。

环节三:突出赋权+分众。依据问题分类和知识点对学生实行分组。具体可以分为以下几组:第一组,“两山论”与辩证唯物论。第二组,“两山论”与唯物辩证法。第三组,“两山论”与辩证唯物认识论。第四组,“两山论”与唯物史观。学生分组之后,每组选出一位负责人,由负责人牵头组织学生进行搜集资料、会议(虚拟或线下)研讨、实地调研。教师以辅导者身份参与各小组的相关活动,并对学生提出的相关问题进行讨论和解答。

环节四:突出分众。根据每一小组的学习、研讨情况,由各小组负责人牵头写出研究报告,并从小组中选派代表在课堂进行成果宣讲和展示。展示之后,由其余小组提出疑问,由展示小组进行解答。

环节五:突出评价。依据各小组展示情况由全体学生对每一组进行打分,将各小组的平均得分计入平时成绩。

在此教学过程中,一方面,教师做到了充分赋权,学生在掌握基本理论知识之后,通过参与教学设计、课程进展和内容选取,主动进行搜集资料、实地调研、小组沙龙讨论,能够深化对理论的认识,而不是简单地死记硬背。另一方面,依据每位学生关注问题的差异进行分组,使具有同质问题的学生之间能够相互交流探讨,开展头脑风暴,践行分众理论。最后,教师全程参与,但并不直接干涉学生的研讨过程,在学生主动提出问题之后以平等的辅导者身份参与其中，充分保障了学生的主体性、能动性。

基于教育赋权理论构建“原理”课分众教学模式，突破了“就原理谈原理”或“教师—学生”的中微观视角的局限，从一种宏观视角剖析“原理”课教学的时代处境与突破方向。立足于社会大转型的时代背景之下，“原理”课教学不应被动适应社会变革，而应积极求变以回应时代问题。眼下“原理”课教学主动性不足的病症源于课程资源的弱势地位。一方面，“原理”课实际上还处于高校专业课程体系中的边缘状态，这种弱势地位又表现在教学过程中。另一方面，“教师中心论”的教学模式很难调动网络时代学生的学习积极性。问题叠加使得“原理”课一定程度上沦为“学生不爱、老师无奈”的课。以教育赋权理论推动构建“原理”课分众教学模式，着力改变“原理”课的学生权力不足状况，从政策、环境、人才、财政、培训、技术等多方面提供支撑，提升“原理”课教学中学生的权力感，增进教师和学生的主体间性关系，改变学生的被动处境，为学生参与课程学习提供机会，增强学生的融入能力和获得感。

在应用教育赋权理论构建“原理”课教学分众教学模式过程中，也必须认识到赋权理论与“原理”课教学之间可能存在的不匹配性。赋权理论是西方社会学回应现实问题的产物，它根植于西方文化传统，以个人主义为本体论和方法论，认为个人与社会之间主要是一种利益关系，社会与政治之间是相互制约的关系，权力主要体现为工具性价值。而在中国文化语境中，人是关系性存在，个人与社会、社会与政治之间并非单一的权力关系，其间还掺杂有伦理、情感等因素，对于权力的认知也并非工具论，往往取权力为善的视角，而且往往将权力等同于政治权力。因此，人们很容易将“原理”课的赋权型分众教学模式改革视同政策倾斜与扶持，或者将“原理”课视同凌驾于其他课程之上，或者将“原理”课教学的改革方向视为放弃教师中心论，转向学生中心论，这种观点与行为都是与教育赋权理论不相契合的，也是值得我们警惕的。

第四章　赋权型“概论”课分众教学模式

“毛泽东思想和中国特色社会主义理论体系概论”（简称“概论”）课有一个不断发展的历程，因为党的理论创新和指导思想是与时俱进的。从1998年4月《关于普通高等学校开设“邓小平理论概论”课的通知》开始，1998年6月《关于普通高等学校“两课”课程设置的规定及其实施工作的意见》规定三年制专科和四年制本科同时开设“毛泽东思想概论”“邓小平理论概论”。马克思主义与中国实际相结合过程中两次理论飞跃成果成为主干课程，体现了马克思主义理论的发展性和时代性。① 2003年2月《关于进一步深化“三个代表”重要思想“三进”工作的通知》将“邓小平理论概论”调整为“邓小平理论和‘三个代表’重要思想概论”。2005年2月，《关于进一步加强和改进高等学校思想政治理论课的意见》规定四年制本科设置“毛泽东思想、邓小平理论和‘三个代表’重要思想概论”。2008年，“毛泽东思想、邓小平理论和‘三个代表’重要思想概论”改为“毛泽东思想和中国特色社会主义理论体系概论”。

“毛泽东思想和中国特色社会主义理论体系概论”课作为高校思想政治理论教育的核心课程，旨在帮助大学生系统掌握中国化马克思主义的生成逻

① 秦宣：《新中国成立60年来高校思想政治理论课沿革及其启示》，《思想理论教育导刊》2009年第10期。

辑、核心内容及精神实质。“概论”课建设得如何,“概论”课教师讲得如何,课程开设目标是否完成,都直接关系到“立德树人”根本任务的完成度。囿于传统课堂教学思维的禁锢,“概论”课教学长期存在着教师授课方式单一、学生学习兴趣不高、教学实效性不强等问题,学生在教学中的参与程度与权力占有有限,传统教学模式的弊端日益凸显,有必要深入研究“概论”课教学方法体系的改革和构建问题。

联合国教科文组织发布的《反思教育:向“全球共同利益”的理念转变?》中的教育赋权理念为“概论”课教学改革提供了新思路。教育赋权强调教学的民主化和受教育者的能动性,教育者和受教育者能够分享教育资源的决策权和控制权,让受教育者群体能够更多地参与、控制教育资源。因此,如何深刻认识“概论”课教学中的“教与学”困境,并将教育赋权理念融入“概论”课教学用于化解其冲突和矛盾,已经成为摆在任课教师和管理者面前一项十分重要的议题。

第一节　“概论”课教学研究综述

“概论”课承担着对大学生进行系统的马克思主义理论教育的任务,是巩固马克思主义在高校意识形态领域指导地位、坚持社会主义办学方向的重要阵地,是全面贯彻党的教育方针、落实“立德树人”根本任务的主渠道和核心课程,是加强和改进高校思想政治工作、实现高等教育内涵式发展的灵魂课程。目前,学界关于“概论”课教学的研究主要体现在以下方面。

一、教学学理阐释研究

“概论”课性质研究。学界一般从纲领性文献中的性质定位出发,对“概论”课教学进行理论解读。肖贵清认为,“党中央明确要求,要以马克思主义中国化的理论成果为中心内容,完善思想政治理论课课程体系。这也就是说新的思想政治理论课课程体系的中心内容是马克思主义中国化的理论成果，明确规定了‘概论’课在新的思想政治理论课课程体系中的核心位置。”①

“概论”课教学内涵式提升研究。颜玫琳从供给侧的角度出发，认为提升思政课理论化教学的供给质量是增强教学内容理论性的核心。② 张明国从创新的角度出发，认为要注重把“概论”课教学内容和其所学的专业知识相融合，以问题意识引导教学，以专题形式开展教学，以分析典型案例助推教学，以过程考核代替结果考核，进一步提高教学质量。③

“概论”课教学学生获得感研究。余保刚从叙事教学出发，认为叙事教学能够从情感上有效打动大学生，充分调动大学生参加“概论”课教学的积极性，提升大学生的马克思主义理论素质。④ 樊英杰从“概论”课新版教材出发，认为在课程教学与课程设计中应坚持以学生为中心，将新时代思想有效融入课程设计体系，以完成学生的“获得感”构建。⑤

“概论”课教学话语体系研究。秦宣提出，“概论”课必须遵从理论体系自身的逻辑，遵循教学规律，把握教学内容的重点，逐步实现教材体系向教学体系的科学转化。⑥ 肖贵清认为，应正确处理教材编写和课堂教学的关系，构建适应新形势的“概论”课教学话语，探索适应学生特点的教学方法。⑦

---

① 肖贵清:《“毛泽东思想和中国特色社会主义理论体系概论”课建设的回顾与展望》,《思想理论教育》2010 年第 11 期。

② 颜玫琳:《增强高校思想政治理论课教学内容的理论性建设探析——以“毛泽东思想和中国特色社会主义理论体系概论”课为例》,《思想教育研究》2018 年第 6 期。

③ 张明国:《在创新中提高思想政治理论课教学质量——基于“毛泽东思想和中国特色社会主义理论体系概论”课的调查分析》,《北京化工大学学报(社会科学版)》2019 年第 3 期。

④ 余保刚:《运用叙事教学提升大学生对思想政治理论课获得感——以“毛泽东思想和中国特色社会主义理论体系概论”课为例》,《思想教育研究》2018 年第 11 期。

⑤ 樊英杰:《思想政治理论课新版教材体系下的大学生“获得感”构建——以“毛泽东思想和中国特色社会主义理论体系概论”课为例的分析》,《思想教育研究》2019 年第 1 期。

⑥ 秦宣:《〈毛泽东思想和中国特色社会主义理论体系概论(2021 年版)〉修订说明和教学建议》,《思想理论教育》2021 年第 9 期。

⑦ 肖贵清:《“毛泽东思想和中国特色社会主义理论体系概论”课教学需要重点解决的几个问题》,《思想理论教育》2015 年第 9 期。

二、教学建设现状研究

新时代“概论”课教学发展总体呈现良好的状态，教学的实效性不断增强，主渠道作用的发挥愈益明显，但依然存在些许问题，影响其效果的提升。

“概论”课教学的问题表征。张玲玲从学生主体和教师主体双重缺位出发，认为在“概论”课的教学过程中确存在学生主体被遮蔽、教师主体被削弱的现象。① 张广乐从考评体系出发，认为目前大多数高校“概论”课教学缺乏创新，结果重于过程；考评主体单一，难以形成合力；考评内容固化，偏离课程目标。② 孙海英、陈三营从学生学习现状出发，指出高校许多学生对“概论”课学习兴趣不浓，学习动力不足，缺乏主动性和自觉性。③

“概论”课教学的原因透视。姚昌、张晓波从体制机制的角度出发，认为部分高校思想政治理论课的组织管理机构虚实并存、教学管理体制不顺畅，权责不明晰、保障措施不到位。④ 俞步松从高职高专角度出发，认为教师自身素质和能力难以满足课改要求，存在“本领恐慌”；师资配备达不到师生比要求；存在“人员恐慌”；思政课政策措施落地仍有折扣；存在“执行恐慌”。⑤ 胡雪萍等从“概论”课教师队伍的角度出发，认为个别教师自身对课程认识不够，政治信念不足；专业性不强，教学内容不能与时俱进。⑥ 何畏

---

① 张玲玲：《“毛泽东思想和中国特色社会主义理论体系概论”课教学中的主体缺位问题及其对策研究》，《思想教育研究》2017 年第 7 期。

② 张广乐：《高校思想政治理论课学生成绩考评体系的实效性及提升路径研究——以“毛泽东思想和中国特色社会主义理论体系概论”课为例》，《思想教育研究》2017 年第 8 期。

③ 孙海英、陈三营：《线上线下混合式教学在高校思想政治理论课教学中的运用探析——以《毛泽东思想和中国特色社会主义理论体系概论》课程为例》，《贵州师范大学学报（社会科学版）》2022 年第 5 期。

④ 姚昌、张晓波：《高校思想政治理论课教学现状分析与改进对策》，《思想理论教育》2015 年第 11 期。

⑤ 俞步松：《质量年视域下高职高专思想政治理论课教学现状管窥》，《思想理论教育导刊》2017 年第 9 期。

⑥ 胡雪萍、杜海军、徐博文：《高校〈毛泽东思想和中国特色社会主义理论体系概论〉课教师队伍建设研究》，《思想政治教育研究》2014 年第 5 期。

认为,“概论”课“教师必须牢固树立整体效益观,通过把讲授理论观点与把握立场方法相结合,把研究理论问题与解答现实问题相结合,把传播知识与提高能力相结合,把提高认识水平与提高道德境界相结合,努力提高这门课的综合效益。”①

三、教学质量提升路径研究

在教材建设方面,秦宣从2021年版教材修订的角度出发,认为“概论”课是高校思想政治理论课中学分最多、学时最长、内容最广、联系实际最紧密的课程,要努力实现教材体系向教学体系的科学转化,正确处理好教材与原著、党的文献的关系,教学内容和教学形式的关系,线上教学与线下教学的关系,把课堂教学和社会实践结合起来。②

在教师队伍建设和能力提升方面,肖贵清认为,当前,由于多方面的原因,“概论”课教师队伍的状况,还不能很好地适应新时期、新阶段、新的教学任务的需要,教师的整体素质成为制约教学质量提升的瓶颈。③ 胡雪萍、杜海军、徐博文认为,加强“概论”课教师队伍建设:一要多管齐下,提高教师综合素质。建立专门的教师考核和评估机制,组织教师参加各项培训等。二要精益求精,创新教学的方式方法。三要建立课程团队,提高教师授课效率,促进教师实践体验等。④ 李晓伟等人认为,随着高校教师专业化发展的趋势,“概论”课教师的学科教学知识应引起高度重视,需要不断完善他们的知识结构。⑤

① 何畏:《努力提高思想政治理论课教学的综合效益——以“毛泽东思想和中国特色社会主义理论体系概论”课为例》,《思想理论教育导刊》2012年第1期。

② 秦宣:《〈毛泽东思想和中国特色社会主义理论体系概论(2021年版)〉修订说明和教学建议》,《思想理论教育导刊》2021年第9期。

③ 肖贵清:《“毛泽东思想和中国特色社会主义理论体系概论”课建设的回顾与展望》,《思想理论教育》2010年第11期。

④ 胡雪萍、杜海军、徐博文:《高校〈毛泽东思想和中国特色社会主义理论体系概论〉课教师队伍建设研究》,《思想政治教育研究》2014年第5期。

⑤ 李晓伟、李艳霞、刘霞:《关于高校“概论”课教师学科教学知识的理论新探》,《求实》2009年第11期。

刘友女、陈锡喜提出,要提高"概论"课教材体系向教学体系有效转化的能力。① 杨文森认为提升"概论"课教师的教学软实力十分必要。② 张治银认为,"概论"课教师要提升三种能力,其中需要具备以科学研究带动教学,以教学促进科学研究,教育教学与科学研究相结合的能力。③ 侯保龙分析了"移动课堂"教学模式中"概论"课教师的四种角色,即"移动课堂"准备阶段的培训师、实地参观阶段的导游员、课程论文指导阶段的导师以及学生主题演讲阶段的主持人四重角色。④ 朱益飞则认为,翻转课堂模式下,"概论"课教师是主导者、组织者和参与者,要从"普通导演"向"名导演"转变,要树立整体课堂观,做到形散神不散,并熟练掌握和使用教育技术,从而切实提升"概论"课教学质量和教学效果。⑤ 范湘涛和颜新跃认为要提升"概论"课教师的话语能力。⑥

在教学模式与方法方面,肖贵清倡导研究型教学、专题性教学、案例教学,正确处理好科学性、理论性与生动性的关系,增强教学的吸引力和感召力。⑦ 张玲玲认为,"概论"课教学过程是教师与学生"双主体"之间的互动过程。"教"与"学"是同一过程的两个方面,二者相辅相成、互相促进。⑧ 常春红基

① 刘友女、陈锡喜:《从教师转化能力谈教材体系向教学体系的有效转化——以高校思想政治理论课"概论"课教学为例》,《宁波大学学报(教育科学版)》2010 年第 5 期。

② 杨文森:《"概论课"教师教学软实力提升的影响因素分析及对策研究》,《咸宁学院学报》2012 年第 5 期。

③ 张治银:《"毛泽东思想和中国特色社会主义理论体系概论"课教师能力探究》,《北京教育(德育)》2013 年第 4 期。

④ 侯保龙:《高校思想政治课"移动课堂"教学模式中教师的四重角色分析——以"毛泽东思想和中国特色社会主义理论体系概论"课为例》,《长春理工大学学报(社会科学版)》2014 年第 6 期。

⑤ 朱益飞:《翻转课堂教学模式下"概论"课教师的角色定位》,《扬州大学学报(高教研究版)》2017 年第 1 期。

⑥ 范湘涛:《高校思政"概论"课教师话语能力刍议》,《教育教学论坛》2018 年第 19 期;颜新跃:《立德树人视域下高校思政课教师话语体系创新研究——以〈毛泽东思想和中国特色社会主义理论体系概论〉课程为例》,《吉林省教育学院学报》2019 年第 10 期。

⑦ 肖贵清:《"毛泽东思想和中国特色社会主义理论体系概论"课建设的回顾与展望》,《思想理论教育》2010 年第 11 期。

⑧ 张玲玲:《"毛泽东思想和中国特色社会主义理论体系概论"课教学中的主体缺位问题及其对策研究》,《思想教育研究》2017 年第 7 期。

于建构主义和多元智能理论提出构建以自主、合作、探究为教学活动的核心，全面调动教学活动中的全部信息资源，激发学生的全部感知能力，面向全体学生的全面体验的“全景式”教学模式。① 胡艳华认为，启发式教学对于克服思政课传统教学方法的局限，培养高素质人才具有重要意义。因此，必须探索启发式教学模式，具体包括案例启发法、讨论启发法和问题启发法。② 石明忱将专题教学分为理论性专题和实践性专题两大类，认为其具有主题的鲜明性，内容的丰富性，教学方法、教学组织形式的灵活性等特点，便于教师针对专题特点设计教学方法和教学组织，有利于学生提高学习能力，提高教学质量。③ 李华提出情景剧结合 PBL 教学模式，用以学生为本的双主体教育理念，开展以实现教育实效为主导的参与式体验教学。④ 严向远提出运用对分课堂教学模式讲授“概论”课，将教学实施过程分为教师讲授、学生内化吸收、课堂讨论三个基本环节。⑤ 王智莉、徐锋提出以问题意识为导向的问题链教学模式，通过一系列精心设计的问题缩短学生与教学内容的距离，通过师生之间、学生之间的互动，实现教材体系向教学体系的转化，激发学生主动学习思政课的热情、发挥学生的主体性作用、提高大学生的创新能力。⑥ 胡明辉⑦、王建红⑧、

---

① 常春红：《“毛泽东思想和中国特色社会主义理论体系概论”课“全景式”教学探索》，《思想政治教育研究》2012 年第 4 期。

② 胡艳华：《高校思想政治理论课启发式教学探析——以“毛泽东思想和中国特色社会主义理论体系概论”课为例》，《思想教育研究》2012 年第 12 期。

③ 石明忱：《毛泽东思想和中国特色社会主义理论体系概论课专题教学探讨》，《教育探索》2013 年第 8 期。

④ 李华：《情景剧结合 PBL 教学模式在〈毛泽东思想和中国特色社会主义理论体系概论〉课教学中的应用创新研究》，《产业与科技论坛》2022 年第 9 期。

⑤ 严向远：《对分课堂教学模式在高校思想政治理论课中的应用研究——以“毛泽东思想和中国特色社会主义理论体系概论”课为例》，《山西高等学校社会科学学报》2022 年第5期。

⑥ 王智莉、徐锋：《“问题链”教学模式在高校思想政治理论课教学中的探索与实践——以〈毛泽东思想和中国特色社会主义理论体系概论〉课为例》，《理论观察》2018 年第 4 期。

⑦ 胡明辉、蒋红艳：《案例教学在“概论”课中的运用研究》，《学校党建与思想政治教育》2021 年第 3 期。

⑧ 王建红：《“概论”课中的研究型教学方法探析》，《思想理论教育导刊》2020 年第 11 期。

潘娜娜①、高星②等人分别从案例教学、研究型教学法、方法论意识导向的教学、结构化研讨、叙事教学、分组讨论教学模式等对“概论”课教学进行了探索,提出了优化“概论”课教学方法的建议、方法或者途径。现代信息技术的教学应用已成为课程改革发展的客观趋势,佘双好从改革开放以来高校思想政治理论课与现代技术结合的轨迹中梳理出“从多媒体运用、教学资源库建设,到精品视频资源建设、网络 E 班,到微视频、微电影、微课程,到 MOOC(大规模开放在线课程),再到 SPOC(小规模限制性在线课程)平台建设和混合式教学模式探索等”③模式与方法。

在教学理念方面,肖贵清认为,教师对“概论”课教学内容整体性的把握,是实现教学目标的重要前提。只有紧密联系实际,才能使课堂教学生动丰富而具有感染力,才能使理论鲜活而不至于变成空洞的教条,才能真正帮助学生解疑释惑。④ 蔺宏涛认为,提升高校“概论”课的亲和力和针对性,要在教学理念中体现思想性,在教学目标中突出政治性,在教学内容中强化理论性,在教学过程中展示系统性,在教学设计中转化复杂性,在教学落地上凸显实践性。⑤

综上,学界对“概论”课教学的理念、模式、方法、途径、性质、师资等进行了多方位的研究。这些成果有理论探讨,有实践总结,有政策实施,有历史演

① 潘娜娜:《结构化研讨在“概论”课教学中的应用研究》,《黑龙江高教研究》2019 年第 8 期。

② 高星、李国兴:《方法论意识导向的“概论”课教学研究与实践》,《思想理论教育导刊》2019 年第 7 期。

③ 佘双好:《改革开放以来高校思想政治理论课教学方法的创新发展》,《思想理论教育导刊》2018 年第 10 期。

④ 肖贵清:《“毛泽东思想和中国特色社会主义理论体系概论”课建设的回顾与展望》,《思想理论教育》2010 年第 11 期。

⑤ 蔺宏涛:《新时代提升高校〈概论〉课亲和力和针对性论析——基于教师为主导的视角》,《高教学刊》2019 年第 20 期。

变，为赋权型“概论”课分众教学研究提供了重要参考。为了更好地了解高校“概论”课教育教学情况，切实提升思政课教学质量，发挥好思想政治理论课“立德树人”作用，调研组通过发放调查问卷，对当前“概论”课教学情况进行抽样调查。

第二节　“概论”课教学调研概况

一、调研方法

调研组根据调查目的、调查方法和调查对象等，设计了《高校思政课教学改革调查问卷》，里面涉及“概论”课教学。问卷内容包括基本信息、教学方法、教学内容、教学模式、教学互动、教学评价等。通过开展有针对性的问卷调查，一方面是为了了解“概论”课教学中取得的成绩和存在的不足，另一方面是为了践行“以学生为中心”的理念，更好地赋权学生，为进一步加强“概论”课教学改革提供参考。为了确保调查结果的权威性和可靠性，调研组在线向全国 31 个省推送了调查问卷，高校涵盖了师范、理工、农林、医科及综合性大学，其中包括一流大学建设高校、一流学科建设高校、地方性院校、高职院校、民办高校等类型，同时在地域上也具有广泛性和代表性，包括东、南、西、北等各个地区的高校，可以更好更全面地反映地区间高校“概论”课教学的实际情况。

二、样本构成

此次调查问卷以问卷星形式发放，共收到有效问卷 18446 份，其中涉及“概论”课有效问卷 3869 份。此次调查问卷回收率较高，其主要原因一方面是调查问卷采用无记名方式，使调查对象放下了防备心理，没有负担；另一方面主要是调查内容符合被调查者的期盼，问题量适中，占用时间少，且调查问卷的网络投放得到不同层次、不同类型高校“概论”课教师和学生的支持与配合。在对学生调研的同时，调研组还对10位任课教师进行了有针对性的访谈。

（一）性别比例

性别类型抽样中，女性占比67.3%，男性占比32.7%，女性多于男性，对调查结果没有影响。

（二）政治面貌

政治面貌抽样中，共青团员占比84.21%，中共（预备）党员占比7.05%，群众占比8.43%，其他占比0.31%。

（三）高校类型

高校类型抽样中，一流大学建设高校占比16.96%，一流学科建设高校占比6.41%，非“双一流”建设普通公立本科高校占比43.41%，民办本科高校占比8.92%，高职（高专）占比24.3%。

（四）学科专业

学科专业类型抽样中，文科占比58.83%，理科占比25.53%，工科占比12.9%，医学占比2.74%。

（五）学生任职

任职类型抽样中，非学生干部占比61.59%，学生干部（在任）占比27.66%，学生干部（经历）占比10.75%。

（六）预期毕业去向

预期毕业去向抽样中，升学发展（国内读研、出国留学）占比 40.01%，传统就业（党政机关、事业单位、各类企业、其他）占比 36.7%，非传统就业（自主创业、自由职业、灵活就业）占比 12.1%，未确定去向（暂无打算）占比 11.19%。

第三节　新时代“概论”课教学存在的问题与原因分析

习近平总书记在全国高校思想政治工作会议上强调：“要用好课堂教学这个主渠道，思想政治理论课要坚持在改进中加强，提升思想政治教育亲和力和针对性”①。当前，高校“概论”课教学中学生主体地位进一步提升，教师主导主体地位进一步凸显，教学方式进一步多样化，教师更愿意倾听和理解学生的诉求，学生对思想政治理论课的认同感也有所增强。

一、“概论”课教学成效

（一）学生主体地位进一步提升

一方面，教师更愿意倾听和理解学生的诉求。在对“概论”课教师进行的访谈中，他们始终将“立德树人”目标作为教学的着力点。在谈及“您是如何有针对性地开展“概论”课教学?”大部分教师会根据所带学生的学科专业背景及兴趣爱好选择有针对的内容、案例进行教学。同时，也会不定期地以问卷形式回收学生对概论课教学的反馈信息。除此之外，大部分教师会利用课间休息时间走近学生，了解其对所学知识的接受度和理解情况，“以学生为中心”理

① 《习近平在全国高校思想政治工作会议上强调：把思想政治工作贯穿教育教学全过程开创我国高等教育事业发展新局面》，《人民日报》2016 年 12 月 9 日。

念日益深入人心,学生主体地位日益得到凸显。另一方面,学生对“概论”课的认同感增强。根据“你对这门思政课是否感兴趣?”的调查结果显示,30.55%的学生对“概论”课比较感兴趣,36.34%的学生对“概论”课非常感兴趣(图4-1)。许多学生认为“概论”课是研究生入学考试的必考科目之一,是丰富人生阅历、涵养道德情操的重要途径,获得优异成绩不仅可以打牢研究生入学考试的基础,而且有利于世界观、人生观和价值观的形塑。除此之外,部分学生还认为“概论”课能够使自己坚定走中国特色社会主义道路的信心,能够增加自己的道路自信、理论自信、制度自信、文化自信。总之,大学生对“概论”课教学的认同度直接关系到“概论”课教学的效果,关系到高校立德树人根本任务的落实。

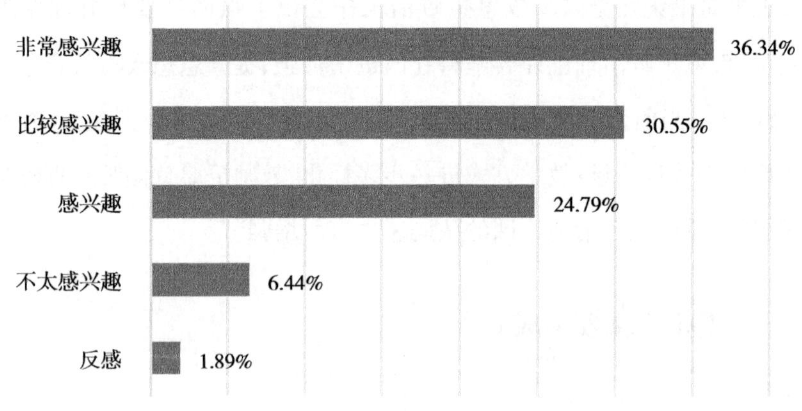

图4-1 你对“概论”课是否感兴趣

(二)教师主导地位进一步凸显

习近平总书记强调,“办好思想政治理论课关键在教师,关键在发挥教师的积极性、主动性、创造性”①。通过访谈发现,“概论”课教师都具有较强的使命感和责任感,注重将理论化的语言向生活化、图文化、幽默化的语言转变,

① 《习近平主持召开学校思想政治理论课教师座谈会强调:用新时代中国特色社会主义思想铸魂育人 贯彻党的教育方针 落实立德树人根本任务》,《人民日报》2019年3月19日。

力争让学生乐于接受、易于理解。例如，教师的使命感与责任意识增强。在对教师的访谈中，“你如何看待思想政治理论课的重要性？”的问题，大部分教师认为思想政治理论课是高校落实“立德树人”的关键课程，是引导大学生树立世界观、人生观和价值观的主阵地，并十分赞同教师应首先做马克思主义的坚定信仰者，发挥自身典范作用。受访教师均表示要“厚基础”，强化理论功底，能够熟练运用马克思主义理论研究问题和阐释问题；要“重情怀”，增强课程的温度，去温暖学生、感染学生、滋润学生的心田。这些都充分证实“概论”课教师能够对自身的主导地位进行精准定位。再如，教师可以有效调控教学运行的全过程。调查发现，“概论”课教师的主导地位除了表现为较强的使命感与责任意识以外，还体现在教师对课堂过程的有效调控。“概论”课教师在上课前，会投入大量时间和精力，对教学内容进行梳理，对教授对象进行摸底，对教授方法进行探索。教学实施过程中，大部分“概论”课教师会对不同专业使用不同教学“配方”，使得“食材”更充足、更精美、更新鲜。“概论”课教师在教学运行的全过程始终将主导理念融入课堂的方方面面，力争在教师的引导下，让大学生自己学习、自己思考、自己回答，坚定其走中国特色社会主义道路的信心。

（三）教学方式进一步改进

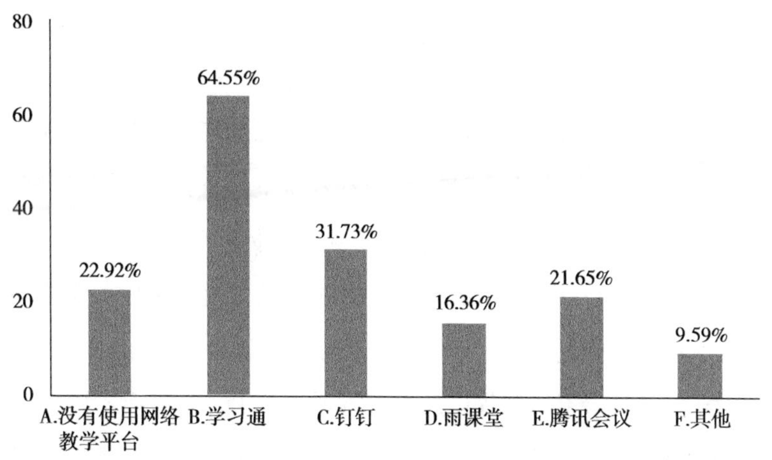

图 4-2　教师在“概论”教学中，使用的网络教学平台有哪些

近年来,为了提高“概论”课教学的针对性和实效性,不少教师积极探索各种教学方式,尤其是随着新媒体、新技术的广泛应用,“概论”课教学不再局限于传统的多媒体教学,而是积极运用智慧课堂手段,如雨课堂、学习通、课堂派等,促进教学模式创新发展。一方面,以教育部为主导建设的国家精品视频公开课、国家级精品资源共享课、国家在线开放课程等课程正在丰富“概论”课教学资源库,例如中国大学 MOOC、学堂在线、超星尔雅、爱课程、网易公开课等在线学习平台为“概论”课教学提供了丰富的课前学习资源。另一方面,教师本着从“以学生为中心”出发,积极在“概论”课中融入学习通、雨课堂、课堂派、优学院等智慧课堂手段,不断增加师生之间的交往性和互动性。如根据“教师在该课程教学中,使用的网络教学平台有哪些?”的调查结果显示,77.08%的教师使用网络教学平台,其中 64.55%使用学习通,31.73%使用钉钉,21.65%使用腾讯会议,16.36%使用雨课堂等(图 4-2)。

二、“概论”课教学存在的主要问题

尽管总体上“概论”课教学取得了显著成绩,但通过调研发现,仍然存在学生主体性发挥不畅、教学方法应用性不佳、教学内容针对性不强、教学评价精准性不够、课堂教学有效性不足等问题。

(一)学生主体性发挥不畅

随着高等教育改革的深入推进,学生主体地位的作用和积极意义愈发明显,教学过程中的“教师中心论”转向“学生中心论”是教育发展的趋势。因此,高校在具体育人环节,需要注重发挥学生的主体性价值,培养学生的主体意识和自我行动能力。当前高校“概论”课教学虽然由教师中心向学生中心转变,但是在具体实施过程中依旧倾向于教师理论灌输,忽视了对学生进行问题意识培养、思想政治素质培育以及综合素质的提升,弱化了学生主体地位,导致学习积极性和主动性较低。随着知识经济时代的来临和信息化的快速发展,我国高校思政课教学环境发生了显著变化,“00后”成为主要受众群体,学生的思想更加活跃,接受新知识的速度越来越快,个性化需求也开始变得日益多元。

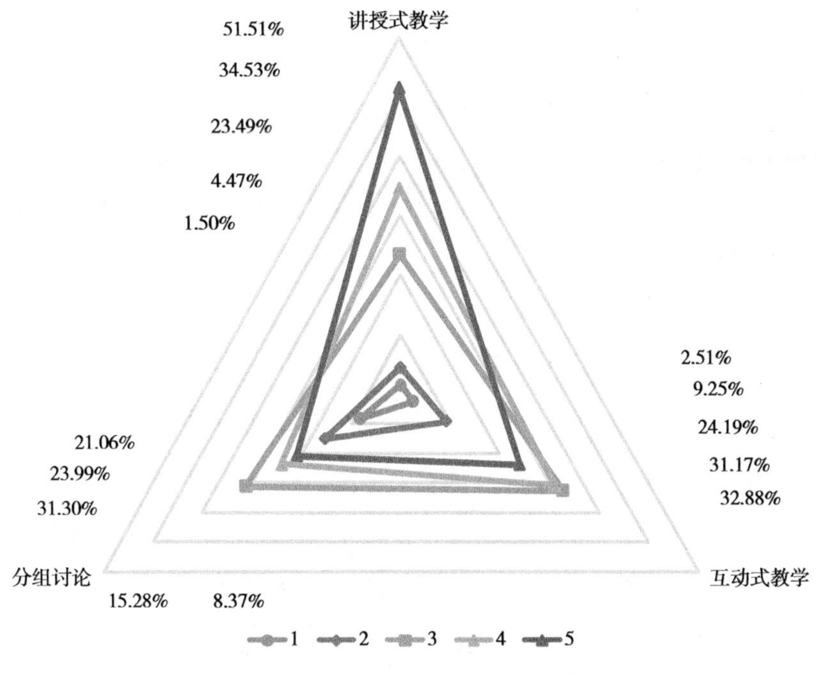

图4-3 “概论”课的教学方式频率是

当前高校思政课堂虽然将信息化与教学相结合,但由于教师教学的保守性,对新教学方法的接受和掌握是一个缓慢过程。另外,受传统师道尊严的影响,教师与学生已形成了固有的刻板印象,传统教学模式下强调严格的、权威的、学院式的纪律,导致高校“概论”课教学仍以权威型师生关系为主。教师身份代表着权威,他们在教学中拥有绝对的话语权,而学生则处于被动地位,只能被动性地接受理论知识。在教学角色上,教师的权威地位几乎没有发生转变,教学仍然主要是单向过程,将思政课教学简单等同于传授马克思主义理论知识的过程,学生大多处于被动接受的境地。因此在教学方法上,往往采用“我讲你听”、任务式等带有强制性的做法,忽视了对学生综合素质的培养以及对理论学习走向的引导。这种目标导向"注重思想理论、政治观点和道德规范的知识性占有,而不注重对主体能力的培养,不仅在一定程度上遏制了受教育者思维和创造力的发展,也妨碍了教育者素质和能力的提高。事实上,大道理重复百遍、千遍不一定变成受教育者的素质,相反,这种脱离受教育者品德发展水平的说教反而会引起学生的反感。"①而且由于当前大多数高校思政课以大班授课为主,容易忽视学生的个性化差异,弱化其内在需要和自我发展,使主客体间很难产生统一的情感体验,加上教学内容没有将适应社会发展需要的新的社会实践内容及时体现在课堂教学之中,不能满足学生的成长需求,因此教学效果并不理想。

(二)教学方法应用性不佳

教学方法,是指教师为了实现教学目标而组织教材、借助信息技术等方式将教学内容有效传授给学生的一种教学手段。好的教学方法,可以激发学生的学习热情,提高学生学习积极性,为教师教学提供强有力的工具支撑。不同的学科、专业和课程,需要选择不同的、适切性高的教学方法,才能有助于实现事半功倍的教学效果。随着现代科学技术的发展,新事物不断涌现,"概论"课教学模式应顺应社会发展与变革的大潮流,在教学过程中融合高科技元素和信息技术等手段,提高学生的参与度和融入度。但是一些传统型教师的观念转变较为缓慢,对新兴事物缺乏必要的对接,仍然采用多媒体课件辅助下的课堂讲授为主,对学生进行知识灌输。

当前"概论"课教师仍主要以灌输式教学为主,即使在教学中融合信息技术手段,但也是"电教灌输",这种强迫式、压迫式的教学,容易使学生处于被动的学习状态,降低他们学习的积极性和主动性。可以说当前高校"概论"教学模式中"从教的方面研究教学过程的规律与方法则比较多,而从学的方面

① 郑永廷、张彦:《德育发展研究——面向21世纪中国高校德育探索》,人民出版社2006年版,第249页。

研究学习过程的规律与方法则比较少”，从某种意义上说，当前“概论”课教学模式实际上是一种“教的模式”，而“教学”还包括“学的模式”，是教与学相统一的活动过程，尤其是教学方法在高校“概论”课模式中起着连接教与学的作用。在问及“有些“概论”课老师讲课对学生缺乏吸引力，你认为最主要原因是?”时，高达 74. 36%的学生认为教学方式陈旧、单一，难以激发学生的学习兴趣，60. 66%的学生认为语言表达缺乏感染力，导致课堂气氛沉闷（图 4-4）。

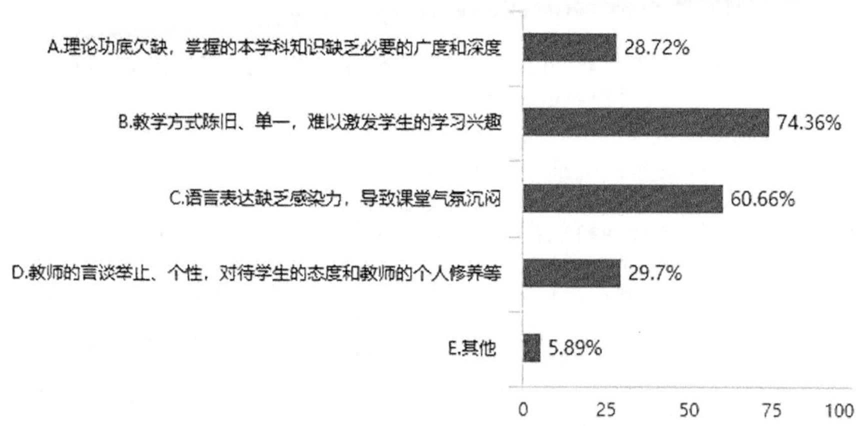

图 4-4　有些“概论”课教师讲课对学生缺乏吸引力，您认为最主要原因是

此外，在“概论”课堂上，师生之间缺乏互动，导致教师缺少对学生必要的了解，学生也日渐怯于在课堂上主动向教师表达自己的观点和看法。长期在的这种“教师教、学生听”的教学模式下，学生的知识获得感被弱化，课堂主体地位被边缘化，不利于思政课“立德树人”教学目标的实现，而且会降低学生对思政课的兴趣度和好奇心，严重削弱教学质量。因此，变革“概论”课教学模式势在必行，目标是建立起良好的师生关系，更加注重彼此间的交流互动，促进教师在深入了解学生基本情况的基础上开展针对性教学，不断创新教学方法和教学形式，对学生进行因材施教。高校“概论”课教学方法只有不断地创新，才能切实提高教学水平，满足学生成长的需要和国家对思政课建设的要求。

(三)教学内容针对性不强

教学内容是整个教学环节的重要因素,是教师对学生所传递的理论知识和思想价值观念的综合。教学内容所涵盖的范围代表着思政课的重点和今后的发展方向,对学生思想意识、理论知识、价值观等的最终养成起着至关重要的作用。“概论”课的立足点是,围绕大纲要求和社会主义意识形态建设需要,注重大学生全面发展和综合教育,以“立德树人”为根本进行教学。“概论”课的着力点是,从教学总体目标和学生个体发展需要两个角度出发,坚持学生本位,提高教学的实效性和针对性。这就需要“概论”课教学内容具备较高的针对性,在制定具体教学内容的过程中兼顾不同年龄阶段学生的成长特点和知识基础,注重内容设计的科学性和合理性,实现理论与实践相统一。

尽管高校一直强调要提高教学内容的针对性,注重解决好学生思想上的问题,但在实际教学过程中,一些“概论”课教师忽视教学内容针对性的现象依然存在。“你认为“概论”课应如何开展教学?”的调查结果显示,71. 85%的学生认为,应与社会实践、社会热点相结合进行教学,不依赖教材;50. 12%的学生认为教师应该采用小组教学,将有共同兴趣的学生分成若干小组,不同的教师对不同的小组教学(图 4-5)。

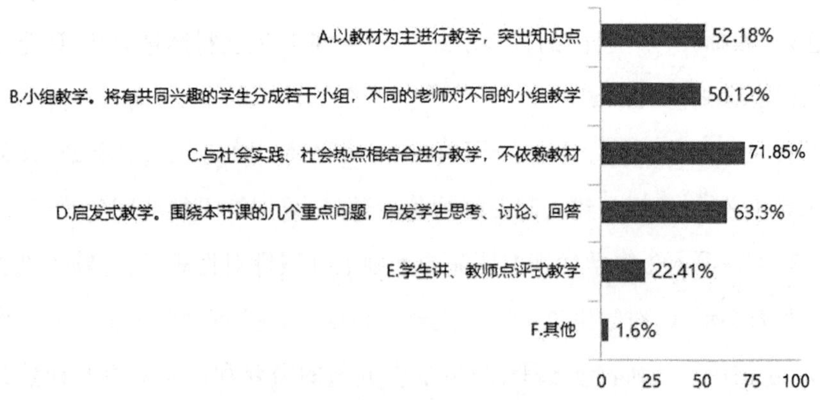

图 4-5　你认为“概论”课应如何开展教学

个体主要通过自我感知来进一步认识和了解马克思主义基本原理、马克思主义中国化等理论,同时利用已掌握的理论知识具体分析和指导自身所处环境及其行为。大学生正处于人生成长的关键阶段,其人生观、价值观和世界观尚没有完全定型,在生活、工作和学习中遇到的各种问题会对其思想和价值观产生一定影响,有些意志力薄弱的学生容易受不良思想的引诱,进而误入歧途。因此,高校开展“概论”课有其必要性和重要意义,教师应该有针对性地了解学生学习和生活过程中存在的问题,把理论教学与学生全面发展结合起来。然而,部分高校“概论”课教师往往不能将两者进行合理兼顾,有的在教学中倾向于单讲理论和历史,有的教师倾向于单讲学生思想上存在的问题,忽视学生的思想动态和思想具体问题,使教学内容显得抽象、空洞、乏味,严重地削弱了教学的说服力和感染力。

(四)教学评价精准性不够

建立健全科学的教学评价机制和标准是提高“概论”课教学质量、教学效果的重要途径。传统的“概论”课教学模式评价主要采取结果性评价的方法,重视学生对理论知识的掌握程度,但忽视学生的思想政治素质和能力培养。“概论”课的最终目的是实现立德树人的教育目标。这里的“育人”目标中的“人”,不仅指知识涵养丰富、理论功底深厚的知识人,更是指综合素质、道德水平、思想觉悟以及学习能力等各方面都均衡发展的“全人”“新人”。教学评价的设计对教师教学工作起着关键性的指导和引领作用,科学、合理的评价体系有助于推动教学水平的提升和学生高质量的学习。反之,不成熟、不健全、不科学的评价标准和方法则会阻碍教学发展,甚至使教学退步。因此,高质量的“概论”课教学必须要有高质量的教学评价体系作为支撑。

在问及“你认为当前“概论”课期末考核成绩是否能够客观反映学生的思想素质实际情况?”时,调查结果显示,35.33%的学生认为“一般”(图4-6)。单一的结果性评价,容易导致思政课“立德树人”的教学目标与教学实践脱节。从理论层面上看，结果性评价的标准较为规范，主观随意性小，有利于保证学生成绩的公平性，且具有量化和易操作的优势。从实际操作层面看，与过程性评价相比，结果性评价更多反映出学生的记忆能力以及应试能力，学生的问题意识、创新思维、独立判断能力等综合素质在教学过程中容易被弱化，学生主体地位难以体现，不能很好地体现高校“概论”课教学的课程宗旨。

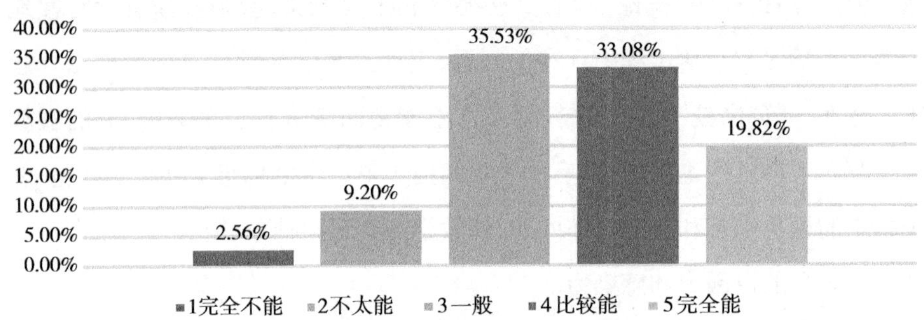

图 4-6　你认为当前“概论”课期末考核成绩是否能够客观反映学生的思想素质实际情况

关于教师评价机制的设计，大部分教师表示并不认可当前的评价体系，原因在于当前的教师评价主要通过学生打分评教的形式进行，虽然涉及的标准内容较为详细，但是由于对“概论”课教学缺乏应有的重视，学生在评教的过程中往往流于形式，考核评价机制相对肤浅，导致评价结果容易出现不公平的情况，不能正确、客观、全面地反映教师的教学情况。调查显示，大部分教师希望改善评价体系，通过创新评教机制，开展多元化、动态化的评价方式促进教师评价的科学性和合理性。“概论”课教师在完成教学大纲任务的同时，要更加注重培养和锻炼学生的问题意识、创新思维以及独立思考问题的能力，提高学生的思想道德素质和综合能力，而这又是一个缓慢复杂的过程，无法进行单一量化，因此，通过学生打分评教这种评价机制来考核评价教师存在不科学的地方，需要进一步完善高校“概论”课教师评价机制，提高教师的积极性与热情，增强教学模式改革的效果。

（五）课堂教学有效性不足

"概论"课教学方式在很大程度上仍停留在传统的"教师教、学生听"的单向传输层面，教师通过传授理论知识的过程不断强化自身的知识权威地位，而学生在被动接受知识传递的过程中逐渐丧失了对知识的主观建构意识和自主学习能力。调查发现，"概论"课教师的授课方式主要采取传统的讲授式，学界积极倡导的启发式、讨论式、合作式、对话式等教学方式仅在有限的范围内得以推广和实践。针对"'概论'课的教学方式频率"这一问题，认为教师经常或非常频繁地采用讲授式的学生占比70.52%，均值为3.99；认为教师经常或非常频繁地采用互动式教学的学生占比55.39%，均值为3.65；认为教师经常或非常频繁地采用分组讨论的学生占比45.08%，均值为3.34。数据表明，单纯的讲授式仍是目前"概论"课教师使用频率最高的教学方式（图4-7）。"概论"课作为高校培养学生正确的世界观、价值观和人生观的主阵地和主渠道之一，以立德树人作为根本教学目标，其培养任务的重要性和严肃性决定了"概论"课教学过程的高度理论性和思想性，而学生原有理论基础的薄弱，客观上要求教师必须通过讲授式教学的方式，循序渐进地引导、教育、启发学生，这为"概论"课采用传统的讲授式教学提供了一定合法性基础。但值得注意的是，"概论"课教师在授课过程中需要注意科学安排讲授式的教学时长，既促进学生拥有扎实的理论功底，又进一步培养学生的能动思维、自主意识和创新能力。讲授式教学在"概论"课的教学过程中是必不可少的，但也要注意兼顾和均衡其他类型的教学方式，促进学生的综合发展。

调查结果显示，学生对于教师"引用材料和实际案例来说明书本理论知识"和"走出课堂，开展实践"这两种教学方式的呼声最高，占比分别达到了38.12%、33.54%。这从另一个角度说明，"概论"课教师在教学过程中缺乏趣味性，过多地重视理论讲解，与社会时政问题的结合度不够，忽视理论与实践的统一性，进而导致学生的学习积极性欠缺、知识获得感较弱。"概论"课教

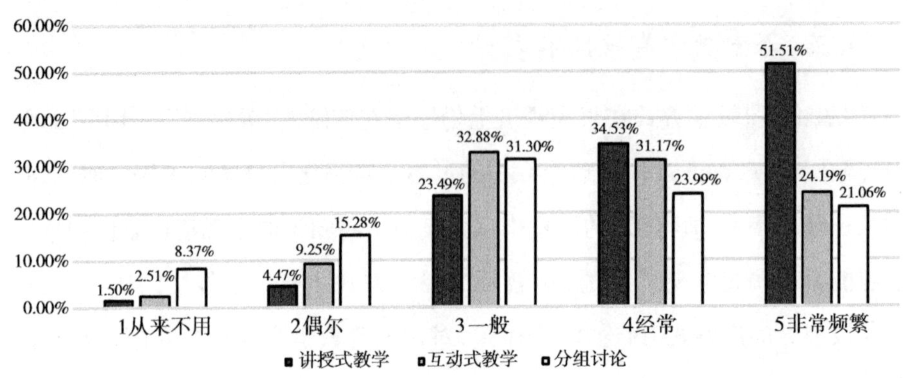

图 4-7 “概论”课的教学方式频率

师教学水平的浅表化会直接影响学生对于知识的有效吸收，弱化将课堂上所学的理论知识转化为现实应用和具体实践的能力（图 4-8）。如何突破“概论”课教师课堂教学浅表化和单一化问题，促使学生从理论高度掌握知识、学习知识并能够灵活运用知识，是当前提高“概论”课教学质量需要重点关注的领域。

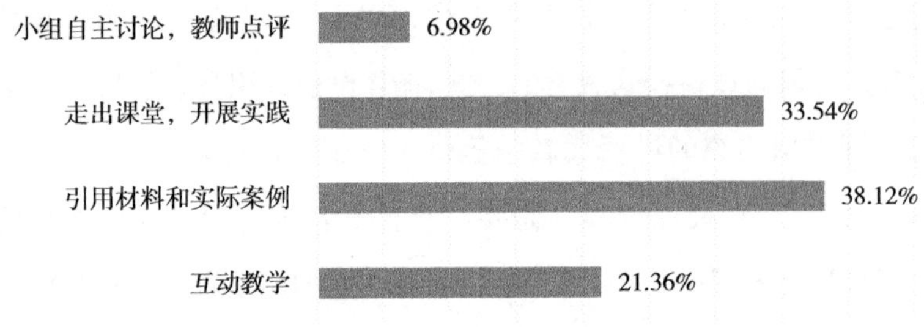

图 4-8 你最喜欢哪种授课方式

“对于‘概论’课教师课堂上组织案例讨论或要学生制作课件并在课堂上讲解的看法”，33.39%的学生表示比较感兴趣，28.29%的学生表示非常感兴趣，31.52%学生表示感兴趣，仅有 1.99%和 4.81%的学生选择反感或不太感兴趣，即 93.2%的学生对于案例教学或自主讲解的教学方式持支持态度（图 4-9）。调查数据显示，学生对于教师的多样化教学持有较高的积极性，但在实际教学过程中，教师教学方式较为单一化和传统化，容易挫伤学生学习的能动性和积极性。总体上看，当前高校“概论”课教师大多仍采取传统的惯性思维进行教学，主要特点是教师的单方面传输和学生的被动性学习，进而引发了学生理论学习与社会实践相脱节、学习积极性不高、自主建构知识的能力较弱等一系列问题，最终影响思政课教学质量的提升。知识经济时代，知识的多少已不再是决定因素，而对于知识的主动建构能力、学习能力、知识的应用和拓展能力才是教师应该向学生重点赋予的技能，以确保他们能在日新月异的社会中历经考验、不断发展。

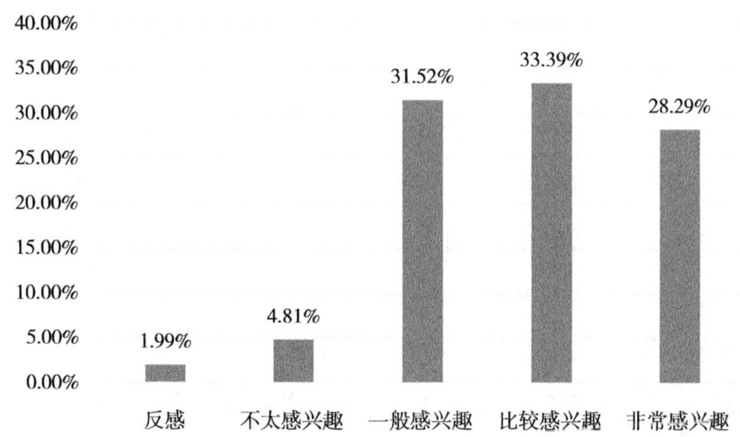

图 4-9 对于思政课教师课堂上组织案例讨论或要学生制作课件并在课堂上讲解的看法

三、存在问题的原因

针对“概论”课教学存在的学生主体性发挥不畅、教学方法应用性不佳、教学内容针对性不足、教学评价精准性不够、课堂教学有效性不足等问题，可以从学校、教师、学生三个层面来研究。就学校层面来看，教师培训力度不到位、人才引进机制不成熟、统筹规划工作不完善是诱因；就教师层面来看，教师知识权力的权威化、传统文化思想的束缚、学生课堂话语权的消解是深因；就学生层面来看，学生权力意识的薄弱、权力保障机制缺失是主因。

（一）学校层面

高校作为履行“立德树人”责任的重要场所，是对大学生进行思想政治教育的主渠道，是“概论”课教学的主阵地。经调查分析，学校层面主要存在如下问题。

1.“概论”课教师培训力度不到位。调查发现，不少学生认为“概论”课教师教学存在问题，如教学方式单一、理论功底欠缺、语言表达缺乏感染力等，部分教师教学能力的薄弱和知识储备的不达标，影响了学生的学习热情，制约着教学成效的提升。这与教师培训不到位有很大关系。“概论”课教师课时较多，任务较重，且教师人数不足，很多学校无法将教师派到校外参加培训，长时间的培训几无可能。教师是立教之本、兴教之源。作为高校育人过程的重要队伍之一，高校管理层需要对思政课教师培训予以充分尊重和重视。只有打造一支素质过硬、业务精湛、数量充足的“概论”课教师队伍，才能更好地为学生发展服务，培养出新时代中国特色社会主义需要的高素质人才。

2.“概论”课教师引进机制不成熟。教育部规定，“要配齐思政课专职教师队伍，高校应当根据全日制在校学生总数，严格按照师生比不低于1∶350的比例核定专职思政课教师岗位”。调研组通过调查发现，当前高校普遍存在包括“概论”课在内的思政课专职教师短缺的问题。教师岗位的不足致使在岗教师需要花费更多的时间和精力投入到教学当中，师生比失衡使得教师在教学过程中受众群体扩大、教学时长增加，面对数量众多的学生，无法开展针对性的个性化教学，学生的个体价值发挥和主体价值生成缺乏必要的实现路径。同时，教师数量的短缺意味着教师投入教学工作的时间占比增多，弱化了科学研究的时间投入，教师无法实现教学与科研之间的平衡。

3.教学统筹规划工作不完善。“概论”课教学与学生专业贴合度较低也是影响教师教学质量、学生学习效果的潜在因素。高校在“概论”课的课程安排、教学设计、组织建设等层面的统筹协调工作亟待进一步完善，只有完善

“概论”课教学计划，提出切实可行的教学方案，兼顾不同专业学生学习的差异化需求，实现学生专业知识与意识形态、思想道德的相融相通，才能更好地促使学生在现实学习和生活中实现理论与实践相统一。

（二）教师层面

当前，师生教学权力的严重失衡也是导致高校“概论”课教学存在问题的重要原因。双方权力的失衡具体表现为教师权力的中心化和学生权力的边缘化，重新审视思政课中的师生权力布局，不难发现教师权力具有独占性的特点，学生权力则被进一步消解和弱化。教师和学生作为彼此独立存在的价值主体，享有平等地行使、运用自身合法权力的自主权，造成当前权力分布失衡的原因主要有以下三方面。

1. 教师知识权力的权威化。一直以来，知识与权力之间都存在着紧密联系。福柯曾指出，“权力和知识是相互蕴含的，如果没有相关联的知识领域的建立，就没有权力关系，而任何知识都同时预设和构成了权力关系”①。无论是知识的广度还是深度上，教师都居于遥遥领先的地位，间接促成了知识向权力的转换。权力与知识的内在关系以及知识储备量的显著优势为教师知识权力的获取提供了一定的合法性基础，加之权力特点、传统文化等多种因素的综合影响，教师的知识权力逐渐向知识权威化方向发展，并在过程中得到不断巩固和加强。

2. 传统文化思想的束缚。古语“天地君亲师”“师道尊严”的思想，折射了教师地位的绝对权威性和崇高性，教师是真理的象征，不容学生质疑和反驳。受传统思想影响，学生在潜移默化的学习环境中，逐渐默认了双方这种极不对等的关系，并在实践中不断强化教师权威的思想。随着社会的不断进步，学界开始意识到师生地位悬殊不利于学生个性的张扬和主体价值的发挥，提出建

① ［英］谢里登：《求真意志——密歇尔·福柯的心路历程》，尚志英、许林译，上海人民出版社 1997 年版，第 181 页。

立民主平等的师生关系，以培养学生健全完整的人格。但在具体实践中，鉴于长时期课堂权力始终以教师为中心，由此导致学生更加怯于运用权力维护自身利益。

3. 学生课堂话语权的消解。福柯认为，话语在实质中蕴藏着权力，话语的表达就是对权力的操作，话语权的获得能够促使其在权力博弈中占据优势地位。① 传统的授课方式往往以讲授式为主，即"教师讲、学生听"，学生在课堂中的话语表达比例较小，长此以往，教师在师生话语体系中处于优势，借助话语权来不断巩固自身地位和权威，学生课堂话语权则被进一步消解和弱化。

（三）学生层面

大学生是"概论"课教学的主体，然而囿于传统教学思维的影响，学生权力意识的薄弱以及权力保障机制的缺失也是造成"概论"课教学效果不佳的原因。

1. 学生权力意识薄弱。赋权是一种双向互动的过程，而不是权力的单向赋予和传输。因此，赋权在具体的落实中，既需要掌权者主动赋予权力，也需要弱权或无权者主动寻求、建构权力。受传统文化、知识与权力的内在联系、课堂话语权等因素的多重制约，学生权力长期处于边缘状态，自身权力意识薄弱，极易对教师产生心理上的依附关系，对教师的要求言听计从，较少从主体角度出发思考问题，缺乏批判性思维和创新意识。缺少思想的引领和主体意识的启蒙，学生在实际学习过程中容易形成被动学习的思维习惯，即使拥有教师所赋予的部分权力，如表达权、评价权等，也碍于不知如何通过利用权力维护自身权益而导致权力的弱化、解构甚至丧失。

2. 权力保障机制缺失。"以学生为中心"是开展教育教学活动必须遵循的基本原则，尊重学生的主体地位，赋予学生相应权力，促进学生综合素养和

① 郑乐平：《超越现代主义和后现代主义：论新的社会理论空间之建构》，上海教育出版社 2003 年版，第 65 页。

专业素质均衡发展是当下思政课教学的应有之义。但强调将“以学生为中心”作为教学出发点，不仅需要从高校和教师层面入手，还需要关注学生自身的成长需求和内在需要，赋予他们必要的权力，鼓励学生积极主动行使合法权力，进而促使自身主体意识的觉醒，培养独立人格。2017 年，教育部公布新修订的《普通高等学校学生管理规定》中，明确规定学生“对学校与学生权益相关事务享有知情权、参与权、表达权和监督权”，但在具体落实的过程中，虽然高校大多制定了本校的管理规定，但尚未制定具体的细则，实际操作中尚有漏洞，致使学生在行使权力时缺乏必要的依据和制度支持。权力保障机制为权力的行使提供必要的基础和保障，尤其在当前研究如何破解师生权力失衡的困局中，保障机制的建立不仅为学生行使权力、维护权益提供合法依据，而且为督促教师规范行使自身权力、尊重学生权力，进而建立新的师生权力关系提供可能性。

第四节　赋权型分众教学模式融入“概论”课的价值

教育赋权是增强“概论”课教学效果的一种重要的、有效的教学理念。在“概论”课教学中融入教育赋权理论和分众教学模式有利于课堂教学从权威走向民主、从工具走向人本、从单一走向多元、从传统走向混合。

一、有利于从权威走向民主，实现教学方式的变革

传统的“概论”课教学活动多是以教师为中心，以课堂为场域，以教材书本知识为核心的相对单一封闭的教学活动。在这种教学活动中，“概论”课教师不仅是“知识的化身”，而且是绝对的权威和教学的“中心”。无论是设定教学目标、选择教学内容，还是完成教学设计、制定教学评价标准，均是由“概论”课教师“大包大揽”，学生如同被牵着鼻子的“牛”，被动地接受教师传授的

理论知识。这种教学模式让“概论”课教师完全主宰教学过程，既忽视了师生间的心灵交流和情感互动，也忽视了学生“学”的独立存在及学生“学”的个体存在。正如有的学者所言，“当学生对学习的内容提不起兴趣时，其学习的积极性和主动性低下，即使外界给他提供了非常好的硬件环境和学习平台，也很难通过强迫的方式将教学内容塞进学生的头脑，无法达到好的课堂效果”①。

而经过教育赋权的“概论”课教学则强调要把学习的权力和责任交给学生，让学生成为学习的主人，倡导所有的学生都积极主动地参与到教学全过程并给予其充分的选择权。首先，在“概论”课教学中，教师不再是知识的呈现者，而是指导者和协助者，从传授知识转变为引导学生，引导学生去组合、批判和澄清新旧知识之间的差异，注重其在教学过程中主观能动性的发挥。其次，教师不再掌控教学内容，而是控制教学过程，以便培养学生的反思和质疑能力，进而最大程度地调动学生的积极性、主动性和创造性。再次，教师不再依靠师道尊严的地位优势促使学生学习，而是与学生组成同盟军，不仅给予学生指导性的意见和想法，而且与学生共同学习、教学相长，最终使教师角色从“布道者”转化为“学习共同体”的成员。经过赋权的民主化“概论”课教学一改传统“填鸭式”的教学方式，实现了从以“教”为中心向以“学”为中心的转变，既符合思想政治理论课教育教学规律和大学生的思想特点，又有利于增强“概论”课教学的实效性、吸引力和亲和力。

二、有利于从工具走向人本，实现教学范式的转换

“概论”课是高校思想政治理论课中联系实际最紧密的课程，但传统的“概论”课教学往往从“知识本位”出发，强调工具性、知识性和灌输性，往往是“只见知识不见人”，片面追求教学目标的“标准化”“规范化”，使得“概论”课教师用同一标准或规范要求所有学生，忽视对个体人的本位价值及人格独立

① 朱宗友：《高校思想政治理论课参与式教学的探索与思考》，《思想理论教育导刊》2013年第7期。

的关注。同时，在工具思维的驱使下，“概论”课教师往往满足于单纯的特定价值观念和道德准则的传递，停留在理论知识的宣传和教材的说教上，忽视学生的情感态度、个性需求等特征，导致本应该充满生机和活力的思政课教学出现单调乏味的局面，学生成了简单复制知识和被动学习的工具。正如有的学者所言：“无论课堂上所学的教材具有多么充实的政治思想和道德思想，但如果学生在掌握知识的过程中总是把认知的目的放在第一位，那么知识转化为信念的有效系数就越来越低。”①

而经过教育赋权的“概论”课教学则从“学生本位”出发，强调要把“以学生为本”作为一种价值取向和思维方式灌注到思政课教学的全过程，让教学内容“富”起来，课堂气氛“活”起来，学生的思维“动”起来。一是课堂教学从机械说教走向情感性教育，赋权后的课堂教学教师往往能通过与学生的情感、心理产生共鸣，引导学生用马克思主义唯物论和辩证法的观点去分析和解决中国现实问题，使学生真正领悟、真心信仰。二是课堂教学从独白式教育走向对话式教育，多采用启发式、体验式、互动式教学，在民主讨论、互动交流中，将理论讲述与社会现实紧密结合，潜移默化地引导学生正确认识世界百年未有之大变局和我国发展大势，加深其对党的创新理论的认知和理解。三是课堂教学从知识性教育走向信仰式教育，注重启发大学生的觉悟，帮助其找到心灵的依托并外化为生活的习惯，引导他们充分认识马克思主义中国化理论成果，从而增强政治认同、理论认同、思想认同和情感认同，自觉把个人理想追求融入到建设富强民主文明和谐美丽的社会主义现代化强国的伟大事业中。

三、有利于从单一走向多元，实现教学评价的转变

“概论”课学时多、学分多、内容多，传统的教学评价多以结果性考试为主，以期末成绩的形式考查学生对知识的了解情况。此种评价方式往往考核

① 余文森：《论新课程课堂教学改革的八大关系》，《当代教育与文化》2013年第1期。

主体比较单一,考核过程相对封闭,不能真正反映学生的政治素养,也不能考核学生的知行统一践行能力,且评价工作的安排往往是每学期一次或每学年一次,没有做到过程性、动态性评价。例如,评价内容缺少针对性,教师往往将“概论”课评价简单等同于一般的教学评价,进而用知识考核的方法来评价思想政治理论教育效果,忽视了“概论”课所承担的特殊任务。又比如,评价方法缺乏多样性,往往是通过问卷调查的形式向学生收集反馈信息,同时辅之以领导、专家、同行通过听课的形式进行的评价,评价的偶然性、局限性较大。此外,重结果轻过程的倾向,既难以引导“概论”课教学的优化展开,也难以促进教学质量的不断提升,最终造成评价导向功能的弱化。

而经过教育赋权的“概论”课教学则要求教师更加关注教学过程,注重学生学习过程的多样性评价,以期对学生进行科学、合理、公正的评价。一是从评价主体看,赋权后的“概论”课教学一改“一元”评价模式,实行“双主体多元评价”,也就是说教师自评、学生自评、师生互动、学生间互评是相互衔接、相继展开的,拉近师生间心灵的距离。二是从评价内容看,赋权后的“概论”课不仅考查学生“学得怎样”,更考查学生“做得怎样”,既重“知”,更重“行”。教师除了对学生平时表现和期末成绩进行考查外,还对实践内容、实践方式、教学参与度等进行考核,让学生在提高理论知识的基础上增强实践能力,促进其全面发展。三是从评价方法看,赋权后的“概论”课教学一改以往过于重视终结性评价的偏向,鼓励教师对学生进行科学、合理、公正的全过程评价。例如,课前、课中和课后采取不同的内外部评价方式,加强对过程性评价、形成性评价、终结性评价等多种评价方式的综合性应用。

四、有利于从僵化走向混合,实现教学模式的革新

当前“概论”课教学模式依然是以多媒体课件辅助下的课堂讲授为主,“教师、教材、课堂”中心的模式没有变,灌输式、注入式的教师讲授模式没有大的变化。虽然少数“概论”课教师在教学模式上做了对分式、翻转式、探究

式创新，但总体来看，当前“概论”课教学模式仍未彻底打破教师讲、学生听的讲授式模式。随着信息时代特别是网络时代的到来，人们的日常生活和工作方式发生了翻天覆地的变化，具体到高校教学模式，也要随之改变。倘若“概论”课教学还只是停留在传统的比较僵化的教学模式里，不去主动适应网络时代大学生的学习习惯，将很有可能失去引导学生思想、凝聚政治共识的新场所、新阵地。

而经过教育赋权的“概论”课教学则强调师生共享教学自主权，鼓励教师由传统讲授模式转向线上学习和线下课堂教学相结合的混合式教学模式。混合式教学模式有效融合多种媒体载体技术、平台、软件等，既可以激发学生自主学习的热情和积极性，促进其思维能力的锻炼和政治素养的提升，又可以增进师生之间良性互动，便于教师实时答疑解惑和思想指引。一方面，就线上学习而言，学生被赋权可以自主通过网络平台完成“概论”课知识性学习和相关单元测试等，这样就能够很大程度上减少课堂教学中教师的讲授时间；另一方面，就线下课堂教学而言，课堂教学重点是在网络学习的基础上，通过小组讨论、师生互动等形式对课程重点、难点、热点问题展开高于教材的拓展和升华，最终在课堂上实现知识的内化和吸收。这种全新的教学模式无疑可以增强“概论”课教学的实效性，让教者“乐教”，学者“乐学”，教学相长，效果提升。

第五节　赋权型“概论”课分众教学模式实践的探索

高校“概论”课是思想政治教育的主渠道，是落实“立德树人”根本任务的关键课程，担负着用马克思主义中国化理论成果尤其是最新理论成果铸魂育人、培养时代新人的重任。因此，“概论”课更应该积极主动地响应“高等教育改革要坚持内涵发展”的号召，进行深刻的课堂革命，改革教学制度和教学方式，如厘定分众教学原则，建立分众教学体系，教师课堂主导设计，多元反馈评估效果,真正落实"以生为本"的教育理念,促进学生全面发展。

一、厘定分众教学原则

教育赋权的本质在于让学生获得并发展驾驭学习主动权的能力,但现实中学生的能力与需求都不尽相同,这就有了分众的必要。分众模式并非单纯的差异化对待,而是通过多级分众让学生不但了解课程宏观的结构与要素,并能够从对课程的学习中探索知识背后所蕴含的价值、信念和态度。"赋权"既是过程也是目的,在这一过程中作为教育赋权理论观照下的"概论"课分众教学模式的基本原则,既要体现教育赋权理论与分众教学模式的客观规律,又要立足思政课作为落实立德树人关键课程的特殊地位,对其改革创新的具体建构过程起到指导与规范的作用。基于教育赋权理论建构思政课分众教学模式应遵循角色赋权原则、伙伴协同原则、权能适配原则。

(一)角色赋权原则。角色赋权是"概论"课教学改革的本质使然,是"概论"课高质量发展的题中之义。教学赋权从本质上而言,即实现学习管理权从教师向学生转移,促使"教师要由知识传授的'演员'转变为学生学习的'导演',由教学管理的'保姆'转变为平等的'伙伴',由教学计划的'执行者'转变为课程体系的'建构者',由学生成绩的'裁判者'转变为学生发展的'设计者'"①"学生要由知识接受的'观众'转变为学习的'演员',由教学计划的'接受者'转变为教学效果的'反馈者',由死记硬背的'复读者'转变为积极主动的'思考者'",让学生真正成为学习的主人。针对"你在多大程度上希望"概论"课教师在教学中承担以下角色?"的调查中,"知识的传授者"平均得分4.13,"协作者"平均得分4.02,"指导者"平均得分3.96,"权威者"平均得分3.17(图4-10),可见学生对于权威型教师的期待明显较低,他们希望教师能够传授知识,在教师的指导下进行学习,也希望能够参与到教学过程中去,数

① 联合国教科文组织国际教育发展委员会:《学会生存——教育世界的今天和明天》,上海译文出版社1979年版,第62页。

据显示学生更倾向于“以学生为主体、以教师为主导”的教学赋权模式。因此，赋权于师生，培养师生的主导、主体意识，有助于消减他们在课堂互动、参与和决策方面的隔离感和无力感。

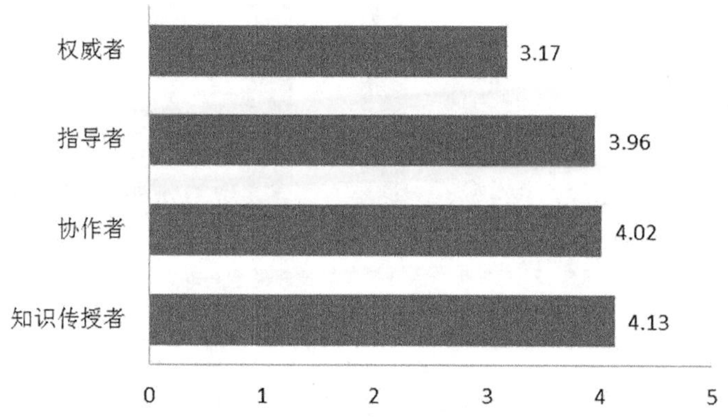

图 4-10　你在多大程度上希望“概论”课教师在教学中承担以下角色

（二）伙伴协同原则。对于“如果让你参与该门思政课小组讨论，会如何做”这一问题，34.47%的学生比较愿意参与“概论”课小组讨论，30.98%的学生对参与小组讨论态度一般，有29.22%的学生表示非常愿意参与（图4-11）。就学生层面来看，学生作为赋权的对象，要在广泛参与中积极寻求权力构建，真正实现师生的伙伴协作关系。学生在努力构建自身权力的过程中：一是要寻求知识建构权，学生作为独立存在的个体，是信息的主动建构者，应自觉融入到“概论”课教学中，充分调动学习的积极性、能动性和创造性；同时要树立主体意识，在“概论”课教师的帮助和引导下，积极构建知识理论体系，掌握学习主动权。二是提升学习自主权，牢固树立自主学习的意识，充分利用课前、课中、课后三个不同阶段深入理解所学知识，并在此基础上，结合专业实践，做到理论与实践的相互统一。唯有真正建构起师生协同参与的教学共同体，才能让教者“乐教”，学者“乐学”，教学相长，效果提升。

（三）权能适配原则。一是让预习活起来。教师利用微信群、QQ群、慕课平台等，将教学资料、内容提前布置，把传统的自主预习方式、内容变得更为丰

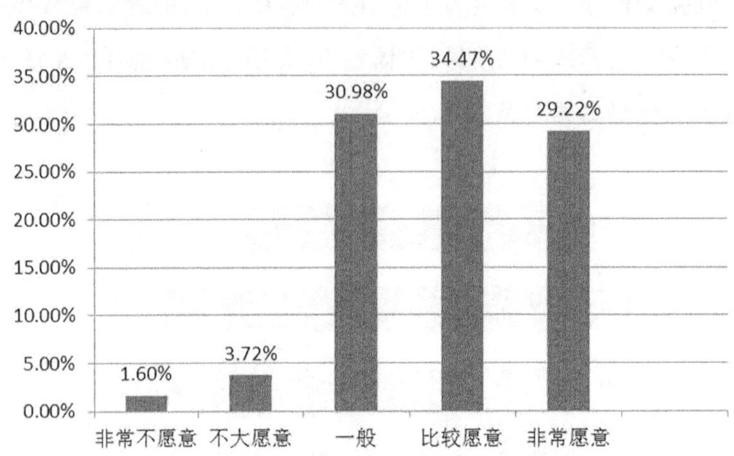

图 4-11　如果让你参与“概论”课小组讨论，您会如何做

富，“学起于思，思源于疑”，设法保证对学生预习有真实的反馈，要求学生针对预习情况，经过认真思考，根据对知识的理解和存在的困惑提出问题。二是同类分组。教师需及时查看学生反馈的问题，并进行汇总分类，依据学生的困惑、能力、关注的重难点问题等，将学生分为不同的小组。三是小组内权能适配。在教师的指导下，小组学生就共性问题交流、探讨，学着合作解决问题，并在课堂上做交流汇报。在小组交流讨论过程中，小组内成员合理分工，每个学生都承担不同的角色任务。根据学生学习能力和其他综合素质，权能适配，角色不要固定不变，可以尝试扮演小组的组织者、资料整理者、方案策划者、发言人、PPT 制作者、视频制作者等多种角色。

二、建立分众教学体系

分众教学与常规的大班教学不同的是，更加注重学生的差异性和因材施教，教师在供给侧，学生在需求侧。供给侧必须考虑需求侧的实际情况，才能有更满意的教学效果。因此，分众教学模式根据整体的教学安排和学生学习存在的问题进行分类，形成常规的大班、按共性分成的小组两个层级的教学体系。

一是常规的大班教学体系。分众教学模式仍是在传统的大班课堂教学基础上的积极探索。首先,在面向全体学生的大班教学中,教师也要积极探索启发式、讨论式、互动式的教学模式。如采用专题教学的形式,将理论重点具体凝练为若干个教学专题,针对重难点问题开展针对性教学,保障学生能够真正理解所学,并能够在实践中得到不断地运用和拓展。其次,鼓励学生积极参与课堂讨论,敢于表达自身观点,组织和引导学生就学习过程中普遍关注的问题进行自行讨论和自主探究。对于学生无法自主解决的问题和疑惑,则给予适时引导和深度解答。这样既能让学生成为课堂知识建构的主体,又能促进其综合素养的提升,“让学生成为课堂教学的主体,变‘要我学’为‘我要学’”①。最后,将课堂理论教学与课外实践教学充分融合,如通过调查、走访、参观历史古迹、红色场所及科技馆、博物馆等形式对大学生进行思想政治教育,在实践过程中加深对“概论”知识的理解,在理论与实践的双向学习互动中做到真学、真懂、真用。信息时代的到来,“互联网+教育”已成为重要的教学组织形式,“概论”课教学应充分利用线上教学资源,做到线上与线下、理论与实践等多维融合,切实提高思想政治理论课的针对性和实效性。

二是按共性分成的小组教学体系。首先,组建教师团队答疑。任课教师依据学生的预习情况、兴趣和学习能力,将学生分成不同的小组;同时,教师也不是单打独斗,也应依托教研室、联合辅导员组建教学团队。教师将每个小组的问题进行梳理汇总,针对每个小组的问题,教师可给予有针对性的指导,也可邀请团队成员进行单独答疑。其次,召开小组会,进行思想沙龙。针对学生提出的问题,可采用每周一次小组会,以面对面专题讨论的方式交流探讨。小组会可邀请不同年级、不同专业的学生参加,提出问题的学生先把困惑讲出来,不同年级、不同专业的学生可发挥朋辈指导的作用,讨论、碰撞思想火花,问题可能在朋辈指导下就得以解决,然后任课教师加以总结点评。最后,实施

① 王双群、曾丽华:《思想政治理论课“MOOC+SPOC+翻转课堂”混合式教学模式探索》,《思想理论教育》2019年6期。

经典阅读计划。结合之前学生存在的学习困惑,向不同群体的学生推荐不同的学习书目,召开小组读书分享会,读完经典名著,让学生畅谈感想,他们的心得体会可能又会有新的变化,原来的问题可能迎刃而解,这会促使他们进行更深入的学习和思考。

三、教师课堂主导设计

教师充分发挥课堂主导作用是保障"概论"课教学效果的关键。在传统"概论"课上,教师通常集教学过程的设计者、教学内容的供给者与教学结果的评估者三种角色于一身,体现在教学关系中就是学生对教师的权力依附。基于教育赋权理论的分众教学模式提出,在教育关系中,教师应当帮助学生获得与他人合作收获新知与解决问题的经验。具体而言,"概论"课教师的课堂主导策略可以分为以下三个层面。

一是确立"概论"课教师作为教学主导的地位。调查结果显示,"概论"课师生经常互动的频率为34.88%,每堂课都互动占26.87%,而互动一般、不经常互动和从不互动占到了38.24%,这个比例有些偏高(图4-12)。在"概论"课分众教学模式中,教师在促进师生互动方面仍然起根本作用,因此,要主动做好顶层设计。一方面要激发教师"投入"的动力,将课堂教学与教师考核直接关联起来,引导"概论"课教师了解学生的整体认知水平、需求、个体发展差异,在课堂效果上投入时间和精力。另一方面要确立学生作为学习主体的地位,激发其"努力学"的动力,让学生感受到教师的真诚和关爱。教师要给学生提供机会和平台,赋予其参与课堂教学设计、课堂教学研讨、课堂教学反馈的权利,对他们提出的观点进行鼓励,让他们感受到重视,课堂、课间、课下,线上、线下,多与他们沟通交流,可以通过发放小礼品等形式引导他们积极参与到课堂中,主动研讨问题、获取知识,进而增强其获得感和效能感。

二是健全"概论"课教师的专业自主权。在教学场域中,赋权的核心是给

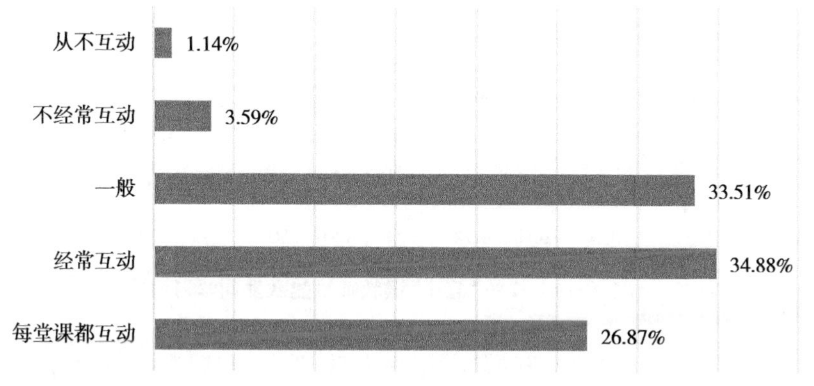

图 4-12　“概论”课教学课堂互动频率

予教师充分的专业自主权，即教师在教学中根据专业素养、学生特点、课堂需要等决定教学内容及相关事务的权利，包括教学目标的制定、教学活动的设计、教学进度的掌控、教学方法的选择以及教学评价的方式等。安德森曾表示，“具有创新性和艺术性的教学需要教师拥有自主权，教师必须有权利按照自己选择的方式来呈现教学材料，灵活地创造、改进或超越自己所教的课程”①。唯有赋予“概论”课教师充分的专业自主权，才能使他们在教学过程中更为灵活、充分地发挥其主导作用，才能让学生在潜移默化中感受“概论”课的乐趣和党的创新理论的力量，最终实现教与育的有机统一。

三是丰富“概论”课教师的教学方法与技能。调查结果显示，85. 6%的学生认为“概论”课教师可以多讲故事和案例，从而促使抽象的理论形象化和具体化，通过故事、案例使抽象的理论形象化的“概论”课教师最能激发学生学习的热情，68. 11%的学生认为应在课程中融入对时事热点和社会现实问题的解读，62. 92%的学生认为应开展与讲授内容相关的课堂讨论，启发学生思考，活跃课堂气氛（图 4-13）。

① 贾彦琪、汪明：《教师主导：摒弃抑或深化》，《江苏高教》2017 年第 6 期。

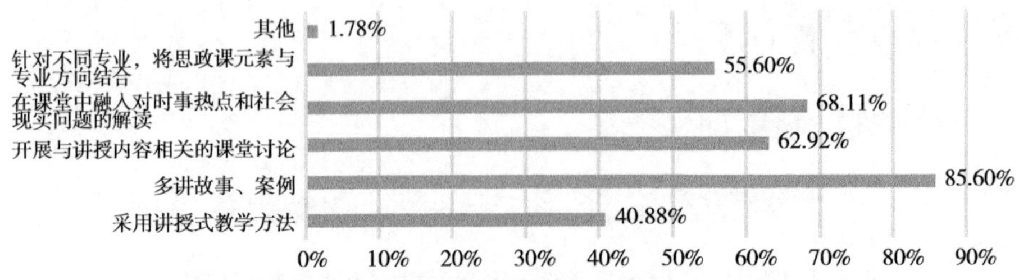

图 4-13　你觉得什么样的"概论"课教师最能激发你学习的热情

基于调查数据，就"概论"课教学层面来看，教师要从权力掌控者走向权力共享者，从关注"自己教了什么"转变到"学生学到了什么"，不断丰富和提升自己的教学技能和知识。71.85%的学生认为"概论"课应与社会实践、社会热点相结合进行教学，不依赖教材。教师平时一要在教学内容上多下功夫，着眼学生的思想状况和实际需求，科学设计教学内容，跳出教材范围，融入更丰富的教学资源，拓宽学生的视野。知识面高于教材，不局限于教材，教师还要切实讲出理论的力量、实践的魅力，不仅要让学生知其然，还要知其所以然，能用所学知识解决实际问题，增强学生的实践应用能力。二要在教学方法上下功夫。74.36%的学生认为"概论"课教学方式陈旧、单一，难以激发学生的学习兴趣。教师应"不断改革教学方法，逐步形成课堂教学、实践教学、网络教学相互支撑，理念先进、方法多样、管理高效、评价科学的教学方法体系"①，让课堂真正成为学生驱动的课堂，"概论"课教师作为指导者、支持者、合作者参与到课堂中。三要在教学设计上下功夫。突出问题意识，将案例分析、专题研讨、演讲辩论、现场教学等形式综合运用起来，并通过对大学生关心的热点、难点、焦点问题的透视，激发学生的求知欲，吸引学生的注意力，最终提升"概论"课的时代感和实效性。

① 吴潜涛、王国维：《增强亲和力、针对性，在改进中加强思想政治理论课》，《思想理论教育导刊》2017 年第 2 期。

四、多元反馈评估效果

教育赋权既是过程也是结果。在评价教育赋权成效时，教师必须关注学生最初的问题是否得到有效解决，以及学生是否获得了掌握教学资源、提出相关问题并在与教师和学生的协同合作中具有解决问题的能力与权力。基于教育赋权理论设计分众教学模式的初衷是增强学生在“概论”课中的主体性力量，但在实际实施过程中并不能保证每个学生都能适应这种教学模式。因此，需要完善多元的评估反馈机制，以提升“概论”课教学的实效性。

一是评价主体多元化。“概论”课作为公修课，应让专家、同行、辅导员、学生共同参与到教学考核中来。学生评价应针对学生进行调研和访谈，了解学生学到了什么，分类学习效果好不好，并不断改进评价的指标、方式，进而使评价结果更加客观、真实，有参考性。同行评价以学院（部、系）成立的教学督导和听课组为主体，定期或不定期地听课，并根据课堂情况给予及时的反馈。专家评价指的就是学校层面的督导组督导、听课，学校教学督导组往往是由多学科的退休的教授、专家及相关职能部门的处级干部组成，他们擅长从整体上对全校教学质量给予公正评价，对于听课过程中发现的问题，应有畅通的反馈渠道，及时反馈至被听课教师。专家、同行、学生多个层面的评价相结合，有助于评价指标科学化。

二是评价方式多样化。为了更好地掌握学生实际，可采取调研的方式对“概论”课教学现状和学生实际学情进行分析，访谈、问卷、调查多管齐下，协同发力。同时也要兼顾定性评价与定量评价的统一，量化要具体，定性要准确；评价反馈制度化，变结果性评价为过程性评价，同时注重对评价结果的合理运用。既评教师“教”的有效性，又评学生“学”的有效性，既评教学态度、教学内容、教学方法等显性指标，又评环境、政策、学风等隐性因素，既能获取“概论”课教学实施现状、学生困惑、关注的问题等真实情况，结合调研结果设计教学问题，又使得评价资料、信息更客观、更真实。

三是评价指标合理化。“概论”课教学考核中，学生的考试成绩也是检验教与学效果的一个维度。在调查中，45.26%的学生回答现在的“概论”课程考核方式是闭卷考试，试卷成绩和平时成绩叠加，22.56%的学生回答是开卷考试，试卷成绩和平时成绩叠加，整体评价方式是综合的，但也有10.83%的学生回答仅是开卷考试，12.12%的学生回答仅是闭卷考试，9.23%的学生回答是交论文或调查报告。针对“目前的考核形式是否能客观反映学生的思想素质实际情况？”这一问题19.82%的学生认为完全能，33.08%的学生认为比较能，35.33%的学生认为一般，9.2%的学生认为不太能，2.56%的学生认为完全不能。在问及“概论”课期末成绩应该以哪方面为主时，29.59%的学生认为应以日常思想行为表现为主，27.47%的学生认为应以试卷考试为主，16.43%的学生认为应以平时作业为主，13.59%的学生认为应以课堂表现为主，11.42%的学生认为应以社会实践为主。从较分散的数据可以看出，“概论”课考核的指标应全方位、全过程地评价学生的学习效果，尽量避免单一的考核方式。

第五章　赋权型“纲要”课分众教学模式

梁启超曾在《新史学》中指出历史学是“国民之明镜也，爱国心之源泉也”①。新中国成立不久高校就开始对大学生进行公共历史教育。1953年高等教育部下发《关于改“新民主主义论”为“中国革命史”及“中国革命史”的教学目的和重点的通知》，《中国革命史》正式开设。1961年，教育部规定，高校开设的《中国革命史》改为《中共党史》。1978年，高校开设《中国共产党党史和国际共产主义运动史》。1980年，根据《改进和加强高等学校马列主义课的试行办法》，高校本科生开设《中共党史》，文科专业可加开《国际共产主义运动史》。1986年，《关于在高等学校进一步贯彻〈中共中央关于改革学校思想品德和政治理论课教学的通知〉的意见》确定实施新的思想政治教育课程方案，普通高校开设《中国革命史》。2005年《关于进一步加强和改进高等学校思想政治理论课的意见》规定四年制本科开设“中国近现代史纲要”（简称“纲要”）。“从思想政治理论课程体系的演化来看，这一调整明显吸收了‘85方案’中注重社会历史发展教育和‘98方案’中注重理论发展教育的长处，实

① 梁启超：《新史学》，《新民丛报》1902年第1期。

现了中国近现代社会发展和马克思主义中国化理论发展的统一，构成了较为全面的历史教育课程体系。”①2021年，《中国近现代史纲要》完成新的修订，进一步把实现中华民族伟大复兴的主题和践行党的初心使命这条红线贯穿于教材中，进一步突出了改革开放和社会主义现代化建设新时期，特别是中国特色社会主义进入新时代的历史。

中国近现代史教育对于大学生培养具有重要作用。“中国近现代史纲要”以历史叙事的方式，阐释中国近现代社会发展的革命、建设、改革历史进程及其内在规律，使当代大学生认识党史、国史、国情，从而更深刻领会历史和人民是怎样选择了马克思主义，选择了中国共产党，选择了社会主义道路，选择了改革开放。“纲要”课既是历史课，也是政治课，既要“以史为鉴”，又要立足现实，既有“三千年未有之大变局”下的民族危难，又有“百年未有之大变局”下的复兴机遇，既要纵向分析中国史、横向比较世界史，又要引导学生了解中国近现代以来的道路选择的必然性。党的十八大以来，习近平在多个重要场合发表一系列重视历史、借鉴历史等重要论述，强调“历史是最好的教科书”“中国革命历史是最好的营养剂”。②“纲要”课具有中国近现代历史知识传授和思想政治教育的双重功能，其教学效果不仅关系到当代大学生对党史、国史的掌握程度，也直接影响着思想政治理论课“立德树人”的实效。

第一节 “纲要”课教学研究综述

加快高校“纲要”课教学改革是时代进步的必然要求，也是社会发展的现实需要。习近平总书记指出，“要坚持社会主义办学方向，把立德树人作为教

① 秦宣：《新中国成立60年来高校思想政治理论课沿革及其启示》，《思想理论教育导刊》2009年第10期。

② 习近平：《以史为镜、以史明志，知史爱党、知史爱国》，《求是》2021年第12期。

育的根本任务，发挥教育在培育和践行社会主义核心价值观中的重要作用，深化学校思想政治理论课改革创新”。① 但是，长期以来，思政课教师只能在有限的时间内向学生讲授中国近现代史的相关知识，其授课效果受教学时间、教学模式等多重因素制约，要达到预期的授课效果并非易事。很多高校虽已采取有关措施增加“纲要”课堂教学实效，但方法路径仍在不断探索完善之中。

当前，专家学者针对“纲要”课的教学模式以及相关理论进行了多方位的研究，主要集中在以下几个方面。

一、教学模式和方式方面

（一）专题教学模式

陈始发等提出“纲要”课专题式教学是促使“教学内容学术化、教学风格多样化、教学管理立体化、教学研究一体化”的重要方式。② 张秀阁认为“纲要”课专题教学是“解决内容量大、课时少以及避免与中学历史课重复的有效办法”。③

（二）分类教学模式

郭理、姚宏志认为，分类教学在教育关系上尊重了教育对象的异类差异性，在教育理念上体现了因材施教的同类针对性，在教学实践中有助于思想政治理论课教学实现“三个转化”。基于此，他们提出了以学科专业分对象、以知识专博分内容、以思维特点分形式、以教学难易分考核为主要特征的《概论》课分类教学模式。④

---

① 《习近平谈治国理政》第四卷，外文出版社 2022 年版，第 339 页。

② 陈始发、熊小欣：《“中国近现代史纲要”课专题教学若干问题的探讨》，《思想理论教育导刊》2020 年第 11 期。

③ 张秀阁：《关于“中国近现代史纲要”课专题教学的思考》，《历史教学（下半月刊）》2021 年第 7 期。

④ 郭理、姚宏志：《分类教学：增强高校思想政治理论课教学实效性的有益探索——以“中国近现代史纲要”课为例》，《思想理论教育导刊》2016 年第 1 期。

（三）分众教学模式

张润枝等认为，分众教学模式以"问题"为导向，将学生按照同质性问题分为多个小众群体，针对不同群体选择不同的教学内容和教学手段，形成教学体系。①

（四）基于问题逻辑的教学模式

陈殿林从思想政治教育主体间性理论出发，构建了基于问题逻辑的"纲要"课教学模式，即从激发学生的问题意识到学生的发问，从对学生问题的辨别到问题导向，从预设问题解答到形成问题逻辑的过程。其操作步骤包括激发学生问题意识、问题进行收集与整理、尝试性解答疑惑与理论研究、教师有意识的问题导向与对学生问题的导向、师生互动、形成问题逻辑。②

（五）"四位一体"教学模式

李希影试图探索一种将思想政治教育目标与培养学生创新能力目标相结合的"纲要"课教学模式，即"设问—探求—反思—创新"四位一体的教学模式，通过创设问题情境，运用征求意见、课堂讨论、实践教学等教学方法，引导学生反思，培养学生的创新能力。③

（六）"回溯提升"教学模式

徐奉臻提出了中国近现代史纲要教学中"回溯提升"教学模式，要求师生基于双主体性特点进行回溯互动，学生作为学习主体，其成长是教学的根本目标，教师需要了解学生的实际学习情况；教师作为教学主导，负责组织教学活

---

① 张润枝等：《分众教学模式在高校思政课中的运用》，《湖北社会科学》2015 年第 11 期。

② 陈殿林：《基于问题逻辑的"纲要"课程教学模式探要》，《思想理论教育导刊》2013 年第 11 期。

③ 李希影：《试论设问—探求—反思—创新四位一体的教学模式——以"中国近现代史纲要"课为例》，《黑龙江高教研究》2011 年第 3 期。

动,学生需要主动与教师进行思维方法与历史观念的探讨。①

(七)体验式教学模式

周月、董振以活动理论为基础,提出“纲要”课体验式教学模式,在分析主体、客体、共同体、工具、规则、劳动分工六大系统要素基础上,对该模式的教学准备、教学实施、教学考核评价和“三度两性”应用策略进行了探讨。② 周月认为,体验式教学的运用,适应了新时代学生能力发展和“纲要”教学的需要,能够让学生身临其境地体验“活着”的历史,使课程本身更具灵魂。③

(八)启发式教学模式

姚桂荣则提出“纲要”课启发式教学是创设和谐、平等的教学环境、师生关系和启发学生的思维,培养学生的创新能力的重要教学方法。④

(九)沉浸式教学方式

杨博惠、王亚峰提出基于 VR 技术的中国近现代史纲要课沉浸式教学方式,认为采用 VR 技术对“纲要”课进行教学改革,可以重现历史、与教学内容适配。沉浸式教学方式通过视听沉浸、感知沉浸,形成良好“心流”状态,通过沉浸体验、沉浸思考、沉浸交互、沉浸塑造等环节,达到以情感人、以境化人的教学效果。⑤

---

① 徐奉臻:《“中国近现代史纲要”教学中的“回溯提升教学模式”研究》,中国社会科学出版社 2017 年版,第 1 页。

② 周月、董振:《基于活动理论的思政课体验式教学模式探究——以“中国近现代史纲要”教学为例》,《改革与开放》2020 年第 16 期。

③ 周月:《“中国近现代史纲要”体验式教学逻辑与意义赜探》,《齐齐哈尔大学学报(哲学社会科学版)》2020 年第 8 期。

④ 姚桂荣:《“中国近现代史纲要”课教学中采取启发式教学的路径探索》,《思想理论教育导刊》2020 年第 3 期。

⑤ 杨博惠、王亚峰:《基于 VR 技术的中国近现代史纲要课沉浸式教学方式研究》,《江苏高职教育》2022 年第 4 期。

二、教学理论和实践方面

(一)"纲要"课教学学理

吴起民提出了"纲要"课教学的学理意涵在于规划现代中国之历史参照系、实现公共历史知识的真理性、保持公共历史知识供给的耦合性。① 陈殿林认为,"纲要"课可以采取"从问题意识到问题逻辑"的路径实现教材体系向教学体系的转化。按照这一路径来实施教学,需要激发学生产生问题意识,把握并明确问题导向,形成并展开问题逻辑。教师不能再采取单方面历史叙事方法授课,而应采取以当代青年大学生关注的问题为抓手的所有教学手段,选择问答互动式、案例展开式、情境模拟式、讨论辩论式等利于解决问题的教学方法。②

(二)"纲要"课教学价值

孙晓杰提出"纲要"课教学"担负着培养政治认同和文化认同的双重任务"③。黄延敏提出"纲要"课教学的价值引领目标应落在增强学生"四个自信";凸显民族精神、时代精神,培育和践行社会主义核心价值观;提高学生运用历史观和方法论分析历史问题的能力这三方面。④ 方晓珍认为,为了实现"纲要"课史学价值与思想政治理论教育功能相结合,必须对教学模式有所改革和创新,将专题研究、立体整合、参与体验、问题导学、互动转换等教学模式引入课程教学中;正确处理好教师与学生的关系、讲授与引导的关系、课内与课外的关

---

① 吴起民:《"中国近现代史纲要"教学的学理意涵刍议》,《中共党史研究》2020 年第 1 期。

② 陈殿林:《从问题意识到问题逻辑——"中国近现代史纲要"教材体系向教学体系转化路径研究》,《思想理论教育导刊》2011 年第 7 期。

③ 孙晓杰:《双认同:中国近现代史纲要课教学的目标取向》,《中学政治教学参考》2021 年第 47 期。

④ 黄延敏:《"中国近现代史纲要"课教学的价值引领目标及其实现》,《思想理论教育导刊》2020 年第 12 期。

系，改革考核模式与标准，不断提高教学的针对性、实效性和感染力、吸引力。①

（三）“纲要”课教学质量

段志文等提出可以通过创建具有启发性的课程教学体系，探索具有实效性的教育教学方法，加强对课程体系、经典理论、中共党史、学生的研究来提高“纲要”课教学质量。②

20 世纪八九十年代，赋权理论拓展应用到政治学、管理学、教育学等领域，更多的中国学者开始对这一理论进行深入的研究与阐述。有部分学者主张将教育赋权理论和思政课教学结合起来。2013 年，开始将赋权理论应用到高等教育和思想政治教育过程中，翁洁认为将赋权理论引入我国高等教育对培养人才、理论研究与技术创新、有效发挥高等教育文化交流的社会功能具有重要的意义。③ 2014 年，沈炜提出高校思想政治教育要实现从说服教育到增能赋权的转换，从而不断改革和优化高校思想政治教育模式。④ 2021 年，刘晓丽提出“通过多维赋权增能机制，可以提升思政课教师的教学科研能力，构建教学共同体，提升思政课实效和学生满意度。”⑤

然而，“纲要”课堂教学普遍实施大班授课模式，再加上当代大学生接触网络信息的碎片化、多元化及复杂化，当前学界针对“纲要”课程的实践教学、案例教学及网络教学等模式发挥各自优势，改善和提升了教学效果。客观地看，任何一种教学模式都很难做到十全十美地解决以上难题，基于教育赋权理

① 方晓珍：《“中国近现代史纲要”课教学模式改革初探》，《思想理论教育导刊》2012 年第 3 期。

② 段治文、郑玥：《关于提高“中国近现代史纲要”课教学质量的思考》，《思想理论教育》2020 年第 4 期。

③ 翁洁：《赋权理论对我国高等教育发展的意义初探》，《新疆教育学院学报》2013 年第 1 期。

④ 沈炜：《从说教灌输到增能赋权：高校思政教育模式改革的社会学思考》，《上海理工大学学报（社会科学版）》2014 年第 2 期。

⑤ 刘晓丽：《赋权增能视角下高校思政课教师队伍培养》，《中学政治教学参考》2021 年第 36 期。

论的分众教学模式是新时代提高“纲要”课实效性和获得感新的尝试。

第二节　“纲要”课教学调研概况

调研组依据教育赋权理论和分众理论，组织开展了较大规模的问卷调查，从而为研究和实践应用奠定了坚实的基础。

一、调查方式

根据调查目的、调查方法和调查对象等，为了克服新冠疫情带来的现场调查的困难，确保结果的权威性和可靠性，调研组依托高校微信朋友圈、师生微信群、亲友微信群进行问卷推送，并鼓励教师和参加问卷调查的学生进行转发，共收到《高校思政课教学改革调查问卷》中涉及“纲要”的有效问卷2500份，包括来自全国28所不同类型、不同层次、不同区域的高校学生，具有较为广泛的代表性。同时，调研组中担任本门课程的教师，2021年5月3日至5月15日也进行了一定范围的辅助问卷调查，参与填写的学生共1368人。尽管受限于各种因素，收回调查问卷的数量还不具有全覆盖、普及性特点，但问卷的样本选择具有代表性，有较大的研究参考价值和实践应用价值。

二、样本构成

本次调查问卷基本数据主要包括参与填写学生调查问卷者的所在学校类型、所学专业、政治面貌、性别、所在年级、担任学生干部情况、预期毕业去向等方面，调查问卷显示，所在学校类型以非“双一流”建设普通公立本科高校为主，所学专业以文科为主、理科次之，政治面貌以共青团员为主，性别中女性占比较大，所在年级以大一为主，任职以非学生干部为主，预期毕业去向以升学和入职党政机关事业单位为主。

（一）高校类型

高校类型抽样中，一流大学建设高校占比 22.44%，一流学科建设高校占比 13.52%，非“双一流”建设普通公立本科高校占比 55%，民办本科高校占比 4.76%，高职（高专）占比 5.28%。以非“双一流”建设普通公立本科高校为主。

（二）专业分布

根据本次调查问卷设计的题目、调查目的及调查方式，调研组对参加调查的学生进行了专业大类分类，包括文科、理科、工科及医科，基本涵盖所有学科，但并未覆盖所有专业。在 2500 份问卷中，文科专业背景学生人数最多，共有 1063 人，占比为 42.52%；理科次之，共有 884 人，占比为 35.36%；工科、医科占比相对较少。其中，工科学生共有 433 人，占比为 17.32%，医科学生共有 120 人，占比为 4.80%。

（三）政治面貌

政治面貌分为共青团员、中共（预备）党员、群众及其他四大类。在参与投票的学生中，共青团员人数最多，共有 2239 人，占比 89.56%；中共党员（预备）人数为 92 人，占比 3.68%；政治面貌为群众的学生共有 164 人，占比 6.56%；政治面貌为其他的学生最少，共有 5 人，占比 0.2%。

（四）性别比例

性别类型抽样中，女性共有 1703 人，占比 68.12%；男性共有 797 人，占比 31.88%。女性多于男性，这与参与填写调查问卷学生多为文科背景有一定关系。

（五）年级分布

所在年级抽样中，参与填写调查问卷的大一学生数共有 1197 人，占比

47.88%;大二学生数共有773人,占比30.92%;大三学生人数共有393人,占比为15.72%;大四学生数共有120人,占比为4.80%;大五(医学五年制)学生人数共有17人,占比为0.68%。

(六)学生任职

参与填写调查问卷的学生中,非学生干部共有1610人,占比64.40%;正在担任学生干部的学生数共有672人,占比26.88%;有学生干部经历的学生人数共有218人,占比为8.72%。以非学生干部为主。

(七)预期毕业去向

在预期毕业去向的抽样中,倾向于升学发展(国内读研、出国留学)的人数最多,共有1096人,占比43.84%;倾向于传统就业(党政机关、事业单位、各类企业、其他)的共有824人,占比32.96%;倾向于非传统就业(自主创业、自由职业、灵活就业)的共有265人,占比10.60%;未确定去向(暂时无打算)的共有315人,占比12.60%。以升学发展和传统就业为主。

第三节　新时代"纲要"课教学存在的问题与原因分析

当前,"纲要"课教学存在思政课教学的一些共性问题,胡咚认为,思政课教学的认知特性不够鲜明,思政课教师主导性发挥过度或不够,思政课教学转换与教材结合有待加强。[①] 综合专家的观点,主要问题表现在,学生主体兴趣度低、教师主导作用不明显、学情分析不精准、教学手段比较单一、教学实践有待加强、学科支撑薄弱、话语创新不足、理论深度不够及教学效果欠佳等。也

① 胡咚:《论高校思想政治理论课教学性的遮蔽与回归》,《思想教育研究》2021年第4期。

存在一些个性问题，许安朝认为，“在教学改革和课程体系建设上，不重视‘纲要’课的历史学科属性；在课堂讲授上，部分教师不重视历史逻辑，不按照历史的时空顺序讲授，甚至出现时空错乱，内容呆板，二元对立，充满教条的现象；部分教师采用专题教学的模式时，在专题设置上太过随意，往往不自觉地‘放大’所选专题，忽视各专题之间的联系与衔接，造成专题授课的碎片化，使学生只知若干概念，而不知历史演进的整体过程。”①而基于教育赋权理论的分众教学模式与“纲要”课教学的现实困境有较强的契合度，有助于“纲要”课教学克服不利因素，充分调动学生主体学习兴趣，发挥教师主导作用，进行差异化教学，优化教学方法，加强教学实践，夯实学科基础，从而进一步推动“纲要”课堂话语体系建设，创新教学方式和内容，提升课堂授课效果。

一、学生兴趣度低、教师认同度不高

总体上看，“纲要”课教学存在学生主体兴趣不足、教师主体自我认同度不高的问题。

一方面，调查数据显示，大学生对“纲要”课表示比较感兴趣或非常感兴趣的比例为 64.40%，而对该课程不太感兴趣、无感甚至反感的学生占比 35.60%（图 5-1）。这说明相当一部分学生对“纲要”课的兴趣度比较低，且存在少部分大学生对所授理论知识较为排斥的现象。“纲要”课的重要性不言而喻，内容也经过专家层层把关，但还出现学生兴趣度不高的情况值得探讨。

另一方面，在调查过程中，我们发现超过半数的学生对于“在思政课堂组织案例讨论或学生制作课件并进行讲解”的看法表示比较感兴趣或非常感兴趣（图 5-2）。但也有 10.24%的学生表示不太感兴趣和反感。这反映出作为

① 许安朝：《基于历史逻辑的高校“中国近现代史纲要”课教学改革》，《学校党建与思想教育》2021 年第 5 期。

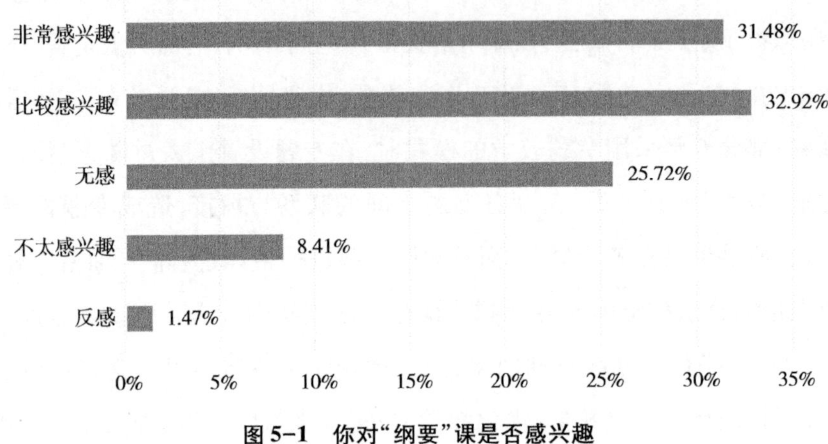

图 5-1　你对"纲要"课是否感兴趣

"纲要"课"双主体"之一的教师同样面临教学困境，尤其是在目前普遍大班制授课方式中，教学任务繁重、授课规模庞大、互动场地不足及新媒体新技术未普及应用等多种制约因素严重影响着教师的教学方式的选择。传统的案例讨论、学生讲解教学模式面临一定的挑战。如何既调动学生学习的积极性，又能够激发学生学习的积极性，值得进一步探索。

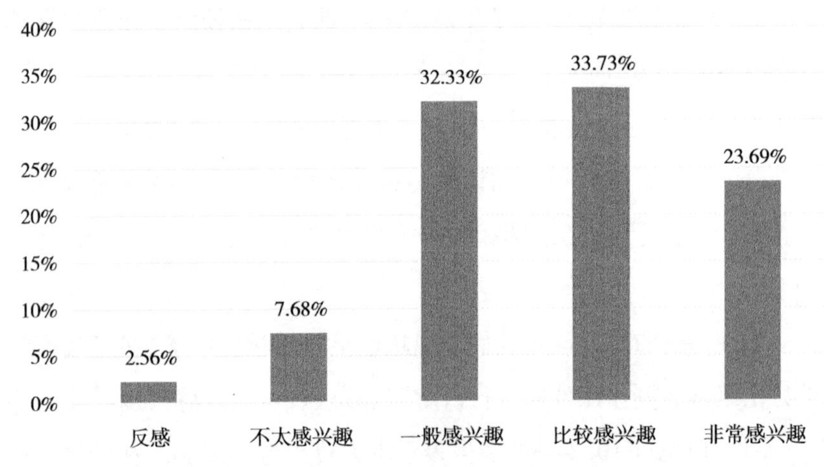

图 5-2　对于课堂上组织案例讨论或要学生制作课件并在课堂上讲解的看法

在授课方式调查中，有42.86%的学生表示最喜欢教师引用材料和实际案例来说明书本理论知识，33.97%的学生更希望能够走出课堂开展实践，有两成左右的学生希望开展互动教学，鼓励自主发言（图5-3）。这说明学生除了需要课本知识，也需要新鲜的素材和贴近生活实际的事例丰富课堂教学，还需要教师树立“大思政课”的理念，在社会的广阔天地中开展教学，同时需要互动教学，激发学生自主思考、自主学习的意识。

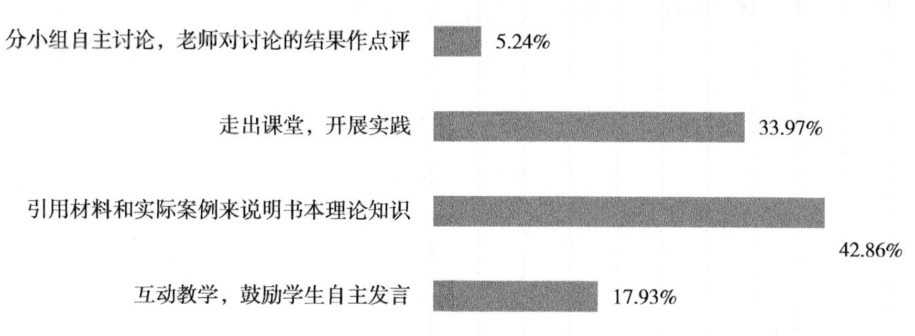

图5-3　你最喜欢哪种授课方式

综合上述数据，我们认为，在“纲要”课教学场域中，学生更期望发挥自身主体作用，掌握学习主动权。赋权型“纲要”课分众教学模式与学生提高主体地位、积极发挥主观能动性的现实诉求高度契合，可以利用其本身所具有的优势破解学生学习自主性较低、教师认同度下降等难题。一方面，教育赋权更加强调学生主体的自主性积极性和主观能动性，使学生获得完整、深入地学习体验，将学生主题发言、师生对等探讨、学生汇报穿插到课堂之中，注重培养学生表达观点、解决问题的综合能力，增加学生的课堂“主人翁”意识，引发学生的学习兴趣和参与热情。另一方面，教育赋权重新定位了“纲要”教学中的教师角色。采用分众教学模式，使教师从原来的“灌输者”转变为评论者、指导者和监督者，将教师的主导作用和学生的主体作用相结合，达到教学相长的最佳效果。因此，赋权型分众教学模式所具有的优势正好可以破解“纲要”面临的学生兴趣和教师认同困境，实现二者的契合，可以提高学生上课的“抬头率”,增加教师的职业获得感和认同度,切实提高“纲要”的授课效率和教学效果。

二、学情分析不准、教学手段单一

“纲要”课深受学情分析不准确、教学手段单一的困扰。当代大学生身处信息网络化、社会思潮多元化及视觉图像泛化的新时代,这既为“纲要”课教学改革创新带来了机遇,又给任课教师掌握学情带来了较大挑战。首先,信息网络化使新媒体和网络平台逐渐成为大学生获取信息、获得知识的重要渠道,而信息来源的海量化、无限化、多样化、分散化、无序化、碎片化和传统“填鸭式”的无(少)互动授课方式都会导致任课教师难以精准掌握学情。其次,在“百年未有之大变局”时代,多元的社会思潮给大学生带来思想冲击的同时,也给任课教师准确掌握学生思想动态带来较大挑战。最后,随着新媒体新技术的发展和普及应用,“世界正经历从以文字为中心之文化形态向以图像为中心之文化形态的转型,全新的读图时代已经来临。”①读图时代带来的趣味化、娱乐化学习行为给“纲要”课教学带来极大挑战,尤其使任课教师难以深度把握学生的真实学情。

调查数据显示,有不到五成的学生确认教师做过大学生兴趣爱好方面的调查,超过70%的学生认为教师可能不了解学生的兴趣爱好,甚至有15.66的学生认为教师不知道学生的兴趣爱好(图5-4)。这说明“纲要”课教师没有完全掌握学情,对学生的学习基础了解不够深入。

在学情、舆情及国内外局势都在发生深刻变化的情况下,如果还单一运用“灌输式”传统教学手段,势必会造成“水课”泛滥,甚至会影响高校意识形态阵地的稳定和立德树人的实效。

同时,学生认为当前“纲要”课程教学手段比较单一,授课气氛不够活泼。

---

① 阮博:《读图时代下高校思想政治理论课教学的“深度”困境及其应对》,《湖北社会科学》2020年第10期。

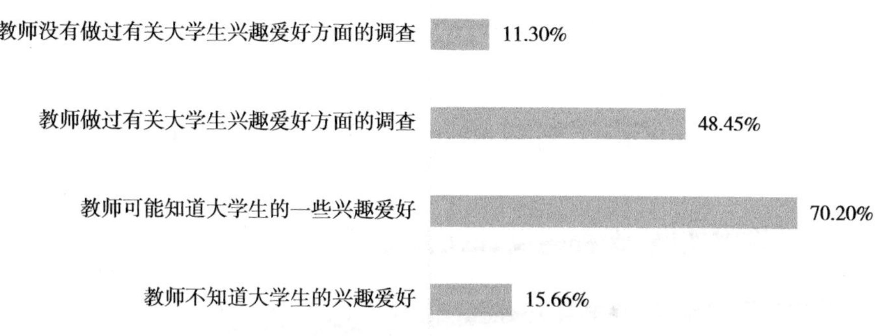

图 5-4　你认为“纲要”课教师了解新时代大学生的学情吗

对于“有些‘纲要’课教师讲课对学生缺乏吸引力，你认为最主要的原因”这一问题的调查，有 75.03%的学生认为教师教学方式陈旧、单一，62.99%的学生认为教师语言表达缺乏感染力，导致课堂气氛沉闷（图 5-5）。

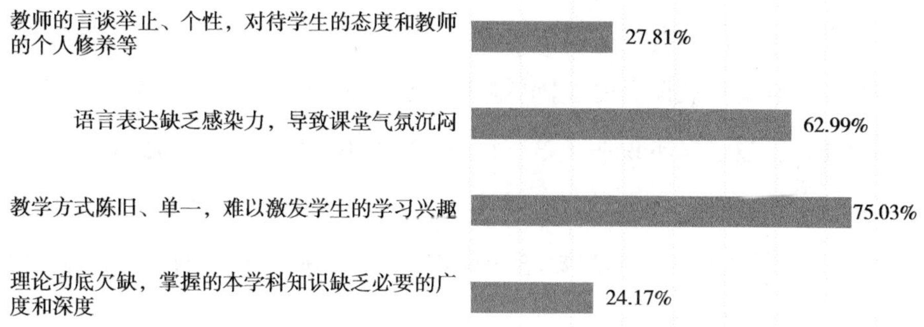

图 5-5　有些“纲要”课教师讲课对学生缺乏吸引力，你认为最主要的原因

走出学情分析和教学手段单一的困境，需要尝试多种教学模式，赋权型“纲要”课分众教学模式可以作为其中的一个重要选项，因为这种教学模式所具有的优势有利于“纲要”课教师精准掌握学情，有针对性地授课，也有利于依托现代教学信息技术，丰富“纲要”课教学手段。一方面，教育赋权不仅能赋能学生自主学习，而且还能促使教师关注学生主体的个性化需求，尽最大努力全面掌握每一个学生的学情，并以此为基础划分为若干个小众群体，从而做到因材施教、因人施教,这就较好地化解了传统授课方式与真实学情严重脱节的突出矛盾。另一方面,赋权型分众教学模式丰富了“纲要”课的教学手段。该模式可以充分应用新媒体新技术手段,发挥其低成本、高效率、交互性、易普及和开放式等优势,改变传统单一的教学手段,有利于提高“纲要”课的教学质量。

三、教学实践、课程建设、话语创新存在不足

调查显示,“纲要”课教学还存在与教学实践结合不紧、课程建设薄弱、话语创新不足等问题。一是“纲要”课面临着教学实践困境。“纲要”课教学内容本身具有与时俱进的特征。党的最新理论成果需要不断充实到课堂和教材之中,因此其教学实践活动具有很强的现实性、针对性、实效性和可操作性。69.79%的学生表示希望教师能够与社会实践、社会热点相结合进行教学。但当前的教学实践却有待改进,还存在和学校社团活动、志愿者活动、社会实践活动及线上实践活动对接不畅等问题。二是“纲要”课建设薄弱。“纲要”课虽已形成比较稳定的课程内容,也得到了学生的认可,49.50%学生认为应以教材为主进行教学基本说明了这一问题(图 5-6),但由于起步较晚,课程建设还需进一步加强。三是“纲要”课教学处在复杂的内外环境之中,在教学内容描述、诠释及建构等方面需要进一步加强话语创新,以更好的语言表达启发学生思考、讨论和回答。

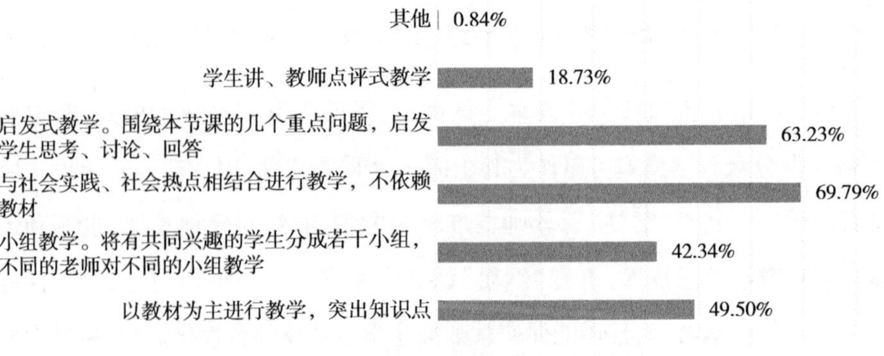

图 5-6　你认为“纲要”课应如何开展教学

无论是加强教学实践，还是推动“纲要”课程建设和话语创新，均可借助于基于教育赋权理论的分众教学模式，由理论讲授分众教学、课内实践分众教学、课外实践分众教学及互联网分众教学构成的基本框架，在分众的基础上对学生进行赋权，体现个性化和互动性，增强教学实践效果。赋权型“纲要”课分众教学模式应用的主要目的如下：一是提高授课效率，体现精品化、针对性和专题性，推动“纲要”学科规范化建设。二是在传统理念的基础上，基于教育赋权理论，发展和优化分众教学模式，突出学生主体，因材施教，鼓励学生积极发声，倡导教师积极回应解惑，并将这些声音扩展到课堂外、社会上、网络上，从而能够保证思想政治教育话语权不失声、不缺席，推动“纲要”课不断进行话语创新。

四、理论深度不够、教学效果欠佳

“纲要”课程还面临着理论深度不够、教学效果欠佳的困境。一方面，“纲要”课程属于意识形态教育课，其教学目标在于引导大学生树立正确的世界观、人生观和价值观，做合格的社会主义建设者和接班人，这就决定了该课程的授课内容应该具有一定的理论深度，而当前“纲要”课教学还存在照本宣科、浮于表面现象，任课教师对知识点的描述、阐释及建构深度都不够，甚至还停留在背诵、表面理解阶段，这既不符合大中小学思政教育统筹推进、螺旋上升的要求，也无法突出“学段差异”特征。“纲要”课知识点的难度和理论深度均应该在中小学的基础上拔高、升华，不仅要实现传授知识的目的，而且要实现价值观塑造、理想信念引导等高阶目的。如果教学内容深度、难度均不足，势必会陷入无法实现教学目标的困境。另一方面，“纲要”课存在教学效果欠佳的问题。对于“纲要”课教学存在的问题，多数学生认为首要问题是课程内容趣味性不足（49.78%），其次是课程内容与专业学习关系不大（39.98%），再次是内容不贴近学生思想实际（25.29%）（图5-7）。这些问题最直观反映了当前“纲要”课教学效果不理想的现状。部分学校教师所讲内容仍是多年前准备的内容和教案，严重与现实脱节。很多所讲问题已经不是热点，更不是兴趣点，提不起当代大学生的兴趣，不能很好解答学生面临的现实困惑。有的教师在授课方式上缺乏变革创新，仍然运用传统授课方式。这已经与当前的学情很不适应，严重影响了“纲要”课的教学效果。

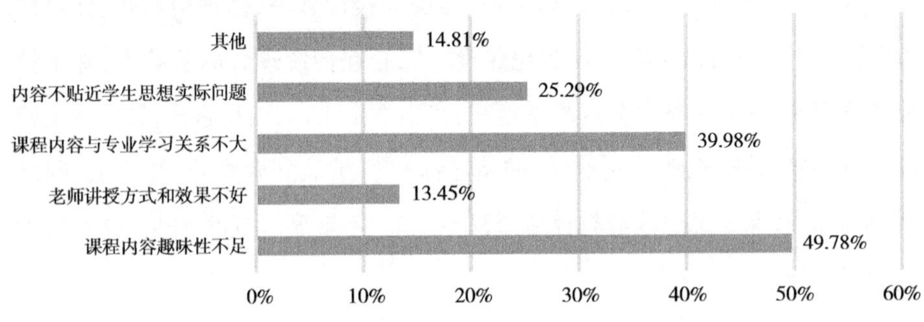

图 5-7　你认为“纲要”课教学存在以下哪些方面的问题

赋权型分众教学模式所具有的精准化授课、高效率授课特点可以摆脱“纲要”课堂面临的理论深度不够、教学效果欠佳困境。一方面，教育赋权最大程度突出个性化教学，关注每一名学生，赋予所有学生参与教学的权利，这为学生深入学习中国近现代史、马克思主义理论提供了保障。分众模式则强调精准授课、因材施教、因人施教，这符合思想政治教育思想深邃性、政治深入性、目标深远性、理论深刻性的特点。另一方面，赋权型分众教学模式利用互联网技术、大数据技术及人工智能技术整合优质资源，积极推动课程创新，赋权学生自主学习权，突出教师主导权，灵活采用多样的教学模式，及时更新教学内容，随时解答学生面临的现实困惑，能够全面提高“纲要”课教学质量。

第四节　赋权型“纲要”分众教学模式的优势与价值

除了围绕“纲要”课程的特点，还要根据人才培养目标选择教学模式。因此，构建赋权型“纲要”分众教学模式要充分发挥其优势，体现其价值。

一、优势

教育赋权理论的核心要义在于以学生为中心，突出学生主体，使教师从“灌输者”转变为导引者、指导者、评论者，赋予学生更多自主学习、能动学习、民主学习的权力，获得个性化学习体验，促进复杂的概念和内容可视化，从而克服碎片化学习，解决“纲要”课系统教育与碎片教育、隐性教学与显性教学、开放性教学空间与封闭性教学环境等方面的矛盾。“分众”本是传播学概念，指传播者依据受众的动机、需要、欲望等方面差异，划分若干个受众群，根据不同的受众群体采取不同的传播内容、手段、方式和策略，通过分众的方法来达到传播大众化的目的。[①] 赋权型“纲要”课分众教学模式作为一种创新型教学模式，应用现代教育技术手段，强调学生特点、兴趣、背景，以小众化、个性化、有针对性的教学为主要授课模式，营造分众化小课堂，做到因人施教、因材施教。在现有师生比例条件下，以新媒体新技术辅助教学，关注每个学生的思想状况，确保思想政治教育全覆盖，增强“纲要”课学习的获得感和实效性。

新版“纲要”课进一步把实现中华民族伟大复兴的主题和践行党的初心使命这条红线贯穿于教材中，增写了冯子材抗法、甲午海战等英雄事迹，加强了对抗美援朝战争中革命英烈事迹的介绍和伟大抗美援朝精神的论述。进一步突出了改革开放和社会主义现代化建设新时期，特别是中国特色社会主义进入新时代的历史。增补了60个二维码链接，包括经典文献、史料原文、观点辨析、统计资料、英烈故事、新闻报道等多种类型，为学生提供了大量的课上和课下阅读资料，丰富了教学内容，有利于教师引导学生学习和讨论。赋权型“纲要”分众教学模式基于教材内容，重在对学生进行分类培养，在不同环节都进行分众，突破传统仅有教师进行理论讲授的局限，发挥课内教学和课外实

---

① 苗伟：《确立分众化普及方法——推进当代中国马克思主义大众化的重要途径》，《理论月刊》2016年第9期。

践的育人作用,使教师和学生能够充分讨论、交流,锻炼学生的批判性思维,实现全方位、全过程培育人才的目标。

二、价值

基于教育赋权理论的“纲要”课分众教学模式以赋予学生权力、分类教学为主要内容,采用理论分析和实证检验相结合的方式,在实际教学中不断改进和提高,具有较强的实用性和可操作性。建构赋权型“纲要”课分众教学模式,除了丰富教学,还可以深化思想政治教育的深度,更好地让学生内化于心、外践于行。进入新时代以来,信息技术更新换代、日新月异,智能化、智慧化、云课堂使当前高校思想政治教育处于提质增效的最好时期。实施这一模式,路径在于以理论讲授、课内实践、课外实践及网络教学四种形式为依托,对课内演讲主题、课内讨论主题、课外参观主题、课外调研主题、网络教学平台及“两微一端”教学平台进行分类,提高课程教学的实效性。赋权型“纲要”课分众教学模式的实际运用效果如何,有赖于在推行的过程中是否在思想上得到师生的认可,在操作上是否切实可行,这关系到是否能够切实提高“纲要”课的授课质量。

赋权型“纲要”课分众教学模式强调“师生双主体”地位。“双主体”理念一般是指“教师主导和学生主体”的教育理念。教学系统论认为,教学是一种特殊的系统,在这个系统中,教师、学生和课程等形成了“人、人与物”之间的特殊结构,既不同于自然界和机器的“物、物”结构,也不同于政治等社会活动中“人、人”结构,更不同于生产等社会活动中“人、物”结构。在万事万物之中,人是最具有变化性的。王永波指出,“作为教学要素中的教师和学生,均是最具有变化性的。所以,教师和学生应该是教学系统中的‘双主体’,教学活动的最优化,应当是教授(教师的活动)最优化与学习(学生的活动)最优化的有机统一,是充分发挥教师、学生‘双主体’能动性的过程”①。这与赋权型

① 王永波:《双主体互动式教学模式浅析》,《延边教育学院学报》2011年第2期。

分众教学模式的理念有内在的一致性。“纲要”课教师在教学中贯彻“双主体”理念有利于促进师生的教学权力平等,赋予学生更多的学习自主权。

赋权型“纲要”课分众教学模式具有理论创新和实践操作双重性质。一是体现在理论创新上,基于教学设计持续优化教学方式,突出教师主导、学生主体作用,发挥演讲、讨论、参观、调研、网络教学平台及“两微一端”的积极作用。二是体现在实际运用中,通过教学过程检验具体实效,并最终回归到实际教学。为此,该模式的构建应在较全面地掌握“纲要”课开展情况的基础上进行,具体包括:网络教学平台运用情况、教师开展课堂互动情况、教学互动方式选择、互动时间分配、学生参与教学大纲制定、教学内容选用、教学方法使用情况、选用不同教学方式的频率、授课教师扮演角色、小组讨论受欢迎程度、教学方法满意度、教师讲课缺乏吸引力原因、教师应该具备的素质、学生到课率、当前教学存在的问题、期末考试的方式、考试评价机制及受学生欢迎的考核评价方式等。

赋权型“纲要”课分众教学模式充分借鉴了教育赋权理论和分众教学理论的精华部分,在众多提升“纲要”教学实效性的解决方案中显现出独特的优势。张润枝等认为,分众教学模式以因材施教和主体性教学思想为指导,充分赋予学生自主学习的权力,以问题区分受众,进而对不同群体施以不同的教育,是增强高校“纲要”课针对性和实效性的最有效途径之一,①能够破解诸多制约“纲要”课教学改革创新实效的瓶颈问题。

调研组综合运用定性分析(分析和综合、比较和分类、抽象和概括、归纳和演绎)和定量分析(描述统计、推论统计)相结合的方式对回收的有效问卷进行整理和研究,并结合实际案例,力求用事实和数据说明问题。确立了按照“发现问题—提出问题—分析问题—探究”的解决方案及精准施策步骤的基本思路,突出对策研究性质,做到建议可实行、方案可操作、模式可推广,从微

① 张润枝等:《分众教学模式在高校思政课中的运用》,《湖北社会科学》2015 年第 11 期。

观、中观、宏观三个角度展开分析,既包括微观层面的课程教学,即具体到某一节如何分众、如何设计课堂教学,又包括中观层面的学校各部门如何在“三全育人”中发挥作用,还包括宏观层面的政策导向,即如何从制度层面调动教师、学生、管理部门、领导者、学校、社会等主体参与到分众教学之中。透过数据探究政策、组织、管理、心理等背后被遮蔽的内容,从而达到激发学生学习动力的目的,切实提高“纲要”教学的实效性,增强学生学习“纲要”课程的获得感。

第五节　赋权型“纲要”课分众教学模式的建构路径

习近平总书记强调要教育引导全党树立大历史观。① 所谓大历史观,是指在历史长河的发展进程中看问题,在经济政治文化社会的广覆盖中、在国际的宽视野中看问题,既要弄清史实,又要凸显历史发展趋势和规律;既能展示历史的多面向,又能彰显历史的整全性。② 赋权型“纲要”课分众教学模式作为一种创新型教学模式,能够紧紧围绕教学目标,立足历史,紧扣时代主题,根据时代新变化、新情况适时作出调整,不断优化教学内容、方式。在“百年未有之大变局”的时代背景下,第四次科技革命方兴未艾,我国既面临着百年未有的中华民族伟大民族复兴机遇,又面临东西方制度文明差异带来的诸多困难。随着新媒体新技术的普及应用,当代大学生通过网络获取历史知识极为便利,同时也能借助新媒体平台随时发表、交流自己的观点,传统课堂中师生知识储备悬殊的情况发生变化,教师甚至在某些个性化问题上失去话语优势,学生在个别问题上可能拥有更为独特的创新视角。此外,由于学生接触的信息更加多元化、碎片化,传统课堂上教师的权威性开始受到挑战。

---

① 习近平:《在党史学习教育动员大会上的讲话》,《求是》2021年第7期。

② 杨凤城:《以大历史观统领中共党史教育与教学》,《思想理论教育导刊》2021年第4期。

一、基本框架

根据“赋权”和“分众”理论的核心观点以及“纲要”课程本身特性及时代背景，建立赋权型“纲要”课分众教学模式正当其时。

进入21世纪后，精准教学框架理论传入我国。精准教学框架由严格(Rigor)、相关(Relevance)、关系(Relationship)三个维度构成。“严格”是从习得到同化的知识水平连续体；“相关”是从习得到应用的知识应用连续体；“关系”指教育教学中的各种关系，既包括师生之间的关系，也包括生生之间、师师之间的关系。① 三个维度共同对课程、教学发挥管理和评估功能。② 赋权型“纲要”课分众模式改变单一强调教师权威的传统做法，以教师引领的方式，确保思想政治教育的方向性和理论性，以学生参与的方式，体现课程教学“以生为本”的基本目标，以师生互动的方式，彰显“纲要”课教学的民主氛围，以建设分众化小课堂的形式，开展专题化、精品化、互动化、平等化及个性化教学，打造有温度、理论有高度的思想政治教育“金课”，充分体现了精准教学理念。

在这一教学理论指导下，我们设计了前述赋权型“纲要”课分众教学模式“四梁八柱”的基本框架。这种框架以“四梁八柱”为基本内核：即理论讲授分众教学、课内实践分众教学、课外实践分众教学及互联网分众教学构成“纲要”课分众教学模式的“四梁”；与理论讲授分众教学相对应的教师分众和学生分众、与课内实践分众教学相对应的演讲主旨分众和讨论主题分众、与课外实践分众教学相对应的社会调查主题分众和参观体验主题分众及与互联网分众教学相对应的线上教学平台分众和“两微一端”平台分众则共同组成了“纲要”课分众教学模式的“八柱”。同时，以增强“坚持和贯彻党的领导”自觉性

① 丁旭、盛群力：《有效教学新视域——“精准教学框架”述要》，《课程·教材·教法》2017年第7期。

② 范会敏、陈旭远：《远精准教学框架引介、应用与述评》，《教育科学研究》2020年第8期。

为根本遵循,将“坚持和贯彻党的领导”作为贯穿“上编”“中编”“下编”的主线,自始至终引导大学生在掌握中国近现代史的基础上,更加认同和信仰中国共产党在争取民族独立、人民解放和实现国家富强、人民富裕两大历史任务的领航定向作用。

二、可行性分析

当前,推进“纲要”课教学改革既是时代的要求,又是现实的需要,不仅要顺应历史潮流,还要回答时代发展课题,着力破解“纲要”教学面临的诸多困境。因此,赋权型“纲要”分众教学模式的应用时机已经来临,基础已经成熟,具有较强的可行性。

一是新技术支持。新技术特别是互联网的发展为赋权型“纲要”课分众教学模式的广泛应用提供了基础。现在的大学生是“数字”原住民,天然享有互联网带来的权力。互联网权力的本质是技术权力,具有相互依赖性、权力交互性①以及主客体或者主体之间的权力非对称性,但这种不对称性在师生关系中有异化现象。一般而言,掌握资源优势的一方会在权力互动中发展成为权力主体,占据主导地位。但这里的资源可以分为两个部分,一个是知识资源,教师占有优势,一个是技术资源,学生占有优势。在两个主体中,占优势的并不是技术领先的主体,而是知识占优势的主体。但随着新媒体新技术的普及应用,当代大学生通过网络获取信息极为便利,同时也能通过新媒体平台随时发表、交流观点。在信息化的大浪潮下,师生都面临着海量真伪信息和多元价值观的冲击,每名学生的学情及思想状况也呈现复杂多元的态势。在这种背景下,权力主客体未来可能发生一定程度的变化或者是转变,因为掌握互联网权力的人(学生、管理者)会对使用者(师生)产生控制力和影响力。在新技术支持下,赋权型“纲要”分众教学模式将教师和学生分别进行同质分类,突

① 韩奇:《观察与反思:数字社会中的互联网权力》,《中国社会科学报》2021 年 8 月 26 日。

出教师主导、学生主体的双中心地位，进行因众而异、差别标准，实施针对性教学，增加课程内容的吸引力，突出大学生的个性化、差异化，增加思政课堂“立德树人”的成效。①

二是新理论引导。赋权型“纲要”分众教学模式的理论基础以新产生的教育赋权理论为主，综合了分众理论、教学理论、互联网理论，具有与时俱进的特点，它既包括教学主体，又涵盖教学形式，作为课堂双主体之一的教师是分众的主导者，学生为分众对象，作为教学形式的理论讲授教学、课内实践教学、课堂外实践教学及互联网教学都是技术性分类对象。具体而言，一方面，根据学生的特殊性进行归类分众，形成不同学情的小众团体，然后再根据不同小众团体的具体情况采取针对性的教育手段，开展个性化与差异化教学，以求达到最优教学效果。另一方面，教师根据自身的优势和专长组建不同特色的教学小众团体，扬长避短，切实发挥自身优势，以求达到最佳组合、最佳匹配。同时，无论是课内实践中的讨论、演讲活动，还是课堂外实践中的参观、调研及互联网教学，均以分众的方式寻求最优教学配置，以达到提升“纲要”课教学效果的目标。

三是新方法使用。首先体现在教学设计方法上。教学设计涉及教育学、心理学等学科，近些年更新换代十分迅速，如单元整体设计、任务驱动型设计、混合式设计、情景式设计、整体取向设计等等。我们创新性地将教育赋权理论与传播学的分众方法相结合，应用到“纲要”课教学中，就是根据“纲要”课程标准的要求和学生特点，将教学诸要素有序安排，确定合适的教学方案的设想和计划，包括了教学目标、教学重难点、教学方法、教学步骤与时间分配等环节。其次体现在教学程序上，常规的程序通常为，弄清楚“为什么学”“纲要”，这是出发点，确定“学什么”内容，这是教学的关键，采用什么样的策略，也就是“如何学”“纲要”，最后是“学得怎么样”，进行全面评价。我们在此基础

① 徐秉国等：《高校思想政治理论课分众化教学策略探讨》，《学习月刊》2020 年第 9 期。

上，提出教学全过程的学生参与权，将教与学提质增效。

四是新时代需要。培养承担民族复兴重任的时代新人是新时代对人才培养的根本要求。大学生是祖国美好的未来，光明的未来，是新时代的奋斗者，他们的理想信念和人生航向一定意义上代表着这个国家、这个民族的走向。赋权型高校“纲要”分众教学模式顺应了时代发展趋势。时代发展需要效率更高、效果更好的教学模式。当前大学生学情呈现碎片化、网络化、复杂化、分散化等特点，传统的“一刀切”的教学模式已经严重滞后，教学效果也大打折扣，不能完全适应全面建设社会主义现代化、国家实现第二个百年奋斗目标，以中国式现代化全面推进中华民族伟大复兴对高质量人才供给的需要。因材施教、因人施教的前提是“捕捉”学生个性，尊重学生的个性和差异性，通过赋权型“纲要”课分众教学模式实现学生的整体性进步，其中教师的作用不言而喻，需要教师增进知识储备，发挥各自所长和优势，实施团体授课和分众授课相结合，以求达到最好的教学效果。未来几年是全面建设社会主义现代化国家开局起步的关键时期，也是高校思政课改革发展的关键时期，教学改革成为一种必然趋势。赋权型“纲要”课分众教学模式体现了思政课改革创新的时代要求，也必然会在实践中不断改进，并得到越来越多的应用和认可。

三、类型与应用

布鲁纳、古德诺和奥斯汀等认为，分类是把不同的事物当作相等看待，是将周围的世界进行简化和系统化的手段，从而建立一定的概念来理解纷繁复杂的世界。① 教育模式如何分类，国内外学者根据不同标准，从不同角度进行分类。前面章节对国外分类进行了讨论。国内的观点大多集中在三个维度，一种是师生系统地传授和学习书本知识的维度，第二种是教师辅导学生从活动中自己学习的维度，还有一种是折中于两者之间的维度。② 子模式分类的

---

① 黄甫全等主编：《现代教学论学程》，教育科学出版社 1998 年版，第 29 页。

② 余文森等：《现代教学论基础教程》，东北师范大学出版社 2007 年版，第 174 页。

依据是师生双主体在教学中的权力分配关系。据此，如上所述，赋权型“纲要”课分众教学模式包括“四梁八柱”，一是课堂专题分众教学模式，该子模式由教师主导分众和学生主体分众组成；二是课内实践分众教学模式，该子模式由主旨演讲分众和主题讨论分众组成；三是课外实践分众教学模式，该模式由参观对象分众和调查主题分众组成；四是网络教学分众教学模式，该模式由线上教学分众和“两微一端”分众组成。这符合现代教学模式发展的趋势。现代教学模式从人本主义出发，根据教学目标和需要合理设计“教”与“学”活动，越来越注意发挥学生的主体性，重视学生对教学的参与，重视培养学生的学习能力、独立思考和学会学习的能力。

（一）专题教学分众教学模式

1. 教师主导分众

发挥教师在“纲要”课分众中的主导作用，需要教师根据学生知识结构、认知水平和专业来源对教学内容进行加工、整理，对教学程序进行设计、应用，对教学实施进行组织、管理，力求使所传授的知识与学生原有的认知结构、理解能力相联系。建构“纲要”课专题教学分众教学模式主要从教师主导“分众”、学生主体“分众”两个层面入手。一方面，教师根据自身专长和研究领域选择最擅长的专题进行循环讲授。另一方面，教务部门将学生分为若干个学情同质小众班级，任课教师则根据班级综合学情进行差异化教学。

所谓教师主导“分众”，就是将“纲要”课授课内容和任课教师授课专题进行分类，并根据各个任课教师的学术专长和研究兴趣与各个“纲要”专题进行匹配，从而将原来由一位教师负责讲完“纲要”所有知识点转换为多位教师分工协同完成，打破“纲要”课传统教学的“一课一师”“一名教师对应一个班级”做法，逐步实施“一课多师”及“教师专长分众小群对应学生班级群”的模式。根据教育部高等学校思想政治理论课教学指导委员会 2019 年 6 月发布的“纲要”专题教学指南和 2021 版“纲要”教材，授课内容具体分为鸦片战争，东西方的碰撞，辛亥革命，开天辟地，中国革命新道路，抗日战争，党的力量，社会主义制度的确立，社会主义建设，接续发展，历史性变革，从站起来、富起来到强起来的伟大飞跃，民族复兴的中国梦及历史和人民的选择等 15 个专题，针对上述专题，将“纲要”教研室教师分成若干教学小众团队，团队成员可根据自己的学术专长和近期的研究兴趣选择 3 个左右的专题作为自身的开课内容，然后进行循环授课，从而形成特定教师以特定专题针对多个教学班级进行循环授课的模式。

以本章作者所在学校为例，每个“纲要”课教学班由 6 名学术专长各具特色的教师组成。该教学小众团队又包括 1 名主授课教师和 5 名专题讲授教师。以 44 个专题讲授理论学时为例，主授课教师在开学第一次课、学期初、学期中、学期末及倒数第二、三次理论授课分别用 2、2、2、2、4 个课时从宏观上向学生讲解“纲要”课的总体安排及“导言”“上编综述”“中编综述”“下编综述”和专题授课总结；另外 5 名专题授课教师分别精心准备 3 个专题作为自己的主讲内容，每个专题用 2 个学时，剩余的最后 2 个课时则由主授课教师组织教学小众团队所有成员进行课堂答疑。专题教学内容在严格依照 2021 版“纲要”教材的前提下，充分发挥任课教师的主观能动性，进行个性化教学设计，根据学生的关注点、普遍疑惑及学情基础自主安排主要授课内容，突破传统课堂固定课时、固定内容的限制。在实现主要教学目标的基础上，灵活为学生提供风格不同、口味各异，兼具学术性和思想性的“纲要”课“自助大餐”，从而引导当代大学生在掌握中国近现代史上重大历史事件的基础上深刻领会、理解中国人民“四个选择”的真理性和价值性。

2. 学生主体分众

所谓学生主体分众就是由“纲要”教研室、任课教师配合教务部门对学生的学科背景、学习基础等情况进行全面精准的学情分析，并据此将学生分为若干小众班级，教师则根据班级综合学情因材施教、因专业施教、因基础施教、因个体化差异施教、因个体需求施教，充分尊重不同学生个体学习需求的特殊性，分门别类赋予学生学习的主体权。在教学过程中，教师要发挥新媒体新技术优势，克服班级人数众多的困难，充分利用大数据统计分析不同学生较为关注的知识点和疑惑，努力做到既关注学生群体的整体情况，又兼顾小众群、个体的思想状况，从而突出学生学习“纲要”课的主观能动性、独立性、个性化和自主权。

学生主体分众还可以打通“纲要”课和其他课程的思想政治教育元素之间的通道，有利于形成“全方位”育人格局。在教学过程中，教师将“纲要”课和学生的专业课紧密结合，形成“纲要课”和“课程思想政治元素”互相配合的“双轨”机制：首先，根据当前“纲要”课普遍采用100人以上合班授课的特点，至少要确保同一个班级的学生属于同一学科大类，对于学生人数相对较多的经济学类、法学类、理学类、工学类、农学类及医学类等学科还可以再进一步细分，而对于学生相对比较少的历史学、哲学、教育学、文学、管理学及艺术学等学科也尽量按照学科相近原则组合教学班。其次，要在“纲要”课开课前进行精准的学情分析，充分利用新媒体新技术全面掌握学生的历史知识基础，有针对性地开展学科近现代发展史研究，不断发掘学生专业课中的“纲要”元素。最后，要对不同学科背景和学情基础的教学班小众群体开展富有特色的教学设计，注意“纲要”课和其他课程所蕴含的思想政治教育元素的衔接。

（二）课内实践分众教学模式

中学阶段的历史课教学往往以灌输性为主，而高校“纲要”课教学则正如习近平总书记所强调的，要“坚持灌输性和启发性相统一”。课内实践教学是“纲要”课的重要组成部分，和课堂专题教学同等重要，是实施启发式教学最主要途径，也是高校“纲要”课区别于中学历史课的重要特点之一。高校“纲要”课程和中学历史课程内容多有重复，既互相衔接，又具有显著差异。如果中学阶段的历史课以历史教育为主，那么大学阶段的“纲要”课则更注重思想政治教育功能，中学历史教学注重引导学生在背诵、记忆的基础上对历史事件的理解和把握，而高校“纲要”课则在中学历史课背诵、记忆、理解的基础上更加注重引导大学生树立坚定的马克思主义信仰，认同社会主义道路，拥护中国共产党的领导，贯彻改革开放国策，因而要实现高校“纲要”课的教学目标，单凭理论讲授远远不够，真理需要通过演讲、讨论更深入人心。因此，主旨演讲分众和主题讨论分众是建构“纲要”课内实践分众教学模式最有效的两个途径。

1. 主旨演讲分众

所谓主旨演讲分众就是教师根据教学内容、热点问题及学生关注的话题，设置针对性强的演讲题目，鼓励学生在一学期内全员参与，凸显每名学生历史观的特殊性，鼓励学生展示个性。教师针对每名学生的演讲内容即兴评价和反馈。由主授课教师对主旨演讲进行总结、讨论和分析，其核心在于突出个性、特殊性，并将历史观相似或者一致的学生进行归类分众，针对不同小众群体、个体进行教育，确保“纲要”课惠及全体学生。课内实践教学主旨演讲应融入到理论、实践授课的全过程中，一般安排在课堂的开始阶段。主授课教师要营造民主、平等的氛围，鼓励不同分众的学生畅所欲言，表达真实观点，一定程度上实现师生翻转，即学生讲、教师听，以期能更真实、更全面了解学生的历史观和价值观，从而逐步实现精准施教。同时，主授课教师还要做好发言记录及即兴评析，并在课后做好归档、分析与反馈工作。

主旨演讲分众实施的方式是，教师每学期每堂课利用课堂的前 10 分钟，结合“纲要”课教学大纲以及学生关注的热点，针对每名学生布置个性化发言题目，确保每一名学生在一学期内至少发一次言。以 54 个总课时数计算，每节课 10 分钟，总计为 540 分钟。以 100 人教学班为例，每名学生的发言时间原则上控制在 5 分钟左右，这就需要高度精练、提前准备，以演讲的方式分析历史事件、现实意义、理论贡献、社会问题等并阐述个人见解。发言题目应与课堂讲授内容、热点问题及学生关注点紧密结合。以“东西方的碰撞”专题为例，在讲授的前一周，要求学生横向比较同时期的洋务运动和明治维新，从历史纵向发展比较洋务运动和今天的改革开放等重大历史事件。在学期内特殊的历史事件纪念日设置主旨演讲题目。在2019年“五四”前一周，笔者就布置了“致敬百年奋斗青春”的主旨演讲题目，大学生在了解到社会中出现了极个别的“精日”分子和历史虚无主义错误思想的情况下，将“如何反对历史虚无主义”设立为主旨演讲主题。与此同时，依据网络平台提供的学生浏览次数等数据确定每次发言的名单，再由主授课教师提前一周告知学生做充分的准备，对于确实不愿意面对全体学生和任课教师发言的学生则允许其把自己想要发表的观点写成发言稿，由其他同学按照发言稿代言，力争全覆盖，不忽略一名学生。

2. 主题讨论分众

所谓主题讨论分众就是根据学情组建若干个学生讨论小组，每个小组的人数一般是8—10人，坚持学生主体性原则，根据教学目的、要求以及学习的客观规律，从学生的实际出发，创设问题情境，运用多种教学媒介创设历史情境，并以此为基础确定讨论题目。主题讨论较主旨演讲更加贴近学生实际关注的问题。主旨演讲一般是宏观题目，主题讨论则更加具体，前者主要由学生个体完成，而后者则主要由学生小群体完成。主题讨论分众的核心要义是立足学生关注的实际问题，激发学生的学习兴趣，发挥学生学习的主动性，提升学生的求知欲。

主题讨论分众既是建构“纲要”课内实践教学分众模式最有效途径之一，也是实现翻转课堂的最有效渠道。主授课（牵头）教师首先要在学期初分好学生讨论小组。以100人班级为例，一般可以依据相同相近宿舍、共同兴趣及自由组合等方式，将学生分为10个小组。同组学生要尽量在心理特点、人格特征、思想状况、宿舍距离以及对同一历史事件的立场等诸多方面拥有至少一个共同点，以保证在讨论问题上具有若干共识。主授课教师设置的讨论题目要紧密结合学生的关注热点，比如从个别明星吸毒探讨鸦片战争、从“精日分子”谈抗日战争及从“90后”“00后”医护人员在疫情中的担当谈“五四”精神的时代意义等。专题授课教师应当提前一周发布讨论题目,利用每学期的10个实践学时进行课堂展示,每个讨论小组可以利用一节课借助不同的形式进行展示,突出讨论主题,坚持学生为主体、教师为主导。在课堂教学中,学生团队是课堂的主要角色,授课教师扮演主持人和评委。

(三)课外实践分众教学模式

"纲要"课叙述了1840年以来的重大历史事件,既是历史课,又是政治课。要真正实现学术引领和价值观塑造的双重目标,必须把"纲要"小课堂和社会大课堂相结合,引导学生以史为鉴,在教师指导下,根据自身专业特点、实际条件及关注问题进行"分众"社会调查和参观体验,从而自觉接续承担历代仁人志士尚未完成的任务,立鸿鹄之志,不空谈,重实干,把握当前宝贵机遇,勇立时代潮头,做最美的奋斗者。"纲要"课课外实践教学分众模式主要由参观体验分众和社会调查分众组成。

1.参观体验分众

参观体验分众就是高校根据自身的地理位置、发展历史等实际条件,有针对性地与距离较近且易于定期参观瞻仰的中国近现代历史遗址、旧址、博物馆、纪念馆及近现代烈士陵园等联合建立全方位、全过程、全员育人的培养机制。各高校在与全国各地的历史遗址、旧址、博物馆、纪念馆及近现代烈士陵园建立共同育人机制的过程中,要结合自身条件选择相应的实践场所,力求达到最优结对、最佳效果,促使历史遗迹在历史传承方面真正发挥重大作用,使学生在实践中感受真实历史、接受深刻教育。"纲要"课课外实践基地呈现给学生及公众的是近现代以来国人的苦难、寻路、站立及追梦的艰难历程,学生可以不定期做"纲要"课实践基地的讲解员,学校也可以协助这些机构建立远程虚拟仿真数字化参观系统。通过参与"纲要"课的课外实践活动,促使大学生更加生动、直观、深刻了解中国近现代史,担任历史优秀传统的守护者和传承者。因此,高校可以根据所处地域、学科特色、学校历史等要素进行自身“分众”，并匹配确定若干“纲要”课外实践基地。比如，位于江苏省南京市的高校可以选择位于南京的中国近代史遗址博物馆（南京总统府）作为“纲要”课外实践基地，位于福建省福州市的高校可以将中国船政文化博物馆作为“纲要”课外实践基地，东北各高校则可以将“九·一八”历史博物馆作为“纲要”课外实践基地等。

2. 社会调查分众

所谓社会调查分众就是主授课（牵头）教师根据所教班级的专业背景、实际条件及关注热点，组建大学生社会调研团队，列出针对性强、创新性强、切实可行的“纲要”社会调查选题，由任课教师负责组织实施，全程指导，进行考核，评奖评优，总结经验。“纲要”课的社会调查对象可以是近现代史上的优秀历史人物，“纲要”课应引导学生深入了解近现代仁人志士的成长背景、学术生涯及爱国情怀，从而做到“思想政治理论课”和“社会思政元素”有机衔接，实现全要素育人，实现“立德树人”目的。

社会调查分众是建构“纲要”课课外实践教学分众模式的重要手段。一方面，在主授课教师的指导下，学生小众团队要充分发挥专业优势，调研相关教育基地、企事业单位，具有经济学类、管理学类、工学、农学及医学类等不同学科背景的教学班级，可以通过实地调查、网络搜集等方式全面了解本学科近现代发展史，在此过程中进一步感受到中国近现代以来各行各业的仁人志士救国、爱国的民族精神。例如，经济学类专业的学生可以实地调研洋务派创办的轮船招商局。该企业存续至今（现为招商局集团有限公司），对其开展企业史调研活动，有助于更深刻了解地主阶级面临危机的自救及失败原因。另一方面，学生还可以调研各行业近现代优秀历史人物的先进事迹。根据实际条件，通过实地或者搜集资料等方式，了解这些学科中优秀人才的成长史。比如，航空航天类专业的学生可以开展对钱学森“航空报国”先进事迹的调研；物理学类的学生可以调研邓稼先在中国现代史的特殊阶段隐姓埋名，为我国国防事业奉献所有的感人事迹；数学类专业的学生可以调研华罗庚“数学报国”的情怀；地理学类专业的学生可以通过调研，更深入了解“中国地质之父”李四光的报国之志；农学类专业的学生可以通过调研更能学到“杂交水稻之父”袁隆平的务实和奉献精神；医学类专业的学生则可以通过调研，更深刻理解“共和国勋章”获得者钟南山的大爱精神；等等。

（四）网络教学分众教学模式

当代大学生处在“互联网+”时代，能够通过智能手机和电脑网络客户端快速获取信息，因此，思想政治教育要兼顾线下教学与线上培养两条主渠道，做到全链条育人。尤其在当今世界东西方话语权交汇的特殊时刻，中国的话语体系尚处于完善阶段，要确保“纲要”课延伸至网络教学平台及“两微一端”等新媒体技术平台，教师要想用、能用、会用有关软件和平台，在关键历史问题上敢于在网络上发声，传播正确的历史观和价值观，守好“责任田”。教师可以通过网络教学平台讨论、传输的信息，关注学生浏览、上载的信息，并据此判断学生的学习基础和兴趣点，再将学生分众，开展针对性教学，在平台上推送学生提出的问题，答疑释惑。建构“纲要”网络教学分众模式主要依托线上教学平台分众和“两微一端”平台分众来实现。线上教学平台作为“纲要”课教学的重要平台，可以克服大班上课的弊端，有利于任课教师在较短时间内掌握学情，为学生提供个性化教学方案。“两微一端”则能够充分展现学生个性和真实价值观，能够为“纲要”课任课教师精准掌握学情、了解学生思想状况提供重要媒介。

1. 线上教学平台分众

所谓线上教学平台分众就是充分利用众多功能强大的线上教学平台，在坚持引导当代大学生读懂“四个选择”的基本前提下，为学生提供个性化的授课方案。目前，我国高校课程较为普遍采用的线上教学平台，主要包括学习通、雨课堂、智慧树、中国大学慕课、钉钉、学堂在线等，很多学校还开发设计了众多自主 SPOC 网络教学平台，可谓异彩纷呈，各有特色，且部分平台已经具备功能较为强大、师生认可度较高、适用范围较广等若干优点，为线上教学平台分众提供了前提。网络教学平台是学生日常学习的重要渠道，教师在课外主要依靠网络教学平台，进行无时空、无地理限制的师生“云上”对话，真实掌握学情，充分发挥学生主体地位，有针对性地“分众”上传教学资源。同时，依据网络教学平台高效率捕捉大数据的优势，教师根据实时数据分析，按需整理课程资料，针对学生最为关心、最为疑惑的问题设置议题，根据大数据提供的结果设置个性化考查模块和重点传授知识点，从而真正做到“小众”教学，因材施教，确保“纲要”授课质量。

2.“两微一端”平台分众

所谓“两微一端”平台分众就是指任课教师要在微信、微博、网络客户端上积极与学生交流，随时关注学生的思想动态，并根据学生的学情进行分类，开展有针对性的网络引导，以确保学生树立正确的历史观、世界观、价值观和人生观。“微信”平台是展示学生个性的重要平台，教师可以在充分尊重学生隐私的前提下，关注学生“微信”的“朋友圈”“视频号”“看一看”“搜一搜”等相关内容，分析、掌握学情，将所教班级的学生分成若干群聊小组，开展有针对性地解惑释疑。“纲要”课不仅应培育当代大学生树立正确的历史观，还应引导大学生成为传播真理的“种子”，担负起历史责任。因此，任课教师在“微博”上不能缺席。当代大学生获取信息的主渠道已经是网络客户端，这也为精准统计学生的学情及关注热点提供了可能。

本章作者所在学校 2019 级本科生的随机调查问卷结果显示，98%的学生每天花费 2 小时以上的时间在网络新闻客户端上获取信息，100%的学生经常使用“微信”平台的“朋友圈”“视频号”“看一看”“搜一搜”等功能获取相关信息，41%的学生通过“微博”平台关注新闻事件。在“两微一端”普及应用的情况下，教师角色不能缺少，要敢于发声，同博取关注的“标题党”作斗争，和夸大、歪曲事实的谣言作斗争，以正视听。“纲要”课教师可通过微信与学生建立“好友”关系，以进一步拉近与学生在现实生活中的距离，营造“纲要”课师生“亦师亦友”的良好师生氛围。尽管“微博”在当代在校大学生中的应用并未像“微信”一样普及和全覆盖，但该平台影响范围广、程度深，诸多最新信息大都来源于微博，尤其是一些微博大V的影响力极大。近年来出现的极个别“精日”分子及历史虚无主义思潮与少部分“微博”意见领袖的推波助澜有关，反对个别微博大V和网络推手、网络水军为了利益夸大事实、传播和制造谣言，当代大学生和高校教师都有义务、有责任传播正确的历史观。要对网络客户端上的一些不惜吸引眼球、夸大或捏造事实的历史虚无主义者的高度警惕，并积极用历史事实和其作斗争。

习近平总书记十分关心高校思政课的改革创新工作，在学校思想政治理论课教师座谈会上强调，“思政课建设要向改革创新要活力”。“纲要”课作为高校“立德树人”的关键课程，其重要性不言而喻。但当前“纲要”课课程建设还存在明显短板，不仅表现在师资力量、理论授课方式及实践模式存在问题，还表现在课堂实效、技术创新等方面不能满足时代需求上。赋权型“纲要”分众教学模式适应了当前时代背景和现实需要，教育赋权为分众教学提供了充分的理论基础。分众教学中，学生的民主性、能动性能够发挥出来，进一步突出了教师主导、学生主体地位，有效整合了课堂教学、课内实践教学、课外实践教学和网络教学，有利于形成“全员育人、全程育人、全方位育人”的格局，从而能够拉近“纲要”课程和学生的距离，更加贴近学生。当今大学生个性化差异突出，教师研究方向各有侧重，为分众教学模式提供可能，实现了教育赋权目的，教学效果就会变得更好。赋权型“纲要”课分众教学模式已经具备广泛应用的基础，且基于教育赋权理论分众教学模式探索已取得显著成效，形成“四梁八柱”的基本框架。在此教学模式主导下，能够有效促使当代大学生把握好历史和现实、历史和逻辑、纵向和横向之间的逻辑关系，更加增强“四个意识”、坚定“四个自信”、做到“两个维护”，从而促进其成为合格的社会主义建设者和接班人，勇于承担中华民族伟大复兴的历史责任和时代使命。

第六章　赋权型“德法”课分众教学模式

高校思想政治理论课有时简称“两课”，即“马克思主义理论课”和“思想品德课”，说明了后者的重要性。相比于其他课程，“思想道德与法治”（简称“德法”）课及其源头课开设的历史并不长。1984 年，高校新设“共产主义思想品德”课，开展人生、理想、道德等方面的教育。不久停设。1986 年高校开设“法律基础”课，将“大学生思想修养”“人生哲理”“职业道德”作为选修课。1993 年，根据形势需要，“大学生思想修养”“人生哲理”合并为“思想道德修养”，第一次把思想政治教育课与马克思主义理论课并提。1995 年《中国普通高校德育大纲（试行）》规定“思想品德课”应设置“思想道德修养”“法律基础”“形势与政策”。1998 年，《关于普通高等学校“两课”课程设置的规定及其实施工作的意见》要求同时开设“思想道德修养”“法律基础”。2005 年，《关于进一步加强和改进高等学校思想政治理论课的意见》提出将原有的两门课合并为“思想道德修养与法律基础”。2020 年，《新时代学校思想政治理论课改革创新实施方案》提出将“思想道德修养与法律基础”调整为“思想道德与法治”。

《中华人民共和国教育法》第九条规定：“中华人民共和国公民有受教育的权利和义务。”①学生接受教育权利实现的程度不仅离不开学生的认真学

① 中华人民共和国教育部：《中华人民共和国教育法》，（2021－07－30）［2021－12－25］，见 http://www.moe.gov.cn/jyb_xxgk/xxgk_jyfl/flfg_jyfl/202107/t20210730_547843.html。

习，也有赖于教师在多大程度上赋予学生学习的“权力”和“能力”。“思想道德与法治”（2021年之前，教材全称为《思想道德修养与法律基础》，以下除了引用，大多简称“德法”）是大学生进入大学后的第一门思政课，教师要自觉坚定“四个自信”，守好自己的一段“渠”，运用辩证唯物主义和历史唯物主义世界观和方法论，引导大学生树立正确的世界观、人生观、价值观、道德观和法治观，解决大学生成长成才过程中遇到的思想问题、道德遐思、法律疑问，培养其成为自觉担当民族复兴大任的时代新人。

第一节 “德法”课教学研究综述

近年来，在“德法”课教学改革上，广大教师和专家学者坚持理论研究和教学实践相结合，针对教材、教法、教学理念等提出意见和建议，使案例式、专题式、参与式、互动式等一批教学模式得到改进和应用，推动了“德法”课教学改革取得积极成效。

沈壮海对“思想道德与法治”教学提出建议，教师要首先吃透教材，在具体的教学活动中注重以思想理论为引领，注重以鲜活实践为素材，注重以深厚文化为依托，注重以成长需要为接口，注重以提升素质为指向，引导学生将思想理论内化于心，外化于行。①

对于教材的性质定位，霍军亮认为，《思想道德与法治》教材内容体现了思想政治理论课的政治向度，回应了大学生全面发展的价值诉求，彰显了哲学社会科学发展规律的科学性。②

关于教学理念，刘志山、兰美荣认为，“思想道德修养与法律基础”课教学

① 沈壮海：《〈思想道德与法治（2021年版）〉修订说明和教学建议》，《思想理论教育导刊》2021年第9期。

② 霍军亮：《〈思想道德与法治〉教材内容体系蕴含的多维向度》，《中国高等教育》2022年第2期。

中有三个基本问题:“为什么教”“教什么”“怎样教”。从哲学的层面进行思考,“思想道德修养与法律基础”课具有认知价值、导向价值和动力价值,要向大学生传授应有的理论、知识和方法,并使之转化为大学生的观念、素质和能力。① 傅江浩、王媛媛针对高校“思想道德修养与法律基础”课教学实际,提出要贯彻开放式教学理念,重点是充分激发大学生作为受教育主体的自主学习能力,通过有效开放“教学态度、教学内容、教学过程、教学评价”,构建学生自主学习的平台。②

对于教学模式和方法的研究主要集中在以下方面。

案例式教学的理论和实践探索。案例式教学以例说理、以例感人、以例服人,在教学中被广泛运用。吴潜涛、陈大文认为,“思想道德修养与法律基础”课案例选取应该贴近实际、贴近生活、贴近大学生,力求体现思想政治理论课教学特点,以适应教学的需要。③ 李桂梅、郑自立认为,案例教学是“思想道德修养与法律基础”课的重要教学方法。在选取案例时要坚持思想性与客观性的统一、原理性与实践性的统一、典型性与时代性的统一的原则,进行案例教学。④ 尹占军、胡菊华认为,成功的案例教学需要做好教学主题的论证、案例的选编、研讨问题的设计、课堂教学的组织实施、理论总结提升及教学反思。在“思想道德修养与法律基础”课中实施案例教学,需要深度研究教材,凝练案例教学主题;关注社会现实,选编典型教学案例;着眼教学目标,科学预设研讨问题;师生协同互动,积极投入教学过程;重视理论提升,强化教学反思。⑤

---

① 刘志山、兰美荣:《“思想道德修养与法律基础”课教学的三个基本问题》,《思想教育研究》2012 年第 8 期。

② 傅江浩、王媛媛:《“思想道德修养与法律基础”课开放式教学体系构建探析》,《思想教育研究》2016 年第 1 期。

③ 吴潜涛、陈大文:《“思想道德修养与法律基础”课教学案例解析》,高等教育出版社 2016 年版。

④ 李桂梅、郑自立:《高校“思想道德修养与法律基础”课案例教学刍议》,《思想理论教育导刊》2017 年第 1 期。

⑤ 尹占军、胡菊华:《“基础”课案例教学环节设计的思考》,《思想理论教育导刊》2013 年第 7 期。

常沛、金艳认为，实施“德法结合”的教学模式能够兼顾教学内容的融合性、思维方式的差异性以及教学案例的全面性，有助于帮助学生自觉认同“中国之治”的优越性，实现培养学生思想政治素质和法治素养的课程目标以及解决道德与法律异质化矛盾等方面的价值。在教学实践中可以通过知识互鉴实现情理贯通、思维冲突明晰价值判断、手段结合实现目标认同等方式进行创新，促进思想道德知识和法律基础知识的融合。①

专题式教学的理论和实践探索。在教学中，将章节内容转化为专题进行教学。这也是“德法”课教师的有益探索。陈若松等在《思想道德修养与法律基础专题式金课教学设计》一书中，通过 54 个知识点专题式教学设计及其课件等课程资源，开展马克思主义世界观、人生观、价值观、道德观和法治观教育。② 还有部分思政专家、学者、教师针对课程的某个章节进行专题教学设计。田起香对“依法行使权利与履行义务”部分进行专题教学设计，③胡咚、金艳对爱国主义教育部分进行专题教学设计等。④⑤

参与式教学的理论和实践探索。张尚宇认为，参与式教学法是教师教学方法和学生学习方法的统一。在“德法”课教学中运用参与式教学法，教师要掌握学生的思想状况，有的放矢地开展教学。⑥ 张媛媛、崔亚珍提出参与式教学在“基础课”中的实现形式有情景演示、话题讨论、实践成果展示、角色互换等。实施参

---

① 常沛、金艳：《“德法结合”的“思想道德修养与法律基础”课教学模式探索》，《学校党建与思想教育》2021 年第 6 期。

② 陈若松、江铁、陈艳飞编著：《思想道德修养与法律基础专题式金课教学设计》，中国书籍出版社、光明日报出版社 2020 年版。

③ 田起香：《“思想道德修养与法律基础”课的“依法行使权利与履行义务”专题教学探究》，《思想政治教育研究》2021 年第 2 期。

④ 胡咚：《“思想道德修养与法律基础”课爱国主义教育教学专题研究——兼论“基础”课贯彻习近平总书记关于爱国主义教育重要论述精神》，《思想理论教育》2016 年第 9 期。

⑤ 金艳：《基于国家理论的“思想道德修养与法律基础”课的爱国主义专题教学探索》，《思想教育研究》2019 年第 9 期。

⑥ 张尚字：《参与式教学法在〈思想道德修养与法律基础〉课教学中的运用》，《教育理论与实践》2010 年第 24 期。

与式教学，充分准备是基础，教师观念转变是重点，“人本主义”理念应贯穿整个教学过程。[①] 刘志山、李燕燕认为，“思想道德修养与法律基础”课应从观念认知、情感体验、行为养成等三个方面开展理论教学、实验教学和实践教学，并将三种教学方式有机结合，形成三位一体教学模式，实现“真知”“真行”“真信”的统一，展现人类真善美的价值追求。[②] 这种模式能够使学生全程深度参与教学。

互动式教学的理论和实践探索。雷骥认为，在师生互动教学中，教师既是一个社会主义核心价值体系的宣讲者，又是课堂互动教学设计者和组织者。教师要事先将教学互动内容设计好，才能在教学中实现有效互动。[③] 马平均、贺广丽认为，从“思想道德修养与法律基础”课程目标体系和任务要求看，全部的课程知识体系既是认知体系，又是价值体系、信仰体系、情感系统和行为方式，而互动教学本身是契合将课程知识体系转化为主体认知体系、价值体系、信仰体系、情感系统和行为方式的有效方式，也是实现情感融汇、理性贯通和主客观通达的过程。[④]

“问题解析式”教学的理论和实践探索。陶倩、赵国庆认为，“问题解析式”教学法是针对学生提出的与课程内容相关的典型问题，以及教材内容中的重难点问题进行回应和有效解答的教学方法。通过引导学生提出问题、梳理问题，然后解答问题，从而提高学生全面辩证的思维能力，促进学生对课程教学内容的认同。[⑤] 臧宏、王立仁提出以学生成长成才过程中的问题为视角，确立了以“社会主义核心价值体系为时代指向的当代大学生道德教育和法制

---

① 张媛媛、崔亚珍：《高校思政课参与式教学的探索——以“思想道德修养与法律基础”课程为例》，《教育理论与实践》2018 年第 33 期。

② 刘志山、李燕燕：《“思想道德修养与法律基础”课三位一体教学模式的探索》，《思想教育研究》2016 年第 9 期。

③ 雷骥：《互动教学法在“思想道德修养与法律基础”专题课教学中的应用——以洛阳师范学院新生“感恩教育”专题多媒体教学为例》，《学校党建与思想教育》2011 年第 36 期。

④ 马平均、贺广丽：《“思想道德修养与法律基础”课师生互动教学及转化研究》，《学校党建与思想教育》2019 年第 8 期。

⑤ 陶倩、赵国庆：《“思想道德修养与法律基础”课“问题解析式”教学方法的运用探析》，《思想教育研究》2018 年第 9 期。

教育"为主线的教学逻辑。[①] 黄勇樽认为,在"思想道德修养与法律基础"课教学中可以采用研究型教学方式,包括专题研究、案例研究、问题研究、时政研究、自主研究、协作研究、交流研究和评价研究等,不断拓宽学生能力领域,培育合作精神,实现课程教学的意义和价值。[②]

体验式教学的理论和实践探索。阮晓莺认为,体验式教学是以培养学生的独立、自主、创新等主体精神为目标,以营造教学氛围、激发学生情感为主要特点,以学生自我体验为主要学习方式,力求在师生互动的教学过程中达到认知过程和情感体验过程的有机结合的一种方法。[③] 针对"思想道德修养与法律基础"课,张玉兰提出了一种由"角色—理论知识—角色体验"三维立体推进的角色体验教学模式。[④]

"学习共同体"教学的理论和实践探索。姜小平、陈滔娜认为,学习共同体教学理念与"思想道德修养与法律基础"教学目标有内在的一致性,可以用学习共同体理念来指导教学实践。[⑤] 时长江、刘彦朝认为,课堂"学习共同体"是基于建构主义教学观设计的一种新型教学模式,由"基于真实性任务的教学;学生发展建立在小组活动中积极互相依赖的基础上;学生与学生、教师与学生之间的争论与协商达成共同的理解;教师与学生或合作或独立地与共同体成员分享观点;学生课外与专家、教师或学生交流沟通"等五个环节组成。[⑥]

---

① 臧宏、王立仁:《"思想道德修养与法律基础"课问题式专题教学的思考》,《思想理论教育导刊》2011 年第 4 期。

② 黄勇樽:《"思想道德修养与法律基础"课程研究型教学的探索》,《思想政治教育研究》2013 年第 2 期。

③ 阮晓莺:《体验式教学法在"思想道德修养与法律基础"课教学中的探究与运用》,《思想理论教育导刊》2009 年第 1 期。

④ 张玉兰:《"思想道德修养与法律基础"课角色体验教学模式探索》,《思想理论教育》2012 年第 23 期。

⑤ 姜小平、陈滔娜:《学习共同体理念与"思想道德修养与法律基础"课程教学》,《中国大学教学》2009 年第 2 期。

⑥ 时长江、刘彦朝:《课堂"学习共同体"教学模式的探索——浙江工业大学〈思想道德修养与法律基础〉课建设的研究与实践》,《教育研究》2013 年第 6 期。

混合式教学的理论和实践探索。这种教学是对传统教学的有益补充。汤俪瑾、黄金满提出了“慕课教学+课堂教学”相结合的“思想道德修养与法律基础”课混合式教学模式。他们认为，要在教学中正确认识慕课教学与课堂教学的差异，合理安排慕课教学与课堂教学的内容，优化设计慕课教学与课堂教学的形式，科学分配慕课教学与课堂教学的学时。① 唐瑶提出了“慕课+翻转课堂”的混合教学模式。② 张瑜、金哲在混合式教学实践探索中，遵循价值塑造、能力培养、知识传授“三位一体”的教育理念，不断探索改进“思想道德修养与法律基础”课混合式教学模式，将慕课学习、大班教学、小班研讨和课外实践4个主要环节有机衔接和有效贯通起来，实现线上教学和线下教学的完美结合。③

个性化教学的理论和实践探索。学生兴趣、特长等各有不同。路丙辉指出，“思想道德修养与法律基础”课分类教学是教学对象存在素质差异的客观要求，是提高统编教材针对性的实际需要，是对教师资源进行合理配置的现实需要。通过对教师进行在岗培训、教研室集体备课、加强团队建设可以解决分类教学中教师队伍的分类难题，保障分类教学顺利开展。④ 王晖、邱华宇对北京大学“思想道德修养与法律基础”课实验班进行了研究。实验班从本科生特点出发，确立了重视启发式教学、学生主动参与、知能并重以充分发挥学生自主创造能力的教学理念，坚持课堂讲授、经典阅读、理论研讨、亲身实践、总结交流、成果展示“六位一体”的教学模式。⑤ 清华大学在“思想道德修养与

---

① 汤俪瑾、黄金满：《基于慕课的思想政治理论课混合式教学实践研究——以“思想道德修养与法律基础”课为例》，《思想理论教育导刊》2015年第10期。

② 唐瑶：《“慕课+翻转课堂”下的混合教学模式设计与实践——以“思想道德修养与法律基础”课为例》，《四川省干部函授学院学报》2018年第4期。

③ 张瑜、金哲：《指向深度融合的思想政治理论课混合式教学模式探索——以“思想道德修养与法律基础”课程为例》，《思想教育研究》2020年第12期。

④ 路丙辉：《“思想道德修养与法律基础”课分类教学论要》，《思想理论教育导刊》2015年第2期。

⑤ 王晖、邱华宇：《“思想道德修养与法律基础”课实验班的教学理念、模式、方法和趋向——以北京大学为例》，《思想理论教育导刊》2018年第11期。

法律基础”教学实践中，遵循“教材体系向教学体系的转化，知识体系向信仰体系的转化”这一逻辑思路，大胆探索，形成了“以美感人、以情动人、以理服人”的教学新模式，取得了很好的教学效果。①

综上，这些“德法”教学模式（教学方法、教学理念）的共同特点都是以问题为导向，增强学生参与教学的主动性，以开放的课堂讨论、自主的实践调研等激发学生融入教学的主动性、自觉学习的积极性，从而提升教学针对性和实效性，增强课堂的吸引力和感染力。究其变革根源，是教学对象在悄然发生变化。随着时代的发展，新时代的大学生是异质多元的群体，整体呈现出更加独立自主、自信务实的特点。这些特点表现在学习中：一是学生获取信息的途径多元化、便捷化，不喜欢依赖课堂被动学习，倾向于参与课堂、表达意见；二是学生对教学内容要求务实化，希望能获取对自身提高有帮助或解开自身困惑的知识；三是学生乐于接受新鲜事物，不喜欢拘泥于传统教学，对课堂、理论、教师等期望更加新潮化等。然而，现有“德法”教学模式的理论研究与实践探索关注的是“供给侧”。基于此，本研究从教育赋权理论出发审视高校思政课堂，以分众教学模式在“德法”课中的实践为研究对象，采用课堂再造和定量分析等方法，提出有针对性的措施，探索“德法”教学改革的必要性和可行性。“德法”课教师要当好大学生的引路人，及时并充分关注大学生的学习内容、价值认知等“需求侧”，在“供给测”引导“需求侧”的基础上，进一步促进供给契合需求，通过与学生的兴趣爱好、认知层次等相契合的教学内容、方法，实现“精准滴灌”，从而切实增强“获得感”。

---

① 帅松林：《教材体系向教学体系、知识体系向信仰体系转化的教学探索与实践——以清华大学“思想道德修养与法律基础”课为例》，《思想教育研究》2012 年第 9 期。

第二节　新时代"德法"教学存在的问题与原因分析

一、调研概况

（一）调查方式

课题组根据调查目的、调查方法和调查对象等，设计了《高校思政课教学改革调查问卷》（学生）及《普通公立本科高校思政课网络教学调查问卷》（教师和学生），抽取高校"德法"课数据，对教学现状进行定量分析。学生问卷内容包括教学方法、教学内容、教学模式、教学评价等；教师访谈内容包括当前"德法"课教学的优劣势、影响"德法"课教学及教学模式的因素、"德法"课教学评价的效果等。通过开展有针对性的问卷调查，一方面了解"德法"课教学中取得的成绩和不足，另一方面践行"以学生为中心"理念，更好地赋权学生，为进一步加强"德法"课教学改革提供参考。

（二）样本构成

此次调查问卷以问卷星形式发放，共收到有效问卷 18446 份，其中涉及"德法"课的有效问卷有 5946 份。在性别类型抽样中，以女性为主，占比 67.3%，男性占比 32.7%，这对调查结果没有影响。在政治面貌抽样中，以共青团员为主，占比 84.21%，中共（预备）党员占比 7.06%，群众占比 8.43%，其他占比 0.31%。在高校的类型抽样中，以非"双一流"建设普通公立本科高校为主。其中，一流大学建设高校占比 16.96%，一流学科建设高校占比 6.41%，非"双一流"建设普通公立本科高校占比 43.42%，民办本科高校占比 8.92%，高职（高专）占比 24.3%。在专业类型抽样中，专业以文科为主、理科次之。其中，文科占比 58.83%，理科占比 25.54%，工科占比 12.9%，医学占比2.74%。在任职类型抽样中,以非学生干部为主,占比61.59%,学生干部(在任)占比27.66%,学生干部(经历)占比10.75%。在预期毕业去向抽样中,去向以升学发展和传统就业为主。其中,升学发展(国内读研、出国留学)占比40.01%,传统就业(党政机关、事业单位、各类企业、其他)占比36.7%,非传统就业(自主创业、自由职业、灵活就业)占比12.1%,未确定去向(暂无打算)占比11.19%。

二、存在的问题

习近平总书记在学校思想政治理论课教师座谈会上指出,要"推动思想政治理论课改革创新,不断增强思政课的思想性、理论性和亲和力、针对性","如果做一天和尚撞一天钟,照本宣科、应付差事,那'到课率''抬头率'势必大打折扣。"①调查显示,"德法"课教学整体形势比较乐观,从出勤次数上看,有95.48%的学生从未缺勤,缺勤1—3次的仅占3.78%。从听课情况上看,有49.61%的学生多数时间都在认真听课,有30.34%的学生全程认真听课。这说明绝大多数学生听课状态很好。但是,调查也发现,"德法"课还存在以下问题。

(一)教学内容存在某种程度的割裂

爱因斯坦说过,兴趣是最好的老师。兴趣可以产生强大的内驱力,让学生爱上学习。调查发现,大学生对"德法"课程的兴趣较高。当被问及"你对'思修'课是否感兴趣"时,有27.67%学生回答"非常感兴趣",有33.79%的学生回答"比较感兴趣",有27.9%的学生回答"感兴趣"(表6-1)。这说明,有89.36%的学生对"德法"课有较高的学习兴趣和较为强烈的学习欲望。

但是,当下部分教师还存在不太了解当代大学生兴趣爱好,教学内容不完全符合学生思想实际的客观情况。调查结果显示,虽然有学生认为,52.46%

① 习近平:《思政课是落实立德树人根本任务的关键课程》,人民出版社2020年版,第17页。

的教师做过有关大学生兴趣爱好方面的调查，69. 24%的教师可能知道大学生的一些兴趣爱好；但还有 47. 54%的教师没有做过大学生兴趣爱好方面的调查，30. 76%的教师可能不知道大学生的一些兴趣爱好。这与 89. 36%的学生对“德法”课饶有兴趣相比，显得有些苍白（表 6-2）。可见，恰是相当多的教师不了解当代大学生的思想实际，导致教学内容脱离学生实际，造成“教与学”“学与思”的脱节。

由于没有精准掌握学情，或者说对学情了解不够深入，教师在教学内容选取方面存在着某种程度的断裂，所教可能并非学生想学，教与学衔接不紧密，不能完全满足学生的学习与成长需求。当学生被问及“您认为“德法”教学存在以下哪些方面的问题”时，有 54. 22%的学生认为“课程内容趣味性不足”，有 22. 17%的学生认为“内容不贴近学生思想实际问题”（表 6-3）。这说明，部分教师的课堂教学内容不符合学生的学习需求，难以实现使“德法”课入脑入心的教学目标。所以，“德法”课教师在了解学生兴趣、激发学生学习兴趣、解决学生思想实际问题等方面还需要更加关注并重点发力，进一步设置科学合理的教学目标，明晰教学重难点，进而在教学模式、教学方法、教学手段等方面进行革新。

表 6-1　你对“思修”课是否感兴趣（该矩阵题平均分：3. 77）

选项	1=反感	2=不太感兴趣	3=感兴趣	4=比较感兴趣	5=非常感兴趣	平均分
小计	70	563	1659	2009	1645	3. 77
比例	1. 18%	9. 47%	27. 9%	33. 79%	27. 67%	

表 6-2　你认为，思政课教师了解新时代大学生的兴趣爱好吗

选项	小计	比例
A. 教师不知道大学生的兴趣爱好	732	12. 31%
B. 教师可能知道大学生的一些兴趣爱好	4117	69. 24%

续表

选项	小计	比例
C. 教师做过有关大学生兴趣爱好方面的调查	3119	52.46%
D. 教师没有做过有关大学生兴趣爱好方面的调查	559	9.4%
本题有效填写人次	5946	

表 6-3 你认为"思修"课教学存在以下哪些方面的问题

选项	小计	比例
A. 课程内容趣味性不足	3224	54.22%
B. 老师讲授方式和效果不好	779	13.1%
C. 课程内容与专业学习关系不大	2171	36.51%
D. 内容不贴近学生思想实际问题	1318	22.17%
E. 其他	1018	17.12%
本题有效填写人次	5946	

(二)教学方法运用的认可度还有提升空间

在教学方法运用方面,当学生被问及"'德法'课的教学方式频率是什么"时,讲授式教学、互动式教学、分组讨论的矩阵题得分分别为 3.94、3.64,3.11,讲授式教学和互动式教学高于矩阵题平均分 3.57(表 6-4)。这说明,大多数教师采用的是讲授为主、互动式教学为辅、分组讨论为补充的教学方式。那么,这种教学方式效果如何呢?当被问及"您认为'德法'课教学存在以下哪些方面的问题"时,有 13.1%的学生认为"老师讲授方式和效果不好"(表 6-3),这说明还有一成以上的学生认为这种教学方式尚有改进的必要。

表 6-4　“思修”课的教学方式频率是（该矩阵题平均分：3.57）

题目/选项	1=从来不用	2=偶尔	3=一般	4=经常	5=非常频繁	平均分
讲授式教学	56（0.94%）	280（4.71%）	1518（25.53%）	2193（36.88%）	1899（31.94%）	3.94
互动式教学	119（2%）	662（11.13%）	1840（30.95%）	1934（32.53%）	1391（23.39%）	3.64
分组讨论	724（12.18%）	1130（19%）	1819（30.59%）	1290（21.7%）	983（16.53%）	3.11
小计	899（5.04%）	2072（11.62%）	5177（29.02%）	5417（30.37%）	4273（23.95%）	3.57

（三）教学深度互动与课下交流效果欠佳

互动式教学是指“在教学过程中教师和学生之间实现信息的双向流动，且能够在信息流通的过程中实现‘教’‘学’相长”①。课堂教学中运用的互动式教学有辩论式互动教学、讨论式互动教学、情景式互动教学、案例分析式互动教学、体验式互动教学、参与式互动教学等。深度运用互动式教学能够实现有效互动，互教互学，形成真正的学习共同体，进而提升课堂教学的活跃度、趣味性及实效性。然而，“德法”课堂教学互动和课下交流有限，教学效果有待提升。

在互动形式方面，互动式教学方法虽多样，但近三分之一教师仅局限在课堂提问、讨论这种传统教学形式，学生能够参与的互动形式较为单一。调查显示：有25.71%的学生认为，除了课堂提问、讨论这种互动形式，没有参加过“德法”课其他形式的教学活动（表6-5）。

在互动效果方面，近一半教师课堂教学互动较少且互动效果不够理想。调查显示，当学生被问及“教师在‘德法’课堂教学过程中的互动情况”时，认为互动“一般”占35.59%，这说明有三分之一以上的教师互动效果不够理想；

① 庄三红：《互动式教学在思想政治理论课中的热运用与冷思考》，《思想理论教育导刊》2019年第3期。

“不经常互动”和“从不互动”分别占 3.6%、0.92%，虽然比例共计 4.52%（表 6-6），但对于教学整体效果而言不可小觑，少数教师面对的学生群体人数较多，关系的是学生群体的价值观引领，应引起教师的高度重视。因此，教师在互动式教学设计中，要侧重于关注与学生之间的互动情况，无论是互动形式的选择，还是互动过程的引导与把控，都要精心设计，做好互动式教学的设计者、把关者、组织者和引导者。尤其是面对互联网环境下成长起来的大学生，他们或许有知识的广度但缺乏理论的深度，教师要善于从互动中发现学生思想方面存在的问题，有针对性地解决学生思想方面出现的疑难杂症。

表 6-5　除了课堂提问、讨论这种互动形式，你还参与过“思修”课的哪些教学活动

选　项	小计	比例
A. 没有参加过	1529	25.71%
B. 实践调研	2453	41.25%
C. 围绕某一主题进行课堂展示，演讲、讲课、制作视频等	3492	58.73%
D. 其他	95	1.6%

表 6-6　教师在“思修”课堂教学过程中的互动情况如何（该矩阵题平均分：3.81）

选项	1=从不互动	2=不经常互动	3=一般	4=经常互动	5=每堂课都互动	平均分
小计	55	214	2116	2009	1552	3.81
比例	0.92%	3.6%	35.59%	33.79%	26.1%	

在课下交流方面，教师与学生交流较少，效果欠佳。教育家梅贻琦曾说：“师生犹鱼，行动犹游泳，大鱼前导，小鱼尾随，从游既久，其濡染观摩之效，不求而至，不为而成。”①耳濡目染、言传身教的教育方式在和谐的师生关系中得以体现。调查显示，“你与‘德法’课教师有过课下交流吗”这道题的矩阵题平均分仅有 2.91 分，学生之间教师“从不交流”“偶尔交流”的分别占 17.83%、

① 梅贻琦：《梅贻琦谈教育》，辽宁人民出版社 2015 年版，第 52 页。

16.65%，共计34.48%；交流“一般”占35.37%，“经常交流”和“每堂课都交流”仅占16.9%、13.25%，共计30.15%（表6-7）。这说明，教师与学生之间还未建立良好的沟通交流关系。

表6-7　你与“思修”课教师有过课下交流吗（该矩阵题平均分：2.91）

选项	1=从不交流	2=偶尔交流	3=一般	4=经常交流	5=每堂课都交流	平均分
小计	1060	990	2103	1005	788	2.91
比例	17.83%	16.65%	35.37%	16.9%	13.25%	

（四）教育信息素养不能完全适应现代教学

在新媒体运用广泛的传统教学模式下的思政课堂，“德法”课教学与教育信息技术的深度融合能够为本课程教学注入时代生机和创新活力。目前，多数教师在教学过程中使用学习通、钉钉、雨课堂、腾讯会议等网络教学平台，但还有28.54%的教师没有使用网络教学平台（表6-8）。这说明，有近三分之一的教师没有将教育信息技术融入课程教学，还有部分学生依然处于教学环节的底端，被动接受来自权力上游的教学安排，并没有因为教学手段的丰富而真正参与到学习过程中。这种做法已经落后于新时代对“德法”教育教学的要求。

以“德法”课运用讨论式教学为例，在是否运用网络教学平台方面，学生更倾向于使用网络教学平台，而教师运用网络教学平台却不能满足学生的需求，出现学生想使用与部分教师不使用网络教学平台之间的矛盾。一般来说，讨论式教学是由任课教师先设计并抛出问题，引导学生参与讨论，在讨论过程中融入教师的观点及教学目的，以讨论促思考，以讨论导学生，最终以讨论达成共识。①讨论式教学贵在覆盖全体学生，如果学生不参与讨论、不参与思考，就成了一

① 庄三红：《互动式教学在思想政治理论课中的热运用与冷思考》，《思想理论教育导刊》2019年第3期。

种形式。网络教学平台虽然是一个很好的选择,然而,在课堂互动是否使用网络教学平台方面,仅有 54.25%的教师通过网络教学平台进行提问、讨论,还有 45.75%的教师运用的是“不借用网络教学平台的随机提问”(表 6-9),不能覆盖全体学生。对学生而言,有 71.93%的学生倾向于“借助网络教学平台进行的互动有后台记录,每个人都要参加”(表 6-10)。这表明,有七成多的学生希望教师运用网络教学平台进行教学互动,而只有不到五成的教师使用网络教学平台。可见,部分教师在教育信息技术使用方面,不能满足学生参与课堂讨论的需求。

表 6-8　教师在“思修”教学中,使用的网络教学平台有

选项	小计	比例
A. 没有使用网络教学平台	1697	28.54%
B. 学习通	3504	58.93%
C. 钉钉	1079	18.15%
D. 雨课堂	690	11.6%
E. 腾讯会议	875	14.72%
F. 其他	418	7.03%

表 6-9　在“思修”课堂互动方式上,教师采用较多的是

选项	小计	比例
A. 不借用网络教学平台的随机提问	2720	45.75%
B. 通过网络教学平台进行的提问、讨论	3226	54.25%

表 6-10　“思修”教学互动方式上,你倾向于选择

选　项	小计	比例
A. 不借用网络教学平台进行的互动覆盖面小,可以逃避不参加	1669	28.07%
B. 借助网络教学平台进行的互动有后台记录,每个人都要参加	4277	71.93%

(五)学生的民主参与意识不够强

课堂教学中,学生是学习的主体,教师是教学的主导。教师要以学生为中心,充分调动学生的学习主动性,让学生成为学习的主人,主动参与到课堂中来。调查显示,当学生被问及“你认为该门思政课堂上学生的民主参与意识和能动性怎么样?”,选择“一般”占 41.69%,“不强”“不太强”分别占 1.58%、5.97%(表 6-11)。这说明,有近一半的学生民主参与意识和能动性有待提高,个别学生的民主参与意识和能动性亟须提高。

表 6-11　你认为“思修”课堂上学生的民主参与意识和能动性怎么样(该矩阵题平均分:3.6)

选项	1=不强	2=不太强	3=一般	4=比较强	5=非常强	平均分
小计	94	355	2479	1943	1075	3.6
比例	1.58%	5.97%	41.69%	32.68%	18.08%	

以“德法”课互动式教学为例,调查显示:在被调查的学生中,分别有 85.25%、66.57%、74.22%、67.42% 的学生认为,教师采用互动式教学“能够活跃课堂气氛”“能够拓宽知识面”“互动中观点碰撞能启发思考”“教师能够发现学生思想认识等方面的问题”(表 6-12)。但是,调查同时显示,参与意愿“一般”的占 33.17%,“非常不愿意”“不大愿意”参与小组讨论的仅占 1.29%、4.31%(表 6-13)。这说明,虽然学生认为互动式教学有活跃课堂气氛等优势,但是,在小组讨论这种互动形式上,学生的民主参与意愿并不够高。这或许既与班级人数较多有关,也与小组讨论设置的教学问题是不是“真”问题,能否吸引大多数学生的兴趣和注意力有关。

表 6-12　对于思政课教师采用互动式教学,你认为

选项	小计	比例
A. 能够活跃课堂气氛	5069	85. 25%
B. 能够拓宽知识面	3958	66. 57%
C. 互动中观点碰撞能启发思考	4413	74. 22%
D. 教师能够发现学生思想认识等方面的问题	4009	67. 42%
E. 其他	79	1. 33%

表 6-13　如果让你参与该门思政课小组讨论,你会(　)(该矩阵题平均分:3. 79)

选项	1=非常不愿意	2=不大愿意	3=一般	4=比较愿意	5=非常愿意	平均分
小计	77	256	1972	2156	1485	3. 79
比例	1. 29%	4. 31%	33. 17%)	36. 26%	24. 97%	

三、原因分析

“德法”教学存在的问题是由师生比小、学情分析不够、教学设计缺乏针对性、课堂互动有效反馈缺失、教师媒介素养有待提高等多种因素综合作用的结果。比如,学生的民主参与意识和能动性一般,既与部分教师教学设计欠妥、教学方法运用不到位有关,也与学生个体学习主动积极性不高、学习能力不足有关。

(一)教学设计缺乏整体性,学生获得感不足

总体上看,由于思政课教师数量不足,当前高校开展思政课教学主要依赖大班制。受此限制,“德法”课教师难以针对学生的专业需求、兴趣特点等进行学情调研与开展差异化教学,难以进行整体性教学设计。在教学过程中,为了按时完成课时要求,教师只能按照课程计划从“供给侧”出发“大水漫灌”,不能根据教学对象的不同特点进行精准教学,学生“需求侧”无法得到有效满

足。调查结果显示,“全程认真听课”的学生仅占30.34%,有17.05%的学生表示自己“仅听感兴趣的内容”。基于这种较低的“抬头率”,教师难以实现“精准滴灌”,学生在课堂上的获得感大打折扣。

(二)课堂互动缺乏针对性,有效性反馈不高

新时代大学生多富有思维活跃、敢于挑战权威等特点,不爱接受灌输式的教学方式。调查结果显示,有66.53%的学生倾向于教师围绕本节课的几个重点问题,启发学生思考、讨论、回答。但是,由于“德法”师生比例较低,课堂教学时间有限,教师难以进行有效的、深入的交流。目前普遍使用的课堂互动也仅限于统一的问题讨论、习题练习等形式,教师无法全面、准确了解学生学习的实际情况,教学效果就会大打折扣。

(三)教学评价缺乏多样性,难以体现差异化

目前,“德法”课的考核主要以期末闭卷考试和课程作业为准,平时成绩以课堂考勤、表现等为准。在课堂表现中,文科类学生普遍要比理工类学生更为积极,艺术、体育类学生在课程作业方面表现不佳。如前所述,36.83%的学生认为“日常思想行为表现”在课程考核中应当占据重要比例。如果教学评价的单一性无法改进,教学评价的客观性和准确性就很难得到体现。

(四)教师素养缺乏综合性,教学效果不充分

思政课是高校思想政治教育的主渠道,是培养社会主义合格建设者和可靠接班人的主阵地。如何把“有意义”的内容讲得“有意思”,是对思政课教师的考验。作为多门思政课中的先导课,“德法”课讲授的知识涉及哲学、马克思主义理论、政治学、历史学、伦理学和法学等多个学科,对教师的综合素质提出了更高要求。调查发现,62.29%的学生认为教师“语言表达缺乏感染力,导致课堂气氛沉闷”。可见,在强调思政课要以内容为王的同时,如何做到“高

度、深度、温度”的有机结合，既保证“配方”先进，又能使“工艺”精湛，更有“包装”时尚，是影响“德法”课教学效果的重要因素。

第三节 赋权型“德法”课分众教学模式应用价值

尽管“思想道德修养与法律基础”变为“思想道德与法治”，课程名称和内容发生了一些变化，但有内在的传承性，任课教师基本没有变化。因此，调查发现的问题，对于改进“德法”课教学同样具有借鉴和启发意义。赋权型“德法”课分众教学模式基于教育赋权理论，以传统课堂教学模式为基础，又超越它。这种教学模式秉持因材施教教学理念，依据传播学受众理论中的“个体差异论”、“社会分类论”和社会学理论中的社会群体理论，关注学生的群体差异和个体差异，旨在建立一个掌控学情，直面教学问题，解决教学问题，达成教学目标的分众教学模式。这种教学模式从学生学习的权力和学生可感知的权力感入手，让学生在真正感受到自己权力被尊重的基础上获得自己的课堂主体地位。这可以改变教师和学生的现有处境，将学生个体需要的外部引导和学生的内在需求相契合，师生双方充分交流，有效互动，形成合力，进而“实现思想政治理论课教学‘配方’先进、‘工艺’精湛、‘包装’时尚”，①助推“德法”课教学内涵式发展。

一、教学导向更加清晰

习近平总书记在党的新闻舆论工作座谈会上指出：“要适应分众化、差异

① 中华人民共和国教育部：《关于印发〈新时代高校思想政治理论课教学工作基本要求〉的通知》，2018 年 4 月 24 日，见 http://www.moe.gov.cn/srcsite/A13/moe_772/201804/t20180424_334099.html。

化传播趋势,加快构建舆论引导新格局。”①当今世界正在经历百年未有之大变局,“德法”课教师要勇于、敢于走在舆论引导的前面,充当“领头雁”和“排头兵”。赋权型“德法”课分众教学模式提出了一个旨在关注学生“需求侧”的教学理念,内在要求教师要在精准掌握学情的基础上进行教学设计。

(一)精准掌握学情是教师进行教学设计的起点

学情是教学的基础,但目前“德法”课教学还存在关注学情不够深入的状况。赋权型“德法”课分众教学模式要求教师精准掌控学情,即通过谈话、问卷调研等方式掌握、研判学情。这不仅包括研判某一特定授课班级的整体学情、还包括研判授课班级之间的整体学情差异,亦包括研判特定班级内部学生群体之间差异及个体差异,目的是最大范围内关注学生的群体需求和个体需求,进而建构起区分受众、多层次、立体化的教学体系。正如习近平总书记所指出的,“思政课教学离不开教师的主导,同时要坚持以学生为中心,加大对学生的认知规律和接受特点的研究,发挥学生主体性作用。”②

精准掌控学情既要求发挥教师主导作用,主动调研学情,将因材施教理念落到实处,突出学生主体地位,尊重学生主体意识、主体能力和主体价值,将大学生视为有一定文化知识、思考能力、价值判断、主观能动性的个体,认为学生应成为而且能够成为学习的主人,让学生主动参与到教学内容选用、教学方法使用中,强调在教学过程中教师和学生处于平等地位,共享教育权力,促进教学互长,也要求发挥学生主体性,积极参与教师的学情调研。

(二)精准进行教学设计与注重教学反思是主线,其要点在于直面教学问题、清晰定位教学目标和践行教学反思

赋权型“德法”课分众教学模式不是对传统教学模式的简单批判和否定,

---

① 《习近平谈治国理政》第二卷,外文出版社2017年版,第333页。

② 习近平:《思政课是落实立德树人根本任务的关键课程》,人民出版社2020年版,第21页。

而是现有教学模式的一种补充,与现有教学模式嵌入式融合,实现精准育人。这种教学模式高度关注并深入到学生的学习和生活场域,契合学生内在发展需求,将教材内容与学生学习生活困惑与需求无缝对接,以答疑解惑、解决教学问题作为教学设计的重难点,让学生在关注自主发展与健康生活、理想信念与人生方向、文化基础与科学精神、社会参与责任担当中树立正确的世界观、人生观、价值观、道德观和法治观。

教学设计和教学反思的要点在于直面教学问题、清晰定位教学目标,要求教师及时总结教育教学实践中的经验教训,实现对教学过程的再认识、再思考,进而在后续的教学实践中得以改进,是提高教师教学水平的一种有效手段。教无定法,贵在得法。赋权型"德法"课分众教学模式虽然给教师提供了从"精准"视角研判学情、进行教学设计的教学范式,但是在具体的真实教学场景中,在与学生的教学互动中,教学话语表达内容、表达方式会因真实课堂教学环境而细微变化,教学目标是否达成、达成度有多高,都需要教师进行教学反思并在教学中持续改进。

二、教学效果更加突出

赋权型"德法"课分众教学模式基于精准掌握学情,针对学生学习的共性问题、"真"问题、"真"困惑,精准进行教学设计,能够契合学生内在发展需求,实现深度教学,教学针对性更强,教学效果更好,因材施教更有效。

(一)直面学生学习生活"真"问题,价值话语传播效果好

经济全球化、政治多极化为世界上各种思潮和话语提供了一个广泛的价值交流平台,大学生通过网络涉猎接触到各种思想文化,在多样的思想文化交流交融交锋中,难免会遇到困惑的问题。赋权型"德法"课分众教学模式以专题或章节教学内容为蓝本,让同质学习交流小组搜集授课班级内不同受众对专题的学习兴趣与学习疑惑,从而确定专题讲授的具体内容与讲授深度。当

被问及“让学生在“德法”课教学大纲制定、教学内容选用、教学方法使用、课堂教学组织等方面有更多的决策参与权，是否有必要”时，调查结果显示，该矩阵题平均分为3.62。认为“比较有必要”“非常有必要”的分别占32.59%、19.34%，共计51.93%（表6-14）。这说明，有一半左右的学生非常希望在“德法”课教学大纲制定、教学内容选用、教学方法使用、课堂教学组织等方面有更多的决策参与权。然而，当前“德法”课教较多关注“供给侧”，这显然无法满足所有学生的内在需求。赋权型“德法”课分众教学模式提供了一个了解观测学生困惑的视角，使得课堂教学直面教学“真”问题，在解决“真”问题中筑牢大学生的理想信念之基，传承中华传统美德，弘扬中国精神，培育和践行社会主义核心价值观，尊重和维护宪法法律权威，提升思想道德素质和法治素养。

表6-14　你认为让学生在“德法”课教学大纲制定、教学内容选用、教学方法使用、课堂教学组织等方面有更多的决策参与权，是否有必要（该矩阵题平均分为3.62）

选项	1=没必要	2=不太必要	3=一般	4=比较有必要	5=非常有必要	平均分
小计	105	318	2435	1938	1150	3.62
比例	1.77%	5.35%	40.95%	32.59%	19.34%	

（二）“一课多师”或“一课一师”，专题或章节讲授更深入

基于精准掌控学情的教学设计在教学组织实施方面更能激发学生的学习兴趣，抬头率更高。赋权型“德法”课分众教学模式在讲授专题或章节内容的教学组织实施方面，是采用“一师一课”固定班级上课，还是采用“一课多师”班级轮流上课形式，可以根据教学实际而定。“一师一课”固定班级上课优势在于方便任课教师自主研判学情，熟悉程度较高。不足之处在于教师备课任务量较大。“一课多师”班级轮流上课要求教学团队中的任课教师以一个班

级为主并对班级学情进行研判，然后在教学团队中共享各自班级学情研判结果，优势在于备课任务较少，不足之处在于要对所有教学班级学生进行了解。相比之下，无论是“一师一课”固定班级上课，还是“一课多师”班级轮流上课，只要做到精准掌握学情和精准进行教学设计，就能实现深度教学，达到较好的教学效果。

需要注意的是，“一课多师”班级轮流上课要注意处理好讲授内容的普遍性与差异性：任课教师在本班讲授“德法”若干章节和互动答疑后，然后呈梯次顺序分别到其他教师的班级循环上课。由此，一门课程由多个教师讲授，学生通过接受多个教师的专题或章节深度讲解，能够拓宽学习思路，增强学习获得感。由于各班学情的差异，各任课教师即使讲授同一个专题，也要根据班级学情差异不断调整专题讲授的深度与广度，由此呈现班级差异性。

总之，基于精准掌握学情进行的教学设计，不仅能覆盖全体受众的学习生活需求，并根据学情差异适时调整重难点，还关照了学生学习的权力，关注学生个体需求与潜能发展，亦能激发学生自主学习意识，培养学生对教学内容进行主动思考的能力，进而自主自觉接受“德法”课教育教学活动，在学习过程中自主自觉地将知识学习真正内化为自己的思想意识与人格品质，进一步提高分辨是非、善恶、美丑和加强自我修养的能力，为逐渐成为德智体美劳全面发展的中国特色社会主义伟大事业的合格建设者和可靠接班人打下扎实的思想道德和法治素养基础。

三、教育赋权更加系统

赋权型“德法”课分众教学模式赋予学生学习和自我发展的权力和能力，不仅体现在尊重学生上，还体现在高质量的线上线下学习互动和学生深刻的学习体验中。

（一）在契合学习兴趣中让学生真正获得主体地位和学习权力

赋权型“德法”课分众教学模式要求教师调研学生兴趣，这与学生的内在需求相符。调查结果显示，学生比较支持、非常支持“德法”教师征集自己感兴趣的话题并进行针对性讲解的分别占 40.06%、33.43%，共计 73.49%。这表明，绝大多数学生支持教师讲授学生感兴趣的内容。调查数据还显示，如果“德法”教师针对学生感兴趣的话题在课堂上讲授，有 33.31%的学生认为效果非常好，有 43.29%的学生认为效果比较好。这充分说明，分众教学模式契合学生兴趣要求，能够在很大程度上尊重并满足学生的内在学习需求，让学生真正获得学习的“权力”。

（二）在高质量教学互动中尊重学生自主学习和自我发展能力

赋权型“德法”课分众教学模式在教学互动这一过程中内在包含着让学生主动参与教学过程与尊重学生学习的权力。然而，不少现有教学模式由于在实践层面没有高度关注学情，使得教学互动在一定程度上流于形式。分众教学模式下的教学互动不是为了追求互动而互动，而是强调传道授业解惑与教学相长同频共振，实现高质量互动。它包括课前互动、课堂互动和课后互动这三个有机组成部分。课前互动在于精准掌握学情，因“材”施教。学生是一块特殊的“材”，只有对这块“材”了解透彻，才能开处方、对“症”下药。课堂互动是为了传道、答疑、解惑，用“药”解“症”；课后互动是看“疗效”，通过课后监测并通过榜样示范进一步提升教学效果。

分众教学模式下的教学互动从互动时间、互动形式、互动内容上，以直面教学问题、解决教学问题、达成教学目标为核心，相互衔接，有机统一，强调师生之间平等地沟通、交流和对话，以达到对教学问题的再思考再认识进而促使师生在知识、能力、情感、思想观念、价值取向等方面交流交融，在教学互动中引导学生树立正确的“三观”，提高教学质量和教学效果。

（三）在深刻学习体验中提升学生学会思考与自我参与意识

赋权型分众教学模式能够使学生学习的权力和能力得到充分保障，学习体验更深刻，获得感更强。这种教学模式要求“德法”课教师能够精准掌握学情，实时追踪学生学习进度，熟悉学生对知识的掌握情况以及学习过程中存在的问题，并在此基础上与学生积极互动，给学生答疑解惑，从而建立起师生间的真挚情感，促进教学活动顺利开展，由此让学生获得深刻的学习体验。它强调“以精准掌握学情为基础”“以学生为中心”“以达成教学目标为遵循”“持续化教学反思为导向”，变单纯的知识讲授为理论答疑解惑，变单一方法为综合运用，变单向教学为双向实时反馈，变重视学生的普遍性转变为关注学生的差异性。这样的分层教学模式，能够提高学生的学习参与意识，让学生获得深刻的学习体验，激发学习求知欲，提高学习能力，使学生能根据自己的实际情况，找准人生定位，把爱国情、强国志、报国行自觉融入坚持和发展中国特色社会主义事业、建设社会主义现代化强国、实现中华民族伟大复兴中国梦的奋斗中。

四、教学主体更加活跃

在现有教学模式中，教师大多更关注授课内容的学理性、系统性，一定程度上忽视了学生个体差异和群体差异，学生以“听老师讲”为主。在课堂权力分配层面，大多数学生“无权”参与到教学内容设计中去，而是听从教师安排。赋权型“德法”课分众教学模式关注学生学习生活的各种疑惑和问题，关注学生的兴趣爱好，关注学生成长成才的目标，注重结合教材内容和学生学习困惑进行精准教学设计，注重教材体系向教学话语转变，注重教学反思。党的十八大以来，以习近平同志为核心的党中央高度重视教师队伍建设问题。2016 年 12 月，习近平在全国高校思想政治工作会议上强调，“教师不能只做传授书本知识的教书匠，而要成为塑造学生品格、品行、品味的‘大先生’”。2022 年 4

月 25 日，习近平在中国人民大学考察时强调，“老师应该有言为士则、行为世范的自觉，不断提高自身道德修养，以模范行为影响和带动学生，做学生为学、为事、为人的大先生，成为被社会尊重的楷模，成为世人效法的榜样。”①“大先生”是提升教书育人能力的需要，是落实“立德树人”任务的需要，“德法”课教师应努力成为“经师”与“人师”相统一的“大先生”。

（一）以关注学生兴趣为基点开展教学是教师成为“大先生”的前提

教师关注学情，就要重点关注学生的兴趣，因为它既是激励学生学习的最好老师，也是激励教师掌握学情的基本途径。赋权型“德法”课分众教学模式要求教师了解新时代大学生的兴趣爱好，一个善于发现了解学生兴趣的教师更易被学生认可与接受。孔子曰：“知之者不如好之者，好之者不如乐之者。”教师要乐于了解、掌握学生的兴趣爱好，做到好教乐教，有了对学生的深入了解，就可以变“要我教”为“我要教”，变“教一时”为“教一生”，进而把育人工作作为一种追求、一种爱好、一种健康的工作方式。对学生而言，他们更愿意听“懂”教师讲课，从而对学习产生浓厚兴趣，变“要我学”为“我要学”，变“学一时”为“学一生”。

（二）在教学中不断提高教学素养是教师成为“大先生”的基本途径

赋权型“德法”课分众教学模式客观上要求教师不仅要成为知识的传授者，还要成为学生的协作者和指导者，成为塑造学生的“大先生”。这与学生对教师的期待是一致的。调查显示，当学生被问及“你在多大程度上希望‘德法’教师在教学中承担以下角色”时，学生希望教师成为“指导者”“协作者”“知识的传授者”的平均得分分别为 3. 91、4. 01、4. 18，均高于该矩阵题平均分 3. 73，只有“权威者”平均分 2. 8 低于该矩阵题平均分 3. 73（表 6-15）。这说

① 张东刚、林尚立：《弘扬教育家精神 建设中国特色世界一流大学》，《人民日报》2023 年 9 月 26 日。

明，绝大多数学生不喜欢权威型教师，学生喜欢任课教师在教学中扮演的角色依次是“知识的传授者”“协作者”“指导者”。同时，在被问及“你认为‘德法’教师需要具备的素质”时，分别有 82.02%、84.09%、82.12%、87.79%的学生认为，教师应该“有较深的学术造诣”“有强烈的责任感”“有突出的人格魅力”“有较强的教学能力”。“百年大计，教育为本；教育大计，教师为本。”①因此，“德法”课教师要成为“大先生”，不仅要以“六个要”②为抓手，还要不断提升个人教学素养。

表 6-15 你在多大程度上希望“思修”教师在教学中承担以下角色（该矩阵题平均分：3.73）

题目/选项	1=非常不希望	2=不太希望	3=无所谓	4=比较希望	5=非常希望	平均分
权威者	1125（18.92%）	1403（23.6%）	1653（27.8%）	1052（17.69%）	713（11.99%）	2.8
指导者	126（2.12%）	268（4.51%）	1327（22.32%）	2531（42.57%）	1694（28.49%）	3.91
协作者	62（1.04%）	161（2.71%）	1259（21.17%）	2612（43.93%）	1852（31.15%）	4.01
知识的传授者	55（0.92%）	128（2.15%）	1030（17.32%）	2226（37.44%）	2507（42.16%）	4.18
小计	1368（5.75%）	1960（8.24%）	5269（22.15%）	8421（35.41%）	6766（28.45%）	3.73

总之，赋权型“德法”课分众教学模式与传统教学模式最根本的不同就在于更加突出学生的主体地位，将赋权理念和分众理念融入思政课教学，其目的在于构建一个全新的教学组织形式与运行机制，使学生有机会根据自身的需

① 中华人民共和国中央人民政府：《温家宝在北京三十五中的讲话：教育大计，教师为本》，2009 年 10 月 11 日，见 http://www.gov.cn/ldhd/2009-10/11/content_1436183.htm。

② 习近平在 2019 年 3 月 18 日主持召开的学校思想政治理论课教师座谈会上指出，思政课教师做到政治要强，情怀要深，思维要新，视野要广，自律要严，人格要正。这“六个要”既是对广大思政课教师提出的要求，又是对全国思政课教师具体工作的指导，为加强思政课教师队伍建设指明了方向。

要来决定教学的内容、方式和过程，启发学生重新审视发现自身所具有的学习权利和该如何使用这些权利的能力，提升学生在学习过程中的参与感、获得感和幸福感。

第四节　赋权型“德法”课分众教学模式应用挑战

尽管将赋权型分众教学模式融入现有“德法”课堂教学具有上述优势，但是在应用过程中可能会受限于教师的专业素养、人文素养、信息素养、媒介素养、教学管理能力、教学设计能力和教学艺术等方面，因而存在以下挑战。

一、以“学情”为中心的分众划分问题

分众的核心目的是了解学情、依据学情。赋权型“德法”课分众教学模式将传播学中的“分众”理论和社会学中的群体理论引入理论教学和实践教学，首先要解决的问题就是在精准掌控学情的基础上将学生进行科学合理的“分众”。传播学受众理论中的“个体差异论”和“社会分类论”认为，人们接受外界信息的差异既存在于个体之间，又存在于群体之间。“个体差异论”认为，受众的心理背景都是独特的，以各自独特的心理背景去接受大致相同的信息，就必然导致对信息不同的理解和接受。“社会分类论”则强调受众的社会群体特性的差异，这与社会学理论中的群体理论异曲同工，即属于同一社会类型大群体内的受众对信息的反应基本一致，并以大体一致的方式去选择大众传播信息内容。由此，“德法”课教师如何兼顾学生个体之间的差异和群体之间的差异，如何处理好跨院系、跨学科、跨专业学生的分众，以及教学班级内部的分众，在实践层面还会面临哪些困惑。比如有的学生想参与两个同质小组、有的学生不愿意参与同质小组等，还需要“德法”课教师合理应对和正确引导。

二、以"分众"为中心的多层次教学话语体系转化问题

赋权型"德法"课分众教学模式要求教师在对学生进行精准"分众"的基础上，以马克思主义理论研究和建设工程重点教材为教学基本遵循，在教材体系向教学体系转化上下大功夫、下真功夫、下苦功夫、下细功夫，才能真正做到融会贯通、熟练驾驭、精辟讲解。对于"德法"课教师而言，如何根据所讲授专题，围绕习近平总书记关于青年人生成长、理想信念、中国精神、社会主义核心价值观、道德建设、法治建设的重要论述，针对不同层次的学生"受众"，设计出多种符合教学规律和"分众"特点的理论和实践教学方案，合理运用启发式、参与式、互动式、案例式、研究式等多种教学方法，采用适合"受众"喜闻乐见的语言、生动鲜活的事例、新颖活泼的形式，活跃课堂气氛、启发"受众"思考，把科学理论讲清楚、说明白，无疑是一个具有挑战性的工作。

三、以"分众"为中心的教学资源整合问题

赋权型"德法"课分众教学模式的应用需要教师投入较多的时间与精力，仅凭借教师的一己之力过于单薄。目前，"德法"课教师大都承担多个大班或中班的教学任务，如何让辅导员参与教学研讨，帮助教师了解学生的日常生活学习情况，以及如何让专家、学者参与指导优秀的学生群体，这就涉及教学资源的整合问题。现实情况是，多数教师与辅导员、专家学者的交流很少，这在某种程度上阻碍着赋权型分众教学模式在教学过程中的应用。

四、以"分众"为中心的教学评价问题

如何评价赋权型"德法"课分众教学的效果？教师是否科学、合理根据学情进行"分众"，是否在教学过程中进行分众教学，即针对不同"受众"，是否能够赋权、如何赋权，设计出不同教学方案、采用不同教学话语，教学活动是否满足了学生的学习需求，师生互动是否及时，学生是否能积极表达、充分表达，在

线讨论是否深入，教师的答疑是否能为学生解惑，学生学习的参与度是否得到提升、获得感是否增强，这需要对“德法”分众教学模式进行评价。当前，这方面的理论阐释研究和实证研究成果较少。

第五节 赋权型“德法”课分众教学模式应用程序

如前所述，赋权源自“Empowerment”一词。赋权理论最初产生于社会工作专业研究的语境中。近年来“赋权”一词也广泛应用于传播学、教育学、政治学等领域，不断衍生出新的内涵与论域。赋权的核心概念为“权能”，即“权力”与“能力”。教育赋权是指教师（赋权主体）从学生（赋权对象）的实际需求出发，以课堂为主要赋权平台，通过调动赋权对象的主体性、能动性、发展性，帮助赋权对象发掘自身潜力，激发学习意愿，增强学习能力的过程。教育赋权中的“权力”与“能力”是指学生学习过程中自主学习的意识觉醒与掌控自主学习的能力提升。教育赋权的本质是赋能，它源于个体对于自主性的内在需求。① 从赋权理论出发审视高校思政课堂，周倩、石耀月认为，“思政课程是意识形态权力的物化载体，框定了思政课堂的内容……学生是体制性无权与课堂客体”。② 教学设计是根据课程标准的要求和教学对象的特点，将教学诸要素有序安排，确定合适的教学方案的设想和计划，一般包括教学目标、教学重难点、教学方法、教学步骤与时间分配等环节。但在实际教学准备过程中，教师重点备的是教材，淡化的是备学情，备的大都是大学生群体的整体特征，而忽视了大学生群体内部与群体之间的差异。

① 杨静娴、钟科代、周倩：《教育赋权视域下新时代高校思政课分众教学模式探索》，《郑州大学学报（哲学社会科学版）》2021 年第 2 期。

② 周倩、石耀月：《赋权型高校思政课堂场域中师生权力审视》，《法学教育研究》2021 年第 1 期。

社会网络与社会群体理论认为，人们在社会交往与互动中，形成各种社会关系，组成社会网络，结成社会群体，进而生成复杂的社会结构。社会中存在多种多样的社会群体，我们可以根据不同的标准，将群体划分为不同类型。比如，按群体成员之间关系的亲密程度，可以将社会群体分为初级群体和次级群体；按成员对群体的心理归属，可以区分出内在群体和外在群体；按群体成员的身份归属以及心理认同，可以将群体区分为所属群体和参照群体，按维系群体的力量的性质，可以区分出利益群体和信仰群体等。这些划分都是两分法，区分出的是两种极端类型，而实际生活中的社会群体可能大多居于两者之间的连接地带。[①] 大学生群体，既隶属于年龄群体与年龄分层，也隶属于业缘群体，还隶属于内在群体。在大学生群体之内，还有初级群体和次级群体、内在群体和外在群体、所属群体和参照群体、利益群体和信仰群体等的划分。教育赋权理论视角下"德法"课分众教学模式以关注学生个体和群体差异、精准掌控学情为基础，以赋予学生权力和能力、提升学生获得感为宗旨，通过对学情的三次把脉问诊，有效进行教学设计，增加教学针对性和亲和力，提高教学实效性，是优化传统高校"德法"课堂场域"教师权力独占性和学生权力边缘化"的有效路径。

一、第一次分众的学情分析与教学设计

第一次分众的学情分析包括两个方面的内容。

一是任课教师要通过运用研读与大学生群体特征相关的理论文章或问卷调查等方式分析和了解大学生群体的心理特质、学习方式、思维方式、生活方式、消费方式等。目前，在校大学生几乎全为"00 后"，他们的成长背景、价值观和消费观念、智能手机和 APP 的使用习惯、媒介消费观、职业观等方面不完全等同于他们的"60 后""70 后""80 后""90 后"任课教师。因此，任课教师

① 《社会学概论(第二版)》，人民出版社 2021 年版，第 104—105 页。

对"00后"这一群体特征的了解与熟悉,是第一次分众的学情分析之一。

二是任课教师要掌握各授课班级以及班级与班级之间的差异。按照教育部建设标准,高校思政课班额一般不应超过100人。但受师生比的限制,各高校仍普遍以大班教学为主。这种大班教学乃是当下"德法"课分众教学模式的雏形,即各高校按年级、院系、专业进行授课。通常情况下,每位思政课教师的授课对象不限于某一学院某一专业的学生,而是同一学院不同专业或不同学院不同专业的学生。因此,授课对象的整体认知水平有所差异,比如文科生、理科生、工科生在思维方式、处理问题的方式、做事情的关注点等方面就存在着区别。而现实情况是,不少教师无论面对哪个班级,不管是文科生、理科生,还是工科生,在将教材话语转变为教学话语方面,并没有关注或重视这个学情差异,往往是一个教学设计、一个教案讲遍所有授课班级,这显然是不妥当的。

那么,何时以及如何把握"00"后大学生群体特征以及"德法"课各教学班级的学情呢? 这是第一次分众的关键点所在。关于对大学生群体特征的把握,教师可以通过阅读理论文章或者与教师、学生交流获得。绝大多数教师都能分析出大学生的群体特征。这里有一个值得注意的问题,就是社会学中的"代差"理论,指的是社会不同世代之间在价值观念和行为选择等方面出现的差异、隔阂甚至冲突。"代差"反映的是社会结构、社会生活变化的速度与程度以及不同时代的人在社会化阶段、速度和程度上的差别,社会变化越迅速、越深刻,世代之间的代差也就越深。① 因此,"德法"课教师要避免以权威者的一己之见代替真实的学情,而要从社会发展变化的视角审视客观真正的学情。

对各教学班级以及班级与班级之间学情的把握,离不开授课教师提前介入了解,以及健全完善相关制度。一是要在有关制度支撑下,建立"'德法'课

---

① 《社会学概论》编写组:《社会学概论(第二版)》,人民出版社2021年版,第114页。

教师——辅导员”联系工作机制，通过与辅导员沟通或查看学生学籍，提前了解各教学班级的生源构成、兴趣爱好、家庭情况等，初步掌握学生基本信息；二是要运用教育信息技术，提前建好班级群，避免出现占用课堂时间建立班级群等情况；三是教师要自主自觉运用班级群加强与学生的联系，预先设置有关教学问题在各教学班级进行测试，根据学生反馈情况判断学情，观测、深化对授课班级学生整体知识水平的了解，进而适度调整教学目标、教学内容的难易程度。

“德法”课教师基于第一次学情分析的教学设计需要注意的是，一定要体现各教学班级之间的教学设计差异。这种差异表现在：一是教学目标是否必须体现出班级差异。如果班级整体知识水平较高，教学目标可以适当提高；如果班级已有知识水平偏低，教学目标可适度降低。二是教学重难点的适度调整。三是教学话语表达方式要适应学生的接受能力。

由此可见，基于学生群体特征，各教学班级以及班级与班级之间的群体差异等学情进行的教学设计是对学生已有知识储备的考量，是对学生学习“权力”的尊重，是对学生接受教育权利的尊重，是对学生课堂主体地位的尊重。从教育赋权的角度看，不充分了解学情，不尊重学生学习的主体地位、内在需要等权力就不会备受关注，不能真正在课堂教学中受到重视。在正常教学活动中，由于教师维护教学活动及其秩序的教育“权力”维系着课堂教学的正常运转，支配与服从的二元权力模式规定着课堂上教育者与被教育者的教学关系。① 因而，“德法”课本身所应该具有的观念碰撞与价值引领、智慧与情感的交流都被这种纯粹命令与服从的关系所遮蔽。由此，赋权型“德法”课分众教学模式的教学设计要求教师关注学科差异、专业差异，在教材话语向教学话语转变、教学话语向学生话语转化等方面，符合学生的专业特点和学习需求。

---

① 杨静娴、钟科代、周倩：《教育赋权视域下新时代高校思政课分众教学模式探索》，《郑州大学学报（哲学社会科学版）》2021 年第 2 期。

二、第二次分众的学情分析和教学设计

第二次分众聚焦在特定教学班级，进一步分析和掌握教学班级内部的学情，在此基础上进行分众。这次分众侧重于了解班级内部的趣缘群体、参照群体和信仰群体等。趣缘群体是指人们因兴趣爱好相同而结成的社会群体；参照群体是指某些成员用作其所属群体的参照对象的群体，这些成员通过参照群体来认知、评价所属群体，并由此影响到对其所属群体的情感和态度以及成员自身的价值观，削弱或者加强所属群体的团结；信仰群体则是指社会生活中基于共同的价值观和信仰而形成的各种群体。①

教师可以依据课程章节或专题教学内容成立若干同质学习交流小组，通过与同质交流小组沟通了解班级内部各群体的具体构成。依据“德法”教材，教师可以指导学生成立人生规划组、理想信念学习组、中国精神学习组、社会主义核心价值观学习组、道德规范学习组、法律学习组等，也可以成立社会热点问题分析学习组、道德两难问题辨析学习组等。同质学习小组由学生自主选择。自主选择这一过程能够让学生感受到自己的兴趣、爱好等受到尊重，也有助于他们在小组学习中提升自我效能感，进而提升其参与度，激发学习意愿。需要注意的是，同质组别的成立以及名称的确立一定要与课程具有关联性。同质学习交流小组（推选小组长）需要在教师的指导下，依据章节或专题教学内容，通过发起“课前微讨论”探寻学生的兴趣点、知识盲点、思想困惑等。这便于教师进一步掌握学情，辨析其第一次学情分析之后确立的教学目标、教学重难点是否适宜等。

基于第二次学情分析的教学设计，“德法”课教师需要注意的是：一是要根据同质学习交流小组“课前微讨论”的循迹再次调整教学目标、教学重难点的难易程度，同时要根据课堂讲授情况对教学内容做临时性调整。这对教师

① 《社会学概论》编写组：《社会学概论（第二版）》，人民出版社 2021 年版，第 105 页。

的教学能力提出了更高要求。二是要根据教学重难点斟酌选用恰当的教学方式,是适用逻辑推理的讲授式教学方法,还是运用悬疑式、提问式、比较式等教学方法,需要提前进行思考。

教师要加强与同质交流小组的沟通与交流。这样的小组成立的目的在于:

一是帮助教师进一步了解学生的内在需求,尽量做到因材施教。因为面对班级内部来自不同院系、不同专业、不同成长背景的大学生,如果不深入了解学情,课堂教学极易产生忽视学生个体差异和群体差异的"教师讲—学生听"的单向灌输困境,导致学生很难对"德法"课产生深厚情感。而"课前微讨论"和"学习反馈及时化与学习延展网络化"(第三次分众的学情分析和教学设计)既可以覆盖班级全体学生,又可以观测学生兴趣点以及知识盲点,从而做到因材施教。

二是加强师生之间的实质性互动。多数情况下,"德法"课教师与学生课下交流很少,互动大都发生在课堂教学中。由于受课堂教学时间的限制,无论从覆盖广度和互动深度上都差强人意。而"课前微讨论"与"学习反馈及时化与学习延展网络化"(第三分众的学情分析和教学设计)能够促进师生间的有效交流与互动。这种交流与互动能观测到班级各同质小组的认知水平及认知差异,能及时了解学习效果,符合学生的认知规律和教育规律,亦是将尊重学生主体地位、学生学习的权力和能力落到了实处。

三是同质学习小组内部和同质学习交流小组之间的嵌入式影响。社会学家马克·格兰诺维特(Mark Granovetter)提出的"嵌入理论"强调社会网络结构对人们行为的制约作用,认为只有在具体的社会关系中,才能理解人们所从事活动的具体内容和形式。他还提出"弱关系优势"理论,认为"强关系"是群体内部的连接纽带,而"弱关系"则是群体之间的连接纽带,群体内部由于其成员身份地位的同质性,导致信息重叠;而由"弱关系"联系的不同群体则掌握着不同信息，因此“弱关系”起着更加有效的传递信息作用。[①]“德法”课同质学习小组内部成员之间是一种“强关系”存在，这种兴趣、爱好一致的“强关系”维系着小组内部的关系。同质学习小组与小组之间虽然是一种“弱关系”存在，但彼此在信息传递方面更加有效、更加全面，能拓宽学生的知识面、开阔学生视野，同时加强小组之间的学习交流、知识分享。

三、第三次分众的学情分析和教学设计

通过第一次和第二次分众，课堂教学设计和课堂教学基本完成。第三次分众的学情分析与教学设计主要包括教学反馈及时化和课下学习常态化两个方面。

教学反馈及时化是指“德法”课教师要对课堂“教—学”情况的分析、思考与反馈及时、准确、有效。目前，“德法”课大都在教学完成后就结束了课程，而忽视了对教师教学情况与学生学习情况的信息反馈。教师教学情况的反馈可以通过设计关于教学质量调查问卷获取，也可以通过与学生的沟通交流或教师教学的自我感受与理性分析获得。学生学习情况反馈既可以通过调查问卷获取，也可以通过教师的观察、提问、主题讨论、布置作业等途径获取，亦可以与同质学习交流小组共同完成。

课下学习常态化需要教师根据教学目标和教学反馈，深度了解学生学习的整体情况，分析教学目标达成度，在此基础上推荐纸质或网络学习资料，进一步巩固深化所学内容，让“德法”课教学行走在课下，使得学生能够做到课下学、课下思。

基于第三次学情分析的教学设计，“德法”课教师需要注意的是：教学反馈最好在每一次上课结束后进行，这样效果最佳。因为课程刚结束，学生记忆比较深刻，可通过询问学生“这堂课你最大的收获是什么？”“这堂课的知识点

---

① ［美］马克·格兰诺维特：《镶嵌：社会网与经济行动》，罗家德译，社会科学文献出版社2007年版，第1—37、67—97页。

理解了吗?”“你还想知道哪方面的知识?”等问题,深入分析学情,以便在此基础上针对性选取课后学习资料。当然,这无疑对教师的教学分析能力提出了更高要求。由于时间、精力受限,教师不一定能做到每节课完成后都进行教学反馈。简便易行的办法是,教师可以设置相应的调研题目让学生在学习通、微信等平台回答问题,同时让同质学习交流小组一起来完成问题的分析与汇总。在此基础上,有针对性地推荐有关学习资料。教师也可以根据课堂教学观察和同质学习交流小组的反馈发现优秀学生,并让他们发挥榜样示范作用。优秀学生学习自主性较强,可通过“经典书籍阅读分享”“我讲思政课”等项目分享学习心得。学习心得既可以在课堂上分享,也可以通过网络平台在班级群内部进行分享(视频或文字分享都可以)。这既能对其他学生群体起到示范带动作用,也能让分享者在实践中得到锻炼和提升。

由此可见,赋权型“德法”课分众教学模式中的三次分众体现了教师以学生为本的教育理念,坚持从学生中来,到学生中去。三次分众从改进教学设计上尊重学生学习的权力,启发学生重新发现自身所具有的权力以及该如何掌控和使用这些权力的能力,进而做到深度了解学情,是教师考量学情和优化教学设计的重要依据。三次分众循序渐进,既关照了大学生群体的特殊性,又关照了教学班级的差异性,亦关照了班级中的优秀学生。第一次分众是第二、三次分众的前提和基础;第二次分众是赋权型分众教学模式的关键与核心,是第一次分众的延伸与拓展;第三次分众旨在关注优秀学生的示范引领教育。

综上,赋权型“德法”课分众教学模式操作程序从实践层面回答了“如何分众”“怎样分众”“如何赋权”“怎样赋权”的问题,将尊重学生主体地位的理论研究运用到实践教学过程中,既突出学生中心、学生主体地位,关照全体学生,又关照群体差异和个体差异。三次分众充分赋予了学生学习和自我发展的“权力”和“能力”,能更好地激发大学生的主体性、能动性、发展性,帮助他们发掘自身潜力,提升自主学习的能力。赋权型分众教学模式是高校“德法”课教学增质提效的重要路径。

第六节　赋权型“德法”课分众教学模式应用途径

2018年4月，教育部印发的《新时代高校思想政治理论课教学工作基本要求》提出：“把高校思想政治理论课教学工作摆在更加突出的位置，更加重视加强和改进教学管理，更加重视提升教学质量，不断提升思想政治理论课的亲和力和针对性。”①赋权型“德法”课分众教学模式为师生间充分、有效交流提供了一种崭新的教育模式和教育教学实践维度，有助于提高学生的课堂参与度、获得感，增强思政课的思想性、理论性和亲和力、针对性，进而提升思政课教学效果。“德法”分众教学模式在应用过程中，可以从以下方面进行突破。

一、基本原则

（一）转变教学观念

转变教学观念是赋权型“德法”分众教学模式应用的基础。它旨在建立的以“问题+分众+赋权”为导向，针对不同“受众”采取不同教学策略的多层次立体化教学体系，不是要否定、代替一体化的课堂教学，而是作为课堂教学的有效补充，与一体化的课堂教学有机融合，共同发挥思政课育人的主渠道作用。教学不仅仅是课堂上的事情，必须与学生的课下学习思考结合起来，与提高学生学习的能动性结合起来，与增强学生的课堂参与度结合起来，思政课教学尤为如此。当前，在教师资源相对不足、学生数量相对较多的情况下，赋权型“德法”课分众教学模式可以改善现有课堂教学中存在的师生互动交流不

① 中华人民共和国教育部：《新时代高校思想政治理论课教学工作基本要求》，2018年4月14日，见 http://www.moe.gov.cn/srcsite/A13/moe_772/201804/t20180424_334099.html。

充分、因材施教不到位、学生考核机制单一等问题,能够兼顾个体之间与群体之间的学习差异,给予学生具体的学习指导,让学生充分实现自主性学习、创造性学习。

(二)坚持问题导向

坚持问题导向是赋权型"德法"分众教学模式应用的核心。教学的本质在于解决问题。思政课实现从"大水漫灌"向"精准滴灌"的转型,就必须要求教师坚持问题导向,从学生群体中获取体现时代特征、贴近学生实际的困惑,而不是依赖经验设想而来的问题,这是教师教学中的一般性要求。因为培养目的不同、内容不同,"德法"课教学还具有其特殊性要求,肩负批判错误观点、廓清理论误区、展现理论魅力的政治任务,更加需要坚持问题导向,对诸如如何针对大学生成长过程中面临的思想道德和法律问题,开展马克思主义的世界观、人生观、价值观、道德观、法治观教育,引导他们提高思想道德素质和法治素养,自觉成长为担当民族复兴大任的时代新人等重大问题进行深入分析,在思考问题、解决问题中使学生切实体会到理论逻辑和实践逻辑相统一的力量。

(三)注重因材施教

因材施教是赋权型"德法"分众教学模式应用的关键,是遵循教育规律的必然要求。一要做到细致入微观察学生。分众教学模式中的分众标准不只是以兴趣、个性特征等简单化、同一化的分众,而是综合受众的先天因素、后天因素、学习需求、能力发展等多重因素综合考虑,进行的多层次分众。二要提升将教材体系转化为多层次教学体系的能力。"德法"教师既要深入研究教材内容,吃准吃透教材基本精神,全面把握教材重点、难点,还要在此基础上根据"分众"特点,精细化教学设计,在课程导入、专题阐释的深度与广度、教学语言表述等方面契合学生需求,将教材体系转化为与学生层次相匹配的多层次教学体系。三要提升教师的沟通与协作能力，有赋权意识、能够合理赋权，加强师生互动的针对性和有效性。师生有效互动不是师生间简单的知识传授，远比单纯地传授知识更重要的是在了解学生对知识掌握程度的基础上，与学生知、情、意、行、信的有效互动。

（四）增强理论认同

增强理论认同是赋权型“德法”分众教学模式应用的目的。思政课的意义在于学生对事物感性认识的基础上，通过分析、总结，实现向理性认识的飞跃。而在调研中，“德法”枯燥乏味是一些学生共同的认识，甚至有些学生对一些理论持排斥态度。因此，要坚持问题导向，在针对不同需要、区分教学受众的基础上，结合基本理论、基本规范与中国特色社会主义实践、依法治国的现实要求、公民道德建设的客观需求，引导学生正确思考看待社会问题和思想观点，不断提升学生对社会公德、职业道德、家庭美德、个人品德和国家治理能力、治理体系、法治中国等的认同感、憧憬感，提升学生思想的开阔性、辩证性等。

二、具体实施

（一）课前：丰富教学内容

任课教师首先通过问卷调查和师生座谈会等方式全面了解学生的兴趣点和思想实际，并根据课程内容、学生的知识背景、专业特点和需求合理区分受众群体，并以此为依据，进行教学设计。主要包括：一是为常规教学设置专题化教学。基于对学生思想状况的了解，教师结合教材要求和团队教师学科背景进行专题归纳和整合，定制出贴近学生“口味”的专题教学内容。二是为小众交流设置讨论专题。结合学生困惑、热点话题、理论误区等列出能够反映授课内容的讨论提纲，教师邀请提出问题的学生进行面对面交流。三是为优秀学生设置朋辈引领团队。任课教师和学生辅导员担任团队指导教师,配合“德法”课教学,采取多种形式巩固学生学习成果。

(二)课中:实施多元教学

教学过程是“教与学的双方利用相应的教学反馈信息,不断调整各自的行为及其方式,以有效完成教学任务、实现教学目标的过程”。① 在这一环节,教师要把握好三个要点:一是问题反馈实时化。及时掌握学生在课堂中产生的问题和思想动态是满足学生差异化需求的关键。因此,在教学中,学生需要对“课堂感悟”“疑问与困惑”等进行随堂记录,并及时上交,教师在了解这些问题后,才能及时回应并完善专题教学内容。二是课堂教学民主化。现代教育社会学研究表明,平等、民主的师生关系能够使课堂教学中的师生心理积极互感,推动学生以主体身份参与课堂。在教学过程中,教师需要积极把自我发展与学生需求融为一体,不断优化教学活动中教与学两个行为的交互关系,改进传统“德法”课以理论教育为主、思想渗透为辅的教学模式,促使师生在民主、平等的氛围中创造性地完成教学任务。三是教学手段信息化。现代信息技术为增强“德法”课教学实效性提供了新的理念和手段。推动教学信息化,以教育信息技术推动赋权型“德法”课分众教学模式的应用,为打造“量身定制”的思政课开辟了一条新的道路。教师应充分利用微博、微信、抖音、学习强国等新媒体平台,不断丰富教学内容和形式,以强化互动为导向,通过移动通信和数字多媒体协同创新的模式,根据学生的学习习惯和思维方式,将理论知识有机分解并创新性地整合重构,引导学生深入浅出地完成理论学习和思维训练。

(三)课后:开辟第二课堂

第二课堂是“德法”课课堂教学的延伸与拓展,对于在赋权型分众教学模

① 彭豪祥:《有效教学反馈的主要特征》,《中国教育学刊》2009 年第 4 期。

式下深入挖掘学生潜能，推动学生综合能力提升具有重要意义。一是以理论学习实现优质提升。针对学生存在的思想问题，任课教师邀请相关领域专家学者，进行深入理论阐释，帮助提升他们的思想认识和理论水平。二是以思想沙龙实现深入交流。针对小众学生的思想困惑和理论误区，教师可以以思想沙龙的形式与学生面对面进行交流，在思想碰撞中解开他们的思想困惑。三是以团队辅导实现朋辈引领。“以学生教育学生，以学生引领学生”，教师可以通过组织学生进行课堂讲演等形式，如举办“我心中的中国故事”“时政我来讲”等，使讲演者站在学生的角度、以共同的语言解疑释惑，将学习成果回馈课堂，实现朋辈引领。四是以实践调研实现融入社会。教师要积极将“德法”小课堂同社会大课堂有效结合，解决学生主体性发挥不足等问题，促进学生更加客观地了解国家发展和社会进步，加深他们对课程内容的了解。

三、机制保障

在“德法”课教学中应用赋权型分众教学模式，需要建立稳定而有效的协同工作机制，推动教学顺利实施。一是学校要建立包括专家学者、辅导员、管理者、服务保障人员和任课教师在内的协同工作队伍，保证教学资源的整合和充分利用。赋权型分众教学模式的应用不仅要调动任课教师的积极性，也要注重发挥各类人员的作用，使之参与到“德法”教学中，形成教育合力。专家学者主要负责分众中优秀学生的知识和能力提升。辅导员定期和任课教师交流沟通，及时关注学生的思想动态。管理者要做好监督检查。服务保障人员要为教学做好后勤保障。二是要在制度设计上给“德法”课教师更多的自主空间。在工作量计算、教学评估、成果考核等方面，学校制定出有助于吸引教师更多投入分众教学的政策和规则，鼓励教师开展教学改革。三是要探索建立“德法”课教师助教制度。助教可以由学院助管或所教班级的班委或学生担任，负责协助教师开展教学活动。赋权型分众教学模式要求教师运用多种教学方法,因为教学活动不局限于课堂,还涉及小组活动的组织和跟踪、座谈会的联络与安排、社会实践活动的开展等,这都需要助教协助任课教师共同完成。四是要建立健全"德法"课分众教学模式应用效果评价指标体系。既要有学生评价,也要有教师、督导、辅导员等的评价,设置相应权重,科学合理评价教学效果。

第七章　赋权型“形策”课分众教学模式

高校思想政治理论课承担着对大学生进行马克思主义理论系统教育的任务，是培养中国特色社会主义事业合格建设者和可靠接班人的重要途径。2019年3月18日，习近平总书记主持召开学校思想政治理论课教师座谈会并发表重要讲话。他指出，“青少年教育最重要的是教给他们正确的思想，引导他们走正路。思政课是落实立德树人根本任务的关键课程，思政课作用不可替代，思政课教师队伍责任重大。”①他强调，“要挖掘其他课程和教学方式中蕴含的思想政治教育资源，实现全员全程全方位育人。”②2019年8月，中共中央办公厅、国务院办公厅印发的《关于深化新时代学校思想政治理论课改革创新的若干意见》，要求加大思想政治理论课教研工作力度，大力推进思想政治理论课教学方法改革，不断增强思想政治理论课的思想性、理论性和亲和力、针对性。③

---

① 习近平：《思政课是落实立德树人根本任务的关键课程》，人民出版社2020年版，第2页。

② 习近平：《思政课是落实立德树人根本任务的关键课程》，人民出版社2020年版，第23页。

③ 中共中央办公厅、国务院办公厅：《关于深化新时代学校思想政治理论课改革创新的若干意见》，2019年8月14日，见http://www.gov.cn/zhengce/2019-08/14/content_5421252.htm。

中国共产党自成立以来，始终把形势政策教育作为重要的宣传思想工作常抓不懈。从政策演进、功能变化和内容更新看，新中国的“形策”课程建设经历了四个时期。

一、起步与探索阶段(1949—1977)

1961年7月，教育部印发的《改进高校共同政治理论课程教学的意见》指出，“高校共同政治理论课程包括两部分：一是马克思列宁主义基础理论，二是形势和任务”①。这是新中国高校思想政治教育史上第一次明确提出讲授形势和任务，也是“形策”课的雏形。1964年10月，中央宣传部、高教部党组、教育部临时党组颁发的《关于改进高等学校、中等学校政治理论课的意见》明确规定，“在高校公共政治理论课中继续在各年级开设‘形势与任务’课”②。

二、稳步与循进阶段(1978—2000)

党的十一届三中全会的召开标志着中国进入新的历史发展阶段。中共中央1987年5月29日颁布《关于改进和加强高等学校思想政治工作的决定》，提出“要经常地、有计划地进行形势政策教育”，“形势政策教育应当列入教学计划”③。这是改革开放以后，中央第一次明确要求把形势与政策教育纳入到高等学校的人才培养当中。1987年10月，国家教委印发《关于高等学校思想教育课程建设的意见》，规定“设置包括‘形势与政策’在内的5门思想教育课程，‘形势与政策’作为两门必修课之一”④。至此，“形策”课被明确设定为高

① 教育部社会科学司：《普通高校思想政治理论课文献选编(1949—2008)》，中国人民大学出版社2008年版，第41—42页。

② 教育部社会科学司：《普通高校思想政治理论课文献选编(1949—2008)》，中国人民大学出版社2008年版，第51—52页。

③ 教育部社会科学司：《普通高校思想政治理论课文献选编(1949—2008)》，中国人民大学出版社2008年版，第124页。

④ 教育部社会科学司：《普通高校思想政治理论课文献选编(1949—2008)》，中国人民大学出版社2008年版，第133页。

校思想政治理论课的必修课程。1988 年 5 月，国家教委颁发《关于高等学校开设〈形势与政策〉课的实施意见》，再次强调“形势与政策课属于思想教育课程，并对形势与政策课的性质和任务、教学内容、教学原则、教学安排、师资、教材、经费等都作出了具体规定”①。1996 年 10 月，国家教委下发的《关于进一步加强高等学校〈形势与政策〉课程建设的意见》指出，“形势与政策是高校思想品德课中的一门必修课程，是对学生进行形势与政策教育的主要渠道和主要阵地，是每个学生（包括大专生、本科生、研究生）的必修课程，是学校德育的一项重要内容”②。同时，对“形策”课的领导机制、师资建设、教学方法、教学管理等方面提出了明确要求。

三、规范与完善阶段（2001—2011）

2004 年，中宣部、教育部下发的《关于进一步加强高等学校学生形势与政策教育的通知》（教社政[2004]13 号）规定，“形势与政策课是高校思想政治理论课的重要组成部分，是对学生进行思想政治教育的主渠道、主阵地，是每个学生的必修课程，在大学生思想政治教育中担负着重要使命，具有不可替代的重要作用”“各高等学校要从编制教学计划、明确教学要求、建立教学组织、开展集体备课、建立成绩档案、反馈教学信息等方面，全面加强课程建设”③。2005 年 2 月，中宣部、教育部印发的《关于进一步加强和改进高等学校思想政治理论课的意见》提出，四年制本科的思想政治理论课程设置为 4 门必修课，“同时，开设‘形势与政策’课”④。随后印发的《〈关于进一步加强和改进高等

① 教育部社会科学司：《普通高校思想政治理论课文献选编（1949—2008）》，中国人民大学出版社 2008 年版，第 136 页。

② 教育部社会科学司：《普通高校思想政治理论课文献选编（1949—2008）》，中国人民大学出版社 2008 年版，第 175 页。

③ 中共中央宣传部、教育部：《关于进一步加强高等学校学生形势与政策教育的通知》，2004 年 11 月 17 日，见 http://www.moe.gov.cn/srcsite/A13/moe_772/200411/t20041117_80567.html。

④ 中共中央宣传部、教育部：《关于进一步加强和改进高等学校思想政治理论课的意见》，2005 年 2 月 7 日，见 http://www.moe.gov.cn/srcsite/A13/moe_772/200502/t20050207_80415.html。

学校思想政治理论课的意见〉实施方案》提出,“本、专科学生都要开设‘形势与政策’课,本科2学分,专科1学分。”2011年1月,教育部印发的《高等学校思想政治理论课建设标准(暂行)》,在强调按照“05方案”设置课程的基础上,特别对“形策”课提出要求,“要根据教育部下发的教育教学要点来组织教学,选用中宣部和教育部组织制作的《时事报告(大学生版)》和《时事》DVD作为学生学习辅导资料”①。

四、高质量发展阶段(2012至今)

党的十八大的召开,标志着中国特色社会主义进入新时代。2014年12月,中共中央办公厅、国务院办公厅印发了《关于进一步加强和改进新形势下高校宣传思想工作的意见》,其中明确规定,“要完善领导干部到高校作形势报告制度,省(自治区、直辖市)党委、政府主要负责同志每学期至少给学生讲一次形势政策课”②。首次以制度规定的形式要求省级领导干部到高校作形势报告。2018年4月,教育部印发的《关于加强新时代高校“形势与政策”课建设的若干意见》提出,“切实加强教学管理、充分保障规范开课、准确把握教学内容、规范建设教学资源、择优遴选教师队伍、创新设计教学方式、注重考核学习效果、大力加强组织领导”③等要求,为新时代“形策”课建设指明了方向。

经过改革开放以来四十多年的建设和发展,我国高校“形策”课更加成熟,为培养一代又一代优秀的社会主义事业接班人和建设者作出了不可替代

① 教育部:《关于印发〈高等学校思想政治理论课建设标准(暂行)〉的通知》,2011年2月19日,见http://www.moe.gov.cn/srcsite/A13/moe_772/201101/t20110119_114966.html。

② 中共中央办公厅、国务院办公厅:《关于进一步加强和改进新形势下高校宣传思想工作的意见》,2015年1月20日,见http://www.moe.gov.cn/jyb_xwfb/s5147/201501/t20150120_183166.html。

③ 教育部:《关于加强新时代高校“形势与政策”课建设的若干意见》,2018年4月24日,见http://www.moe.gov.cn/srcsite/A13/moe_772/201804/t20180424_334097.html。

的贡献。因此，加强“形策”课程建设，不仅是深化思想政治理论课教学改革，提高教学质量的重要保证，也是当前高校思想政治教育面临的紧迫任务。2018年4月13日，教育部发布的《关于加强新时代高校“形势与政策”课建设的若干意见》中强调，“形策”课是理论武装时效性、答疑解惑针对性、教育引导综合性都很强的一门高校思想政治理论课，是帮助大学生正确认识新时代国内外形势的核心课程，是第一时间推动党的理论创新成果进教材进课堂进学生头脑的重要渠道。文件进一步指出，新时代“形策”课要创新设计教学方式，采取灵活多样的方式组织课堂教学，积极运用现代信息技术手段，扩大优质课程覆盖面，提升“形策”课教学效果，让学生真心喜爱、终身受益，将其真正打造成思想政治理论课的示范课。①

本书基于“以学生为中心”的教育理念，探讨教育赋权理论下的分众教学模式和方法改革，以期为高校思想政治理论课“提质增效”目标的实现提供具有一定参考价值的意见和方案。围绕所采用的赋权型分众教学模式能否体现教育赋权中“以学生为中心”的理念、教师和学生能否适应、提质增效目标能否实现、如何持续改进等问题，我们进行了问卷调查。在2020年秋季学期的“形策”课教学过程中，我们还在不同的教学专题使用了传统教学和融入赋权理念的分众教学两种教学模式，并邀请所在学校2018级化学学院、材料科学与工程学院、药学院和信息工程学院的710名学生对两种不同教学模式的学习感受和效果进行比较叙述，获得了710份叙述记录。在数据处理和分析的过程中，我们采用实证分析和模式建构相结合的方法，深入分析新时代大学生对待基于教育赋权理论的分众教学模式的体验和感悟。

① 教育部：《关于加强新时代高校“形势与政策”课建设的若干意见》，2018年4月24日，见http://www.moe.gov.cn/srcsite/A13/moe_772/201804/t20180424_334097.html。

第一节 “形策”课教学研究综述

“形策”课作为高校思想政治理论课的重要组成部分，是对大学生开展形势与政策教育的主渠道和主阵地，是一门将思想、理论、政策与国家发展、社会现实紧密结合的课程，有助于大学生认清国内外时局和形势，全面准确理解、深入贯彻落实党的路线、方针、政策，在高校思想政治理论课教学体系中发挥着不可替代的作用。从既有的研究成果看，当前学界对“形策”课教学的研究主要围绕课程特性、教学设计、教学管理、教学方法、话语体系等方面开展。

一、课程特性研究

“形策”课是高校思想政治理论课的重要组成部分，与其他几门课程相比，有着相同的基本点。课程是教学的载体，与教学有不可分割的关系。因此，根据“形策”课特有的课程属性和教学要求，要对“形策”的课程特性进行研究。关于“形策”课的特性，学界重点从课程的发展历程、教学原则以及课程功能和现实价值进行了分析。

（一）“形策”课发展历程与要求

从发展历程看，“形策”课程建设与当时的政治社会环境有密切联系，在不同的发展阶段，教学内容的侧重点也有所不同。黄宇清认为“形策”课经历了起步与探索、稳步与渐进、停顿与倒退、恢复与发展、规范与完善五个阶段。① 雷娜、左鹏，以时间顺序梳理了“形策”课的历史沿革。②③ 赵海月、张旭提出，

① 黄宇清：《高校形势与政策教育教学历史进程及基本经验研究》（1949—2015），硕士毕业论文，南华大学，2016年。

② 雷娜、左鹏：《新中国成立以来高校“形势与政策”课的历史沿革与建设经验》，《思想教育研究》2017年第02期。

③ 何克祥：《高校“形势与政策”课教学的特点与要求》，《南昌工程学院学报》2008年第2期。

“形策”课体现了国家意志对人才培养的特殊要求和特定取向，它的教育教学要有世界的眼光、历史的头脑、国情的观念、大局的意识和正确的方法。① 柴紫慧认为，要厘清高校“形策”课内容建设的边界范围，必须将“形策”课放在思想政治理论课程体系的“统一性”和高校课程体系的“整体性”视域中加以考量，应当重点考察该课程在内容界定上同其他课程间的辩证关系。②

（二）“形策”课程的功能和价值

孔朝霞、王绪凤提出，新时代高校“形策”课要在坚守课程本质属性中发挥政治引领功能，在透析理论中发挥理论武装功能，在问题意识和问题导向中发挥释疑解惑功能。③ 丁贞权认为，“形策”课程具有一定的政治功能、思想功能、判断功能、德育功能以及认知功能。④ 李铁英认为，“形策”课的价值的核心体现的是课程能够满足大学生的需要，因此，要确保“形策”课价值在场。⑤ 李小鲁认为，“形策”课程的现实价值主要体现在，课程是思想政治教育内容的活化，是思想政治教育对现实生活的回应，凸显了社会主义高等教育的本质。⑥ 高常营认为，新时代加强大学“形策”课程教育教学，是贯彻落实中央精神、强化思想政治教育和价值引领的主阵地，是准确理解党治国理政新理念新思想新战略的主渠道，是积极面对世界发展大势、顺应时代潮流、拓宽国际视野的主抓手。⑦

---

① 赵海月等：《高校“形势与政策”教育教学：特定要求与把握尺度》，《吉林师范大学学报》（人文社会科学版）2010 年第 1 期。

② 柴紫慧：《加强高校“形势与政策”课教学内容建设的多重思考》，《思想理论教育》2018 年第 5 期。

③ 孔朝霞、王绪凤：《新时代高校“形势与政策”课守正创新的逻辑建构》，《思想理论教育导刊》2021 年第 04 期。

④ 丁贞权：《高校形势与政策课的特点与功能》，《重庆科技学院学报》（社会科学版）2010 年第 10 期。

⑤ 李铁英：《“形势与政策”课教学效果的价值在场研究》，《黑龙江高教研究》2008 年第 6 期。

⑥ 李小鲁：《学科化视角下高校“形势与政策”课建设的理念与路径》，《思想理论教育导刊》2011 年第 11 期。

⑦ 高常营：《大学“形势与政策”课程功能探析》，《延边大学学报》（社会科学版）2020 年第 3 期。

（三）“形策”课教学原则与特点

李铁范认为，“形策”课在教学中应遵循七大基本原则，即实事性原则、理论性原则、实践性原则、思想教育性原则、方法性原则、时效性原则和针对性原则。① 陈士福等认为，“形策”课教学应遵循科学性与方向性相结合的原则，系统性与针对性相结合的原则，教育与自我教育相结合的原则。② 何克祥认为，从“形策”课的课程特点来说，课程的教学要求要比其他思想政治理论课的要求更高。郭爱英分析了“形策”课的主要任务和基本特点，并提出了加强课程建设的途径和方法。③ 付宏东认为“形策”课程兼具稳定性与动态性、知识性与思想性、规范性与灵活性等特点。④ 王茂林、冀伦文论述了“形策”课的政治性、思想性、理论性、政策性、时效性、针对性和实践性等七个特点。⑤ 彭庆红、潘红涛认为“形策”课程具有鲜明的政治性和政策性，其教学内容具有强烈的变动性和针对性，教学方法具有灵活多样性。⑥ 刘有升从课程定位、基本原则、教学管理三个方面探讨了“形策”课的独特性。⑦ 黄小艳立足高质量发展背景下“形策”课建设的时代要求，探讨“形策”课面临的内容的丰富性与学时的有限性之间、教师知识存量的稳定性与授课内容增量的时效性之间、学生自主学习的意愿与被动式认知之间以及学生思想行为中的认知与行为之间均存在的矛盾。⑧

---

① 李铁范：《“形势与政策”课教学应遵循的基本原则》，《中国高教研究》2001 年第 5 期。

② 陈士福等：《功能与原则：形势与政策课教学的几点思考》，《中国成人教育》2009 年第 17 期。

③ 郭爱英：《高校“形势与政策”课程建设的方法探讨》，《思想教育研究》2006 年第 12 期。

④ 付宏东：《形势与政策课教学探索》，《继续教育研究》2009 年第 4 期。

⑤ 王杰敏等：《“形势与政策”课特点及对策探析》，《思想理论教育导刊》2000 年第 4 期。

⑥ 彭庆红、潘洪涛：《高校“形势与政策”课程的体系构建与实践探索》，《思想教育研究》2015 年第 11 期。

⑦ 刘有升：《高校“形势与政策”课的双重属性、建设困境及对策思考》，《学校党建与思想教育》2021 年第 4 期。

⑧ 黄小艳：《高质量发展背景下“形势与政策”课的时代要求与困境纾解》，《学校党建与思想教育》2021 年第 17 期。

可见,“形策”的发展并不是一帆风顺的,与国家的政治发展密不可分,教育功能不断拓展,课程特点更加鲜明,培养德智体美劳的社会主义建设者和接班人的教学目标更加明确。

二、教学内容研究

“形策”课教学内容广泛,主要涉及政治、经济、文化等方面,由相对稳定的内容和不断变化的内容组成,包括相对稳定的基本理论、基本政策、基本形势和不断变化的热点焦点问题等四个部分。赵洪娥等提出,课程的教学内容应该从学生成长需求设计,确定不同年级的教学重点;从学校办学特色设计,突出不同学校的特色优势;从课程开设目的设计,发挥形势与政策教育教学育人功能。① 喻永红提出,教育教学要注意内容固定性与灵活性相结合。② 柴紫慧认为,破解当前“形策”课课程内容建设的瓶颈问题,要从课程价值、内容边界与结构体系三个方面寻求突破。③

每一个时期的国际、国内环境和局势以及最新的党情、国情是“形策”课教学内容的有效参考。王刚等阐释了西方之乱的“乱”象主要表现为政治活动之“乱”、经济领域之“乱”、非传统安全之“乱”等,造成这些“乱”象的根源在于资本主义制度根本矛盾、西方中心主义情结以及新自由主义思潮的泛滥。④ 王刚介绍了中东乱局之下的各国现状,分析了造成中东乱局的根源,提出了中东乱局给世界各国带来的反思。⑤ 周森指出,“世界进入动荡变革期”是习近平总书记继“当今世界正经历百年未有之大变局”后,对国际局势的又

① 赵洪娥等:《对高校形势与政策课程精品化建设的思考》,《思想政治教育研究》2011 年第 3 期。

② 喻永红:《高校开展形势与政策教育的着力点》,《黑龙江高教研究》2007 年第 11 期。

③ 柴紫慧:《加强高校“形势与政策”课教学内容建设的多重思考》,《思想理论教育》2018 年第 5 期。

④ 王刚、周莲芳:《试析西方之乱的表现及成因》,《思想理论教育导刊》2019 年第 3 期。

⑤ 王刚:《从所谓“阿拉伯之春”到“阿拉伯之冬”》,《思想理论教育导刊》2015 年第 11 期。

一重大判断。我们要辩证地看待和平与发展的时代主题同世界进入动荡变革期之间的关系,并对时代背景进行深入分析。① 肖鑫、李松林介绍了拜登政府上台以后对华政策的新特点,台海形势的新特点,提出了我们要准确把握两岸关系的"时"与"势",有效应对复杂的局面。②

总体来看,与其他思政课程相比,"形策"课有更强的时代性,内容的多学科性、多领域性给教师教学带来较大的挑战性。

三、话语体系研究

乔以明指出,"形策"课话语形态的变换在于引导理论性话语、政策性话语、学术性话语和教材话语等四种形态向教师话语形态转化,形成教师话语形态与学生话语形态的交互,实现教师话语形态的引领。③ 刘子杰提出,形势与政策教育话语体系的建构的核心是处理好该领域中多元话语之间的关系,使得各种话语在这个体系中和谐共存,并形成一套统一的有机整体,从而为形势与政策教育发挥出正向的积极作用。形势与政策教育话语体系的建构可以分别从话语转换体系、话语交流体系和话语共生体系三个方面着手。④ 孔朝霞、王绪凤提出,要建构政治性、学术性、通俗性三位一体的教学话语体系,要立足于政治话语讲政治,要基于学术话语讲学术,要运用通俗话语讲通俗。⑤ 张录全提出,应从传播、认同、践行主流意识形态三个方面强化"形策"课的意识形

---

① 周淼:《百年未有之大变局下世界进入动荡变革期的思考与启示》,《理论月刊》2021 年第 7 期。

② 肖鑫、李松林:《拜登政府大打"台湾牌"与台海形势新特点》,《思想理论教育导刊》2021 年第 9 期。

③ 乔以明:《高校形势与政策课话语形态变换的难度及应对策略》,《黑龙江高教研究》2021 年第 1 期。

④ 刘子杰:《建构形势与政策教育话语的三个体系》,《江苏高教》2019 年第 2 期。

⑤ 孔朝霞、王绪凤:《新时代高校"形势与政策"课守正创新的逻辑建构》,《思想理论教育导刊》2021 年第 4 期。

态功能价值，通过教学内容“落地”，话语体系“转化”，提升传播教育实效。①曹猛、谢守成提出，通过教师队伍、话语体系、课程体系、教学模式的创新，实现学生“知行”转化，使新时代的责任与担当成为大学生的日常自觉实践。②

话语是思想政治教育系统的重要因素。话语的表达方式直接影响“形策”课教学实效性和针对性。新媒体的迅猛发展，信息内容的海量化、碎片化都对教师话语供给提出了新要求。因此，积极推进新时代“形策”课教学话语创新，提高思想政治教育话语的解释力、生命力和感召力显得十分必要。

四、教学模式和方法研究

专家学者在教学实践的基础上提出了数量众多的教学方式方法，并就教学模式的特点和效能进行了分析。喻永红认为，“形势与政策”教学要做到系统讲授与形势报告、专题讲座相结合，请进来与走出去参观访问、社会实践相结合，课堂教学与课外讨论、交流相结合，正面教育与学生自我教育相结合。③汤荣光认为，引入“菜单式”学习方法有利于增强“形策”课的时效性，推动实践教学方法可以突显“形策”课教学的现实性。④ 时华忠指出，“形策”课教学要采用“以点带面”的方法，即以热点问题的分析讨论带动“形策”课基础知识的讲解和运用。⑤ 顾晓英主张“形策”课教学必须善于运用话语转换教学方法，才能使这门课的教学赢得大学生的喜爱。⑥ 邵翠兰提出了“讨论式、辩论式、直观式”等几种教学方法。⑦ 杜斌、张娟娟指出，建立“三互式”教育教学

---

① 张录全：《强化“形势与政策”课意识形态功能的探讨》，《思想理论教育导刊》2019年第4期。

② 曹猛、谢守成：《提升高校“形势与政策”课实效性的三个向度》，《思想教育研究》2020年第9期。

③ 喻永红：《高校开展形势与政策教育的着力点》，《黑龙江高教研究》2007年第11期。

④ 汤荣光：《高校“形势与政策”课方法论初探》，《呼伦贝尔学院学报》2008年第6期。

⑤ 时华忠：《高校“形势与政策”课程教学方法研究》，《理论学习》2009年第1期。

⑥ 顾晓英：《高校“形势与政策”课教学话语转换研究》，《现代教育管理》2009年第2期。

⑦ 邵翠兰：《“形势与政策”教学方法研究》，《学理论》2009年第2期。

模式,会在很大程度上解决当前存在的困难,实现形式与政策教育教学的大发展。① 丁冬汉主张采用“专题研讨—师生互动”的教学方法进行“形策”课教学。② 宁婷婷认为,“形策”课的教学应当因时制宜,运用多元、灵活的教学方法。③ 吴建峰提出了“课堂平面与网络空间相结合、校内课堂与社会课堂相结合”的教学方法。④ 苏开敏等分析了无领导小组讨论法在“形策”课教学中的应用价值。⑤ 孙翡、罗建平指出,在“形策”课程中采用新闻评论教学法可以增强教学磁引力,促进多种教学方法实现效能整合。⑥ 王显芳、郭智芳、姚兰芳介绍了 PBL 教学法应用于“形策”课程的操作过程、应用效果以及应当注意的问题。⑦ 费英秋、于欣宜提出,“以树立问题意识为先导—以问题逻辑的展开为推动—以解决问题为落脚点”的方式进行教学建构,并选取“中美贸易战”作为具体实施案例,展示问题导向式“形策”教学“情境预设—分众导引—反馈提升”的具体操作过程。⑧ 张亚峰、王国斌提出,在“形策”课中引入“专家讲座制”,可以解决当前“形策”课建设存在的教师知识和能力参差不齐、课程教学体系建设不到位等发展瓶颈,在现实性的应用中要注重教学内容的“新”与“实”,提升教学的针对性;关注教学方法上的“多”与“活”,彰显教学的亲

① 杜斌等:《形势与政策教育教学模式研究——“三互式”教育教学模式的探讨与实践》,《西南科技大学学报》(哲学社会科学版)2010 年第 4 期。

② 丁冬汉:《“专题研讨——师生互动式”教学方法在“形势与政策”课教学中的应用》,《思想理论教育》2010 年第 5 期。

③ 宁婷婷:《论高校形势与政策课堂的教学方法》,《吉林省教育学院学报(学科版)》2010 年第 4 期。

④ 吴建峰:《“形势与政策”教育课的教学方法改进之我见》,《上饶师范学院学报》2010 年第 6 期。

⑤ 苏开敏、童庆满:《无领导小组讨论法在〈形势与政策〉课教学中的应用探究》,《内蒙古农业大学学报(社会科学版)》2010 年第 6 期。

⑥ 孙翡、罗建平:《论高校“形势与政策”课的新闻评论教学法》,《思想教育研究》2012 年第 10 期。

⑦ 王显芳、郭智芳、姚兰芳:《高校“形势与政策”课应用 PBL 教学法的实践与探索》,《思想教育研究》2016 年第 2 期。

⑧ 费英秋、于欣宜:《问题导向式教学法研究——以形势与政策课为例》,《思想政治教育研究》2020 年第 2 期。

和力；重视对教师素养的“优”与“提”，增强师资队伍的协同性。[①] 关于“形策”课实践教学，学界也有讨论。宁晓菊分析了“形策”课堂教学与实践教学互补通融的益处，并提出了相关建议。[②] 文丰安提出，应建立“形策”课实践教学与专业实践教学、实践教学与课堂教学有机结合机制，实践教学的连续性与阶段性相统一的协同机制，同时建立健全高校“形策”课实践教学制度和管理机制。[③]

基于“形策”课的特性，如何开展适合课程特点和需要的教学、创新教学方法、推动课程改革，是教学研究的着力点。尤其是面对自媒体的冲击，学生接受信息的渠道和方式发生了显著变化，如何形成适应新媒体发展的教学模式也是“形策”课教学的重要研究方向。从教学改革创新看，采用多样化的教学方法，注重发挥学生主体性作用，积极运用小组研学、情景展示、课题研讨、课堂辩论等方式组织课堂，是未来“形策”教学发展的方向。

五、教学管理研究

（一）课程教学问题研究

学界就“形策”课教学中存在的问题展开了持续性讨论，讨论的问题主要集中在课程管理不规范，教学内容和方法相对落后，教学资料缺乏实效性，课程对教师发展促进不足，以及教学过程中学生主体地位重视不够等方面。陈灿军从“形策”课的性质、特征出发，分析了当前高校“形策”课的现状及存在的问题。[④]

---

① 张亚峰、王国斌：《“专家讲座制”在高校“形势与政策”课教学中的应用》，《学校党建与思想教育》2019 年第 20 期。

② 宁晓菊：《课堂教学与实践教学功能的互补融通——基于“形势与政策”课程教学的改革》，《教育理论与实践》2010 年第 6 期。

③ 文丰安：《论新形势下高校形势与政策课实践教学体系的构建》，《教育与职业》2012 年第 21 期。

④ 陈灿军：《关于增强高校“形势与政策”课实效性的几点思考》，《国家教育行政学院学报》2008 年第 1 期。

王文平对“形策”课存在的高校重视不够、教师队伍不稳定、教学形式单一等问题进行了分析，并提出相关建议。[①] 谭书敏认为，“形策”课程面临重要性被弱化、主导地位被边缘化、系统性被分化、特殊意义被淡化、完整性被简化等难题。[②] 黄发友以课程教学存在的矛盾解释了问题存在的原因。[③] 叶忠明认为，对课程的重视程度不够、课程学科特性和制度缺位、教学过程不科学导致了课程地位被弱化、规范化建设受阻、教学吸引力不强。[④] 彭庆红、潘红涛认为，“形策”课程存在教学模式单一、管理不规范、教学内容滞后、师资队伍力量不足以及学科支撑不够等问题。[⑤]

针对上述问题，学界就“形策”课建设提出了诸多解决对策，总的来看，集中体现在课程的规范化建设、协同化建设和信息化建设等方面。

（二）教学规范化研究

目前，“形策”课程在课程设置、师资队伍、考核方法等方面都还需要不断提升建设标准。姜键等主张从来宏观政策层面和微观教学层面来加强与改进“形策”课。[⑥] 黄秋生、罗成翼从教学内容的合理化等7个维度阐述了教学规范化建设是一个系统工程。[⑦] 王新刚等通过调查研究总结了国内高校“形策”

① 王文平：《增强高校“形势与政策”课教育教学实效性探析》，《山东青年政治学院学报》2009年第2期。

② 谭书敏：《“形势与政策”课程教学的创新性改革与探索》，《思想教育研究》2010年第1期。

③ 黄发友：《增强高校“形势与政策”教育实效性的教学模式探析》，《思想理论教育导刊》2012年第10期。

④ 叶忠明：《高校形势与政策课教学存在的问题与对策》，《教育探索》2013年第8期。

⑤ 彭庆红、潘洪涛：《高校“形势与政策”课程的体系构建与实践探索》，《思想教育研究》2015年第11期。

⑥ 姜键、谢萌：《高校“形势与政策”课规范化建设问题研究》，《思想理论教育导刊》2012年第7期。

⑦ 黄秋生、罗成翼：《论高校“形势与政策”课规范化建设的七大维度》，《中国电力教育》2014年第23期。

课存在的问题，并从课程建设、教学内容、教学模式三方面提出了相应的对策。[①] 王刚从课程定位、教学大纲、学科支撑、教学内容、学分与学时匹配、师资队伍、教学管理和考核等方面探究了“形策”教学规范化的路向。[②] 陈鑫鑫认为，高校“形策”课教学管理规范化要以新的教育理念为指导，从规范课程设置、健全教学管理体制、创新教育模式、完善教育测评手段着手。[③]

王丽君认为，形策课的规范化要以学科化教学理念为引领，完善教学体系，提升教育机制有效性。[④] 李克荣等认为，要从教学内容、学科建设、教学管理和队伍建设等方面进行规范化建设。[⑤] 王素平认为，课程的制度化和规范化是“形策”课程建设的重要的保证。[⑥] 苏洁认为，要加强“形势与政策”学科体系规范化建设，依托规范化的学科体系对课程内容进行准确定位。[⑦] 李小鲁认为，应该坚持学科化的建设理念和方向，强化学科特点，加强师资队伍、保障机制和课程学科化建设。[⑧] 刘桂荣认为，“形策”课要认清学科属性，规范课程体系建设。这是有效开展“形策”课程教学的关键。[⑨]

---

① 王新刚、马金锁、王向华：《加强高校“形势与政策”课教学实效性探析》，《中国成人教育》2009 年第 21 期。

② 王刚：《“形势与政策”课规范化建设：问题与解决路径》，《思想理论教育》2015 年第 11 期。

③ 陈鑫鑫：《高校“形势与政策课程”规范化建设研究》，硕士学位论文。东北林业大学，2014 年。

④ 王丽君：《规范化与科学化之融合——大学生形势与政策教育的发展趋向》，《河北工业大学学报（社科版）》2010 年第 12 期。

⑤ 李克荣、张骥、张泗考：《关于高校“形势与政策”课规范化建设的思考》，《思想理论教育》2012 年第 11 期上。

⑥ 王素平：《论高校“形势与政策”课的制度化规范化建设》，《河北青年管理干部学院学报》2008 年第 4 期。

⑦ 苏洁：《高校形势与政策课学科体系构建研究》，《教育与职业》2010 年第 7 期。

⑧ 李小鲁：《学科化视角下高校“形势与政策”课建设的理念与路径》，《思想理论教育导刊》2011 年第 11 期。

⑨ 刘桂荣：《“形势与政策”课程规范化建设探究》，《佳木斯大学社会科学学报》2015 年第 6 期。

(三)师资和质量研究

关于教师队伍建设。李彦峰等指出,“形策”课教师除应具备思想政治理论课教师所应具备的基本素质之外,还应具备包括高度的敏感性等方面的特殊素质。[①] 于霞认为,组建一支专兼职结合的高水平教师队伍,以“三集中”来解决教师的内功问题,完善体制机制鼓励教师上好课程,可以实现课程建设的“师资攻坚”。[②]

关于教学质量。喻永红提出,要通过改革考核评价模式,提高“形策”课教学效果。[③] 陈凯认为,要结合课程特点和学生实际,紧贴形势与政策的热点和难点开展教学工作;改革课堂教学模式和教学方法,善用多媒体等现代化教学手段;规范教学管理,创新学生考试制度以及制定科学合理的师资培训制度。[④] 谭件国认为,要通过提高认识,强化规范教学管理,深化教学改革,加强师资队伍建设等方面的工作增强高校“形策”课的实效性。[⑤] 神彦飞、张彦彦从课前准备、课中互动和课后反馈三个阶段提出了一些具体的解决措施。[⑥] 丁恒星认为,在思想上加强对课程重要性的认识,在教学过程中讲清形势、说清道理、理清方向,在教学方法上采取引进师资、实践教学和网络教学的方式,能够提升课程教学的效果。[⑦] 徐蓉认为,提高课堂教学质量,要着重处理好政

---

① 李彦峰等:《“形势与政策”课对教师素质的特殊要求》,《思想理论教育导刊》2009 年第 5 期。

② 于霞:《多措并举实现“形势与政策”课建设的“师资攻坚”》,《思想理论教育导刊》2017 年第 9 期。

③ 喻永红:《高校开展形势与政策教育的着力点》,《黑龙江高教研究》2007 年第 11 期。

④ 陈凯:《增强高校“形势与政策”课实效性研究》,《思想教育研究》2010 年第 11 期。

⑤ 谭件国:《增强高校形势与政策教育实效性的对策研究》,《长江师范学院学报》2012 年第 2 期。

⑥ 神彦飞、张妍妍:《提高高校“形势与政策”课教学实效性的三个环节》,《思想理论教育导刊》2012 年第 12 期。

⑦ 丁恒星:《提升大学生“形势与政策”课实效性的三个维度》,《学校党建与思想教育》2016 年第 12 期。

策特点和形势发展之间的关系、形势热点与事物本质之间的关系、知识传授与价值引领之间的关系。①

（四）教学机制与信息化研究

由于“形策”课的特殊性，需要党政机关和高校各部门协同开展教学管理。高正礼、孙前梅提出，深化“形策”课协同建设，要在进一步领会和贯彻协同创新理念，组建协同建设的领导机构，探索协同建设的有效机制，扩大协同建设的辐射作用。② 李友富提出，健全“形策”课教学管理“多维—联动”机制，构建“形策”课教学内容“多向—整合”机制，优化“形策”课教学队伍“多员—合作”机制，创新“形策”课教学方式“多样—协同”机制。③

文军介绍了使用 CAI 技术（计算机辅助教学技术）制作“形策”CAI 课件的优势，即可以使教学内容的可视性增强，教学过程的动态性、灵活性、交互性突显。④ 刘韵清等认为，博客教学方法可以有效地促成师生互动、生生互动的合作学习。⑤ 顾晓英认为，“形策”课程网络论坛能够为师生互动、生生互动提供平等、自由、开放、共研学习问题的交流平台。⑥ 李继辉认为制作集文字、图表、声音、动画、新闻视频剪辑、教师研习智慧于一体的，且符合学生学习心理、接受习惯的多媒体课件，是现代化的教学方法选择。⑦ 严萍昌立足新时代高

---

① 徐蓉：《“形势与政策”课教学应处理好三大关系》，《思想教育研究》2019 年第 2 期。

② 高正礼、孙前梅：《构建高校“形势与政策”课协同建设机制探究》，《思想理论教育》2020 年第 1 期。

③ 李友富：《协同育人视域下“形势与政策”课教学质量提升路径研究》，《学校党建与思想教育》2020 年第 3 期。

④ 文军：《CAI 技术在“形势与政策”教学中的运用》，《考试周刊》2007 年第 34 期。

⑤ 刘韵清、李晓衡、李忆华：《博客在形势与政策课教学中的运用》，《内蒙古师范大学学报（教育科学版）》2010 年第 5 期。

⑥ 顾晓英：《网络论坛互动在形势与政策课教学中的应用》，《黑龙江教育（高教研究与评估）》2010 年第 3 期。

⑦ 李继辉：《多媒体技术在高校“形势与政策”课教学中的应用探讨》，《黑河学刊》2010 年第 11 期。

校“形策”课信息化教学体系融合协同的现实困境，提出信息化教学体系融合协同的核心路径：全力推进基于信息网络的分布式协同，合力推进基于教学主体的复合协同，着力实施基于合作教学的规范协同，聚力推进基于任务目标的自主协同，强力挖掘基于潜能释放的精准协同。① 为了规范“形策”课建设，提高教学质量，推动课程高质量发展，还需从课程内容优化、教学方法创新、新媒体融合等多个层面展开进一步的研究。如关于国际、国内形势的研究与分析，应该着眼于如何正确认识“两个大局”，准确把握当下国内外形势，梳理和总结新时代十年党和国家事业取得的历史性成就、历史性变革，面临的机遇和挑战。高质量系统性的形势分析，是优化“形策”课教学内容的先决条件。

国外方面，由于各个国家在国情、社情、政情、民情等方面存在较大差异，因此，不同国家的意识形态教育也有很大差别。其他国家虽然没有设置类似中国的“形策”课程，但他们会通过通识课程、政治、历史等相关课程和一些社会实践活动，让学生了解国家政治、经济、文化等方面的知识，进而认同国家意识形态和价值观，而这些课程的教学方式则较多是采用隐性教育的方式，更加注重学生的参与性和主动性。

通过对国内外有关研究成果的梳理能够发现，新时代基于教育赋权理论的“形策”课分众教学模式改革研究有待拓展和深入，实践应用还处在初步的探索阶段，随着信息技术及数字化大潮的到来，教育赋权理论和分众理论对“形策”课程的影响会日益扩大，这必将引起学界更多的关注和研究。

第二节 “形策”课教学调研概况

为了了解当前“形策”课教学现状，我们设计了《高校思政课教学改革调查问卷》并组织调研，从而对教学进行定量分析。

---

① 严萍昌：《新时代高校“形势与政策”课信息化教学体系融合协同路径探析》，《广西民族大学学报（哲学社会科学版）》2020 年第 3 期。

一、问卷情况

调查重点从“基本信息”“课程认识”“教学方法”“教学内容、教学模式”“教学互动”“教学评价”等六个维度考察“形策”课教学现状。为了确保调查结果的权威性和可靠性,我们在线向全国31个省份推送了调查问卷,被调查的学校在类别上涵盖了师范、理工、农林、医科及综合性大学,在层次上涵盖了一流大学建设高校、一流学科建设高校、地方性院校、高职院校、民办高校等,同时在地域上也具有广泛性,包括我国东、南、西、北各区域高校,以期能更好、更全面地反映地区间“形策”课教学的实际情况。

二、样本构成

调查共收到有效问卷18446份,其中涉及“形策”课的有效问卷2580份。

(一)学校类型

高校层次抽样分布中,一流大学建设高校占比23.18%,一流学科建设高校占比14.34%,非“双一流”建设普通公立本科高校占比31.4%,民办本科高校占比10.31%,高职(高专)占比20.78%。样本选取多元且较为均衡。

(二)性别比例

性别类型抽样分布中,女性占比68.33%,男性占比31.67%,女性是男性的2倍多。

(三)预期毕业去向

预期毕业去向抽样分布中,倾向于选择继续深造学习的(国内读研、出国留学)占比40%,倾向于传统就业的(党政机关、事业单位、各类企业及其他)占比35.31%,计划尝试新式就业的(自主创业、自由职业、灵活就业)占比

12.67%,未确定去向的占比12.02%。

(四)年级分布

所在年级抽样分布中,一年级学生占比35.89%,二年级学生占比33.6%,三年级学生占比22.56%,四年级学生占比7.09%,五年级学生占你0.85%。其中,五年级的样本数量仅有22人,样本较少,不具参考性,但是鉴于高校思政课主要在一至三年级开设,样本分布和数量是符合调查预期的。

(五)政治面貌

政治面貌抽样分布中,共青团员占比87.71%,中共党员(含预备)占比4.11%,群众占比7.91%,其他占比0.27%,符合在校大学生政治身份分布的正常样态。

(六)学生专业

专业类型抽样分布中,文科占比53.53%,理科占比21.94%,工科占比19.96%,医学占比4.57%。

三、结果分析

(一)教师角色

多数学生认为"形策"课的主要功能在于传递知识,起着对学生授业解惑的基本功能,大部分学生希望"形策"课教师在课堂上以知识传递者的角色出现,而在教学改革的推进过程中,"形策"课教师的重要角色是扮演课堂学习的协作者。在调研中,我们发现,认可"形策"课教师是课堂学习协作者的学生占比仅次于知识的传授者,表明大多数学生比较或非常希望"形策"课教师承担此角色(表7-1)。

表 7-1　你在多大程度上希望“形策”课教师在教学中承担以下角色

选项 角色	非常不希望（1）	不太希望（2）	无所谓（3）	比较希望（4）	非常希望（5）	平均分（6）
权威者	377	489	755	546	413	3.05
指导者	62	94	563	1056	805	3.95
协作者	38	65	573	1082	822	4.00
知识的传授者	32	57	454	973	1064	4.16
小计	509	705	2345	3657	3104	3.79

（二）教学方式

在问及“形策”课对学生缺乏吸引力的原因时，77.09%的学生认为“教学方式陈旧、单一，难以激发学生的学习兴趣”，其次是“语言表达缺乏感染力，导致课堂气氛沉闷”，占比为63.22%，位居第三和第四位的原因分别是“教师的言谈举止、个性，对待学生的态度和教师的个人修养等”“理论功底欠缺，掌握的本学科知识缺乏必要的广度和深度”，后两种原因所占比重都不足30%。可见，“形策”课提升吸引力的主要途径是教学方式方法的革新以及教师教学话语体系转化的加强（图 7-1）。

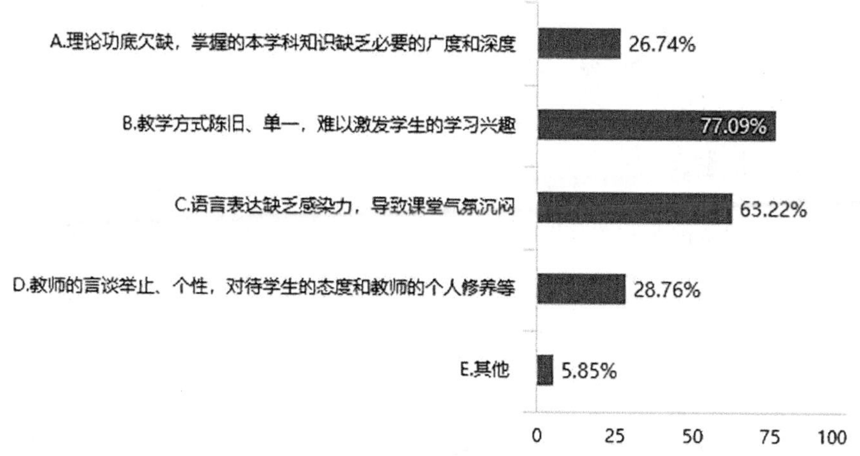

图 7-1　有些教师讲课对学生缺乏吸引力，你认为最主要原因是

调查发现,74.77%的学生喜欢“与社会实践、社会热点相结合进行教学”的方式;66.47%的学生主张“启发式教学”,即围绕本节课的几个重点问题,启发学生思考、讨论、回答;42.71%的学生认为“形策”课应该开展小组教学,将有共同兴趣的学生分成若干小组,不同的教师对不同的小组教学;对于“学生讲、教师点评式教学”的教学方式,大部分学生则不认同,支持率只有19.42%(图7-2)。可见,在校大学生对“形策”课的教学方式方法有明确的倾向,调查结果也佐证了在“坚持以学生为中心”的教学理念下进行教学改革的工作方向。

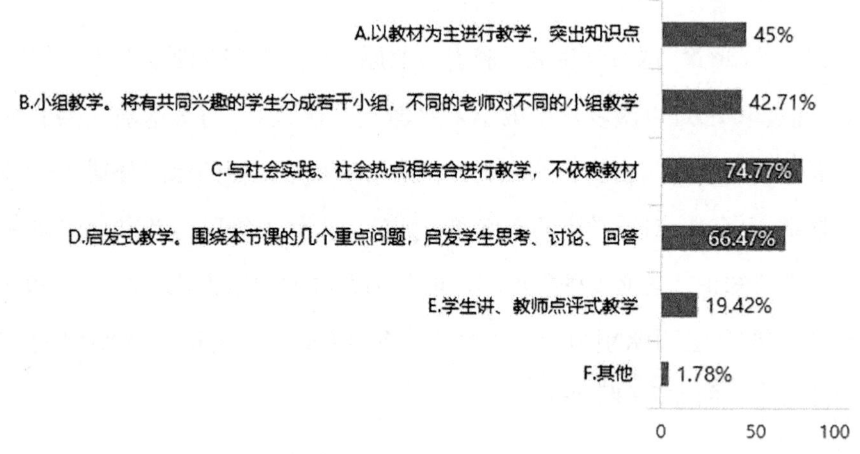

图7-2 你认为“形策”课应如何开展教学

(三)教学互动

教师和学生都非常关注“形策”课上的互动,在“教师在该课程课堂教学过程中的互动情况如何”的回答中,学生认为目前“形策”课互动频度和效度普遍不高,24.22%的学生认为所学课程每节课都有互动,35.62%的学生认为“形策”课堂互动程度一般,35.04%的学生认为所在的课堂经常互动(图7-3)。

学生希望的互动方式和教师采取的互动方式较为契合,58.33%的学生表示“形策”课教师会借助网络教学平台进行提问、讨论,71.47%的学生希望

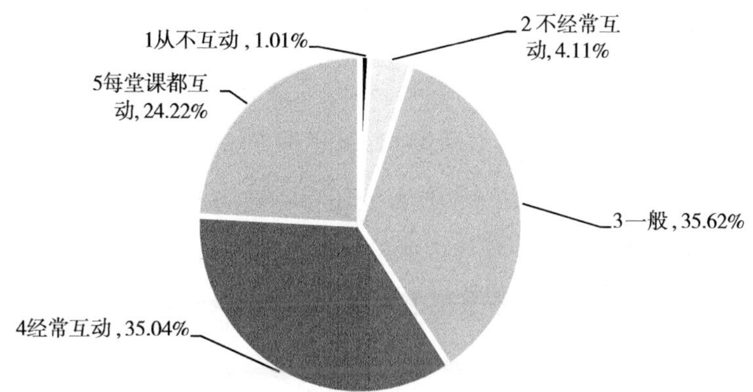

图 7-3　教师在“形策”课堂教学过程中的互动情况如何？

“形策”课教师使用网络教学平台进行互动。这都反映出学生对“形策”课时效性和互动性的需求。对于“形策”课的互动时间，学生也明确提出要求，56.82%的学生建议课堂的互动时间应设置在 11—20 分钟（图 7-4）。

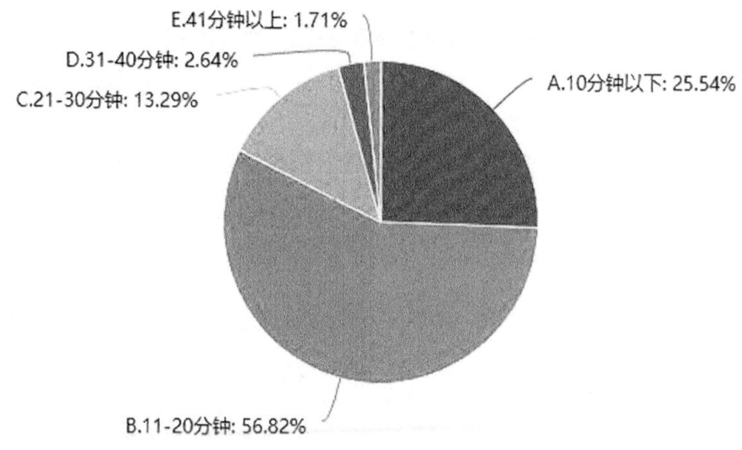

图 7-4　如果一堂课为 45 分钟，您认为互动时间应该如何分配

互动式的“形策”课教学获得多数学生的认可，82.29%的学生认为互动式教学能够活跃课堂气氛，73.06%的学生认为课堂上的互动能促使观点碰撞启发思考，66.55%的学生认为互动式的教与学可以拓宽知识面，还有 65.89%的学生认为互动中教师能够发现学生思想认识等方面的问题（图 7-5）。互动的形式方面，除了课堂提问、讨论等基本形式，57.33%的学生表示参与过“围绕某一主题进行课堂展示、演讲、讲课、制作视频”的课堂互动，表明在政策推动和课程发展的过程中，“形策”课教学改革一直在进行，教师也在不断地创新互动形式。此外，38.38%的学生还参与过各种形式的“形策”课实践调研，说明“形策”课的教学改革呈现出开放式发展的特点，理论教学、实践教学、混合式教学等教学模式在课程中呈现交融汇流的趋势。

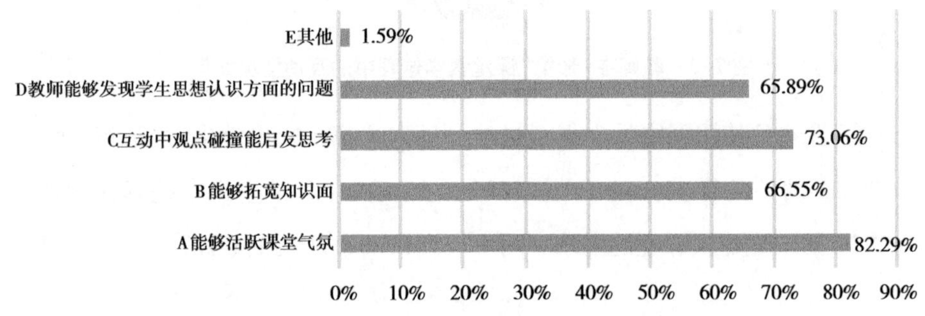

图 7-5　对于思政课教师采用互动式教学，你认为

第三节　新时代“形策”教学存在问题与模式应用

调研问卷反映了“形策”课教学的现状，通过结合实际教学和日常观察，我们分析出存在的问题，并在此基础上提出赋权型分众教学模式应用的方式和途径。

一、“形策”课教学模式存在的问题

（一）班额过大影响课堂教学效果

2020 年 1 月发布的《新时代高等学校思想政治理论课教师队伍建设规定》（中华人民共和国教育部令第 46 号）中要求，“高等学校应当配齐建强思

想政治理论课专职教师队伍，应当根据全日制在校生总数，严格按照师生比不低于1∶350的比例核定专职思想政治理论课教师岗位”①。但是由于师生比的限制等原因，各高校的“形策”课仍普遍采用大班教学，这种统一的大班授课制度，使不同专业间学生自身的发展特点遭到忽视，让学生的专业发挥和个性化发展受到抑制。授课规模庞大导致教师无法根据学生的学科专业特点采取针对性措施进行因材施教，制约了“形策”课整体教学水平的提高。

（二）实际教学与学生期望有差距

随着意识形态在国家发展和社会进步中的重要性日益凸显，以“立德树人”为根本任务的高校思想政治理论课教育教学逐渐受到重视，开始摆脱“看起来高大上，做起来就那样儿”的尴尬境地。我们通过调查发现，学生对“形策”课并不存在兴趣度过低的问题。相反，多数学生对“形策”课实际上是有所“期待”的，但与“形策”课肩负的任务、学生的期待相比较，还存在着一些不如意之处，主要表现为“抬头率不高”“点头率不高”等。

（三）教学中师生互动交流不足

师生的充分交流是保障课堂教学有效性的基点，虽然多数“形策”课教师注重使用多媒体和信息手段进行教学，将传统课堂与信息技术相结合，但班级规模过大增加了课堂控制的难度，也限制了互动教学方式的应用，导致教师难以兼顾不同专业学生的发展特点，容易忽略学生的个体差异和个性化需求。学生在“形策”课教学中的参与度、活跃度以及知识收获等方面表现出明显的态度分化，由此导致学生的知识获得感、价值认同感以及课业成绩等方面出现偏差。

---

① 教育部：《新时代高等学校思想政治理论课教师队伍建设规定》，2020年1月16日，见http://www.moe.gov.cn/srcsite/A02/s5911/moe_621/202002/t20200207_418877.html。

（四）课堂教学反馈机制不完善

及时有效的学习反馈是教学过程的必要环节，能够保证教学活动的高效开展。在超过百人的班级里，教师很难兼顾每一位学生的需求，学生个体分得教师的时间和精力也相对减少，这就使得教师在课堂教学过程中无法及时了解学生的学习状况和思想动态，学生课堂教学的参与感、活跃性呈现分化趋势，由此导致学生在知识获取方面存在较大差异。

（五）课堂教学赋权分配不科学

教学过程有课前准备、课堂教学、课后检测与评价三个主要部分。调查显示，学生在课前的学习投入不足，仅有 38.96%的学生会在课前主动查阅相关知识，且在课堂教学中仅有 29.1%的学生表示自己不会被动地跟着教师思维思考问题，表明学生在课前和课中的赋权不足，缺少相应的参与权与表达权。这些问题既有学生的原因，更有教师的原因。

教育赋权理论认为，师生课堂中民主权力的科学分配是开展“形策”课教学的理想状态。面对来自不同院系、不同专业、不同背景的学生群体，大班授课形式极易产生教师集权倾向，陷入向学生一味灌输的困境，处于权力劣势的学生的个体差异和个性化需求得不到有效关照和回应，导致其学习兴趣度较低，甚至持有逆反心理，教学效果也就无从谈起。①

二、当代大学生的思维特点和学习需求

在大班额教学难以有效改变的情况下，要解决上述问题，最根本的是要科学分析和有效把握新时代大学生的思维和学习特点，应学而教、教以促学，在“形策”课教学活动中突显学生的个人需要和兴趣。

---

① 张润枝、陈艳飞：《分众教学模式在高校思政课中的运用》，《湖北社会科学》2015 年第 11 期。

2018年以来，“00后”陆续进入大学，开始成为大学生的主力军，成为新时代思想政治教育的重点关切对象。“00后”大学生成长于全球化进程加快、我国深度融入WTO、互联网飞速发展、文化交互频繁、社会环境复杂多变的新的历史时期。其思想行为呈现出一定的新特质和新趋势。具体表现为以下四个方面。

（一）以深刻主义展现自我

“00后”群体有更大的财务自由，习惯自己作决定，自我认知意识强。移动互联网让他们能更加高效地尝试不同领域，使其倾向以自己的兴趣增进知识深度，甚至是以创造、创意或者创新来代表自己。

（二）以发展主义实现自我

“00后”意识到原生家庭资源对自身发展的重要性，他们不羞于利用家庭资源去发展自己的兴趣，如果原生家庭无法提供资源，他们会积极向外获取，因为移动互联网的发达降低了获取家庭以外资源的难度。

（三）以理性主义处事交际

“00后”认为有些事情专家也未必掌握。他们习惯跟任何人沟通自己的想法，甚至是社会和国家大事，就算意见不一，也能共同相处，并且知道对什么人要展现什么形象，懂得用APP去制造内容，控制自己在不同平台上的形象。

（四）以集体主义关怀群体

“00后”在社交平台上如果看到不同意见，他们会发展出同理心，产生群体意识，因而愿意去关心自己的群体，不仅会留意所在群体的大事，还会做出实际行动。

这些思想和行为特征反映在大学生思想政治理论课学习上，主要表现在两个方面:一是在学习内容上,对教学内容的要求日益个性化和务实化,希望得到对自身发展有切实帮助的知识;希望获得专业化的教育引导,能提供专业、细致、深度的思想行为指导,能够在发展个性的同时坚持正确的价值取向和理想信仰;认可朋辈引领在学习内容、形成正确的思想意识方面具有重要作用。二是在学习方式上,他们不喜欢被动接受知识,要求能参与其中,并积极发表意见;喜欢团队学习,热衷于问题的争论和思想的碰撞;"00后"大学生已经成为深度网络依赖群体,网络成为大学生求知学习的重要途径,其内涵的价值体系也在潜移默化地影响着青年;朋辈教育形式能够为"00后"大学生提供引导服务。①

这些特点要求教师从学生的个性化成长出发,通过选用符合不同年龄段学生的认知规律的教学模式,实现良好的师生互动。教学模式是根据培养目标和大学生的思想行为特征及学习特点,针对性的教学形式、教学手段、教学过程和教学技巧等组成的有机系统。通俗地说,就是教学有法、教无定法、贵在得法。因此,"形策"课教学要沿用好办法,改进老办法,探索新办法,让根本方法变成管用方法。

三、"形策"课的教学特点

教育部2018年印发的《关于加强新时代高校"形势与政策"课建设的若干意见》,为新时代"形策"课的教学提出了一些具体要求。文件指出了"形策"课的教学特点,理论武装的时效性、释疑解惑的针对性和教育引导的综合性。

从理论武装时效性的角度看,理论是行动的先导。政治的坚定,党性的坚定都源于理论的坚定。随着时代的变化,理论也需要不断地发展创新,所以理论武装的时效性之于"形策"课教学,就是要始终聚焦于党的创新理论的最新成果。

① 张润枝:《以问题为导向的思想政治理论课分众教学模式探索》,《思想理论教育》2015年第2期。

从释疑解惑针对性的角度看，从字面意思理解，它应该包含解答疑难问题、消除困惑情绪这两个方面的内容。具体到“形策”课的教学，就是要有针对性地讲好党和政府在一些重大问题上的分析与判断，形成的立场与决策，并且还要解答好学生的思想困惑，增强学生运用理论知识解释社会实际的能力。

从教育引导综合性的角度看，要求“形策”课的教学必须及时把握强化教育引导作用。“形策”课教学必须立足于社会主义核心价值观，并引导学生成为以民族复兴大任为己任的时代新人教学目标。

更重要的是，教育部文件还明确了新时代“形策”课的教学重点。“形策”课要讲授的主要是以下三个方面的形势与政策：一是党的十八大以来，党和国家事业取得的历史性成就、发生的历史性变革、面临的历史性机遇和挑战；二是党的理论创新成果；三是党的基本理论、基本路线和基本方略。

四、赋权型分众教学模式应用的优势

基于对教育赋权理论、分众教学模式、大学生特点以及新时代“形策”课教学特点的分析。我们认为，赋权型“形策”课分众教学模式是一种重要的、有效的教学模式。在“形策”课中采用这种模式不仅有利于提高课程教学的参与度，提升教学实效性，推动教学的范式转换，而且有利于进一步优化教学的评价方法。其适用性具体表现在以下四个方面。

（一）有利于提高“形策”课教学的参与度

传统的“形策”课多是以教师为中心、以课堂为场域、以教材为核心的相对单一、封闭的教学活动。在这种教学活动中，“形策”课教师不仅是“知识的化身”，而且代表着绝对的权威和教学的“中心”。无论是设定教学目标、选择教学内容，还是完成教学设计、制定教学评价标准，均是由“形策”课教师自主决策，学生如同被牵着鼻子的“牛”，被动地接受或根本没有接受教师传授的相关理论知识。这种决策方式让"形策"课教师完全主宰了教学过程,忽视了学生的自主性与个体性。而经过赋权的"形策"课堂强调教师要把学习的权力和责任交还给学生,让学生成为学习的主人,倡导所有学生都积极主动地参与整个"形策"课教学过程中,并给予学生充分的选择权。在赋权型"形策"课分众教学中,教师不再只是知识的呈现者,而且还是指导者和协助者,从传授知识转变为引导学生主动建构知识;教学内容不再囿于书本,更加关注新知识和实践,指导学生学习过程,以便培养学生的反思能力和问题意识;教学不再依靠师道尊严的地位优势,而是与学生组成同盟军或学习盟友,最终实现以"教"为中心向以"学"为中心转变,从"传授模式"向"学习模式"转变。①

(二)有利于提升"形策"课教学的实效性

传统"形策"课教学往往片面追求教学目标的达成,教师教什么、怎么教,学生学什么、怎么学,均严格按照预先设定的教学大纲机械地推进,以至于"课堂变成了演出'教案剧'的'舞台',教师是'主角',学习好的学生是主要的'配角',大多数学生只是不起眼的'群众演员',很多情况下只是'观众'与'听众'"②,忽视了教学过程的丰富性和多样性,学生的个体性和差异性被日益边缘化。基于教育赋权理论的民主化、能动型"形策"课分众教学模式强调教学权力的转化与赋予,注重引导和鼓励学生参与教学过程,既培养了学生的主体性意识和个性化思维,又提高了学生的逻辑思维能力和交流能力,在一定程度上弥补了传统"形策"课教学实效性不足的缺陷。赋权型"形策"课分众教学模式还关注学生在参与教学过程中的学习体会与情感体验,注重满足学生发展的不同需求,因而区别于传统目标导向中教学设计只关注教学目标的实现。传统"形策"课堂教学把完成教学目标当作唯一任务,而经过教育赋权

---

① 陈凡:《以学生为中心的教学何以可能——基于51所大学本科课堂现状的实证研究》,《高等教育研究》2017年第10期。

② 叶澜:《让课堂焕发出生命活力》,《教师之友》2004年第1期。

的“形策”课分众教学模式不仅能完成预设的教学目标，还赋予了学生相应权力，促使其积极参与“形策”课教学全过程，真正深刻地领会和掌握基本理论知识，提高教学效率与质量。

（三）有利于推动“形策”课教学的范式转换

传统“形策”课教学多从“知识本位”出发，强调工具性、知识性和灌输性，是一种典型的知识本位的、只见知识不见人的教学方式。这种教学方式视“教材文本”为“形策”课教学的核心，虽然内在结构完整、逻辑严密，但严重忽视了学生的情感态度、个性需求等特征，导致本应该充满生机和活力的“形策”课教学出现乏善可陈、刻板无趣的局面，最终使学生成为学习知识的工具。而赋权型“形策”课分众教学模式则从“学生本位”出发，强调要把“以学生为本”作为一种价值取向和思维方式灌注到课堂教学全过程，让教学内容“富”起来，课堂气氛“活”起来，学生的思维“动”起来；①强调“形策”课教师要在坚持教材基本内容和政治方向的基础上，注重语言表达的通俗化和个性化，力求将教材内容恰当、准确地变成大学生乐于接受、易于理解的话语，实现文本体系向课堂话语体系转换。可以说，唯有真正在分众课堂上赋权于学生，才能推动“形策”课教学范式的转换，把“形策”课建设成大学生真心喜爱、终身受益的优秀课程，促使大学生坚定对马克思主义的信仰、对社会主义的信念。

（四）有利于优化“形策”教学的评价方法

传统“形策”课教学评价多以结果性评价为主，根据最终卷面成绩决定是否给予学分，单纯知识性考核不能直接判断学生对知识的理解和运用程度以及思维提升情况。这种重知识轻素质的评价方式考核主体比较单一，考核过

---

① 范玉鹏、曹璐：《基于教育赋权理论建构高校思政课教学范式》，《郑州大学学报（哲学社会科学版）》2021 年第 2 期。

程相对封闭,既不能真正反映学生的政治素养,也不能考查学生知行统一的实践能力。此外,期末考核的评价方式忽视了过程性评价和动态性评价的重要意义。在赋权型"形策"课分众教学模式中,教师更加关注教学过程,注重学习过程的多样性和动态性,以期对学生进行科学、合理、公正的评价。从评价方法看,赋权型"形策"课分众教学模式支持教师对学生进行持续评价,课前、课中和课后采取不同的内外部评价方式,从而提升学生的知识储备和实践技能。① 从评价内容看,赋权后的"形策"课不仅要考查学生"学得怎样",更要考查学生"做得怎样",既重"知",更重"行"。② 与"形策"课教学过分关注教学结果评价而忽视教学过程评价的导向相比,赋权型"形策"课分众教学模式更为关注教学的过程性和学生的学习效果,以过程性为导向的教学评价理念为越来越多的管理者、教师和学生关注和接受。

基于教育赋权理论的新时代"形策"课分众教学模式,符合大学生成长成才的规律和差异化教学的需求,也符合思想政治教育的基本规律。赋权借用技术可实现个性化的学习体验,使复杂的概念和内容可视化,并提供超越课堂学习的机会。分众教学模式引入"形策"课,可以依据学生的不同特质细分为多个小众群体,根据不同群体的特点和需求,选择相应的教育内容和教学手段。不仅能为学生解决问题,而且能够了解学生对知识点的掌握程度以及存在的问题。赋权型"形策"课分众课堂强化教学过程的针对性、区别性,变单纯的知识讲授为以理论解疑释惑,变单一方法为综合运用,变单向度教学为双向实时反馈,变重视学生的普遍性为关注学生的差异性和层次性。这样不仅提高学生的参与意识,还能实现真正意义上的因材施教和对学生人生的引领。

---

① 范玉鹏、曹璐:《基于教育赋权理论建构高校思政课教学范式》,《郑州大学学报(哲学社会科学版)》2021 年第 2 期。

② 赵勇:《思想政治理论课有效教学的反思与解决路径》,《思想理论教育》2015 年第 4 期。

第四节　赋权型“形策”课分众教学模式实践案例

经过多年探索实践，我国高校思政课教学方法呈现由“灌输式”向“启发式”转化、“单向式”向“互动式”转化、“单一性”向“多样性”转化的发展趋势，涌现出实践教学、案例教学、网络教学等新的教学模式，取得了一定教学成效。目前，“形策”课教学模式研究主要集中于实践教学模式、案例教学模式、网络教学模式和分众教学模式四种类型。①

与分众教学模式不同，赋权型高校“形策”课分众教学模式要求教师在教学中适当向学生赋权，在开展面向所有学生的教学行动之前和过程中，搜集学生思想认识方面存在的困惑与疑问，为实施两个深度互动教学作准备，一个是面向同质问题的小众群体教学，一个是优秀学生的朋辈引领教学。赋权的难点在于赋多大的权。分众教学的重点在于区分受众，针对不同学生群体采取不同的教学手段，构建多层次、立体化的教学体系，更大程度关注学生个体需求，引导学生端正认识，客观理性看待义利、群己、成败以及得失，使学生思想水平和心理素质得到不断提升，促进学生的全面发展。

通过对上述问题的分析和教学设计思路，结合“形策”课的教学特点，我们在2020—2021学年第一学期的“形策”课堂上，根据传统教学模式和赋权型分众教学模式，在不同专题教学上进行了比较实验，具体操作情况如下。

2018年，教育部印发的《关于加强新时代高校“形势与政策”课建设的若干意见》中明确要求，新时代“形策”课要“准确把握教学内容。要开设好全面从严治党形势与政策的专题；开设好我国经济社会发展形势与政策的专题；开设好港澳台工作形势与政策的专题；开设好国际形势与政策专题。要根据形

① 沈娟凤：《高校思想政治理论课互动教学国内外研究综述》，《时代教育》2015年第15期。

势发展要求和学生特点有针对性地设置教学内容,及时回应学生关注的热点问题。”①显然,“形策”课的教学内容以专题讲授为主,与此相应,我们选取了“中美关系”和“港澳台工作”作为教学模式的对比。

“中美关系”以“南海问题与中美关系”为专题,团队任课教师采用较为传统的教学模式,即以教师讲授为主。专题以联合国秘书长对中美关系的警告、美国国务院规划司主任斯金纳、美国时任国务卿蓬佩奥以及美国时任国防部部长埃斯珀的对中言论作为切入口,引出“中美关系是世界上最重要的双边关系,是影响世界、亚太地区和平与发展的国与国之间的关系”这一结论。

一、传统教学专题的教学设计

专题由三大块内容组成,包括“当前的南海局势”“百年未有之大变局的内涵”“新时代的中美关系”。具体的教学设计如下。

(一)当前的南海局势

1. 南海的历史与现状

2. 南海问题的由来

3. 中国在南海的岛礁建设

4. 中美在南海的博弈

5. 2018 年以来的南海局势

(二)百年未有之大变局的内涵

1. 怎么变? 变什么?

2. 美国是最大变量

3. 中国的世界定位

① 教育部:《关于加强新时代高校“形势与政策”课建设的若干意见》,2018 年 4 月 13 日,见 http://www.moe.gov.cn/srcsite/A13/moe_772/201804/t20180424_334097.html。

（三）新时代的中美关系

1. 历史上的中美关系

2. 相互调整的中美关系

3. 美国现任政府的对中政策

4. 中美关系未来的展望

时间：90分钟（两个学时）

二、传统教学的教学方法和教学目标设计

（一）教学方法

以多媒体技术演示PPT为教学辅助手段，中间穿插以提问为主的教学互动。

（二）教学目标

1. 让学生清楚理解美国当下对我国在全球发展中竞争地位上升的担忧和猜疑，与此同时，认识到美国与我国在各个领域有着千丝万缕的联系。尽管矛盾重重，但还有强烈的合作愿望，需要而且必须与我国长期打交道。

2. 让学生清楚理解美国霸权的衰落有其必然性，但可能是一个长期的缓慢的过程，这个现实构成是中国和平发展的典型外部条件。中国需要继续适应和维系现行国际秩序和国际体系，在此基础上改造其不合理、不公平之处。应对与美国的博弈亦是需要在这个框架之内进行的。

3. 让学生深刻认识在新的国际秩序形成过程中，靠与美国妥协，不会形成合理的中美关系新态势。因此，要敢于斗争、善于斗争。只有通过斗争，主动维护自身的核心利益和关键利益，积极防范和有效化解各种风险和挑战，才能在不断斗争中推动形成新的交往范式，才有机会实现和平竞争、合作共赢的新型“竞合”关系。

4. 促使学生深刻认识国际形势虽然复杂多变，但我国发展的方向是明确而坚定的。我们党和国家现阶段的中心任务，一是确保实现“两个一百年”奋斗目标，二是确保实现中华民族伟大复兴。在习近平新时代中国特色社会主义思想指引下，通过伟大斗争，确保我国的最大利益在迈向社会主义现代化强国进程中不被放缓和中断、实现“两个一百年”奋斗目标不被干扰和阻挠。

三、赋权型“形策”课分众教学模式的实施方案

“港澳台工作”专题，我们采用了赋权型分众教学模式来进行，引入 AI 智能语音协助教师讲授理论内容部分，并引出两个不同层次的问题，使用超星学习通的 PBL 功能进行分组设定，引导学生进行小组讨论并进行展示，最后由任课教师点评总结。

具体的教学设计如下。

（一）教学目标

1. 知识目标：让学生清楚理解从国家层面建立健全香港特别行政区维护国家安全的法律制度和执行机制，是我国坚持和完善“一国两制”制度体系的重大举措，是保证香港长期繁荣稳定、推进“一国两制”走向更大成功的创造性实践。

2. 能力目标：让学生清楚理解“一国两制”是香港、澳门发展行稳致远的“方向盘”，无论遇到什么样的困难和挑战，都必须坚定不移确保香港、澳门始终沿着正确方向前进。

3. 价值目标：让学生清楚认识香港的这场斗争，其本质就是一场破坏“一国两制”和维护“一国两制”的殊死较量。

（二）教学难点

1. 深入阐释当前香港这场斗争的本质及其复杂成因。

2. 准确把握《中华人民共和国香港特别行政区维护国家安全

法》制定和公布实施的重大意义。

（三）教学重点

1. 讲清楚“修例风波”的本质及中央坚定不移贯彻“一国两制”的决心。我国维护国家主权、安全、发展利益的决心坚定不移，贯彻“一国两制”方针的决心坚定不移，反对任何外部势力干涉香港事务的决心坚定不移。

2. 讲清楚“一国两制”的深刻内涵。“一国两制”是我国的一项基本国策。“一国”是根，根深才能叶茂；“一国”是本，本固才能枝荣。必须正确理解和把握“一国”和“两制”的关系，确保“一国两制”方针不会变、不动摇，确保“一国两制”实践不变形、不走样。

3. 讲清楚稳步推进“一国两制”实践的举措。全面准确贯彻“一国两制”方针，必须从有利于港澳长治久安的战略和全局高度进一步加强顶层设计，健全中央依照宪法和基本法对特别行政区行使全面管治权的制度，完善“一国两制”制度体系。

4. 讲清楚《中华人民共和国香港特别行政区维护国家安全法》颁布实施的里程碑意义。《中华人民共和国香港特别行政区维护国家安全法》的颁布实施，不仅堵塞了香港在维护国家安全方面存在的法律漏洞，也必将有力打击反中乱港势力嚣张气焰，有效防控国家安全风险，筑牢“一国两制”的根基。

（四）教学结构

1. 不容挑战“一国两制”底线：反中乱港势力公然挑战“一国两制”底线，外部势力肆无忌惮干预香港事务，贯彻“一国两制”方针的决心坚定不移。

2. 正确看待“一国两制”内涵：全面准确贯彻“一国两制”方针，必须正确理解和把握“一国”和“两制”的关系；准确贯彻“一国两制”方针，必须把维护中央对香港、澳门特别行政区全面管治权和保障特别行政区高度自治权有机结合起来；全面准确贯彻“一国两制”方针，必须牢牢把握“一国两制”的根本宗旨、牢牢把握“三个有机结合”、牢牢把握“三条底线”；全面准确贯彻“一国两制”方针，必须坚持依法治港、依法治澳，依法保障“一国两制”实践。

3. 稳步推进“一国两制”实践：两岸和平统一，形势严峻；年轻一代，影响未来。

4. 坚决筑牢“一国两制”根基：确保“一国两制”行稳致远的治本之策，坚定香港“再出发”的决心和信心。

（五）教学过程

1. 课前：通过问卷摸底，掌握学生对专题的兴趣点。

2. 课中：知识讲授。使用 AI 智能语音作为课程助教，由智能语音讲授课程的理论部分，并引出国家主权与网络安全和青年人如何看待网络同温层（网络圈层）两个问题。用时约 35 分钟。

3. 话题讨论。借助超星学习通的 PBL 项目探究式的功能模块，以上述两个问题作为两个组别的讨论主题，每组成员人数设定为不超过 6 人，组别中的小组根据上课班级人数设定。学生根据自己的兴趣和知识背景可自由选择参与何种主题的讨论，可自由组成讨论小组，组内成员进行简单分工，讨论结束时需提交简要讨论结果，并确定一名成果分享人。主题讨论时间为 25 分钟。

4. 结果分享。讨论完成后，用民主模式组织小组进行成果分享讨论，在超星学习通上使用抢答或随机选人等功能模块，选定现场分享的小组，由小组确定的成果分享人进行分享，并接受其他小组的咨询和提问。成果分享时间为 20 分钟。

5. 总结点评。任课教师根据小组讨论分享的结果，结合专题的教学任务和学生的思想动态进行点评，确保达到教学目标，实现知识传递和价值传递。

（六）教学方法与手段

教学方法：采用的赋权型分众教学法以分众为基础，充分体现教育赋权的“民主、能动”特点。具体说，就是发现学生在学习生活和思想认识上存在的困惑与问题，并以此为导向，使教学内容的选择更有针对性；针对不同学生群体采取不同的教学手段，建构立体化、多层次的教学体系，尽力关注学生个体需求；建立实时双向反馈机制，充分让学生表达观点，实现对学生差异性和层次性的关注，达到因材施教的目的。①

第五节　赋权型“形策”课分众教学模式应用评价

一、研究方法

“形策”课程结束后，我们对 4 个班级共计 710 人进行了书面访谈，请学生就这两种教学方式方法谈谈具体感受，形成了约 41 万字的访谈记录。我们确定了对访谈进行质性研究、叙事研究的工作思路。

质性研究方法已经成为社会科学及其应用领域中（如社会学、人类学、政治学、经济学、法学、心理学、宗教学、管理学、教育学、历史学，护理学等）越来越重要的研究方式。质性研究是以研究者本人作为研究工具，在自然情境下采用多种资料收集方法，对社会现象进行整体性探究，主要使用归纳法分析资料和形成理论，通过与研究对象互动对其行为和意义建构获得解释性理解的一种活动。② 它具有探索社会现象、对意义进行阐释，以及发掘总体和深层社

① 张润枝、陈艳飞：《分众教学模式在高校思政课中的运用》，《湖北社会科学》2015 年第 11 期。

② ［以］艾米娅·利布里奇等：《叙事研究：阅读、分析和诠释》，王红艳译，重庆大学出版社 2008 年版，总序第 2 页。

会文化结构的作用。质性研究是一个跨学科、超学科的领域，被运用到与“精神科学”有关的学科，如人类学、社会学、教育学、历史学、心理学、护理学、政治学、管理学等。它不是来自一种哲学、一个社会理论或一种研究传统，而是受到很多不同的社会思潮、学术理论和研究方法的影响。① 近年来，质性研究在理论上和实践上对一些重大问题进行了比较系统和深入的梳理和探讨，但迄今为止很多问题仍在探索和争议之中。

由于质性研究发源于很多不同的理论流派和学科传统，目前在理论取向上，质性研究仍处于三种不同传统的张力之中。一方面，它注重对研究现象做后实证的经验主义考察和分析，强调自然主义的传统，注重对研究结果的“真实性”和“可靠性”进行探究。另一方面，它要求研究者对研究对象进行“解释性理解”，强调的是阐释主义的传统，关注研究者与被研究者之间的主体间性和“视域融合”。而与此同时，它又意识到任何研究都受到一定政治、文化、性别和社会阶层的影响，注意研究中的权力关系，注重研究对知识建构和社会改革的重要作用，因此它又同时具有一种后现代的批判意识。②

叙事研究是一种研究人类体验世界的方式。在过去几十年里，叙事的概念在社会科学领域逐渐获得认可，并开始在理论、科研和诸如心理学、精神疗法、教育学、社会学和历史学等应用学科中占据一席之地。叙事在研究中的运用可被视为对现存传统方法（如实验法、调查法、观察法）的一种补充，或者是对这些研究工具的首选替代品。不管从何种意义上说，叙事方法都已经成为社会科学宝库中极有价值的一部分。③

叙事研究指的是任何运用或者分析叙事资料的研究。这些资料可以作为

---

① 陈向明：《质性研究的新发展及其对社会科学研究的意义》，《教育研究与实验》2008年第2期。

② 李正中，郭志平，肖鸿：《运动心理学中的质的研究》，《湖北师范学院学报（自然科学版）》2009年第1期。

③ ［以］艾米娅·利布里奇等：《叙事研究：阅读、分析和诠释》，王红艳译，重庆大学出版社2008年版，第10页

故事形式而收集,或者以另外一种不同的形式而收集。它可以是研究的目的,或者是研究其他问题的手段。其用途可能有:做群体间的比较分析,了解一种社会现象或者一段历史、探究个性等。我们所提出的模式,能用于分析从文学作品到日记、自传、晤谈,或者由访谈而获取的口述生活故事之类的广泛的叙事谱系。自然地,这类研究属于不同的学科领域,包括文学、历史学、心理学、人类学等。①

运用叙事方法得出的结果是丰富而独一无二的资料,而这些资料是通过单纯的实验、调查问卷或观察无法获取的。叙事研究的优势同时也导致它面临困境,一方面来自所收集资料数量的限制性,另一方面来自研究工作的诠释性本质。

描述性质性研究基于解释主义的研究范式。解释主义的思想可以追溯到古希腊和古罗马的哲学家,但解释主义作为一种社会科学的研究方法则来源于 18 世纪德国哲学家伊曼努尔·康德(Immanuel Kant)、威廉·狄尔泰(Wilhelm Dilthey)、马克斯·韦伯(Max Weber)、埃德蒙德·胡塞尔(Edmund Husserl)等,其他学者进一步发展了这一思想。解释主义的目的是解释人们的观念和行为,以及这些观念和行为在特定情境下或在更广阔的文化背景下的相互作用。

与解释主义传统相适应的本体论是:这个世界中的事实是被社会建构的、复杂的、不断变化的。重要的是,我们要明白人们是如何解释并赋予客观事物、事件、行为和知觉等意义的。这些被建构的事实被认为是客观存在的,它们不仅存在于个体的意识中,而且也作为一种社会建构(Social Constructions),因为个体知觉总是与更广的社会思想和语言相互作用的。因此,获得同一社会团体中某些成员对一些社会现象的看法,就可以获得该群体思想和行为的文化模式。

① [以]艾米娅·利布里奇等:《叙事研究:阅读、分析和诠释》,王红艳译,重庆大学出版社 2008 年版,总序第 2 页。

二、结果反馈

确定了研究方法后,我们使用定性分析软件 NVivo 对数据进行了编码和分析。软件 NVivo 的功能有:可以处理文本数据和非文本数据,能够有效处理数据以及创建和探索新的创意和理论;可以帮助研究人员处理包括可视化数据和文本数据在内的多样化数据的输入,创建并验证理论,根据统计摘要撰写数据报告,为数据间的关系创建可视化展示。

我们对访谈数据进行了开放式编码、主轴式编码和选择式编码三级编码之后,形成了如图 7-6 所示的关联性话题讨论节点图。

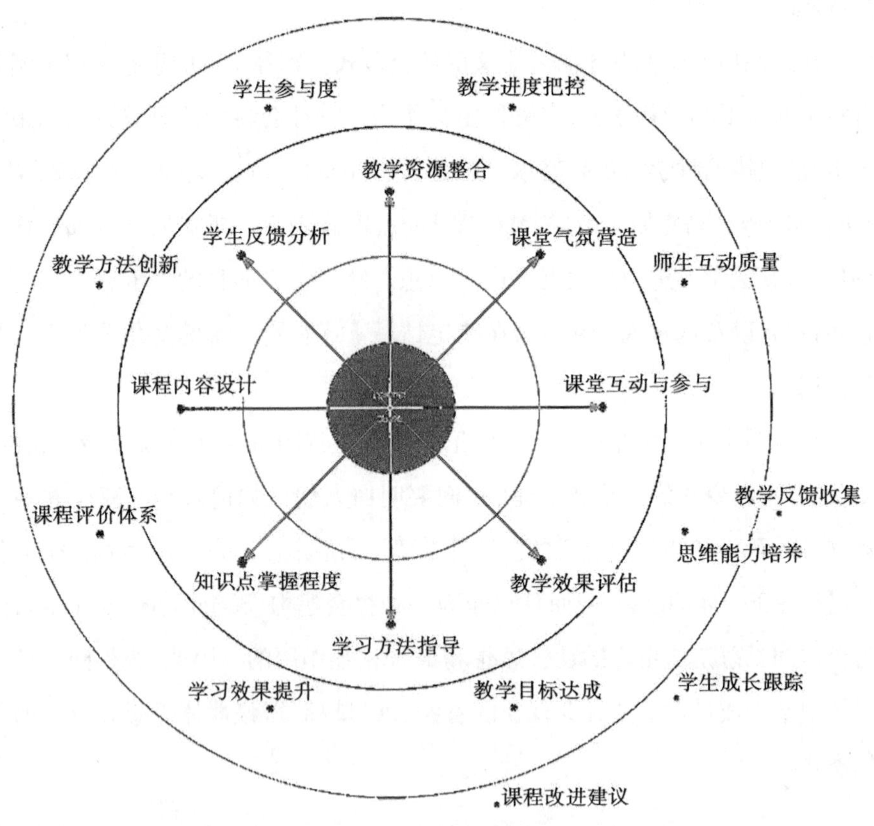

图 7-6　关联性话题讨论节点图

随着对编码节点的分类总结，形成了图 7-7 所示的分类话题，学生对“形策”课教学方式改革的态度也逐步清晰。

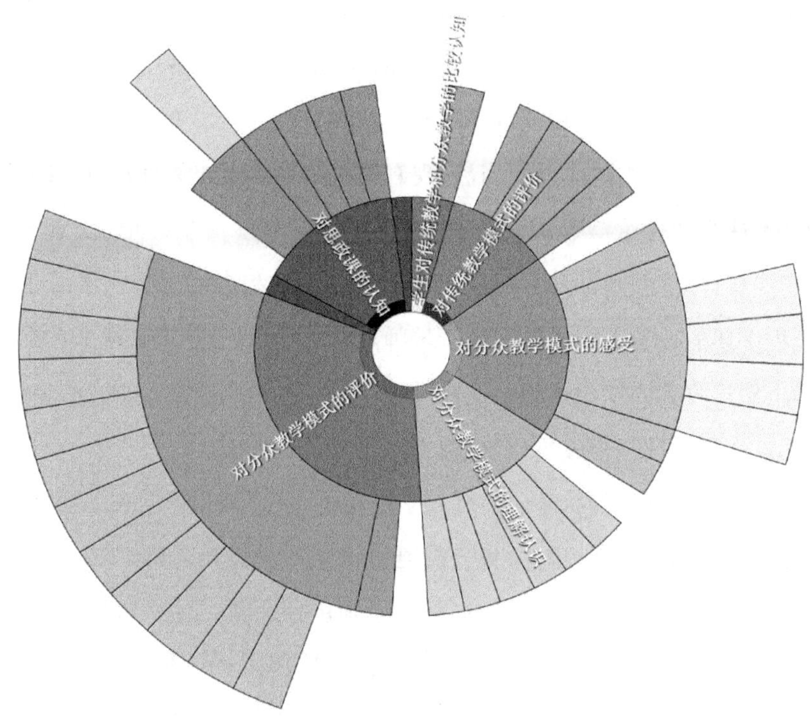

图 7-7　分类话题区域图

学生对赋权型分众教学模式和传统教学两种模式的认识和思考主要有以下四个方面。

（一）对传统教学模式的评价

1. 传统教学模式的不足。学生认为在传统教学模式下，“老师讲什么就是什么，自己不会去深入思考，也很难发现自己的问题所在。”一节“形策”课下来，学生也许记住了教师讲的内容，但对中美关系的认识更多来自于教师的讲解。在学习过程中，个体缺乏主动搜集更多相关资料的积极性，自我构建知识的意识不强，因此印象不深刻。传统讲授的教学方式虽然全面，但它更像是一种被动式的填鸭,师生间缺少交流,教学效果得不到及时反馈,课堂整体参与度不高,学生们的学习热情受到压制。除此之外,这种大班授课的传统教学模式还会造成教师教、学生听的单向灌输困境,难以因材施教,学生较难获得学习乐趣。此外,部分学生表示讲述的知识有很多都已经有所了解,所以课上就听得并不认真,学到的知识也并不多。

2. 传统教学模式的优点。当然,现有主流的教学模式也有它自身的优点,有的学生认为,"传统教学模式下,老师在教学过程中占主导地位,带领大家有目的性有针对性地学习,从而避免学习的盲目性和走入思想误区。"他们表示,全程讲述的教学方式比较有利于教师观念的输出、思想的传播和内容的讲解,学生们接收到的知识更为全面和准确。但需要说明的是,学生所列的这些优点无论在哪种教学模式下,目标似乎都是可以达成的。

3. 传统教学模式的状态。传统教学模式下,教师是知识的主动灌输者,学生是知识的被动接受者。有学生分析道,"课堂的主体是老师,学生跟着老师的思路走,属于纯接受型的学习,往往是老师讲什么就是什么,自己不会去深入思考,也很难发现自己的问题所在,但自己的知识毕竟有限,这种模式下,可以更多地通过老师去了解知识,充实自己,就'中美关系'来说,自己对于美国的了解很少,在分组谈论的情况下,很难给出一个确切的结论,而在老师的讲解下,收获会更多。"

4. 传统教学模式的效果。就学习效果而言,学生的意见形成了泾渭分明的两类,一类认为"在老师的带领下分析了原因与影响,收益颇多",另一类则认为,"课程后只能记起大致的内容,心中对中美关系的理解也全是来自老师,没有很多自己的见解,因此印象也不是那么深刻。"

(二)对赋权型分众教学模式的认识

从访谈中我们可以明显感受到,学生对新的教学模式接受度很高,能够快速理解分众的概念、分众教学方法的基本框架和解决问题的出发点,并对分众教学模式的一些设计非常感兴趣。

1. 能准确列举分众教学模式的若干特点。学生认为，它“更倾向于锻炼学生的自主学习能力、讨论交流能力、分析总结能力”“着重发现学生在理论认知和思想认识上存在的困惑与问题，并以此为导向，将教学内容专题化，增强针对性”“这种模式下，课堂的主体是学生，学生的参与度更强，相比于传统的接受型学习而言，是一种输出型的学习”“我变成了课堂的主动者，而不是传统的老师在上面讲、我在下面听的被动者”。

2. 能清晰描述分众教学模式的有机组成。有学生将分众教学模式的特点和流程总结如下：“以问题为导向、以发现为起点、以分众为手段、以专题为路径、以协同为支撑”“分层互动共两个话题（指导性话题），三个环节（分组、互动、反馈），五个步骤（分组探究、合作交流、示范提问、精讲、总结）。这五个步骤可以看作是三个过程：自学（分组探索）—互动（合作交流、演示和提问，以及精确的演讲）—反馈（教师总结）”。

3. 能清楚地表达分众教学模式的概念。分层互动的核心是让教师和学生在课堂教学中共同感知学习的趣味，让教师在课堂上放松，让学生愿意在课堂上主动学习，让学习过程不再是师生之间的垂直关系，而是平等的师生关系，使得课堂不再局限于45分钟的时间，促使课堂延伸到生活，让课堂完全变成学生学习知识的地方，不再只是教师传授知识的地方。

4. 能认识到分众教学模式是一种改革。学生认为“赋权型‘形策’课分众教学模式是在长期探索中得出的一个相较于传统教学模式具有很多优势的教学方法”“用的微课以及‘分众互动教学模式’无疑是教学改革中的创新”。

（三）对赋权型分众教学模式的评价

1. 赋权型分众教学模式的优势。学生对赋权型分众教学模式的评价较为积极，各有侧重地阐释了该教学模式的教学优势。调研组通过对学生的观点进行整理和分析，总结和提炼如下。

一是充满问题意识，能调动学生学习的主动性。“利用‘分众模式’对‘网络主权’以及‘网络同温层’的学习，调动了同学们自我学习的兴趣，更有效地促使我们主动查阅相关资料，积极理解问题背后的意义并说出自己的想法。”“他让我能选择自己感兴趣的话题深入研究，这无疑给予我们机会去专注于一件事情，对一件事情进行深入的挖掘，透过现象看本质，而不是分心于多个话题，对于其认知却只是停留在表面。”

二是对学生提出更高的学习要求。“相较于传统教学模式，赋权型分众教学模式要求学生有更好的自主学习能力，更好的思维能力，更主动的学习态度。”

三是能够发挥学生所长。“这种教学模式可以让学生发挥自己擅长的部分，例如，擅长查找资料的学生可以多查资料并进行分享；擅长总结资料的学生可以归纳总结并提交答案；擅长分析资料的学生可以进一步检查并完善答案；擅长发言的学生可以积极地向老师反馈讨论结果。”

四是增加了课堂的趣味性和活力。通过学生的交流分享，教师能够及时获取教学反馈，掌握学生的学习动态，有利于师生间的交流与互动，使课堂更加生动活泼。

五是小组讨论能够活跃思维，加强团队合作，提升课堂参与度。有学生在访谈中说：我们小组选择的是“网络主权”这一话题，通过主动查阅相关资料，我们会积极思考这件事情的前因后果以及造成的影响，这无疑锻炼了我们自主学习的能力。通过与小组内的成员交流，在过程中实现思维的碰撞，集思广益，博采众长，从不同的角度对“网络主权”这个话题进行讨论，每个人都有自己独特的观点，最终形成了集体智慧的结晶。如此一来，在分组讨论中小组成员可以得到共同进步，大家的课堂参与度也大大提升。

六是能够提高学生的学习效率。学生在赋权型分众教学模式中的学习最终获取的是双方的研究成果，选择另一个话题进行研究和分享的学生可以得到对方智慧的结晶，两种智慧的结晶进行交流交换，双方得到的都是精华，就好比一个苹果与两个苹果的关系。就如一位学生所言,"我们通过'分众互动教学模式'能够在最短的时间内得到对两种事件的精华的认识,有利于提高学习的效率,在短时间内创造出更大的学习可能。"

七是尊重了学生的个体需求,承认存在差异性。学生对赋权型分众教学模式评价道,"它尊重同学们在兴趣爱好、知识结构、个体需求等方面的差异性。同学们可以选择自己感兴趣的话题进行主动式的探索而不是被动式地接受,这样的学习模式可以激发同学们学习的兴趣与创造性。"

2. 赋权型分众教学模式的不足。有学生谈到,"对于那些不愿意学习的同学,这种教学模式给了他们一个偷懒的机会,他们可以选择不参与到课堂中。而对于学习能力不强的同学,他们可能脱离传统教学模式便无法很好地掌握知识,导致学无所获。"赋权型分众课堂强调民主参与性、学习的能动性,注重团队协作,对于不愿参与课堂教学活动中的学生来说,可能使其更为被动,这需要通过课程评价机制及时进行督促和纠正。还有学生谈到大班上课对赋权型分众教学课堂影响的问题,"这门课是大班教学,人多分组就多,不是每个小组都有分享自己观点的机会,分享的组也会不可避免地出现观点接近的现象,而某些具有独特视角的观点也许会被埋没。小组分享时,建议老师不采用随机选的方式,而是选出有代表性的观点进行讨论。"教学模式的创新改革,虽然能一定程度促进"形策"课教学实效的提高,但大班上课的问题依然是限制"形策"课教学实效性的重要因素。

(四)对赋权型分众教学模式的接受度

1. 效果良好。访谈中,学生对在分众课堂上的学习效果进行了评价:有的指出通过小组讨论交流,思路更加清晰,掌握的知识点更加准确,并且能学以致用,对现实中的问题有了更明确的分析思路。有的强调,"这种模式不仅锻炼了我们过滤信息的能力,引导我们能够深入浅出地完成理论学习和思维训练,还能激发我们学习的主观能动性"。

2. 认同度高。访谈中有 7 成的学生明确认同、支持在“形策”课上使用赋权型分众教学模式,没有学生公开质疑该教学模式的使用。

3. 改进建议。“如果改成小班课,我感觉这个教学模式下的课堂效果绝对很好,知识如同海洋,传统的模式是老师给你引一条河流,取之有限,而分层讨论如同直接面向大海,用之不竭。”这表明学生很期待采用赋权型分众教学模式。

第六节　赋权型“形策”课分众教学模式应用展望

在我们的教学实验中,赋权型分众教学模式取得了明显效果。参与实验的学生从行为、情感和认知等方面,都显示了明显的主动性。学生对课程的满意度和对教师的教学评价有明显提升。虽然如此,赋权型“形策”课分众教学在高校的推广应用中仍然面临众多机遇与挑战。

从思政课建设的条件来看,随着教师与在校大学生师生比 1∶350 的逐步达标,课堂中班教学、小班研讨的教学形式正在实现。随着教育信息化建设工作的有力推进,标准化的多媒体教室乃至现代化的智慧教室逐步成为高校课堂的标配,技术赋权条件的不断完备,学生民主意识的日渐形成,都给赋权型“形策”课分众教学模式应用带来了便利。但与此同时,将“形策”课的教学内容与其他思想政治理论课程相比,其对顺序性、连贯性的要求不是非常高,这种特点比较有利于专题教学和分层分众指导。如何将这一模式扩展到其他思想政治理论课程,如何设计符合各门课程特点的专题内容,如何保证专题教学不打乱课程内容的内在逻辑和历史顺序,是需要着力解决的问题。

从“形策”课教学对象来看,伴随着我国社会的现代化转型,国内外形势的复杂多变,全面深化改革不断向纵深发展,人们思想活动的独立性、选择性、多样性、差异性明显增强,特别是进入信息时代、数据时代、智慧时代之后,随着互联网的发展，网络圈层的形成与发展，使赋权型分众教学模式成为开展适应大学生的思想观念和价值取向多元化的教学研究的切口。恰恰也正是这种形势，对“形策”课教学改革提出了更高的要求。如何紧跟时代发展，准确把握学生的思想状况和学习特点，进而深化对问题的把握和提炼，完善专题的设置和对相关教学重点、难点的梳理与分析，确保教学的实效性和针对性，是“形策”课教学改革必须解决的现实问题。

从“形策”课教学管理来看，赋权型分众教学模式需要教师在课余投入较多的时间与学生进行交流沟通，指导学生开展理论学习，解决学生个体的思想困惑。在目前教师科研压力很大、科研时间和教学时间存在冲突的情况下，需要在制度设计上给教师以更大的自主空间，在工作量测算、教学评估、成果考核等方面制定有助于吸引教师更多教学投入的政策和规则，鼓励教师开展教学改革。

习近平总书记强调，“思政课教学是一项非常有创造性的工作，要学会辩证唯物主义和历史唯物主义，善于运用创新思维、辩证思维，善于运用矛盾分析方法抓住关键、找准重点、阐明规律，创新课堂教学，给学生深刻的学习体验。”①赋权型“形策”课分众教学模式是针对当代大学生学习特点，在教学理念、内容、方法等方面进行赋权改革的一项尝试。这种模式与其他模式不是非此即彼的关系，不是代替关系，而是既相互独立又相互融合的关系，是传统教学模式的有益补充。尽管“形策”课在推进赋权型分众教学模式过程中还存在着一些问题，但从学生主动的参与和积极的反馈中，我们看到了希望，也坚定了将“形策”课教学改革持续推进下去的决心和信心。

---

① 习近平：《思政课是落实立德树人根本任务的关键课程》，人民出版社 2020 年版，第 14 页。

第八章　高校思政课网络教学调查与策略

思政课是高等学校落实“立德树人”根本任务的关键课程，是理论性、政策性、时代性、创新性很强的课程。在新冠疫情暴发之前，有不少高校已经开始探索线上组织教学的方式，有的采用慕课形式，有的对部分教学内容采用网络视频课形式，还有的集中优秀教师录制思想政治理论课“精彩一课”视频课。这些探索取得了较好成效，也积累了不少经验。但2020年初，突如其来的新冠疫情，迫使各级各类学校延迟开学，也打乱了传统的高校思政课教学方式。教育部印发的《关于在疫情防控期间做好普通高等学校在线教学组织与管理工作的指导意见》指出，应积极开展线上授课和线上学习等在线教学活动，保证教学进度和教学质量。突发公共事件发生后，围绕以下问题：高校思政课网上教学效果究竟如何、教师和学生是否适应、是否做到了等质同效、还存在哪些问题、如何改进、未来如何应对等等，我们进行了调研。

第一节　问卷调查对象的样本构成

调研采用线上方式进行，调研时间为2020年3月5日至15日，调研对象为普通公立本科高校思政课教师和学生。共收集到教师问卷 313 份,学生问卷 10560 份。

一、高校类型

在教师样本中,一流大学建设高校占 23%,一流学科建设高校占 7.35%,非“双一流”建设普通公立本科高校占 69.65%。在学生样本中,一流大学建设高校占 42.87%,一流学科建设高校占 8.48%,非“双一流”建设普通公立本科高校占 48.66%。以非“双一流”建设普通公立本科高校为主。

二、性别比例

教师样本中,男性教师占 47.92%,女性教师占 52.08%。学生样本中,男性学生占 46.07%,女性学生占 53.93%。无论教师样本,还是学生样本,都是女性占比比男性高一点,但差距不大,对调查没有影响。

三、教师结构

在教师样本中,思政课教师年龄在 20—29 岁的占 7.03%,30—39 岁的占 42.49%,40—49 岁的占 28.43%,50—59 岁的占 21.41%,60 岁以上的占 0.64%。职称是教授的占 12.46%,副教授占 31.63%,讲师占 50.48%,助教占 5.43%。学历是博士研究生的占 56.23%,硕士研究生占 34.5%,本科占 9.27%。以中青年、讲师、博士研究生为主。

四、年级结构

在学生样本中,大一学生占 36.15%,大二学生占 51.95%,大三学生占 11.59%,大四学生占 0.11%,大五学生占 0.2%。大四的样本只有 7 人,大五的样本只有 3 人,这两个年级的数据基本不具参考性。思政课课程主要在大一至大三阶段开设,调查是符合预期的。

第二节　思政课网络教学基本情况

网络教学一般包括教学平台类型、运行、主体应用能力、时间投入、互动及其专注度等。

一、思政课教学网络平台使用多元化

在教师问卷中,6.07%的思政课教师使用雨课堂,40.58%使用超星学习通,10.54%使用腾讯会议,30.67%使用混合式网络平台,12.14%使用钉钉、QQ 直播、腾讯课堂、微信语音、企业微信、优学院等其他网络平台。

在学生问卷中,7.5%选择使用的是雨课堂,26.27%选择使用的是超星学习通,10.55%选择使用的是腾讯会议,50.5%选择使用的是混合式网络平台,5.18%选择的是使用钉钉、慕课、腾讯课堂、QQ 直播、虎牙直播、云班课、优学院、B 站等。

从两个问卷的数据统计可以看出,除了在使用超星学习通和混合式网络平台的问题上,教师和学生略有差异外,其他比较一致。出现差异的原因是有时候采用一种教学平台,比如雨课堂时,如果出现卡顿,中途会逼迫教师变换学习平台,学生会认为采用了混合式网络平台。

二、思政课教学网络平台运行不太流畅

在教师问卷中,6.71%的思政课教师认为太卡无法正常上课,45.69%的认为比较卡断断续续能上,47.65%的认为上课顺畅。

在学生问卷中,3.18%的学生认为太卡无法正常上课,41.39%的学生认为比较卡断断续续能上,55.43%的学生认为上课顺畅。

思政课教师使用网络平台的感受和学生整体使用网络平台的感受基本一致。

三、学生对网络教学的适应能力高于教师

在教师问卷中，认为新冠疫情对教育教学有影响，由线下全部转到线上，认为这是对自己的技术学习和操作的一种新的考验的思政课教师占 33.23%；认为影响很大，仅凭签到率无法准确评估学生听课率的占 29.71%。有影响、影响很大与没有影响、没有多大影响的比例是 1:0.56。

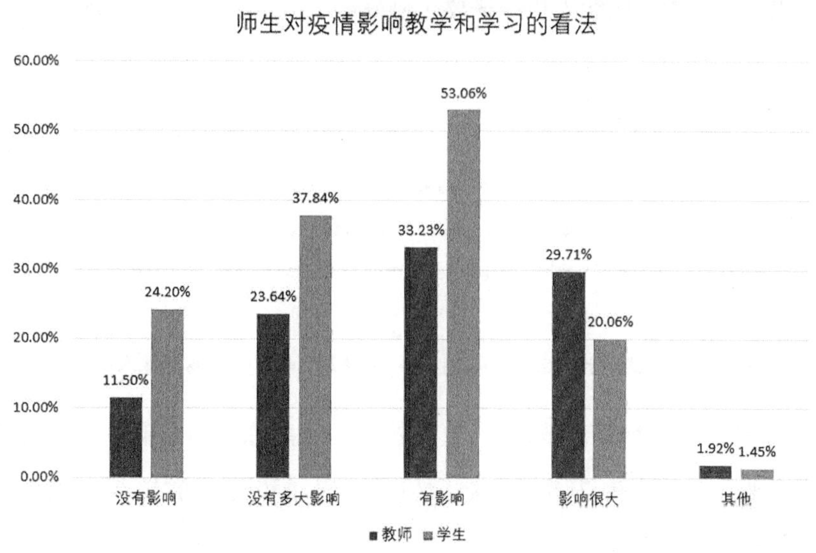

图 8-1　师生对新冠疫情对教学、学习的影响的看法

在学生问卷中，四个选项中，认为有影响，由线下全部转到线上，对自己的学习能力和适应是一种新的考验排在第一；认为没有多大影响，相信疫情时间不长，开学后调整上课时间可以解决，排在第二；认为没有影响，线上和线下都一样，只是换了场地而已，排在第三；认为影响很大，仅凭线上音频、视频直播无法获得好的学习效果，排在第四。有影响、影响很大与没有影响、没有多大影响的比例是 1:0.85。（图 8-1）

从教师和学生认为疫情影响教学程度的比例对比上看，显然教师认为疫情对教学的影响大于学生的认为的疫情对教学的影响。这说明学生对网络学

习的接受度比教师要好一些。教师特别担心网络教学的技术、操作以及学生的听课率。

四、网络教学中教师投入的精力更多

调查结果显示，思政课教师在网络教学中，不仅注重网络教学设备的操作，也注重教学内容、PPT课件的制作、课堂互动、与学生的沟通交流、布置作业等，线下要求做好的线上也一样要求做好。

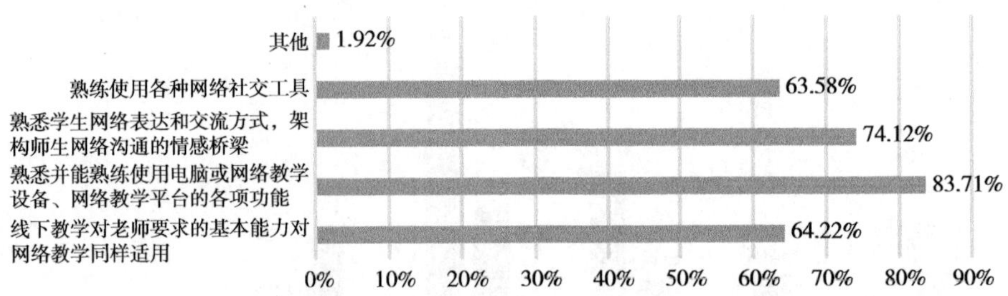

图 8-2　思想政治理论课教师上好网络课程，必须具备哪些基本能力

教师认为上好网络思政课，首先应熟悉并能熟练使用电脑或网络教学设备、网络平台各项功能，其次是熟悉学生网络表达和交流方式，架构网络沟通的情感桥梁。（图 8-2）

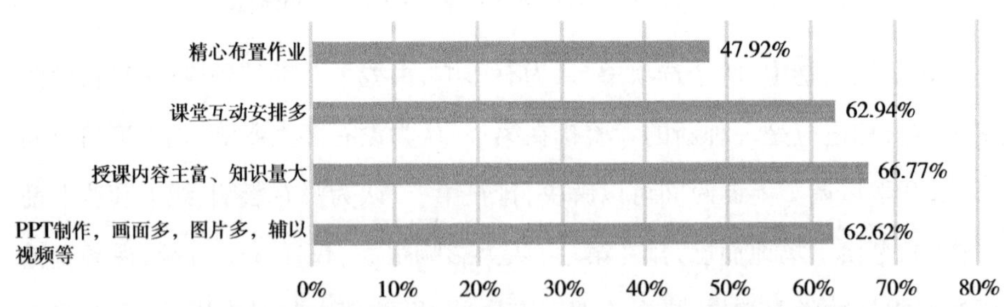

图 8-3　思政课教师在网络教学准备中，比较注重哪些方面

教师在网络教学准备中，让课程内容丰富、知识量大成为首选，说明在备课过程中，线上的投入量会更大。因为，教师会提供更多的PPT、视频、知识点等，让课程内容更直观地呈现给学生，也使得观感更活泼、不呆板（图 8-3）。

五、网络教学不太影响师生的互动性

46.01%的思政课教师和61.63%的学生认为线上线下都会给学生大量机会互动；27.16%的教师和16.64%的学生认为线下互动多，线上很少；18.85%的思政课教师和14.82%的学生认为线上互动多，线下很少（图 8-4）。从统计数据可以看出，线上线下思政课不太影响师生互动。

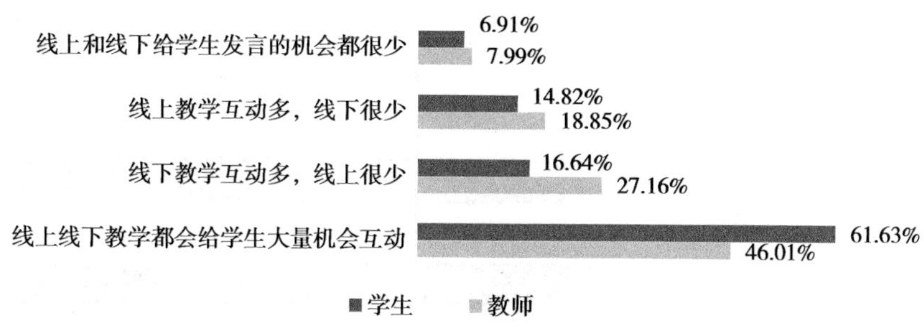

图 8-4　关于线上和线下思政课教学互动情况

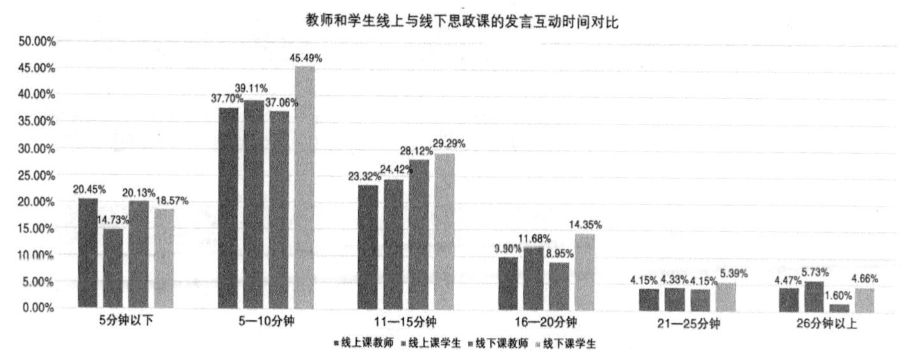

图 8-5　线上、线下思政课上，学生发言互动的时间每节课平均有多久

师生反馈的调查结果显示，线上线下思政课教学的互动时间差别不大，6—15 分钟占了一大半（图 8-5）。这说明无论线上教学还是线下教学，思政课教学的课堂活跃程度没有明显变化。

六、网络教学中学生的专注度低于线下

从年级数据来看,和线下思政课相比,网络思政课容易打瞌睡的比例从高到低分别是大一、大三、大二,但差别不明显;线下思政课容易打瞌睡的比例从高到低分别是大三、大二、大一;网络思政课和线下思政课都容易打瞌睡的比例从高到低分别是大三、大二、大一;网络思政课和线下思政课都不会打瞌睡的比例从高到低分别是大一、大二、大三(图 8-6)。但三个年级的学生都认为线上思政课比线下思政课更容易打瞌睡,可以看出,在网络思政课教学中,学生的专注度弱于传统思政课课堂教学。

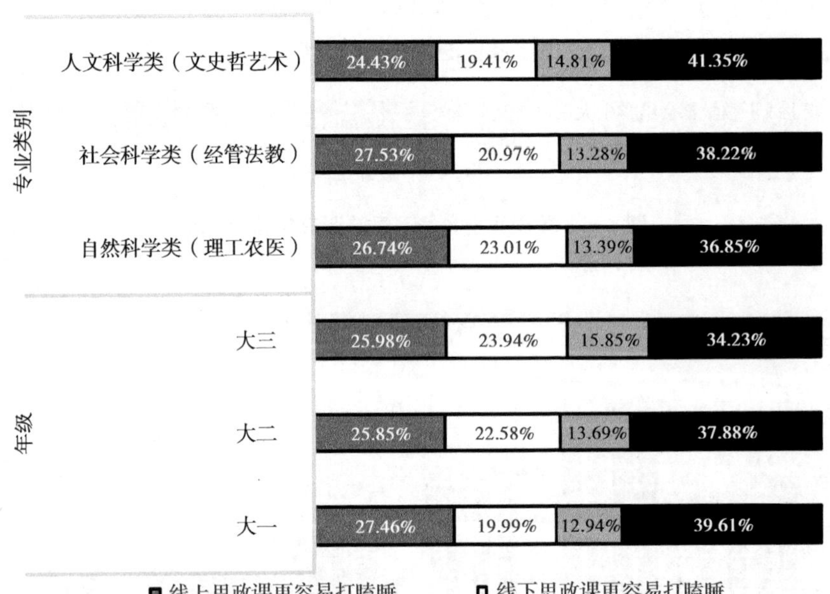

图 8-6 和线下思政课相比,不同年级、不同专业学生在观看网络思政课时哪个更容易打瞌睡

从不同专业学生的调查数据可以看出,无论学生属于哪个专业,对上思政课是否打瞌睡的看法和不同年级的看法基本一致。

七、网络思政课教学吸引力有提升空间

调查结果显示,无论何种学校类型、哪个专业、哪个年级,网络思政课和线下思政课同样投入课堂的比例最高,以及网络思政课更能投入课堂的比例次之,这两项加起来占了70%左右,说明学生都能较好地进行网络思政课的学习;但是还有近30%的学生认为网络思政课难以听下去,需要教师进一步提升在线教学的吸引力(图8-7)。

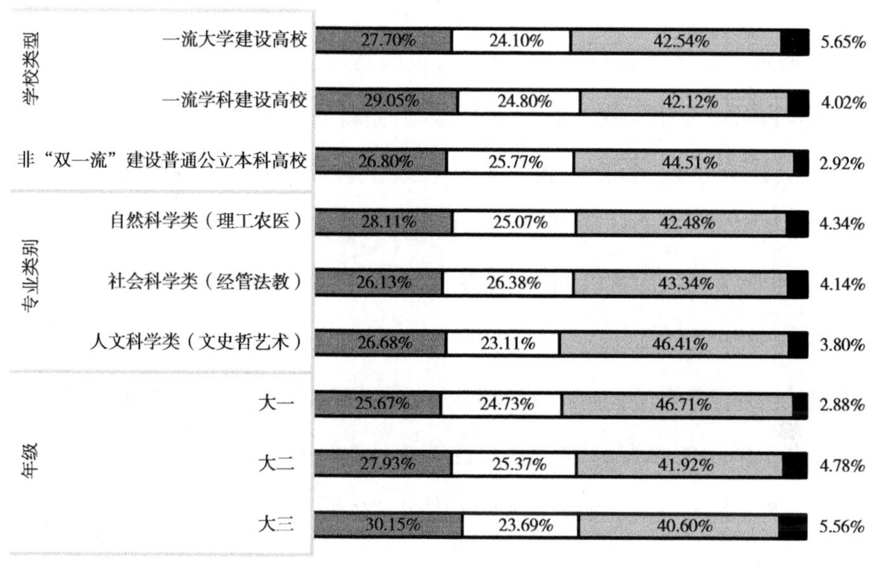

图8-7　不同类型学校、不同专业、不同年级学生在观看网络思政课时的投入程度

第三节　思政课网络教学存在的问题

问卷调查结果不仅显示了新冠疫情背景下高校思政课教学的现状,而且暴露出显性的问题和潜在的问题。

一、在思政课教学效果上，师生的整体看法存在较大差异性

6.71%的思政课教师觉得思政课网络教学效果非常好，43.13%的思政课教师认为较好，45.05%的思政课教师认为一般，5.11%的思政课教师认为差。

21.19%的学生认为思政课网络教学效果非常好，53.53%的学生认为较好，23.53%的学生认为一般，1.74%的学生认为差。

显然，学生对思政课网络教学效果的评价比教师高出不少。这说明学生更容易接受新的教育方式，这与年轻人更容易接受新事物是一致的。同时也说明，思政课教师更喜欢线下课堂教学，也就是传统的面对面的教学。这也与教师教学的保守性相一致。教学改革、教学创新的难度可见一斑。

当然，还有一点，为什么教师更喜欢线下教学，就是有些优势是网络教学所不具备的。33.87%的思政课教师觉得网络教学大不如学校课堂教学效果；49.84%的教师觉得自己的身体语言无法施展，教学效果受影响；49.84%的教师觉得师生之间缺乏更多的情感交流，学生学习情绪不能及时调整，教学效果受影响；还有47.28%和56.23%的教师觉得线上线下教学效果取决于学生的学习自觉性和自控能力；也有31.63%的教师感到无法预测教学效果（图8-8）。思政课教师对线上教学效果的评估还是比较消极并充满困惑的。

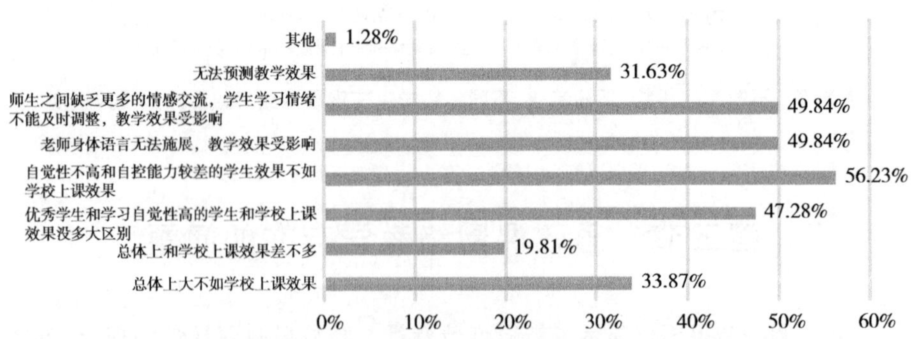

图8-8　思政课教师对思政课网络教学效果的详细评价

二、在思政课教学形式上,授课方式与学生需求不完全匹配

47.92%的思政课教师采用的是讲授式教学方法,22.68%的思政课教师采用的是讨论式,9.9%的思政课教师采用的是辅导式,19.49%的思政课教师采用的是播放慕课、SPOC 等网络资源。

47.14%的学生认为思政课教师常用讲授式教学,19.77%的学生认为是主题讨论式教学,17.41%的学生认为是课堂材料分析与案例教学,15.67%的学生认为是播放慕课、SPOC 等网络资源。

在教学形式回答上,师生基本是一致的。讲授式是网络思政课教学的主要方式。

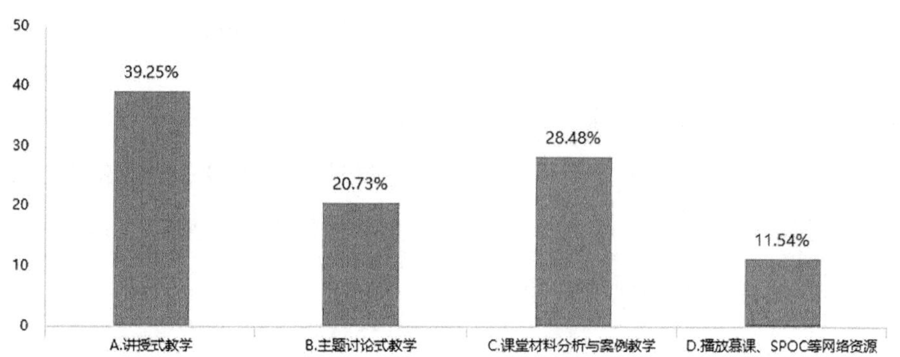

图 8-9　学生喜欢哪种思政课在线教学方法

同时,调查结果显示,学生最喜欢的是讲授式教学方法,但也有相当一部分学生喜欢课堂材料分析与案例教学、主题讨论式教学,而喜欢播放慕课和 SPOC 等网络资源的学生仅有 11.54%(图 8-9)。这说明在网络教学中也应采用讲授和研讨结合的直播式教学,慕课等网络资源可作为学生拓展学习的资源,而不应作为网络思政课的主要教学方式。

三、在教学技能上,不少教师难以胜任新型教学形式

调查结果显示,思政课教师在网络教学中,不仅注重网络教学设备的操

作,也注重教学内容、PPT课件的制作、互动、与学生的沟通交流、布置作业等。线下要求做好的线上也一样要做好,并且线上多了一个要求,那就是对教学设备和教学平台功能的使用与掌握。这对思政课教师,尤其是年纪大一些的教师,是个挑战和难题。不能熟练使用设备、对网络教学平台不熟悉、不会使用设备的比例分别达到了23.96%、36.42%、5.11%。

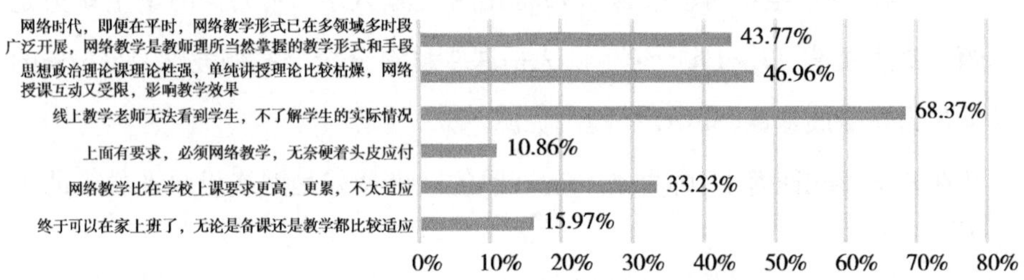

图8-10　思政课教师对思政课采用网络教学的看法

即使43.77%的思政课教师觉得网络教学是教师理应掌握的教学形式和手段,但还是担心看不到学生,不了解学生实际情况,网络讲授理论缺乏互动会影响教学效果。只有15.97%的教师觉得在家上班比较适应,大多数的教师还是倾向于线下面对面教学(图8-10)。

四、在思政课教学组织上,讲授时间长度超出学生心理预期

目前开展的思政课线上教学,主要是疫情期间线下教学无法开展的短期替代,其上课时间、课堂组织等也大多延续了线下教学的具体形式。例如在上课时间上,调查结果显示,学生认为,思政课网络教学中,一节课教师讲授时间最合适的是15分钟以下的占6.83%,15—30分钟的占46.11%,30—45分钟的占47.06%,有超过一半的学生认为线上授课每节课的授课时间应少于30分钟。线上教学和线下教学除了空间上的差异之外,也应根据学生接受信息的特点,在时间上有所区分。据调查,目前各大网络慕课平台单节课时大多都控制在30分钟以内,教学效果较好,播放量较多的课程甚至控制在每节课15分钟以内。

第四节　思政课网络教学的影响因素

传统课堂教学,一支粉笔、一块黑板、几个教具就可以完成。随着信息技术的应用,与传统教学相比,网络教学受制约的因素往往更多。

一、网络硬件因素

从图 8-11 的学生统计数据结果可以看出,有高达 82.95%的学生认为"网络是否顺畅"的影响思政课网络教学效果的最主要因素。思政课课堂学生人数一般都会超过专业课的学生人数,特别是《形式与政策》课,班级人数往往超过 200 人,甚至 300 人。由于疫情暴发的突然性,在开展线上思政课教学的过程中,多数学校缺乏前期的准备和有效的硬件保障。例如,由于合作网络平台没有做好流量突然增大的成熟的技术支持预案,在线上教学开展前期,不少平台出现超出访问量、后台崩溃的现象。

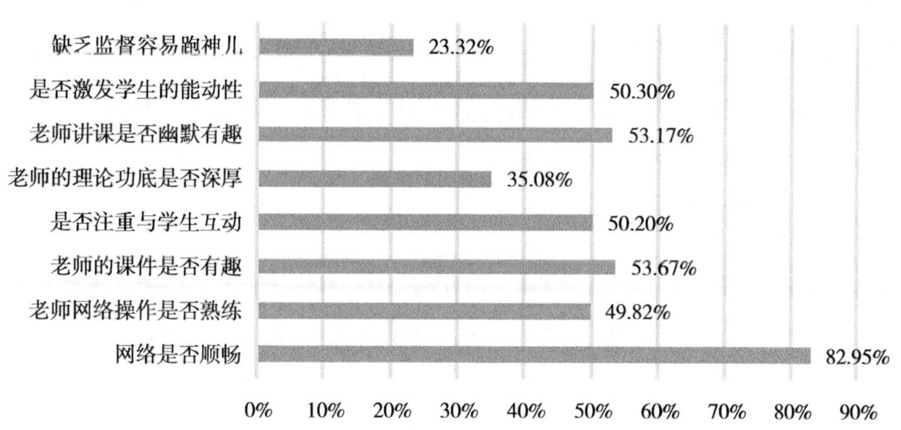

图 8-11　您认为影响思想政治理论课网络教学效果的因素

此外,由于超星、雨课堂等专业线上教学软件受网速和流量等的限制,许多教师不得不选择腾讯会议、钉钉等办公软件和平台替代,而此类办公软件和平台在功能上无法很好地满足一些课堂教学需求,进而影响到教学效果。而且,一些因家境贫寒而无法配备满足学习需求的智能手机、电脑和网络的学生,在面临学习问题的同时,也容易出现自卑、抱怨等心理问题。

二、教师教学技能因素

调查结果表明,除去网络顺畅等技术方面的因素,思政课课件的趣味性、教师讲课幽默有趣的比例都高于 53%,分别位列影响教学效果因素的第二、三位(图 8-11)。与线下集中教学不同,在网络平台教学过程中,集中教学的良好学习氛围、线上课堂纪律的维持、手机网络对于学习过程的干扰,都对学生的注意力、课堂投入提出了较高要求。因此,线上思政课教学对于教师如何提升课程的趣味性、吸引学生注意力、增加学生课堂投入提出了新的挑战。

此外,49. 82%的学生认为"教师网络操作是否熟练"对网络思政课教学有影响。这一结果与教师问卷"网络教学中面临的困难"结果中,36. 42%教师对网络教学平台不熟悉、23. 96%教师认为不能熟练设备、5. 11%不会使用设备的结果是相互印证和支持的。进一步说明了除了线下教学所需的课件制作、多媒体使用等必备的教学技能,线上教学还对教师在互联网和智能设备使用方面也有较高的要求,对于教师教学技能的提升和拓展提出了挑战。

三、学生参与课堂因素

调查结果显示,有 50. 2%的学生认为"是否与学生互动"影响线上教学效果,表明学生参与课堂,尤其是与教师互动是影响网络思政课教学的重要因素。在"思政课教师对思政课采用网络教学的看法"中,68. 37%的教师认为"线上教学教师无法看到学生,不了解学生的实际情况",这一结果也从侧面反映出学生参与课堂对于网络思政课教学的重要影响。线上教学过程中,学生面对的是一块块屏幕,与具象鲜活的人相比,这些抽象的 ID 和姓名往往给学生带来强烈的陌生感和羞怯感。而教师面对这一问题,无法形成新的有效的教学形式促进学生参与课堂，也就大大降低了学生参与课堂讨论的意愿，影响到网络思政课的教学效果。

四、学生学习动机因素

调查结果显示，有50.3%的学生认为“是否激发学生的能动性”影响线上教学效果，说明学生的学习动机是影响网络思政课教学的另一个重要因素。学习动机是指引发与维持学生的学习行为，并使之指向一定学业目标的动力倾向。与线下教学一对多的形式不同，线上教学过程中，学生缺乏“同学”氛围，缺少课堂上学生之间的相互正向引导和良性竞争，容易导致学生的内部学习动机下降。同时，由于疫情不断发展、开学时间不明等因素导致的学生焦虑情绪，以及居家隔离状态下良好学习氛围和学习环境的缺失，也会进一步导致学生外部学习动机的减弱。因此，与线下学校集中教学相比，线上网络教学容易由于学生缺乏学习动机而直接影响到良好学习结果的形成。

第五节　改进思政课网络教学的建议

在突发公共事件影响下，网络教学成为最主要的形式，这既有比较成熟的技术支持，也是无奈之举，但是，不能因为存在的问题而贬低或者取消这种方式，而是不断改进，使其更好地成为线下教学的（辅助）手段，甚至接近线下课程教学效果。

一、加强网络硬件平台建设

调查结果显示，为了使思政课网络教学更好地开展，66.77%的教师认为应当“获得比现有功能更强大的网络教学平台和技术支持”，55.59%的教师认为“学校应该配备更好更专业的设备”，50.16%的教师认为“学校应该成立专门的课程教学开发团队”。这表明超过一半的教师认为可以通过改进网络硬件平台建设来提高思政课网络教学效果(图 8-12)。

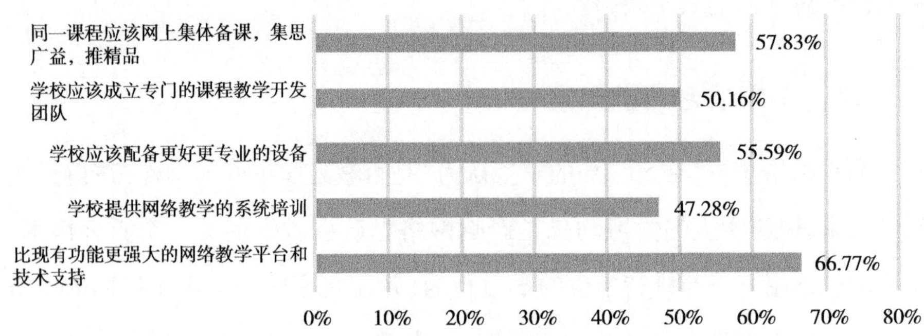

图 8-12　要使思政课网络教学更好地开展,应有什么改进

“工欲善其事,必先利其器”。良好的软硬件技术支持是网络教学开展的必备条件,此次新冠疫情的暴发,对社会的各个组成部分均提出了严峻挑战。面对突如其来的延迟开学,为了保证思政课教学计划的照常执行、教学的继续开展,政府、学校、企业等纷纷提出紧急预案,为全国范围内不同层次学校的网络教学开展提供支持。虽然由于前期缺乏准备、资源利用不均衡等原因,导致网络教学开展过程中“服务器宕机”“平台崩溃”等事件较为频发,但随着平台建设的不断加强,上述问题在很大程度上得到了有效改善。

二、不断提升教师教学技能

调查结果显示,57. 83%的教师认为应当通过“加强网上集体备课,集思广益、推精品”提升网络思政课教学效果。47. 28%的教师认为“学校应提供网络教学的系统培训”改进网络思政课网络教学。这表明思政课教师对于提高新形势下网络教学技能的迫切需求。除了网络和平台使用的技能培训,思政课教师还应定期加强交流沟通。经验丰富的教师多做榜样示范,共享优质资源,组建思政课网络教学团队。学校和学院(系)加强线上网络课程和课件建设,提供具有推广价值的思政课网络教学模式;进一步提升教师素质、增强教师技能。除了教学技能,教师还应积极熟知学生获取网络信息的特殊方式,增强课堂教学的幽默感和课堂的趣味性，丰富互动形式。

三、主动改革创新教学形式

调查结果显示，在网课形式适应程度上，学生认为有影响和影响很大的比例超过了70%（图8-13）。这表明需要深化研究网络思政课出现的问题，改革创新网络教学形式，有针对性地提升教师网络教学能力。例如，可以考虑缩短每个专题授课的时间，凝练课程内容，帮助学生更好地适应网络授课的新形式，以达到提升学生注意力以及课程获得感的目的。

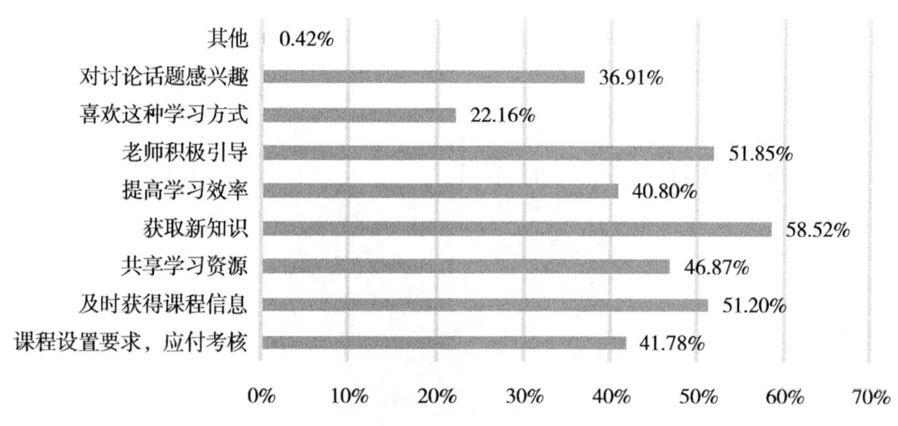

图8-13　哪些因素促使你参与课堂讨论

对促使学生参与课堂讨论的调查结果进行分析后发现，学生参与课堂互动的主要原因并非简单的应对课程设置和考核要求等被动因素，更多的是获取新知识、参与喜欢讨论的话题、提高学习效率等主动因素（图8-13）。所以建议思政课教师在网络授课中，可相应地有针对性进一步创新教学形式和内容。例如，通过援引我国在抗击新冠疫情中的一些有效举措和一批抗疫英雄，来论述中国特色社会主义道路自信、理论自信、制度自信、文化自信的内容。通过这些新颖的、贴近学生生活的案例，吸引学生互动，参与课堂讨论，活跃课堂气氛，增强思政课教学效果。

四、赋予网络教学重要地位

调查结果显示，10.86%的思政课教师认为网络教学相对线下教学而言，在个性化学习、节约资源等方面占优势，一定会充分发展、满足所有学生的学习需要，会成为未来思政课教学的主要方式和学生必选的学习方式；51.12%的思政课教师认为未来教育、网络教学无论如何取代不了线下教学的主要地位，但网络教学会理所当然地成为思政课线下教学的重要联结体；37.06%的思政课教师认为未来教育、网络教学和线下教学都是思想政治理论课教学的主要形式，互为补充（图8-14）。

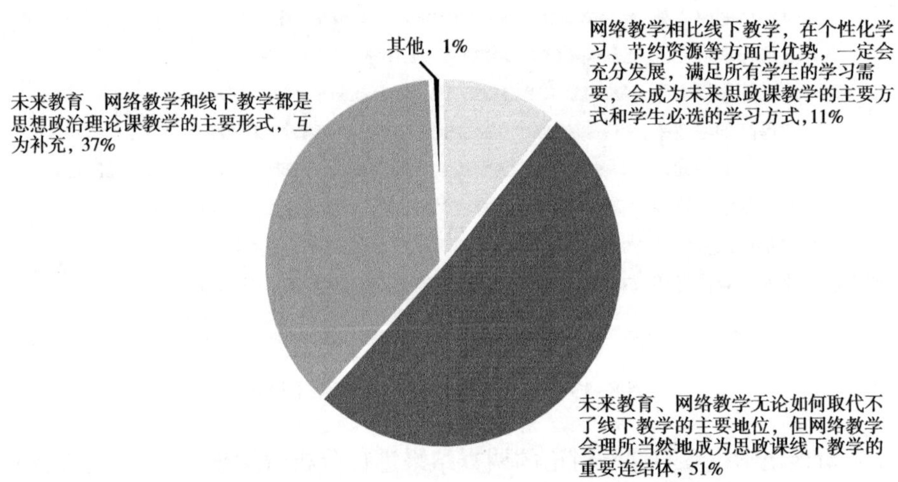

图8-14　您认为未来网络教学在思政课运用前景如何

随着5G移动通信、虚拟现实和增强现实等新兴技术的不断发展，硬件和技术瓶颈终将突破，网络教学存在的互动性不强、学生参与感低等问题也会相应解决。网络教学有着高效便捷、通用性强和资源利用度高等天然优势，网络思政课教师应充分认识网络教学的必然发展趋势，重新定位网络教学的地位，以适应未来的教育改革。

在突发公共事件发生时，思政课与其他专业课程教学一样，有些时段不得不采用全部课程内容线上教学方式，以保证教学计划如期完成。需要引起注意的是，线上思政课教学方式是一种特殊时期的应急办法，可以适当弥补线下教学的不足。目前看来，绝大多数教师仍然将网络教学作为线下教学的补充形式，只是在疫情期间暂时替代，并没有取代线下教学的主要地位。从长远看，网络教学是信息时代教育发展和改革的必然结果，思政课线上教学与线下教学应该可以有机结合起来，但线下教学仍然而且必须占据主导地位，不能用线上教学完全替代线下教学。根据调研结果，思政课线上教学还有很多可以进一步改进的地方，比如如何进一步加强师生之间的互动交流、如何改进线上教学手段提升教学效果等，需要我们进一步探索和完善。

第九章　赋权型高校思政课教学模式变革

第一节　问卷调查与访谈

2019 年 12 月 25—31 日，调研组以问卷和访谈的方式，从教学目标和教学程序两个维度入手，对 Z 大学学生进行调查，与思政课教师进行交流。Z 大学是“双一流”高校，涵盖文学、历史学、哲学、艺术学、经济学、教育学、法学、管理学、工学、农学、理学、医学等 12 个学科门类，有一定代表性，也有利于多学科、专业的样本采集。

一、问卷调查

调研组共计发放问卷 413 份，经过问卷筛选与处理后，剔除无效问卷 28 份，最终回收有效问卷 385 份，回收有效率为 93.22%。在问卷数据经过描述性统计后发现：在性别方面，男生共计 110 人，占 28.57%；女生共计 275 人，占 71.43%。在年级方面，大一学生 135 人，占 35.06%；大二学生 101 人，占 26.23%；大三学生 91 人，占 23.64%；大四学生 55 人，占 14.29%‘大五学生 3 人，占 0.78%。在专业类别方面，人文类 61 人，占 15.84%；社科类 125 人，占 32.47%；工学类 62 人，占 16.10%；理学类 54 人，占 14.03%；医学类 83 人，占 21.56%。在政治面貌方面，中共党员 13 人，占 3.38%；中共预备党员 27 人，占 7.01%；共青团员 340 人，占 88.31%；群众 5 人，占 1.3%（表 9-1）。

表 9-1　调查对象基本情况描述统计表

分类	选项	样本数	百分比（%）
性别	男 女	110 275	28.57% 71.43%
年级	大一 大二 大三 大四 大五	135 101 91 55 3	35.06% 26.23% 23.64% 14.29% 0.78%
专业类别	人文类 社科类 工学类 理学类 医学类	61 125 62 54 83	15.84% 32.47% 16.10% 14.03% 21.56%
政治面貌	中共党员 中共预备党员 共青团员 群众	13 27 340 5	3.38% 7.01% 88.31% 1.3%
样本总量		385	100%

二、访谈情况

为更全面、客观、深入地了解高校思政课教学模式的现状，访谈提纲从教学模式的基本因素入手，对 Z 大学思政课教师进行面对面访谈。调研组通过采取随机抽样的方式，选取马克思主义学院的三名任课教师作为访谈对象，分析比较不同教师对思政课教学模式的态度与看法之间的差异情况。基本情况见表 9-2。

表 9-2　受访教师基本情况

访谈对象	性别	教龄	所授科目	学生数量	访谈时长
A	男	30 年以上	《中国近代史纲要》	150 人以上	50 分钟
B	男	3 年半	《马克思主义基本原理概论》	200 人以上	45 分钟
C	男	13 年	《毛泽东思想和中国特色社会主义理论体系概论》	200 人以上	30 分钟

第二节　学生差异性分析

通过独立样本 T 检验和单因素方差分析，对 Z 大学思政课不同分类学生间存在的差异进行合理分析，深入挖掘思政课教学模式存在的问题及影响因素，为研究提供科学的数据支撑。

一、性别差异分析

通过独立样本 T 检验发现，在教学内容维度男女性别存在显著性差异。通过均值对比发现，在学习投入、教学内容、教学评价、课堂纪律层面，男生的均值高于女生。在教学方式、课堂纪律层面，女生的均值高于男生。

表 9-3　思政课教学模式的性别差异情况

维度	性别	人数（N）	平均值±标准差（M±SD）	T 值	P 值
学习投入	男 女	110 275	3. 51±0. 94 3. 38±0. 90	1. 248	0. 213
教学方式	男 女	110 275	4. 12±0. 83 4. 14±0. 81	−0. 176	0. 860
教学内容	男 女	110 275	3. 97±0. 84 3. 75±0. 93	2. 125	0. 027
课堂权力	男 女	110 275	3. 62±0. 67 3. 67±0. 63	−0. 704	0. 471

续表

维度	性别	人数（N）	平均值±标准差（M±SD）	T值	P值
教学评价	男 女	110 275	4.17±0.77 4.08±0.82	0.886	0.376
课堂纪律	男 女	110 275	4.48±0.66 4.47±0.65	0.230	0.818

注：P<0.05，表示存在显著性差异，P<0.01，表示差异极其显著。

从表9-3可知，男生各维度均值得分：学习投入（3.51）、教学方式（4.12）、教学内容（3.97）、课堂权力（3.62）、教学评价（4.17）、课堂纪律（4.48）；女生各维度均值得分：学习投入（3.38）、教学方式（4.14）、教学内容（3.75）、课堂权力（3.67）、教学评价（4.08）、课堂纪律（4.47）。男生在学习投入、教学内容、教学评价、课堂纪律四个维度的均值得分均高于女生，表示男生在思政课的学习投入度上要好于女生，且对思政课教学内容、教学效果的认同度要高于女生。在课堂权力维度上，女生均值得分高于男生，说明女生在权力意识和权力布局的认可度方面要高于男生。

独立样本T检验结果显示，在学习投入、教学方式、课堂权力、教学评价和课堂纪律五个维度上，P值均大于0.05，表示男女生在这五个维度上没有呈现出显著性差异，说明思政课教学没有因为性别的差异而产生很大的影响。在教学内容方面，男女生之间存在显著性差异（P＝0.027<0.05），通过均值对比男生的均值（3.97）要明显高于女生的均值（3.75），说明男生对思政课教学内容的认同度要明显高于女生，对思政课的知识学习、好奇程度等表现要比女生更为积极主动。这可能是由于男女性格特点造成的，男生更容易偏好政治、军事等领域，因此思政课更容易吸引男生的关注。

二、年级差异分析

通过单因素方差分析得出,思政课教学模式的六个维度均在年级上存在显著性差异。通过事后检验发现,在学习投入方面,大一、大二的学生对思政课学习投入情况显著高于大三的学生;在教学方式方面,大一的学生对教师教学方式的认可情况显著高于大二、大三的学生,大二的学生显著高于大三的学生;在教学内容方面,大一、大二的学生对教学内容的获得感以及好奇程度显著高于大三的学生;在课堂权力方面,大一、大二的学生对权力布局的满意度显著高于大三的学生;在教学评价方面,大一、大二、大四的学生对思政课教学的满意度显著高于大三的学生;在课堂纪律方面,大一、大二的学生的出勤情况显著高于大三的学生。

表 9-4　思政课教学模式的年级差异情况

维度	年级	人数(N)	平均值±标准差(M±SD)	F 值	P 值	事后检验
学习投入	①大一 ②大二 ③大三 ④大四	135 101 91 58	3. 65±0. 94 3. 52±0. 85 2. 95±0. 77 3. 45±0. 89	12. 405	0. 000	①>③ ②>③
教学方式	①大一 ②大二 ③大三 ④大四	135 101 91 58	4. 43±0. 81 4. 14±0. 83 3. 74±0. 71 4. 07±0. 70	14. 659	0. 000	①>② ①>③ ②>③
教学内容	①大一 ②大二 ③大三 ④大四	135 101 91 58	3. 99±1. 02 3. 90±0. 90 3. 48±0. 70 3. 78±0. 81	6. 385	0. 000	①>③ ②>③
课堂权力	①大一 ②大二 ③大三 ④大四	135 101 91 58	3. 77±0. 67 3. 68±0. 65 3. 45±0. 55 3. 68±0. 65	4. 690	0. 003	①>③ ②>③
教学评价	①大一 ②大二 ③大三 ④大四	135 101 91 58	4. 31±0. 84 4. 23±0. 78 3. 72±0. 69 4. 03±0. 71	12. 068	0. 000	①>③ ②>③ ④>③

续表

维度	年级	人数（N）	平均值±标准差（M±SD）	F值	P值	事后检验
课堂纪律	①大一 ②大二 ③大三 ④大四	135 101 91 58	4.65±0.62 4.57±0.64 4.25±0.62 4.24±0.64	10.631	0.000	①>③ ②>③

注：①考虑到大五学生样本较少，研究中将大四与大五学生进行合并。表中大四的学生人数是大四、大五学生的总人数；②P<0.05，表示存在显著性差异；P<0.01，表示差异极其显著。

由表9-4可知，不同年级的学生在学习投入方面存在极其显著的差异（P=0.000<0.01），通过事后检验可以看出，大一（3.65）、大二（3.62）的学生在学生思政课的学习投入上显著高于大三（2.95）的学生。这可能是因为大一、大二的新生刚进入新的学习环境，对学习的热情和积极程度普遍较高。在教学方式上，不同年级间也存在极其显著的差异（P=0.000<0.01），通过事后检验可以看出，大一（4.43）的学生对教师教学方式的认可度要显著高于大二（4.14）、大三（3.74）的学生，大二的学生显著高于大三的学生。这可能是相比于高年级，低年级对教师授课的方式接受度较高，随着年龄的增长和知识的积累，高年级学生开始对教师教学方式提出更高的要求。在教学内容上，不同年级间也存在极其显著的差异（P=0.000<0.01），通过事后检验可以看出，大一（3.99）、大二（3.90）的学生对思政课的知识获得感要显著高于大三（3.48）的学生。这可能是学生的学习热情随着年级增长而有所减少，出现了学习倦怠期。在课堂权力上，不同年级间也存在极其显著的差异（P=0.003<0.01），通过事后检验可以看出，大一（3.77）、大二（3.68）年级学生对师生权力布局的满意度显著高于大三（3.45）年级。这可能是随着知识的积累和阅历的增加，大三学生形成了相对独立完善的人格，对权力布局进行更为自主性的思考。在教学评价上，不同年级间也存在极其显著的差异（P=0.003<0.01），通过事后检验可以看出，大一（4.31）、大二（4.23）、大四（4.03）的学生对思政课的教学评价显著高于大三（3.72）的学生。这可能是由于大三的学生在经过

两年的思想政治理论学习后，开始进入学习倦怠期，对思政课的学习容易产生疲惫情绪。在课堂纪律上，不同年级间也存在极其显著的差异（P = 0.000<0.01），通过事后检验可以看出，大一（4.65）、大二（4.57）的学生的课堂表现要显著高于大三（4.25）的学生。通过以上分析发现，大一、大二的学生在教学模式各个维度的表现上均显著高于大三的学生。

三、学科差异分析

通过单因素方差分析可知，思政课教学模式的六个维度均在学科上存在显著性差异。通过事后检验发现，在学习投入、课堂权力和教学评价三个方面，医学类学生要显著高于人文类、社科类、理学类学生；在教学方式上，工学类、理学类、医学类学生要显著高于社科类学生；在教学内容上，工学类、医学类学生要显著高于人文类、社科类、理学类学生；在课堂纪律上，工学类、医学类学生要显著高于人文类、社科类学生。

表 9-5　思政课教学模式六维度的学科差异情况

维度	学科	人数（N）	平均值±标准差（M±SD）	F 值	P 值	事后检验
学习投入	①人文类	61	3.36±0.85	12.022	0.000	①<⑤ ②<⑤ ④<⑤
	②社科类	125	3.09±0.78			
	③工学类	62	3.81±1.01			
	④理学类	54	3.26±0.93			
	⑤医学类	83	3.78±0.82			
教学方式	①人文类	61	4.08±0.79	16.160	0.000	②<③ ②<④ ②<⑤
	②社科类	125	3.74±0.75			
	③工学类	62	4.39±0.85			
	④理学类	54	4.19±0.76			
	⑤医学类	83	4.54±0.68			
教学内容	①人文类	61	3.71±0.92	13.054	0.000	①<③ ②<③ ④<③ ①<⑤ ②<⑤ ④<⑤
	②社科类	125	3.48±0.79			
	③工学类	62	4.25±0.89			
	④理学类	54	3.66±0.89			
	⑤医学类	83	4.17±0.87			

续表

维度	学科	人数（N）	平均值±标准差（M±SD）	F 值	P 值	事后检验
课堂权力	①人文类	61	3. 68±0. 61	10. 056	0. 000	①<⑤ ②<⑤ ④<⑤
	②社科类	125	3. 42±0. 53			
	③工学类	62	3. 79±0. 79			
	④理学类	54	3. 59±0. 71			
	⑤医学类	83	3. 94±0. 51			
教学评价	①人文类	61	4. 08±0. 77	14. 877	0. 000	①<⑤ ②<⑤ ④<⑤
	②社科类	125	3. 77±0. 78			
	③工学类	62	4. 41±0. 77			
	④理学类	54	3. 97±0. 77			
	⑤医学类	83	4. 50±0. 66			
课堂纪律	①人文类	61	4. 37±0. 80	8. 633	0. 000	①<③ ②<③ ①<⑤ ②<⑤
	②社科类	125	4. 26±0. 62			
	③工学类	62	4. 61±0. 69			
	④理学类	54	4. 54±0. 55			
	⑤医学类	83	4. 73±0. 49			

注：P<0. 05，表示存在显著性差异，P<0. 01，表示差异极其显著。

由表 9-5 可知，不同学科的学生在思政课教学模式的各个维度均存在极其显著的差异（P＝0. 000<0. 01）。通过事后检验发现，在学习投入、课堂权力和教学评价三个方面，医学类学生均显著高于人文类、社科类、理学类学生。造成这种情况可能是受学科特点和专业性质差异的影响，思政课以全新的思维方式和学习内容展现在医学生的课堂中，他们往往有更强的好奇心和更高的学习热情。在教学方式上，不同学科间也存在极其显著的差异，通过事后检验可以看出，工学类（4. 39）、理学类（4. 19）、医学类（4. 54）学生要显著高于社科类（3. 74），表明工学类、理学类、医学类学生对思政课教师教学方式的满意度和认同度较高；相比而言，社科类学生对思政课教师的教学方式有着更高的要求。在教学内容上，不同学科间也存在极其显著的差异，通过事后检验可以看出，工学类（4. 25）、医学类（4. 17）学生对思政课的知识获得感要显著高于人文类（3. 71）、社科类（3. 48）、理学类（3. 66），这可能是受已有知识储备差异的影响，人文类和社科类的学生已有一定的理论基础，工学类和医学类学生的

思政知识基础薄弱，因此对思政课的学习有着更强的好奇心和求知欲。在课堂纪律上，不同学科间也存在极其显著的差异，通过事后检验得出，工学类、医学类学生的出勤情况要显著高于人文类、社科类，这可能也是由于学科特点和理论基础差异造成的。

四、政治面貌差异分析

通过独立样本 T 检验发现，在学习投入、教学方式、教学内容、课堂权力、教学评价、课堂纪律六个层面均未呈现显著性差异。通过均值对比发现，在学习投入、教学方式、教学内容、课堂权力、教学评价层面，中共党员的均值高于共青团员。（参见表 9-6）

表 9-6　思政课教学模式的政治面貌差异情况

维度	政治面貌	人数（N）	平均值±标准差（M±SD）	T 值	P 值
学习投入	中共党员 共青团员	40 340	3. 58±0. 97 3. 42±0. 90	1. 072	0. 284
教学方式	中共党员 共青团员	40 340	3. 99±0. 82 4. 16±0. 82	−1. 225	0. 219
教学内容	中共党员 共青团员	40 340	3. 91±0. 78 3. 81±0. 92	0. 608	0. 544
课堂权力	中共党员 共青团员	40 340	3. 73±0. 68 3. 65±0. 64	0. 728	0. 467
教学评价	中共党员 共青团员	40 340	4. 12±0. 76 4. 11±0. 81	0. 015	0. 988
课堂纪律	中共党员 共青团员	40 340	4. 41±0. 66 4. 48±0. 65	−0. 690	0. 486

注：①$P<0.05$，表示存在显著性差异，$P<0.01$，表示差异极其显著；②表中的中共党员包括中共正式党员和中共预备党员。

由于群众样本数量太少，而大学生群体除中共党员外，绝大多数为共青团员，因此，采用独立样本 T 检验，比较“中共正式党员和预备党员”及“共青团员”两组的差异。从表 9-6 可知，中共党员各维度均值得分：学习投入

(3.58)、教学方式(3.99)、教学内容(3.91)、课堂权力(3.73)、教学评价(4.12)、课堂纪律(4.41);共青团员各维度均值得分:学习投入(3.42)、教学方式(4.16)、教学内容(3.81)、课堂权力(3.65)、教学评价(4.11)、课堂纪律(4.48)。通过均值对比发现,中共党员在学习投入、教学方式、教学内容、课堂权力、教学评价五个维度的均值要高于共青团员,表示中共党员在思政课的学习投入等方面要好于共青团员。

从表9-6可知,独立样本T检验显示党员与团员在六个维度上,P>0.05,表示中共党员和共青团员在思政课教学模式的各个维度上没有呈现出显著性差异,说明思政课教学没有因为学生政治面貌的不同产生很大的影响。得出这样的结论,一方面是由于大学生作为社会培养的高素质人才,其整体的思想道德水平和政治觉悟较高,在思政课学习过程中中共党员群体与共青团员群体之间不存在明显的差异现象。另一方面,可能是学生党员样本数量较少导致。这是由于大学生受年龄和发展党员的周期限制,大一至大三的学生党员数量有限。此外大四学生正处于实习期,对其问卷发放和回收难度较大,因此采集大四的学生党员的能力有限。

第三节　思政课教学模式存在的主要问题

鉴于不同维度存在的问题各有不同又交叉融合,为使得研究的问题更为直观清晰,调研组将高校思政课教学模式存在的问题进行归纳整合,共三方面,即高校实现条件不完善、课堂权力划分不合理和教学评价体系不科学。

一、高校实现条件不完善

实现条件包含教学模式中的学习投入、教学内容、教学方式三个维度。通过数据对比分析,得出高校思政课存在学生内部分化明显、授课制度类型单一、教学观念存在分歧等问题。

(一)学生内部分化明显

调研组通过对调查数据进行整理分析进而发现,在学习主动性、课堂参与以及课堂收获等方面出现了学生群体的分化现象。在学习主动性方面,有38.66%的学生表示自己经常在课前主动查阅思政课的相关知识,27%的学生表示自己偶尔会在课前主动查阅思政课相关知识,34.02%的学生表示自己不会在课前主动进行有关知识的查阅。主动查阅资料的学生与不查阅资料的学生处于相对持平的状态。在课堂参与方面,有54.28%的学生表示如果课堂中教师不提问自己,一般不会选择主动发言,有28.83%的学生表示偶尔会主动发言,同时有16.88%的学生表示自己会选择进行主动发言。在课堂收获方面,66.76%的学生认为通过思政课的学习收获较大,24.68%的学生表示思政课偶尔能使其得到收获,8.57%的学生认为在思政课的内容学习上,收获并不是很大(表9-7)。

通过数据对比,调研组发现学生在思政课学习上出现了明显的内部分化现象。一方面,一部分学生在课堂中的参与度、活跃度以及知识收获等方面表现出积极、肯定的态度,同时也存在一部分学生对其持消极、否定的态度。另一方面,通过单因素方差分析发现学科专业的差异也会导致产生学生内部的分化现象,不同学科专业的学生在思政课教学模式的各个维度均呈现显著性差异。医学类、工学类学生明显表现出更高的学习热情和更加积极的学习态度,与人文类、社科类、理学类学生之间存在着明显的差异。群体的内部分化导致学生的知识获得感、价值认同感以及课业成绩等方面出现差异。

表9-7 学习投入描述性统计表

项 目	百分比(%)				
	1	2	3	4	5
我经常在课前主动查阅思政课的相关知识	7.01	27.01	27.01	21.3	17.66
老师如果不点我名,我从不主动发言	5.97	10.91	28.83	35.32	18.96

续表

项　目	百分比(%)				
	1	2	3	4	5
在思政课的内容学习上,我的收获很大	2.34	6.23	24.68	34.03	32.73

注:"1""2""3""4""5"分别为问卷中 Likert 5 点计分法的分值,其中 1 代表非常不符合,2 代表基本不符合,3 代表一般符合,4 代表基本符合,5 代表非常符合。(下同)

(二)授课制度类型单一

在对思政课任课教师进行访谈之后,调研组发现思政课教学一般属于大班授课模式,课堂学生的容载量在 150—300 人之间。通过对教学内容和教学方式进行统计分析,教学内容方面的题干"对于课堂的学习内容,我一般都会充满好奇心",有 12.73%的学生选择非常符合或基本符合,31.17%的学生认为一般符合,有 56.1%的学生选择非常不符合和基本不符合。教学方法上,交互式参与式教学方法是提倡"以学习者为中心,以学生发展为目的"的一种教育新理念,在调查"教师注重采用交互式参与式的教学方法"的题目时,71.94%的学生选择非常符合或基本符合,20.52%的学生认为一般符合,7.53%的学生选择非常不符合和基本不符合。学生对教师的教学方法整体认同度较高,但仍有部分学生认为教师的教学方法有待进一步完善。在教学组织形式上,调研组对"教师引导,小组讨论"进行了问题设定,在更乐于接受小组讨论的教学形式选择上,有 66.23%的学生选择非常符合或基本符合,19.74%的学生认为一般符合,有 14.03%的学生选择非常不符合或基本不符合(表 9-8)。

不同学科学生对思政课基础知识掌握程度深浅不一,且思考问题的角度和方式也各不相同。一位思政课专职教师在为人数众多且来自不同学科的学生进行授课时,教学工作难以做到均衡的同时兼顾发展。学生的专业领域迥异,其看待问题和分析问题的角度呈现多元化特点,统一的大班授课制度容易忽略不同专业学生自身的发展特点、抑制学生的专业发挥和个性化发展。

表 9-8 教学内容与教学方式描述性统计表

项目	百分比(%)				
	1	2	3	4	5
对于课堂的学习内容,我一般都会充满好奇心	2.34	10.39	31.17	28.05	28.05
教师注重采用交互式参与式的教学方法	0.78	6.75	20.52	36.88	35.06
我更乐于接受"教师引导,小组讨论"的形式	2.6	11.43	19.74	37.40	28.83

(三)教学观念存在分歧

教学观念是教师在教学过程中面对系列重大问题的倾向性认识,对教学活动的开展产生重要影响。调研组在对三位思政课教师进行访谈的过程中,发现教师的教学观念各有差别,在课堂主导和课堂主体问题上甚至出现严重分歧现象:

"我认为教师和学生是双主体关系。一方面,从课堂教学来讲教师是主体,另一方面,从课堂内容的接收来讲,学生是主体。虽然双方都是主体,但是在教学过程中教师应该按照自己设定的教学思路来,不能一味地迎合学生。思政课的教学目的在于教育引导学生,并不是要通过揣摩学生心思而决定教学内容的。"(I①—20191203—对 A 教师访谈记录)

"教师是主导,学生是主体,我不赞同双主体的说法。因为一堂课只能有一个主体、一个主导、一个主题,不然课堂秩序就乱套了。教师可以在课堂教学中设置提问环节,是双向提问,教师提问学生,学生提问教师。课堂主导权必须在教师手中,如果课堂由学生主导一定会走向娱乐化。凡是课堂由学生主导就一定会形成娱乐化倾向,即使学生分组讨论,前提也必须是教师为主导。"(I—20191205—对 B 教师访谈记录)

"我认为教师是疏导,学生是主体。两者之间不应该是谁主导谁的问题,而是一种疏导状态。主导涉及教育主体和教育客体的问题,而疏导则指的是

① 研究资料收集过程中,课题组对资料进行编码,访谈资料以字母 I 标识,附加访谈内容与时间。

教育主体与受教育主体。我比较主张双主体这一说法。”(I—20191209—对C教师访谈记录)

通过整理访谈内容发现,思政课教师的教学观念存在既相互冲突又相互融合的现象。A教师和C教师都主张课堂双主体,但对教师发挥的作用也意见不一。教师教学观念存在分歧,对思政课教学质量产生潜在干扰,其教学质量也将会受到一定影响。如何科学界定教师与学生在教学过程中的相互关系、统一教师的教学理念,是目前思政课教学需要关注的问题。

二、课堂权力划分不合理

调研组在采用混合研究方法的基础上,总结出当前高校思政课堂存在师生权力分配失衡、学生权力意识欠缺、赋权体系不够完善等问题。

(一)师生权力分配失衡

由上述分析可知,课堂权力维度在调查设计的六个维度中均值较低,表明学生对课堂权力的总体满意度不高。有38.7%的学生认为课堂中教师的权力很大,有39.22%的学生对此结论持一般认可态度,22.07%的学生持否定态度,认为教师权力很大的学生基数较大,表明多数学生认为在课堂中教师的权力普遍很高。在师生权力分配方面,针对“我想我具有很多权力”这一问题,49.01%的学生选择基本符合或非常符合,37.4%的学生持一般态度,13.51%的学生选择基本不符合或非常不符合。数据表明,在师生权力分配上,有接近一半的学生认为自身具有很多权力。关于思政课师生权力布局是否合理,62.08%的学生认为布局较为合理,29.87%的学生认为一般合理,8.05%的学生认为师生权力布局不合理。从数据上看,超过一半的学生认为当前思政课师生权力布局合理(表9-9)。

关于师生权力的布局问题,部分思政课教师表示并不认同当前的权力分配情况:

“我认为师生权力分布情况处于一种不合理、失衡的状态。目前思政课教学仍以课堂教学、教材内容传授为主,但实际上应以学生自主学习和自我建构为主。我认为当前学生处于弱势地位。合理的师生权力分配应该是三七开,三为老师,七为学生,但现在的情况是反过来的。”(I—20191209—对 C 教师访谈记录)

从课堂权力的均值和教师权力的描述性统计分析来看,大多数学生认为课堂中教师的权力很大。有接近一半的学生认为自己具有很多权力,间接表明虽然学生认为自身具有很多权力,有一定的权力意识,但与教师权力相比,学生权力仍处于劣势地位,且学生权力是否得到实际运作还需进行进一步的考究和分析。在课堂场域中,教师拥有更多权力对学生施加有目的、有计划的教育,对学生的成长能够起到一定的推动作用。但课堂场域中的师生权力需合理分配,当教师权力过大时,势必会牵制和影响学生权力的发展,损害学生利益。新版本教材和教学改革提倡学生自主学习、自主发展,教师权力过大直接影响着学生主动性和能动性的发展,阻碍学生自主价值的发挥。

表 9-9 师生权力分配描述性统计表

项目	百分比(%)				
	1	2	3	4	5
我认为在课堂中教师的权力很大	5. 45	16. 62	39. 22	30. 91	7. 79
在师生权力布局分配上,我想我具有很多权力	1. 30	12. 21	37. 4	32. 99	16. 1
我认为思政课的师生权力布局合理	1. 04	7. 01	29. 87	38. 7	23. 38

(二)学生权力意识欠缺

表 9-9 的数据显示,尽管有近一半的学生认为自身具有很多权力,但在题目“我认为在课堂中学生的权力很大”中,有 25. 45%的学生选择基本符合或非常符合,48. 05%的学生认为一般符合,26. 5%选择基本不符合或非常不符合。持否定态度的学生基数高于持肯定态度的学生,且有一半的学生选择中立。数据显示,在课堂权力的具体思考上,多数学生对此持模棱两可的态

度，说明学生虽具有一定的权力意识，但仅限于浅层次的感知，并没有进行相关的深入思考和实践。题目“我敢于在课堂中向老师提出质疑”，有32.47%的学生选择基本符合或非常符合，32.99%的学生认为一般符合，34.54%的学生选择基本不符合或完全不符合。敢于向教师直接提出质疑的学生占据少数。有33.25%的学生认为自己在课堂上被动地跟着教师思考问题，37.66%的学生认为一般符合，29.1%的学生持反对意见（表9-10）。

对于学生权力的运用，学生整体的认知程度不高，没有将自身权力落到实处。学生认为自身具有很多权力，但与教师权力相比，学生权力仍处于劣势地位。通过分析发现，学生在对于权力的认知以及权力分配、权力运作方面，没有进行足够的思考和实践。学生权力意识不强，面对教师的权威时，往往会选择屈从，在课堂上被动地跟着教师的思维思考问题，缺乏自主探索问题的意识和能力。在权力的具体运作上，没有将权力进行实际的拓展和运用，怯于对教师的观点提出质疑。

表9-10　学生权力描述性统计表

项　目	百分比（%）				
	1	2	3	4	5
我认为在课堂中学生的权力很大	4.16	22.34	48.05	18.96	6.49
我敢于在课堂中向老师提出质疑	6.49	28.05	32.99	18.70	13.77
我被动地跟着老师思维思考问题	4.94	24.16	37.66	21.56	11.69

（三）赋权体系不够完善

调查结果显示，学生在课前的学习投入不足（参见表9-7），且在课堂教学中多数学生被动跟着教师思维思考问题（参见表9-10），表明学生在课前和课中的赋权不足，缺少相应的参与权与表达权。基于以上的分析整理，调研组发现高校思政课教学过程中课前、课中、课后三个赋权环节存在赋权不到位甚至缺位的现象。学生课前赋权缺位、课中赋权不足，不利于学生形成独立自主的健全人格,导致在理论学习上不求甚解或知识浮于表面等问题,不利于学生对理论知识的全面掌握。

三、教学评价体系不科学

评价体系包含教学评价和课堂纪律两个维度。调查发现,在对学生主体评价方面,学生的考核标准较为片面,在对教师主体评价方面,思政课教师对当前评价体系的认同度普遍不高。

(一)学生考核机制较片面

对于思政课教学模式的评价体系,调研组采用问卷调查法和访谈法,分别对学生考核机制与教师评价体系是否存在不合理现象进行探究。在学生评价体系方面,关于“您对目前思政课关于学生考核评价机制的看法”这一问题,有65.71%的学生选择比较合理或非常合理,24.94%的学生持一般态度,9.35%的学生选择比较不合理或非常不合理(图9-1)。数据显示,多数学生对学生评价较为满意,但仍需进一步完善和修订。思政课的学生评价机制主要是通过课堂作业和期末检测的方式进行,学生的知识储备尤其是思想道德素养提升方面是一个长期的过程,单一片面的卷面分数不能完整体现出学生整体思想素质的高低。

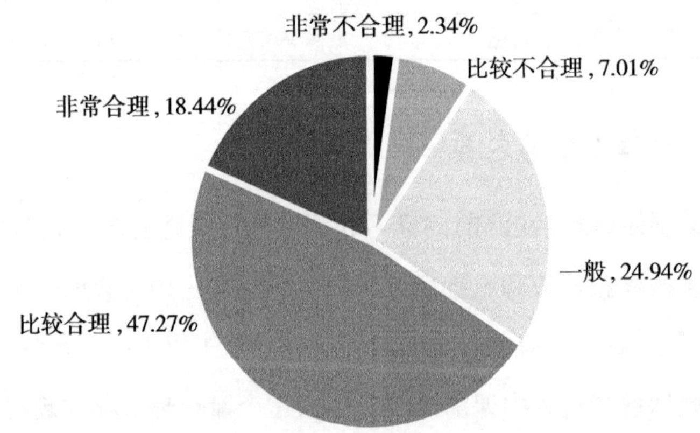

图9-1 对目前思政课关于学生考核评价机制的看法

(二)教师评价体系不合理

教师评价是对教师教学质量和教学成果的阶段性反馈,以期能够全面、客观、公正地对其教学成绩进行总体评价。同时督促教师及时发现教学问题,不断进行革新改正,以更好地提升学生学业水平。关于教师评价机制的看法,调研组通过对思政课教师进行访谈,发现他们普遍认为思政课教学评价机制存在不合理因素:

"现在的教学环境赋予思政课教师的责任太大了,一旦学生出问题就觉得是学生思想出了问题,是思政课出了问题。我认为应该要客观看待思政课教师的责任和教学的具体内容。把责任和权力搞清楚,弄平衡,科学地分析评价思政课教师应该承担的责任。另外,由于一些文科院系的教学内容和思政课教学内容有交叉融合的地方,我发现思政课教师和专业课教师的教学观点有时会出现冲突的情况,导致思政课的一些观念思想比较难被学生真正吸收。"(I—20191203—对 A 教师访谈记录)

"因为受学生的主观因素影响较大,比如学生可以进行多次评教,期末成绩出现之后还可以再评,有的学生对自己成绩不满意可能会对老师打低分,存在少部分同学刻意拉低教师评分的现象。一个老师需要面对几百个学生对自己进行评价,学生数量太多上课时我们不可能顾及到每一位学生的感受。教学做得再好,一个学生出问题,整个队伍就会被否定掉。"(I—20191205—对 B 教师访谈记录)

"当前的教师评价体系不够合理。原因有两点,第一个是思政课的教师评价,过多地融入自然科学评价体系的内容,偏于量化评价。一个学生从思想到具体行为的转变和落实需要一个循序渐进的过程,不能短时期进行评判。对学生思想的遵从、认同、行为的外化没有合理的评价指标。第二个是思政课抬头率问题。大学思政课主要是开展理论认同进行理论阐释,改变学生思维。一些教师为了提高抬头率,使得思政课堂出现娱乐化倾向,弱化了理论阐释。

我认为这些都没有按照真正的思政课认知规律进行科学的评价。”(I—20191209—对C教师访谈记录)

思政课教师对当前的教师评价体系满意度不高,普遍认为评价体系存在诸多不合理的因素。主要有以下几点:一是高校对思政课教师的权责关系缺乏科学的认识和判断,教师的评价体系存在不合理因素。二是思政课教学内容与部分学科的教学内容相似,双方教师教学观念不一致,学生无法真正地学到知识。三是学生数量庞大,教师无法做到兼顾,导致后期评价受部分学生主观因素影响。四是部分教师为提高抬头率,对课堂控制失衡,导致思政课堂出现娱乐化倾向。

第四节 影响思政课教学模式变革的因素

在掌握高校思政课教学模式存在的问题后,调研组以教育赋权理论为基础,将成因主要划分为三部分内容,即高校支持力度不足、教师权力过度压制、教育赋权机制缺位。通过对问题成因的理性剖析,为高校思政课教学模式变革提供合理依据。

一、高校支持力度不足

高校支持力度不足主要体现在思政课教师队伍数量匮乏、教师工具性价值与目的性价值冲突、评价体系缺乏配套创新措施等方面。

(一)思政课教师队伍数量严重不足

教育部印发的《普通高等学校马克思主义学院建设标准(2019年本)》通知对高校马克思主义学院的建设标准进行了具体规定。在师资配备中指出,要“按照师生比不低于1∶350的比例设置专职教师岗位,制定计划加快配齐建强专职教师队伍”,在教学组织上鼓励“推行中班教学,班级规模原则上不超过100人。推广中班上课,小班研学讨论的教学模式”。Z大学思政课堂的学生规模在200人左右,比教育部规定的班级规模高出近一倍。通过调查整理发现,Z大学在校生共计约七万五千人,按照教育部1∶350的比例,应该需要的专职思政课教师数量为220人左右。但据统计,目前专职思政课教师远低于教育部的师资配备要求。师资数量的匮乏给教学任务带来巨大挑战,教师仅完成日常教学任务已占据大部分教学时间,存在力不从心、无法均衡兼顾所有学生特点等问题,导致不同学科学生对思政课学习的主动性、课堂参与度以及课堂收获等出现分化现象。

(二)工具性价值与目的性价值冲突

思想政治教育的工具性价值与目的性价值间的辩证关系历来是思想政治教育工作者关注的重点议题。高校对思政课教师的培训工作缺乏系统性指导,对师资队伍建设情况的支持力度欠缺,导致教师教学观念出现工具性价值与目的性价值的内在冲突。在工具性价值方面,教师主导下的课堂控制相对于学生自主发展具有优先作用,教师对课堂的充分掌控可以把握教学的整体走向,是学生自主发展不可或缺的前提条件。在目的性价值方面,学生自主发展相对于教师的课堂主导和课堂控制具有优先作用,学生的自主发展和思想道德素养的提高是教师课堂控制的最终目的。教师教学观念的不统一,主要原因在对于工具性价值和目的性价值的认知和看法不同。科学、客观地看待思想政治教育的这两种价值,是解决教师教学观念不统一的关键。

(三)评价体系缺乏配套创新措施

当前,高校对思政课教学效果的评判仍沿袭传统评价机制,采取单一考核标准,过于重视学生的卷面考核成绩,缺少对学生综合素质指标的制定和思考。高校在思政课评价体系的创新和发展上采取的措施和力度不够,未随着时代发展而对教学评价机制进行不断地探索和革新，因而缺乏科学性和时代性。

二、教师权力过度压制

教师权力过度压制主要体现在知识权力异化、课堂话语权配比失衡、传统观念束缚等方面。

（一）知识权力异化

在教育领域，知识与权力两者间的相互关系是西方教育学者研究的热点。知识和权力的复杂关系至今仍被教育学者广泛研究，不可否认的是两者之间的确存在内在的关联。在教学活动中，知识以科学、权威的形式存在于课堂教学中，学生的学习活动必须要以掌握知识为基础，教师作为课堂知识的传授者，在无形中获得对课堂控制的权力，进而影响和制约学生的学习过程。在此基础上，如果不对教师权力加以规范，进行合理的规制和约束，则容易导致教师权力的滥用和异化，过分强调教师权力的作用和权威，忽视学生权力的价值。

（二）课堂话语权配比失衡

在教育领域，教师拥有的文化资本要远高于学生拥有的文化资本，因此课堂中进行话语交流时教师的话语权容易占据优势地位，造成师生之间形成一种不平等的权力关系。知识储备、语言技巧、社会能力等方面的悬殊对比，加之传统师生关系下教师绝对的主导地位，致使课堂中师生话语权的逐步失衡。学生怯于用话语表达和维护自身的权益，教师又不断通过课堂话语权来巩固自身地位，这时处于优势地位的教师对处于劣势地位的学生开始产生权力制约关系，抑制学生权力的发挥和运用，长此以往，使得师生权力布局处于一种失衡状态。

(三)传统观念束缚

在传统的师生关系中,教师作为真理的化身,拥有绝对的权威,在与学生的关系中处于绝对领导地位。在这种传统观念的影响下,学生服从于教师的权威,无条件听从教师的教学观点。近现代以来,教育研究者开始倡导建立民主平等的师生关系,鼓励双方开展平等对话,提高学生自主学习的能力。这在一定程度上扭转了师生权力对比悬殊的局面。随着现代社会的进步和发展,民主平等的师生关系在很大程度上得到具体的运用和发展。但由于教师多方面的能力都是学生现有水平难以企及的,加之传统的师生观念加剧了师生权力分配格局的不合理问题,因此在现有教学模式中仍存在师生权力过于集中于教师的现象。对于学生而言,课堂权力长期由教师把控,容易使学生逐渐形成过分依赖教师的依附性人格,严重束缚了学生自我意识的觉醒和自主能力的发展。

三、教育赋权机制缺位

数据分析表明,目前高校思政课堂已出现明显的权力分配失衡现象。深究原因,高校在教育赋权机制建立层面的缺位是导致师生权力分配失衡的重要因素。在教学前期,一方面,教师未给学生提供充足的熟悉教材和预习时间,学生在课程研发、教学计划、教学设计等方面缺少知情权和参与权。另一方面,教师未对学生的学科特点和年级特点进行充分了解和把握,导致在教学实施过程中出现学生内部分化。在课堂教学中,知识权力的异化和课堂话语权的失衡强化了教师手中的权力,加剧了师生权力的不平衡,学生权力难以得到充分的运用。在后期教学评价中,学生考核评价机制缺少对其内在素养和思想道德水平的考察,教师评价体系过多采用自然学科的量化标准,且缺少相应的激励机制,导致教师注重学生最终学业成绩的提高,忽视教学过程中对学生独立人格的培养。学校对学生赋权的整体关注度不高,在引导教师下放权力、鼓励学生敢于用权等方面没有给予足够支持,且缺乏相应的配套措施,导致思政课的整体教学氛围中赋权观念并不凸显。

第五节　思政课教学模式变革的理论基础

正确的理论是成功指导实践的基础。教育赋权理论已经比较成功地运用到教学当中。高校思政课教学是课程教学的重要组成部分,因而这一理论具有应用的适切性。

一、教育赋权

“赋权”作为社会工作领域的重要概念,具有多学科性,不同领域的学者对其内涵界定各有侧重。但究其本质,赋权的核心概念主要是围绕社会中的不平等现象,通过权力的重新配置和划分,帮助无权或弱权者提升自我效能感,增强对自身生活的控制力,将其生活质量进行最大限度的提高。

教育赋权是赋权的引申概念,是赋权理论在教育领域的运用与拓展。其内涵为通过向教育领域内的无权或弱权群体进行赋权,帮助其认识到自身所处困境,鼓励无权或弱权者积极采取系列措施,以改善现状,获得对影响自身发展因素的控制感,最终实现教育质量的飞跃发展。我们主要围绕教育赋权中的“学生赋权”进行探讨和研究。学生赋权即将权力赋予学生,赋予学生应用的权力,关注每个学生的不同需求。给予学生自由发展的空间,让每个学生成为与众不同的主体,研究学生的需要和发展的可能性,每个学生可以对要学的内容进行系统安排,根据自己的发展需要形成独特的个性化的学习内容。

二、教育赋权与高校思政课教学之间的联系

将教育赋权理论引入高校思想政治教学工作,以“赋权学生”为研究

切入点，强调通过对学生赋予相应权力，激发活力，提高学生对思政课教学内容、教学方法等方面的选择权、表达权和评价权，提升其主动融入课堂的积极性。在此过程中，学生逐渐获得对外部环境和学习生活产生影响和支配的能力，对于提升教学效果具有很好的启示意义。下面以高校思政课教学模式变革为研究重点，在研究过程中采用教育赋权理论对学生权力进行探讨，探究学生在学习过程中的权力意识和权力运用，提出解决问题的方案。

第六节　思政课教学模式变革的基本路径

教育赋权视阈下，高校思政课师生权力分配失衡是影响其教学实施效果的重要因素。我们从提供赋权保障（高校）、夯实赋权基础（教师）、强化赋权核心（学生）三个层面，即高校创设条件、教师下放权力、学生主动作为三个层面，对教学模式的变革路径展开具体研究，根据目前教学模式存在问题提出有针对性的改进建议。

一、高校创设条件，提供赋权保障

思政课堂中赋权机制的建立和完善，离不开学校提供的坚强支持。平衡与把握师生权力关系、促进思政课教学模式深刻变革、鼓励教师大胆放权，高校在其中发挥着必不可少的助推作用。因此，要建构科学可行的赋权保障机制，为教师赋权和学生增权提供强有力的环境支撑和条件支持。

（一）健全思政课教学实现机制

1. 完善班级授课制度

不同教学模式下的班级授课制各有不同，不能概而论之。思政课作为高校的公共必修课程,学生数量庞大,且涉及不同的学科专业,学生的思维方式和知识理论基础具有明显差异。因此,应当重新改造思政课的班级授课制度,提高学生课堂获得感。高校可通过采取小班化教学、分层教学等方式,根据学生的专业特点、年级差异、知识基础、理论偏好等特点制定特色化授课制度。

2. 加强教师队伍建设

师资力量的强弱直接关系到教学效果的好坏,影响高校能否培养出真正的社会主义建设人才。加强高校思政课师资队伍建设,打造思想政治教育精品课程,是当前变革思政课教学模式、提高教育教学水平的一项刻不容缓的任务。从拓宽教师选聘途径、加强教师的教育培训工作、完善教师的评估机制等方面入手,打造一支强有力的思政课教师队伍。

(二)完善对教学主体的评价

1. 评价学生

当前,我国高校思政课在对学生学习成绩的评价体系上,过于重视总结性评价,而忽略了学生的过程性评价。学生作为受教育者,理应受到全面、科学的综合评价。因此,在评价学生方面,高校要健全多元化评价指标体系,鼓励学生积极发挥主体价值,在课前预习、课中学习、课后复习等各环节加强对学生主体性的发挥情况进行考核。

2. 评价教师

调研组通过访谈发现,当前思政课教师普遍对现有的评价机制并不满意,认为评价体系过于片面和量化,且容易受学生主观因素的影响。建立科学多元的教师评价体系,从完善评价主体、评价指标、健全激励机制和退出机制等方面入手提升教师教学积极性,促进赋权教育的有序开展。

（三）建立赋权型教学模式反馈体系

1. 学生反馈

学生作为赋权核心，是教学信息的主要接收者，在教学模式变革过程中最能直观感受自身权力的发展和变化。学生能够从受教育者的角度出发，表达对赋权式课堂的学习感悟，为教学活动的改进和优化提供方向。因此，学生的反馈意见对赋权型教学模式的顺利开展有着较大的意义。高校可定期组织教学督查工作，对思政课赋权情况进行持续观察，掌握学生学习状态。

2. 教师反馈

赋权是一个循序渐进的过程，学生的思想观念、课堂表现、行为方式也是一个逐步变化和改进的过程。教师要对学生权力运行情况的良好与否进行及时的总结和反馈，把握思政课教学的整体进度，引导学生合理、规范、有序地使用手中的权力。此外，除授课教师对学生整体学习情况进行实时反馈外，教师之间的交流和信息反馈也应当作为反馈体系的重要构成因素。

3. 专家反馈

教育赋权的推行涉及学生、教师、学校乃至社会发展的多方利益，需要综合考量多方的反馈意见。专家作为学科领域的杰出代表，能够从更专业、科学的角度对赋权型教学模式进行指导。专家组可由高校的思政专业教授或聘请的校外相关专家担任，通过随机听课、举办座谈会等方式对赋权型教学模式的开展情况进行评估，了解赋权活动落实情况，从而提出有针对性的反馈意见。

4. 管理者反馈

在赋权型思想课教学实践过程中，高校要做好管理部门对教学的反馈工作，收集、整理、分析各方的反馈意见，保证课堂教学朝着既定目标不断前进，促进赋权型思政课教学深入开展，保证师生权力维持在一种和谐、平衡、有序的状态。

二、教师下放权力，夯实赋权基础

思政课堂中师生权力分配失衡，教师占有过多的权力资源压制了学生权力的发展和运用。因此，教师在教学过程应下放一部分权力，重视学生权力在教学过程中所发挥的重要作用，增强学生的权力意识，提高权力运用能力。

（一）侧重教学过程

完整的教学过程应包含教学准备、教学实施和教学评价三个基本环节。优化完善的教学过程有赖于教师和学生决策参与的和谐统一。教师在下放权力过程中，要注重促使学生权力在各个教学环节得到运用与发展，提高学生对教学过程的了解，提升其知识掌握程度。

1. 精心准备教学

当前在培养高校学生综合素养的大环境下，思政课作为培养大学生政治理论和思想道德水平的主阵地，教师应积极关注学生的主体性作用，在教学内容、教学方法、教学进程等方面向学生积极赋权，科学全面听取学生意见，改进教学方案，充分调动学生学习热情。如在正式开课前，通过问卷调查法、访谈法等方式广泛征集学生对课程设置、教学方法、教学进度等教学方案的看法和意见，提升学生对教学各个环节的了解，赋予学生一定的知情权、选择权和参与权，以期获得更多认同和支持，增强学生学习的连贯性和主体性，实现教学质量的逐步提升。

2. 有序实施教学

教师在课堂教学中要重视权力的科学分配，尊重学生的主体地位，适当对学生进行放权，引导学生深度参与课堂学习与讨论，鼓励其运用自身权力真正参与到课堂活动中。教师要意识并充分尊重学生权力的发挥，发掘其自身学习潜能，帮助他们养成健全独立的人格，促进全面发展。

3. 科学评价教学

教学评价环节是对教学实施环节完成情况所进行的科学评估与评判，能够及时修改和调整教学过程中出现的问题。这里的教学评价环节侧重于课程评价，主要是针对每堂课教育赋权的落实情况进行评价与分析，以及时调整过程中出现的问题。在课程评价环节，教师要对学生充分放权，确保学生权力得以有效实施。在具体操作过程中，教师要定期在课堂教学结束后留一定时间，广泛征询学生的评价意见，通过整理分析，合理吸收、采纳学生的建议，保证学生反映的意见能够得到及时反馈。

（二）建立授权式课堂

1. 强化学生自主意识

在赋权型教学模式中，教师应以学生个性自由和全面发展为重要教学目标，对学生大胆放权，通过引导学生采用自主式、合作式的学习方式，帮助他们逐渐树立并强化自身主体意识，促进向自主学习进行转变。此外，教师要加强与学生的沟通和交流，双方开展平等对话，营造自由宽松的学习环境，鼓励学生积极行使权力。

2. 赋予学生话语权力

教育作为培养人的社会活动，在教学活动中应重视受教育者的主体地位和个体价值。教师要认同并尊重学生话语权的作用与价值，正确合理地对待学生的话语表达，赋予学生平等对话和主动表达的权力。通过师生平等对话、合作式教学等方式唤醒学生的自主意识，消解教师话语权的异化部分，提升学生课堂权力，加大力度培养学生自主独立的健全人格。

3. 规范学生课堂行为

建立授权式课堂既需要教师强化学生自主意识、赋予学生课堂权力，又需要教师在下放权力过程中，进一步规范学生的课堂行为，保证课堂教学正常开展，维护教学秩序。因此，在对学生进行授权的过程中，教师要掌握相应的合理度,约束学生行为规范,保证其在行使自身权力时,不影响课堂教学的顺利进行以及不干预他人的自主和自由。对于学生滥用权力而导致影响思政课教学效率的行为,教师要及时进行阻止和纠正。

(三)转变传统教学观念

1. 工具性价值与目的性价值相统一

工具性价值与目的性价值的和谐统一是推动教学质量提升、培养全面发展的高素质人才的重要教学理念。以学生全面发展为目标,以民主平等的师生关系为依托,以课堂控制和学生自主的协调统一为手段,促进教学活动的高效开展。教师在教学过程中,不可过于偏向其中某一种思维方式,应合理协调好课堂控制和学生自主之间的关系,塑造积极健康的课堂场域,创建民主平等的教学环境。

2. 建立民主平等的主体性互动关系

对于思政课教师发展而言,要努力更新自身教育教学观念、转变教学方式,寻求建立全新的权力分布格局。将学生视为能学习、会学习的价值主体,走近学生,关注学生的个性发展,赋予学生一定权力。在这种教学氛围下,努力构建平等和谐的师生关系,引导学生大胆展现自我、表达自我,唤醒学生的自主意识和权力意识,师生携手共同推动思政课教学内涵式发展。

三、学生主动作为,强化赋权核心

学生作为赋权核心,既需要高校创设条件、教师下放权力,又需要学生自身主动作为,对权力进行合理建构和把握。

(一)促进学生权力建构的能动性

学生作为赋权核心,科学合理地建构、掌握、运用自身权力是建立民主课堂的必然要求。促进学生权力建构的能动性,需要从以下三方面努力。

第一，自主意识的培养与提高。学生应从自主意识入手，培养主体自觉和权力观念，提升权力意识和权力运用能力，不断寻求权力的自我构建。学生在学习过程中，要重视锻炼自身的主动性、创造性和自主性，敢于争取自身权力和维护权益，并在接受知识过程中培养独立健全的人格。第二，确定个体价值目标。个体价值目标与个体行动密切相关，指导个体的思想观念、行为活动和学习方式。价值目标一旦确立，可以在一定程度上帮助个体克服外部力量的束缚，激励个体奋发进取，并按照自身意志朝着既定目标不断努力。第三，合理争取并运用权力。维持课堂权力平衡，不仅需要从外部环境获得支持，还需要学生有意识、有目的地争取权力，在教学过程中主动参与、自觉行动，摆脱教师绝对权威的观念束缚，克服和消除自身消极因素，积极争取自身权力，在教学活动中合理发挥权力作用。

（二）实现课堂教学中的权责统一

权力和责任是相互统一的整体。无论对教师还是学生而言，都意味着权力和义务的和谐统一，在教学过程中权力体系既赋予个体自主行动的自由，又对这种自由进行约束和规定，保证个体在运用权力的同时履行相应的责任与义务。唯有如此，才能保证课堂教学的有序和高效。

对学生而言，在使用权力的过程中，一方面要明确自身权力边界，合理、正当地使用权力，不能够越权或者滥用权力，正确看待权力的价值与功能，在行使权力的过程中要遵从课堂教学秩序，尊重教师的课堂教学。另一方面，要履行相应义务。学生权力不等于绝对的自主和自由，在学习过程中，要对教师予以充分尊重。学生作为课堂教学主体，对教学工作的顺利开展承担着必不可少的责任。遵守课堂教学秩序、保证教学效率、与教师开展平等对话与交流，是学生在学习活动中必须承担的义务。

结　　语

理论源自实践,同时又反过来指导实践。赋权型高校思政课分众教学模式不但是一个理论问题,而且是一个实践问题,是理论与实践的有机统一。高校思政课是做“人”的工作,赋权理论和分众理论虽然没有直接触及“人是什么”这一本体论问题,但分别从社会学和传播学角度阐发了对“人”的现代式理解。这使其与高校思政课具有了天然的相通性,也使其能够成为高校思政课教学模式创新的理论依据。“人”不是抽象的存在,而是在实践中被确定和认识的。高校思政课应扎根生活大地去体悟现实中的“人”。本研究通过调查问卷和吸纳既有教学经验,既明晰了高校思政课教学模式创新面临的风险挑战,又获得了坚实经验支撑。综合来看,赋权型高校思政课分众教学模式研究不但植根于新时代高校思政课教学实际,而且立足于科学理论指导。它不但能够回答高校思政课教学存在的问题,而且能够引领高校思政课的新发展。

一、赋权型高校思政课分众教学模式是有效的

有效教学理念发端于20世纪上半叶西方国家的教学科学化运动,它突破了传统教学理论中的“教学是艺术”观点,将教学视为一种科学性活动,具有可为人所认识和把握的客观规律。自有效教学理念提出以来,学术界对其内涵、历史及运用进行了广泛的研究。整体来看,有效教学中的“有

效”基本上指效率、效果、效益的有机统一。赋权型高校思政课分众教学模式立足于高校思政课教育教学改革的现实需要，通过将赋权理论、分众理论、高校思政课和教学模式四者融为一体，能够为高校思政课教学改革提供有效支撑。

（一）坚持效率为基础。从一般意义来看，“效率”指单位时间完成的工作量，是成本与收益之间的一种比率关系。有学者认为，有效教学中的“效率”“指教师用尽可能少的教学投入（时间、精力、努力等）获得了尽可能多的教学产出”①。从历史维度看，不论是夸美纽斯，还是赞可夫和巴班斯基，他们的教学理念都具有典型的效率取向。不过，夸美纽斯对教学效率的强调停留于“外在”层面，也即关注班级人数。相比之下，赞可夫和巴班斯基从“内在”层面探讨提升教学效率。比如，巴班斯基从系统角度理解教学过程最优化，力图实现教学过程中所有成分的各个单项的最优化方式的有机整合。② “效率”是赋权型高校思政课分众教学模式的基础性要求，因为缺乏“效率”的教学模式会使“效果”和“效益”大打折扣。为了提高教学效率，赋权型高校思政课分众教学模式依托赋权理论、分众理论对教学主体、教学客体、教学环境、教学结构、教学过程进行了通盘考察，以打通“教——学”栓塞、提升“教——学”能力、激发“教——学”主动性为核心工作对教学模式进行了重构，改变了传统思政课教学“只重面、不重点”“大水漫灌”的状况，实现了教与学的“有的放矢”。

（二）坚持效果为目标。有效教学指“教师通过教学过程的有效性即符合教学规律，成功引起、维持和促进了学生的学习，相对有效地达到预期教学效果的教学”③。从概念来看，“效果”是有效教学的直接后果。有学者认为“效

---

① 张琴、鲁烨：《高校思想政治理论课有效教学策略简论》，《黑龙江高教研究》，2013 年第 5 期。

② 洪明、余文森：《国外有效教学思想流派探析——基于国外著名教育家教学思想的探讨》，《福建师范大学学报（哲学社会科学版）》2012 年第 6 期。

③ 姚利民：《有效教学涵义初探》，《现代大学教育》2004 年第 5 期。

果”指“通过教师的教学，学生获得了进步与发展”。[①] 从历史的维度来看，不论是规模取向、认知取向、整体目标取向、整体—认知取向，还是效率取向的有效教学思想流派划分，“效果”都是其最直接的目标，无法达至“效果”的教学既是无效率(低效率)的，也是无效益(低效益)的。赋权型高校思政课分众教学模式的直接目标就是提升教学效果，改变长期以来高校思政课“水课”的形象。赋权型高校思政课分众教学模式坚持“问题导向”，坚持理论与实际相结合，回应国家、社会、教师、学生等相关利益主体的关切，使高校思政课既呈现出彻底理论的深度，又呈现出关注现实的温度。

(三)坚持效益为追求。按照一般理解，“效益”指效果和利益，因此，效益和效果有时候可以互换使用。深入分析，可以发现效益和效果并不是完全等同的两个概念。具体来看，“效果”更强调非设定的行动后果，也即它是特定行动引发的效应，极少与生产成本或预设目标相比较。“效益”则是在设定好清晰目标下的行动效应，当行动引发的效应与预设目标一致时，就可以称之为效益或效益高。有效教学的“效益”内涵继承了一般“效益”理念，有学者指出，“效益”指“教学结果与预期的教学目标以及社会与个人的教育需求相一致”。[②] 对“效益”的关注反映了教学活动是一种社会性、历史性活动，教学被赋予了一定的任务和发挥着特定的社会功能，正是这些任务或功能赋予了教学活动的合法性。此外，“效益”离不开“效率”和“效果”，“效益”是“效率”和“效果”的社会历史表现，又反作用于“效率”和“效果”。赋权型高校思政课分众教学模式通过教学模式创新实现了政治性和学理性、价值性和知识性、建设性和批判性、理论性和实践性、统一性和多样性、主导性和主体性、灌输性和启发性、显性教育和隐性教育等的有机统一，能够肩负起“立德树人”根本任

① 张琴、鲁烨:《高校思想政治理论课有效教学策略简论》,《黑龙江高教研究》2013 年第 5 期。

② 张琴、鲁烨:《高校思想政治理论课有效教学策略简论》,《黑龙江高教研究》,2013 年第 5 期。

务和承担起为党育人、为国育才使命。

赋权型高校思政课分众教学模式不但是一个理论问题，而且是一个实践问题，是理论与实践的有机统一。赋权型高校思政课分众教学模式植根于新时代高校思政课教学实际，坚持效率、效果、效益三统一原则，构建出一套科学、完备、合理的有效教学模式。它不但能够回答高校思政课教学存在的问题，而且能够引领高校思政课的新发展。

二、赋权型高校思政课分众教学模式值得推广

教学模式是教学理论与教学实践的有机统一，是贯通二者的桥梁。当前，随着高校思政课教学改革进入深水区，新的思政课教学模式不断涌现。然而，并非所有的教学模式都具有生命力，都能得到大范围的采用。相反，众多创新型教学模式面临着推广困难、实施效果欠佳等难题。赋权型高校思政课教学模式是一种有效的教学模式，是潜在的教育生产力。经过应用和推广，它将为提高思政课教学质量提供重要的理论和工具支撑。

一般来说，“推广”是指扩大事物的应用范围或者是起作用的范围。它包括培训、学习、教育、传播等活动，需要政策指导、传播交流、自发使用或者组织开展等。教学模式的推广是指政府和学校有计划、有步骤地传播某种教学理念、教学方法、教学手段、教学技能，使之被教师自觉而广泛地接受和应用，最终转化为提升教育教学质量的过程。在推广过程中，我们可以进一步检验这种教学模式的价值，完善、丰富教学方式和程序。具体到赋权型高校思政课分众教学模式，一方面，它具有值得推广的必备要素，是一种有效的教学模式；另一方面，只有通过推广，才能促进发展和完善，即“不是为了推广而推广，而是为了发展而推广”。根据创新推广理论，它具有如下优势。

（一）教育思想的先进性。理论只有彻底，才能说服人。思想只有准确把握住事物的规律和人的价值取向，才具有推广的可能性。赋权型高校思政课分众教学模式以先进的教育理论、教学理念、教学方法、课程模式为基础，体现

了理论的科学性、方法的针对性和模式的系统性，能够促使教师掌握和遵循思想政治教育的规律和原则，启发他们运用科学的思维方式改进教学，以新的视角解决教学中的新情况和新问题；强调在教学过程中教师和学生处于平等地位，共享教育教学权力。

（二）教学实践的可靠性。实践是检验教学模式真理性的唯一标准，经得起教学实践检验的教学模式才能得到广泛推广。赋权型高校思政课分众教学模式被教师和学生掌握以后，便于操作，适合目前的政策要求、教学改革和教育目标，精准解决教学问题。此外，它不排斥其他教学模式，在现实教学中能够和其他教学模式相互补充，依据学生不同兴趣和学习层次将学生细分为多个小众群体，以此为基础加以适当的教学倾斜，得到教师和学生的接受，取得明显效果。

（三）教学实施的协同性。教学模式的推广需要教学管理、设施设备、教师队伍、规章制度等的有机配合。教师在其中扮演中枢角色。一是制定推广计划；二是课堂实践；三是经验总结；四是应用评价；五是教学改进。教学部门发挥制度制定、场地支持、教育培训作用。教学信息部门提供技术支持。党务和学生部门发挥日常管理功能。从推广机制看，赋权型高校思政课分众教学模式有效调动了各方的积极性，促进了教学组织模式、教学技术、教师授课方式变革，加快了思想政治理论课教学数字化转型。

（四）教学改革的针对性。教学“供给方”和“需求方”完美结合，才能使教学模式“有的放矢”。赋权型高校思政课分众教学模式对不同受众采取差异化的教学手段、内容和形式，在关注普遍性问题的同时注重个体差异，最终目的是使信息传导更为有效，将教学内容真正教到学生心里，促进不同特点的学生在多元化的交流与碰撞中达到对教学目标更深层次的认知与认同，最终在提升教学效率的同时确保学生全面发展。同时，学生在分众过程中提出问题，教师在分众过程中解疑释惑。学生之间的朋辈影响、师生之间的协同效应更为深刻。这使得学生在解决自身理论或现实困惑的过程中，自主建构新的知识体系，自主补充新知，并主动完成认知、认同、践行的内化过程，将所形成的理论知识体系转化为对马克思主义信仰和对共产主义信念。

“教育即解放”，这是联合国教科文组织早在1972年就提出的教育主张。赋权型高校思政课分众教学模式的推广，也是在“解放”中实现其本质追寻。当然，推广能否可持续和最终成功，既受制于环境和条件等的支持，还需要教师的内驱力和长时间的跟踪、观察。

三、赋权型高校思政课分众教学模式前景广阔

前景是将要出现的景象和情形。一种教学模式是否有广阔的应用前景，可以通过预测进行判断。思想政治教育预测是一种面向未来的认识活动，是一种超前思维、超前分析，贯穿于思想政治教育过程的始终。相较于一般社会预测，它更关注人们的态度、观念等思想层面以及行为层面的问题。赋权型高校思政课分众教学模式以“学生为中心”，它关注大学生的思想与行为变化，在充分发掘大学生主体力量的基础上，提升大学生掌控自我学习的能力，引导学生把稳思想之舵、补足精神之钙、筑牢信仰之基，从而能够不断增强思政课“立德树人”的教育魅力。可以说，这种教学模式实现了师生双主体的有效互动，学生致力于“自由而全面的发展”，教师致力于成为“大先生”，因此在教学实践中有很大的发展空间。

（一）受众群体广。截止到2021年，全国各种形式的高等教育在学总规模4655万人，其中普通本科在校生1965.64万人，职业本科在校生22.87万人，高职（专科）在校生1670.90万人。[①] 在这样一个庞大群体中实施思政课分众教学模式，将使课堂变得更有吸引力，因为这种模式能够让教师与学生充分互动，了解其困惑和需求，并据此将教材中的内容进行分解进行讲授，教师及时进行总结归纳。这一教学过程是一个师生不断积累、反思和成长的过程。

① 教育部：《2022年全国教育事业发展统计公报》，2023年7月5日，见 http://www.moe.gov.cn/jyb_sjzl/sjzl_fztjgb/202307/t20230705_1067278.html。

在这一过程中，师生共同构建起一个良性互动、共同成长的学习空间，深入解决大学生真学真懂真信真用的问题，切实增强他们思政课的获得感。

（二）技术支持强。当今时代，教育信息技术带动的数字教育、智能教育、智慧教育、公共资源共享平台突破了课堂、学校和知识边界，丰富了教学方法，对高校思政课教学而言，既带来了挑战，又带来了机遇。赋权型高校思政课分众教学模式顺应技术的时代发展潮流，将经典教育理论和现代教育技术相结合，既重视发挥传统思政课教学的优势，又充分利用信息技术仿真、快捷、海量、互动的长处和特点，把“面对面”与“线对线”“块对块”“键对键”连接起来，运用虚拟场景、图像、音频、视频资源，利用腾讯会议、雨课堂等平台，慕课、翻转课堂等方式，回应大学生普遍关切的热点、焦点、难点、痛点问题，做到课内课外、线上线下互联互通互动，增强了思政课的时效性、时代感和吸引力。

（三）主体意识高。马克思主义认为，人们“行为的一切动力，都一定要通过他的头脑，一定要转变为他的意志的动机，才能使他行动起来”①。主体间性理论把学生和教师都作为教学的主体。对于人才培养而言，教师主体发挥作用体现为外在性，教学成效的好坏最终体现在学生主体的内驱性。学生的主体性是指学生在教学活动中通过教师的引导和帮助表现出来的学习的自主性、主动性、创造性。在现实中，赋权型高校思政课分众教学模式注重发挥学生的主体性和教师的主导性，突出学生的主体地位，将学生视为有能力、有价值、有主观能动性的个体，认为学生应该是学习的主人。其着力点在于通过“分众”实现在教学过程中真正“赋权”给学生，同时在“赋权”这一过程中，深刻影响学生的头脑，让学生有参与讨论的机会、表达观点的机会甚至辩论的机会，使他们头脑中有思政课，并使思政课内容成为“感觉、思想、动机、意志”。能够更好地激发大学生深入思考问题、进行判断、深入实践，彰显了他们的主体地位。

---

① 《马克思恩格斯选集》第 4 卷，人民出版社 2012 年版，第 258 页。

附　　录

附件一　高校思政课教学改革调查问卷

高校思政课教学改革调查问卷

（学生问卷）

亲爱的同学：

你好！感谢你在百忙之中抽空接受我们的问卷调查。此问卷旨在了解高校思政课教学改革现状，请你根据自己的实际情况以及真实想法填写，你的回答仅用于学术研究，谢谢你的支持和配合！

课题组

第一部分：基本信息

1. 你的性别：（　）[单选题]

A. 男　B. 女

2. 你的政治面貌：（　）[单选题]

A. 中共（预备）党员　B. 共青团员　C. 群众　D. 其他

3. 你所在高校的类型：（　）[单选题]

A. 一流大学建设高校　B. 一流学科建设高校

C. 非“双一流”建设普通公立本科高校 D. 民办本科高校

E. 高职(高专)

4. 你的专业属于:( )[单选题]

A. 文科 B. 理科 C. 工科 D. 医学

5. 你所在年级是:( )[单选题]

A. 一年级 B. 二年级 C. 三年级 D. 四年级 E. 五年级

6. 你是否担任学生干部:( )[单选题]

A. 非学生干部 B. 学生干部(在任) C. 学生干部(经历)

7. 你预期的毕业去向是?( )[单选题]

A. 传统就业(党政机关、事业单位、各类企业、其他)

B. 非传统就业(自主创业、自由职业、灵活就业)

C. 升学发展(国内读研、出国留学)

D. 未确定去向(暂无打算)

8. 你曾经和正在上的思政课是:( )[多选题]

A. 毛泽东思想和中国特色社会主义理论体系概论

B. 思想道德修养与法律基础

C. 马克思主义基本原理

D. 中国近现代史纲要

E. 形势与政策

9. 接下来的题目将邀请你选择一门你熟悉的课程,评价其教学情况。你选择哪门课程?( )(下面的问题将围绕对该课程的评价展开)[单选题]

A. 毛泽东思想和中国特色社会主义理论体系概论

B. 思想道德修养与法律基础

C. 马克思主义基本原理

D. 中国近现代史纲要

E. 形势与政策

第二部分：你对该思政课程的认识

1. 你对这门思政课是否感兴趣？（　）

A. 非常感兴趣　B. 比较感兴趣　C. 不太感兴趣　D. 反感

2. 你认为思政课教师需要具备的素质：（　）［多选题］

A. 有较深的学术造诣　B. 有强烈的责任感　C. 有突出的人格魅力

D. 有较强的教学能力　E. 其他______

3. 你在该门思政课中的缺勤次数为：（　）［单选题］

A. 1—3 次　B. 4—6 次　C. 7—9 次　D. 10 次以上　E. 没有缺席过

4. 你在该门思政课上的听课情况：（　）［单选题］

A. 全程认真听课　B. 多数时间都在认真听课　C. 仅听感兴趣的内容

D. 基本不听　E. 全程都在划水

5. 你认为该门思政课教学存在以下哪些方面的问题？（　）［多选题］

A. 课程内容趣味性不足　B. 老师讲授方式和效果不好

C. 课程内容与专业学习关系不大　D. 内容不贴近学生思想实际问题

E. 其他______

6. 你觉得什么样的思政课教师最能激发你学习思政课的热情：（　）［多选题］

A. 采用讲授式教学方法

B. 多讲故事、案例，通过故事、案例使抽象的理论形象化

C. 开展与讲授内容相关的课堂讨论等，启发学生思考，活跃课堂气氛

D. 在课程中融入对时事热点和社会现实问题的解读

E. 针对不同专业，将思政课元素与专业方向结合

F. 其他______

第三部分：对该门思政课教学方法的调查

1. 该门思政课的教学方式频率是？请按照强度打分，5 分为采用该教学方法频率最高，1 分为最低。（　）[单选题]

教学方式	5	4	3	2	1
(1)讲授式教学					
(2)互动式教学					
(3)分组讨论					

2. 你在多大程度上希望思政课教师在教学中承担以下角色？（　）[单选题]

角色	5 非常希望	4=比较希望	3=无所谓	2=不太希望	1=非常不希望
A. 权威者	5	4	3	2	1
B. 指导者	5	4	3	2	1
C. 协作者	5	4	3	2	1
D. 知识的传授者	5	4	3	2	1

3. 如果让你参与该门思政课小组讨论，你会：（　）[单选题]

A. 非常愿意　B. 比较愿意　C. 一般　D. 不大愿意　E. 非常不愿意

4. 你对该门思政课授课教师教学方法的满意度：（　）[单选题]

A. 十分满意　B. 非常满意　C. 满意　D. 一般　E. 不满意

5. 有些思政课老师讲课对学生缺乏吸引力，你认为最主要原因是：（　）[多选题]

A. 理论功底欠缺，掌握的本学科知识缺乏必要的广度和深度

B. 教学方式陈旧、单一，难以激发学生的学习兴趣

C. 语言表达缺乏感染力，导致课堂气氛沉闷

D. 教师的言谈举止、个性，对待学生的态度和教师的个人修养等

E. 其他______

6. 你对于思政课教师课堂上组织案例讨论或要学生制作课件并在课堂上讲解的看法:(　)[单选题]

A. 非常感兴趣,积极参与

B. 比较感兴趣,能扩大知识面,开阔学生视野,值得提倡

C. 感兴趣,可以活跃课堂气氛,调动积极性,乐于倾听其他同学的讲解

D. 不太感兴趣

E. 反感

7. 你最喜欢哪种思政课授课方式:(　)[单选题]

A. 互动教学,鼓励学生自主发言

B. 引用材料和实际案例来说明书本理论知识

C. 走出课堂,开展实践

D. 分小组自主讨论,老师对讨论的结果作点评

第四部分:该门思政课教学内容、教学模式调查

1. 你对该思政课内容掌握情况如何?(　)[单选题]

A. 非常了解　B. 比较了解　C. 一般　D. 不太了解　E. 非常不了解

2 教师讲授该门思政课内容的方式是:(　)[单选题]

A. 按照教材章节进行讲授

B. 依据教学大纲,设置若干专题进行讲授

C. 以教材为主,辅之以学生感兴趣内容进行讲授

D. 完全脱离教学大纲,搜集并汇总学生感兴趣的话题进行讲授

3. 你认为,思政课应如何开展教学?(　)[多选题]

A. 以教材为主进行教学,突出知识点

B. 小组教学。将有共同兴趣的学生分成若干小组,不同的老师对不同的小组教学

C. 与社会实践、社会热点相结合进行教学,不依赖教材

D. 启发式教学。围绕本节课的几个重点问题,启发学生思考、讨论、回答

E. 学生讲、教师点评式教学

F. 其他______________

4. 你认为,思政课教师了解新时代大学生的兴趣爱好吗?(　)[多选题]

A. 教师不知道大学生的兴趣爱好

B. 教师可能知道大学生的一些兴趣爱好

C. 教师做过有关大学生兴趣爱好方面的调查

D. 教师没有做过有关大学生兴趣爱好方面的调查

5. 如果思政课教师征集你感兴趣的话题,并对此进行针对性讲解,你的态度是:(　)[单选题]

A. 非常支持　B. 比较支持　C. 支持　D. 不太支持　E. 非常不支持

6. 如果思政课教师针对学生感兴趣的话题在课堂上讲授,你认为效果如何:(　)[单选题]

A. 效果非常好　B. 效果比较好　C. 效果一般　D. 效果不太好

E. 效果非常不好

第五部分:该门思政课教学互动调查

1. 教师在该课程教学中使用的网络教学平台有:(　)[多选题]

A. 没有使用网络教学平台　B. 学习通　C. 钉钉　D. 雨课堂

E. 腾讯会议　F. 其他______________

2. 教师在该课程课堂教学过程中的互动情况如何?(　)[单选题]

A. 每堂课都互动　B. 经常互动　C. 一般　D. 不经常互动　E. 从不互动

3. 在该课程课堂互动方式上,教师采用较多的是:(　)[单选题]

A. 不借用网络教学平台的随机提问

B. 通过网络教学平台进行的提问、讨论

4. 思政课教学互动方式上,你倾向于选择:(　)[单选题]

A. 不借用网络教学平台进行的互动覆盖面小,可以逃避不参加

B. 借助网络教学平台进行的互动有后台记录,每个人都要参加

5. 如果一堂课为 45 分钟,你认为互动时间如何分配:(　)

A. 10 分钟以下　B. 11—20 分钟　C. 21—30 分钟　D. 31—40 分钟

E. 41 分钟以上

6. 对于思政课教师采用互动式教学,你认为:(　)[多选题]

A. 能够活跃课堂气氛　B. 能够拓宽知识面

C. 互动中观点碰撞能启发思考

D. 教师能够发现学生思想认识等方面的问题　E. 其他______________

7. 除了课堂提问、讨论这种互动形式,你还参与过该思政课的哪些教学活动?(　)[多选题]

A. 没有参加过　B. 实践调研

C. 围绕某一主题进行课堂展示,演讲、讲课、制作视频等

D. 其他______________

8. 你与该门思政课教师有过课下交流吗?(　)[单选题]

A. 每次都交流　B. 经常交流　C. 一般　D. 偶尔交流　E. 从不交流

9. 你认为让学生在思政课教学大纲制定、教学内容选用、教学方法使用、课堂教学组织等方面有更多的决策参与权,是否有必要?(　)

A. 非常有必要　B. 比较有必要　C. 一般　D. 不太必要　E. 没必要

10. 你认为该门思政课堂上学生的民主参与意识和能动性怎么样?(　)

A. 非常强　B. 比较强　C. 一般　D. 不太强　E. 不强

第六部分:该门思政课的教学评价调查

1. 该门思政课期末考试是以什么方式进行的?(　)[单选题]

A. 闭卷考试,试卷占 100 分　B. 开卷考试,试卷占 100 分

C. 交论文或调查报告，占 100 分　D. 闭卷考试，试卷成绩和平时成绩叠加

E. 开卷考试，试卷成绩和平时成绩叠加

2. 你认为该门思政课考试评价机制合理吗？（　）[单选题]

A. 非常合理　B. 比较合理　C. 一般　D. 不太合理　E. 非常不合理

3. 你希望思政课实行什么样的考核评价方式？（　）[单选题]

A. 开卷考试　B. 闭卷考试　C. 平时成绩+考试

D. 提交课程论文或调研报告　E. 其他______________（必填）

4. 你认为当前思政课期末考核成绩是否能够客观反映学生的思想素质实际情况：（　）[单选题]

A. 完全能　B. 比较能　C. 一般　D. 不太能　E. 完全不能

5. 你认为思政课期末成绩应该以哪方面为主？（　）[单选题]

A. 试卷考试　B. 课堂表现　C. 平时作业　D. 日常思想行为表现

E. 社会实践　F. 其他______________（必填）

6. 你认为学校应该公开思政课教师评价的信息吗？[单选题]

A. 应该公开　B. 公不公开都行，无所谓　C. 不必要公开

其他：

1. 你希望学校采取哪些更好的措施来有效提升思政课教学质量？

____

2. 你对加强和改进高校思政课建设的意见和建议有：

____

附件二　普通公立本科高校思政课网络教学调查问卷

普通公立本科高校思政课网络教学调查问卷
（教师问卷）

尊敬的老师：

您好！由于新冠疫情暴发，学校延迟开学，无法正常现场教学，各高校积极响应教育部“停课不停学”的号召，纷纷采用网络教学。本问卷仅用于了解重大疫情下思想政治理论课网络教学情况，调查结果也只是用作学术研究，不涉及个人隐私，请您放心填写。感谢您的支持！

1. 您的性别是？

A. 男　B. 女

2. 您的年龄是？

A. 20—29 岁　B. 30—39 岁　C. 40—49 岁　D. 50—59 岁　E. 60 岁以上

3. 您所在的学校属于？

A. 一流大学建设高校　B. 一流学科建设高校

C. 非“双一流”建设普通公立本科高校

4. 您的教龄是？

A. 1—5 年　B. 6—10 年　C. 10 年以上

5. 您的职称是？

A. 教授　B. 副教授　C. 讲师　D. 助教

6. 您的学历是？

A. 博士研究生　B. 硕士研究生　C. 本科

7. 您上课经常用的网络平台是:

A. 雨课堂　B. 超星学习通　C. 腾讯会议　D. 混合式　E. 其他

8. 您使用网络平台的感受是:

A. 太卡无法正常上课　B. 比较卡断断续续能上　C. 上课顺畅

9. 您主要采用的思想政治理论课在线教学方法是:

A. 讲授式　B. 讨论式　C. 辅导式　D. 播放慕课、SPOC 等网络资源

10. 您认为思想政治理论课网络教学效果如何?

A. 非常好　B. 较好　C. 一般　D. 差

11. 您对新冠疫情对教育教学的影响有哪些看法?

A. 没有影响,线上线下都一样,只是换了场地而已

B. 没有多大影响,相信疫情时间不长,开学后调整教学时间可以解决

C. 有影响,由线下全部转到线上,对教师的技术学习和操作是一种新的考验

D. 影响很大,仅凭签到率无法准确评估学生听课率

E. 其他

12. 您对思想政治理论课采用网络教学的看法是什么?(多选)

A. 终于可以在家上班了,无论是备课还是教学都比较适应

B. 网络教学比在学校上课要求更高,更累,不太适应

C. 上面有要求,必须网络教学,无奈,硬着头皮,应付

D. 线上教学老师无法看到学生,不了解学生的实际情况

E. 思想政治理论课理论性强,单纯讲授理论比较枯燥,网络授课互动又受限,影响教学效果

F. 网络时代,即便在平时,网络教学形式已在多领域多时段广泛开展,网络教学是教师理所当然掌握的教学形式和手段

13. 复课后线下教学和线上教学衔接,您会怎么做?

A. 在网络教学时已考虑了线上线下的高度对接,按教学进度继续开展

B. 先对网络教学掌握情况查漏补缺后，继续按进度开展线下教学

C. 全部重新上一遍

D. 其他

14. 您认为思想政治理论课教师上好网络课程，必须具备哪些基本能力？（多选）

A. 线下教学对老师要求的基本能力对网络教学同样适用

B. 熟悉并能熟练使用电脑或网络教学设备、网络教学平台的各项功能

C. 熟悉学生网络表达和交流方式，架构师生网络沟通的情感桥梁

D. 熟练使用各种网络社交工具

E. 其他

15. 您在网络教学准备中，比较注重哪些方面？（多选）

A. PPT 制作，画面多，图片多，辅以视频等

B. 授课内容丰富、知识量大

C. 课堂互动安排多

D. 精心布置作业

16. 您在网络教学中遇到了哪些问题？（多选）

A. 没有遇到任何问题

B. 不会使用设备

C. 不能熟练设备

D. 对网络教学平台不熟悉

E. 网络不通畅，师生教学信息传播不畅或有掉线情况

F. 能跟踪学习进展，但学习效果不能及时和深入了解

G. 设备突发问题，声音、图像等播放出问题

H. 其他

17. 对于思想政治理论课网络教学，您觉得效果如何？（多选）

A. 总体上大不如学校上课效果

B. 总体上和学校上课效果差不多

C. 优秀学生和学习自觉性高的学生和学校上课效果没多大区别

D. 自觉性不高和自控能力较差的学生效果不如学校上课效果

E. 老师身体语言无法施展,教学效果受影响

F. 师生之间缺乏更多的情感交流,学生学习情绪不能及时调整,教学效果受影响

G. 无法预测教学效果

H. 其他

18. 您认为未来网络教学在思想政治理论课运用前景如何?

A. 网络教学相比线下教学,在个性化学习、节约资源等方面占优势,一定会充分发展,满足所有人的学习需要,会成为未来思想政治理论课教学的主要方式和学生首选的学习方式

B. 未来教育,网络教学无论如何取代不了线下教学的主要地位,但网络教学理所当然地成为思想政治理论课线下教学的补充

C. 未来教育,网络教学和线下教学都是思想政治理论课教学的主要形式,互为补充,学生在学校期间,以线下教学为主,网络教学为辅;当学生在回家、放假或如疫情期间这样的特殊时期,以网络教学为主,线下教学为辅

D. 其他

19. 您认为要使思想政治理论课网络教学更好地开展,应有什么改进?

A. 比现有功能更强大的网络教学平台和技术支持

B. 学校提供网络教学的系统培训

C. 学校应该配备更好更专业的设备

D. 学校应该成立专门的课程教学开发团队

E. 同一课程应该网上集体备课,集思广益,推精品

20. 关于线上和线下思政课教学,您认为:

A. 线上和线下教学都会给学生大量发言的机会进行课堂互动

B. 线下会给学生大量发言的机会，线上很少

C. 线上会给学生大量发言的机会，线下很少

D. 线上和线下给学生发言的机会都很少

21. 您在线上开展思政课时，给学生发言互动的时间每节课平均有：

A. 5 分钟以下　B. 6—10 分钟　C. 11—15 分钟　D. 16—20 分钟

E. 21—25 分钟　F. 26 分钟以上

22. 您在线下开展思政课时，给学生发言互动的时间每节课平均有：

A. 5 分钟以下　B. 6—10 分钟　C. 11—15 分钟　D. 16—20 分钟

E. 21—25 分钟　F. 26 分钟以上

23. 线下思政课堂上让学生发言互动时：

A. 很少有学生发言　B. 集中在几个学生发言　C. 大多数学生积极发言

D. 学生都主动发言，留的发言时间总显得不够

24. 对于线下思政课互动式教学，我的主要做法是：

A. 不采用　B. 不事先准备，主要根据课堂情况临时提问

C. 课前精心设计问题　D. 如果有主动学生提问，就讨论一下

25. 在线下思政课堂上中，有没有学生打断您讲课进行提问或者交流？

A. 没有　B. 有，但极少　C. 有，还不少　D. 有，很普遍

26. 对于完善思想政治理论课网络教学，您的建议是什么？

普通公立本科高校思政课网络教学调查问卷
（学生问卷）

亲爱的同学：

你好！由于新冠疫情暴发，学校延迟开学，无法正常现场教学，各高校积极响应教育部“停课不停学”的号召，纷纷采用网络教学。本问卷仅用于了解重大疫情下思想政治理论课网络教学情况，调查结果也只是用作学术研究，不涉及个人隐私，请你放心填写。感谢你的支持！

1. 你的性别是？

A. 男　B. 女

2. 你就读年级？

A. 大一　B. 大二　C. 大三　D. 大四　E. 大五

3. 你所在的学校属于？

A. 一流大学建设高校　B. 一流学科建设高校

C. 非“双一流”建设普通公立本科高校

4. 你就读的专业属于？

A. 自然科学类（理工农医）　B. 社会科学类（经管法教）

C. 人文科学类（文史哲艺术）

5. 你上课经常用的网络平台是：

A. 雨课堂　B. 超星学习通　C. 腾讯会议　D. 混合式　E. 其他

6. 你使用网络平台的感受是：

A. 太卡无法正常上课　B. 比较卡断断续续能上　C. 上课顺畅

7. 你的思想政治理论课老师经常采用的在线教学方法是：

A. 讲授式教学　B. 主题讨论式教学

C. 课堂材料分析与案例教学　D. 播放慕课、SPOC 等网络资源

8. 你对新冠疫情对学习的影响有哪些看法?

A. 没有影响,线上线下都一样,只是换了场地而已

B. 没有多大影响,相信疫情时间不长,开学后调整上课时间可以解决

C. 有影响,由线下全部转到线上,对学生的学习能力和适应是一种新的考验

D. 影响很大,仅凭线上音频、视频直播无法获得好的学习效果

E. 其他

9. 你认为和线下思政课相比,网络思政课在课程设置上

A. 总体上比线下思政课设置更灵活

B. 总体上不如线下思政课设置灵活

C. 总体上和线下思政课设置都很灵活

D. 线下和网络思政课的设置都很僵硬

10. 你认为和线下思政课相比,网络思政课课堂互动方式多样性方面

A. 总体上比线下思政课形式更多样

B. 总体上不如线下思政课形式更多样

C. 总体上和线下思政课的多样性差不多

D. 线下和网络思政课的形式都很单一,缺少多样性

11. 和线下思政课相比,你在观看网络思政课时是否更容易打瞌睡

A. 网络思政课更容易打瞌睡

B. 线下思政课更容易打瞌睡

C. 网络思政课和线下思政课都容易打瞌睡

D. 网络思政课和线下思政课都不会打瞌睡

12. 和线下思政课相比,你在观看网络思政课时的投入程度如何?

A. 网络思政课时更能够投入到老师所讲内容中

B. 网络思政课时难以听进去老师所讲内容

C. 网络思政课和线下思政课都同样投入课堂

D. 网络思政课和线下思政课都无法投入课堂

13. 你认为网络思政课中教师对学生的关注度如何?

A. 网络思政课的教师更容易关注到学生

B. 网络思政课的教师完全无法关注到学生

C. 我无法知道网络思政课时老师是否关注到我

D. 我认为线下思政课时教师更容易关注到我

14. 和线下思政课相比,你在网络思政课时的参与程度如何?

A. 网络思政课更敢于讲一些看法

B. 网络思政课更不愿意讲一些看法

C. 网络思政课时更愿意发弹幕参与讨论

D. 网络思政课时不愿意通过任何形式发声

15. 你喜欢哪种思想政治理论课在线教学方法?

A. 讲授式教学　B. 主题讨论式教学

C. 课堂材料分析与案例教学　D. 播放慕课、SPOC 等网络资源

16. 你认为思想政治理论课网络教学效果如何?

A. 非常好　B. 较好　C. 一般　D. 差

17. 你认为影响思想政治理论课网络教学效果的因素有哪些?(多选)

A. 网络是否顺畅　B. 老师网络操作是否熟练　C. 老师的课件是否有趣

D. 是否注重与学生互动　E. 老师的理论功底是否深厚

F. 老师讲课是否幽默有趣

G. 是否激发学生的能动性　H. 缺乏监督容易走神儿

18. 你认为思想政治理论课教师哪些方面最吸引学生?(多选)

A. 专业理论素养深厚　B. 教学态度严肃认真　C. 教课风格幽默风趣

D. 人格魅力、关爱学生　E. 教学方式多样

19. 在线听课时,你通常的状态如何?

A. 全程认真听课,不做与课堂无关的事

B. 全程听课,但偶尔走神

C. 进入课堂,但做与课堂无关的事

D. 视课程内容而定,喜欢就听,不喜欢不听。

20. 你认为思想政治理论课网络教学采用哪种形式更能提高学习效率?

A. 直播及回放　B. 录播　C. 翻转课堂　D. 微课

21. 思想政治理论课网络教学过程中,你更喜欢哪种形式的提问?

A. 主观题　B. 选择题　C. 判断题　D. 填空题

22. 思想政治理论课网络教学模式中你比较喜欢老师安排的哪种课堂活动?

A. 教师讲授　B. 分组讨论　C. 课堂提问

D. 学生轮流讲授　E 学生私下请教　F. 其他

23. 你觉得在线学习思想政治理论课最主要的好处有哪些?(多选)

A. 随时随地学,不受限制　B. 老师及时答疑,提高学习效率

C. 能培养学生的自主学习能力　D. 提高信息检索能力

E. 能从多种渠道获取学习资源

24. 哪些因素促使你参与课堂讨论?(多选)

A. 课程设置要求,应付考核　B. 及时获得课程信息　C. 共享学习资源

D. 获取新知识　E. 提高学习效率　F. 老师积极引导

G. 喜欢这种学习方式　H. 对讨论话题感兴趣　I. 其他

25. 你觉得思想政治理论课网络教学,一节课老师讲授多久比较合适?

A. 15 分钟以下　B. 15—30 分钟　C. 30—45 分钟

26. 关于线上和线下思政课教学,老师:

A. 都会给我们大量发言的机会进行课堂互动

B. 线下会给我们大量发言的机会,线上很少

C. 线上会给我们大量发言的机会,线下很少

D. 线上和线下给我们发言的机会都很少

27. 在线上思政课上，老师给学生发言互动的时间每节课平均有：

A. 5 分钟以下　B. 6—10 分钟　C. 11—15 分钟

D. 16—20 分钟　E. 21—25 分钟　F. 26 分钟以上

28. 在线下（请注意是线下）思政课堂上老师让学生发言互动时：

A. 很少有学生发言　B. 集中在几个学生发言

C. 大多数学生积极发言　D. 学生都主动发言，留的发言时间总显得不够

29. 在线下（请注意是线下）思政课堂上，你有没有过打断老师教学进行提问的经历？

A. 没有　B. 有，但极少　C. 有，还不少　D. 有，随时

30. 在线下（请注意是线下）思政课上，老师给学生发言互动的时间每节课平均有：

A. 5 分钟以下　B. 6—10 分钟　C. 11—15 分钟

D. 16—20 分钟　E. 21—25 分钟　F. 26 分钟以上

31. 对于线下（请注意是线下）思政课互动式教学，我通常的做法是：

A. 一般不发言　B. 偶尔发言　C. 老师提问到就发言　D. 经常主动发言

32. 如果思想政治理论课以后都在线上上课，你想给老师提什么建议？

附件三　高校思想政治理论课教学模式现状调查问卷

高校思想政治理论课教学模式现状调查
（学生问卷）

亲爱的同学：

你好！这是一份关于高校思想政治理论课教学模式现状的调查问卷，本调查主要为了解目前高校思想政治理论课（以下简称“思政课”）的相关情况。本问卷采取匿名方式，无对错之分，只作为数据统计专用，不会给你带来任何麻烦，请按照实际情况如实填写。谢谢你的支持和配合！

回答方式：(1)请在最符合的选项数字或字母上画“√”；(2)所有题目均为单选题。

A　学生基本情况

1. 你的性别：

A. 男　B. 女

2. 你目前所在的年级：

A. 大一　B. 大二　C. 大三　D. 大四　E. 大五

3. 你所学专业的门类：

A. 哲学　B. 经济学　C. 法学　D. 教育学　E. 文学　F. 历史学

G. 理学　H. 工学　I. 农学　J. 医学　K. 管理学　L. 艺术学

4. 你目前的政治面貌：

A. 中共正式党员　B. 中共预备党员　C. 共青团员　D. 群众　E. 其他

B 思政课教学模式现状

（要求：根据自己的实际情况，在每题后给出不同的分数，“非常符合”给5分，“基本符合”给4分，“一般符合”给3分，“基本不符合”给2分，“非常不符合”给1分。并在对应分数位置下面画“√”）

题目内容	1	2	3	4	5
1. 我认为教师的授课内容与教材内容吻合					
2. 在思政课的内容学习上，我的收获很大					
3. 对于课堂的学习内容，我一般都会充满好奇心					
4. 我认为目前思政课能够调动学生学习的主动性					
5. 教师注重采用交互式参与式的教学方法					
6. 教师经常使用信息技术手段进行授课					
7. 我认为教师充分利用和发挥了信息技术的优势作用					
8. 我经常在课前主动查阅思政课的相关知识					
9. 我经常课后花时间进行与思政课相关方面的学习					
10. 当遇到疑惑时我会在课下主动找老师寻求解答					
11. 我能够在老师提问时进行及时的思考和解答					
12. 我在上课时注意力非常集中					
13. 我能够在思政课的学习过程中保持较高的学习热情					
14. 我认真听讲不做与课堂学习无关的事					
15. 在课堂上我会认真做笔记					
16. 我认为教师注重培养学生自主学习及运用马克思主义的能力					
17. 我认为教师教学作风严谨负责，既严于律己，又不放松对学生的要求					
18. 教师课后及时布置作业、批改作业并向我们反馈问题，有合理的答疑安排					
19. 我不会无故缺席思政课的学习					
20. 教师准时到课，无提前下课现象					
21. 教学内容能反映或联系学科发展的新思想、新概念、新成果等					

续表

题目内容	1	2	3	4	5
22. 教师讲课内容娴熟、思路清晰、讲解透彻、演示规范、进度合理，能吸引我的注意力					
23. 我形成了对思政课的求知欲和学习主动性					
24. 教师向我们提出了出勤、交作业和学术诚信要求					
25. 我认为在课堂中学生的权力很大					
26. 在师生权力的布局分配上，我想我具有很多权力					
27. 如果我愿意，我可以自主决定思政课的学习方式					
28. 我认为思政课的师生权力布局合理					
29. 我认为思政课授课时间段设计合理					
30. 我认为思政课的课时量安排合理					

C　总体评价

1. 你对目前思政课教学模式的满意程度是：

A. 非常满意　B. 比较满意　C. 一般　D. 比较不满意　E. 非常不满意

2. 你对目前思政课关于学生考核评价机制的看法是：

A. 非常合理　B. 比较合理　C. 一般　D. 比较不合理　E. 非常不合理

附件四　高校思想政治理论课教学模式现状教师访谈提纲

高校思想政治理论课教学模式教师访谈提纲

1. 您一节课的授课学生人数大约是多少？

2. 您认为思政课最主要的教学目标是什么？

3. 您通常采用什么样的教学方法？

4. 您通常采用什么样的教学程序？

5. 在课堂中，您希望学生如何做？

6. 您认为学生的课堂表现和学习氛围如何？

7. 您认为应该由谁来主导课堂？

8. 当发现学生在课堂中做与学习无关的事情，您会怎么处理？

9. 在小组合作学习中，您扮演什么样的角色？学生的表现如何？

10. 对于教师权力，您是如何理解的？

11. 您认为教师权力应该体现在哪些方面？

12. 您认为目前的教学模式中应该给予学生更多自主学习的权力吗？

13. 您认为目前思政课的师生权力分布合理吗？请谈谈您的看法。

14. 您认为思想政治理论课的教师评价体系合理吗？

参考文献

一、著作

[1]《毛泽东选集》第二卷,人民出版社 1991 年版。

[2]习近平:《论党的宣传思想工作》,中央文献出版社 2020 年版。

[3]《习近平谈治国理政》第二卷,外文出版社 2017 年版。

[4]安东尼·奥罗姆:《政治社会学》,上海人民出版社 1989 年版。

[5]戴钢书:《高校思想政治理论课实践教学论》,中国人民大学出版社 2015 年版。

[6]戴维·米勒:《布莱克维尔政治思想百科全书》,中国政法大学出版社 2011 年版。

[7]冯刚、郑永廷:《思想政治教育学科 30 年发展研究报告》,光明日报出版社 2014 年版。

[8]顾海良、佘双好:《高校思想政治理论课程教学改革研究》,武汉大学出版社 2006 年版。

[9]李定仁:《教学思想发展史略》,青海人民出版社 1993 年版。

[10]联合国教科文组织国际教育发展委员会:《学会生存——教育世界的今天和明天》,上海译文出版社 1979 年版。

[11]罗伯特·亚当斯:《赋权、参与和社会工作》,华东理工大学出版社 2013 年版。

[12]骆郁廷:《高校思想政治理论课程论》,武汉大学出版社 2006 年版。

[13]马克·格兰诺维特:《镶嵌:社会网与经济行动》,社会科学文献出版社 2007 年版。

[14]《社会学概论》编写组:《社会学概论(第二版)》,人民出版社、高等教育出版社 2020 年版。

[15]聂锦芳:《滥觞与勃兴:马克思思想起源探究》,中国人民大学出版社 2017 年版。

[16]史蒂文·卢克斯:《权力:一种激进的观点》,江苏人民出版社 2012 年版。

[17]吴潜涛、陈大文:《"思想道德修养与法律基础"课教学案例解析》,高等教育出版社 2016 年版。

[18]艾米娅·利布里奇,里弗卡·图沃-玛沙奇,塔玛·奇尔波:《叙事研究:阅读、分析和诠释》,重庆大学出版社 2008 年版。

[19]杨慧民:《高校思想政治理论课案例教学法研究》,高等教育出版社 2007 年版。

[20]联合国教科文组织:《反思教育:向"全球共同利益"的理念转变?》,教育科学出版社 2017 年版。

[21]《邓小平文选》第三卷,人民出版社 1995 年版。

[22]小原国芳:《小原国芳教育论著选(下卷)》,人民教育出版社 1993 年版。

[23]Robert Adams:《赋权、参与和社会工作》,华东理工大学出版社 2013 年版。

[24]Malcolm Payne:《现代社会工作理论》,华东理工大学出版社 2005 年版。

[25] Al-Haj, M., Education, Empowerment and Control: The Case of the Arabs in Israel, Albany: State University of New York Press, 1995.

[26] Freire, P., Education for critical consciousness, New York: The Seabury Press, 1973.

[27]Freire, P., Pedagogy of the oppressed, Herder and Herder, New York, 1968.

[28]Gerald, L., Gutek.Education in the United States: An Historical Perspective, Englewood Cliff: Prentice Hall, 1986.

[29]IRA, SHOR., Empowering Education: Critical Teaching for Social Change, Chicago and London: The University of Chicago Press, 1992.

[30]Solomon, B B., Black Empowerment: Social Work in Oppressed Communities, New York: Columbia University Press, 1976.

二、期刊

[1]操家齐:《合力赋权:富士康后危机时代农民工权益保障动力来源的一个解释框架》,《青年研究》2012 年第 3 期。

[2]操太圣、卢乃桂:《教师赋权增能:内涵、意义与策略》,《课程·教材·教法》2006 年第 10 期。

[3]曹胜:《高校思想政治理论课网络教学范式构建路径探究》,《中国成人教育》2011年第11期。

[4]柴紫慧:《加强高校"形势与政策"课教学内容建设的多重思考》,《思想理论教育》2018年第5期。

[5]陈大文、程娟:《论高校思想政治理论课专题教学的难点问题》,《思想理论教育导刊》2019年第12期。

[6]陈凡:《以学生为中心的教学何以可能——基于51所大学本科课堂现状的实证研究》,《高等教育研究》2017年第10期。

[7]陈凯:《增强高校〈形势与政策〉课实效性研究》,《思想教育研究》2010年第11期。

[8]陈树强:《增权:社会工作理论与实践的新视角》,《社会学研究》2003年第5期。

[9]陈雪:《创新教学模式,增强形势与政策教育实效》,《学校党建与思想教育》2009年第28期。

[10]戴艳军、杨正德:《思想政治理论课案例教学的经验与思考》,《思想理论教育导刊》2010年第3期。

[11]翟翠玲:《高校〈形势与政策〉课程教学团队建设初探》,《教育理论与实践》2011年第9期。

[12]丁冬汉:《"专题研讨—师生互动式"教学方法在"形势与政策"课教学中的应用》,《思想理论教育》2010年第5期。

[13]丁恒星:《提升大学生"形势与政策"课实效性的三个维度》,《学校党建与思想教育》2016年第12期。

[14]董栋、毕军:《论传播学分众理论与翻译学主体间性理论的异曲同工之妙》,《青年文学家》2018年第20期。

[15]董磊磊:《基于赋权理论的新时代高校思政课分众教学模式研究》,《黄冈职业技术学院学报》2020年第6期。

[16]范斌:《弱势群体的增权及其模式选择》,《学术研究》2004年第12期。

[17]范传鸿、李永亮:《素质教育视域下思想政治理论课教学功能的实现》,《思想政治教育研究》2009年第3期。

[18]范红凤:《思想道德修养与法律基础信息化教学实效性研究》,《黑龙江高教研究》2015年第5期。

[19]范玉鹏、曹璐:《基于教育赋权理论建构高校思政课教学范式》,《郑州大学学

报(哲学社会科学版)》2021 第 2 期。

[20]符太胜、严仲连:《信任与信任危机:教师赋权增能的核心问题》,《教育理论与实践》2014 年第 25 期。

[21]甘慕仪、徐刚:《思想政治理论课案例教学中的忌讳》,《广西民族大学学报(哲学社会科版)》2007 年第 S2 期。

[22]高德毅:《高校“形势与政策”课质量提升:规范化建设与综合改革》,《思想理论教育导刊》2017 年第 9 期。

[23]高红艳、崔海波:《“社会实践”之外——高校思想政治理论课实践教学的再思考》,《玉林师范学院学报》2008 年第 2 期。

[24]高锡文:《增强大学生思政课获得感关键在教师》,《人民论坛》2020 年第 1 期。

[25]高笑天:《教学方法与教学模式》,《教育探索》1996 年第 1 期。

[26]葛彦东:《高校形势与政策课教学中的问题与对策》,《思想教育研究》2010 年第 12 期。

[27]顾晓英:《高校“形势与政策”课教学话语转换研究》,《现代教育管理》2009 年第 2 期。

[28]顾晓英:《网络论坛互动在形势与政策课教学中的应用》,《黑龙江教育(高教研究与评估)》2010 年第 3 期。

[29]郭万祯:《政治理论课的教学方法必须进行认真的改革》,《张家口医学院学报》1986 年第 4 期。

[30]韩鸿:《参与和赋权:中国乡村社区建设中的参与式影像研究》,《国际新闻界》2011 年第 6 期。

[31]韩裕庆:《思想政治理论课教学中讲授教学与案例教学的耦合》,《毛泽东思想研究》2006 年第 6 期。

[32]郝冬梅、陈志霭、杨洋:《高职院校思政课线上线下混合式教学模式探究》,《辽宁高职学报》2017 年第 6 月。

[33]何克抗:《从 Blending Learning 看教育技术理论的新发展(上)》,《中国电化教育》2004 年第 3 期。

[34]何丽娜、贾新艳:《研究型课堂中教师的“赋权增能”》,《社科纵横》2016 年第 6 期。

[35]何雪松:《社会支持的动态变化:关于香港新移民妇女的研究》,《南方人口》2007 年第 1 期。

[36]贺斌:《智慧学习:内涵,演进与趋向——学习者的视角》,《电化教育研究》2013 年第 11 期。

[37]胡咚:《"思想道德修养与法律基础"课爱国主义教育教学专题研究——兼论"基础"课贯彻习近平总书记关于爱国主义教育重要论述精神》,《思想理论教育》2016 年第 9 期。

[38]胡海波:《马克思主义哲学原理课 656 教学模式初探》,《教育探索》2006 年第 7 期。

[39]胡祥:《创新实践教学方式　强化实践育人环节——浅谈我校〈毛泽东思想和中国特色社会主义理论体系概论〉实践教学的经验》,《理论界》2009 年第 8 期。

[40]黄发友:《增强高校"形势与政策"教育实效性的教学模式探析》,《思想理论教育导刊》2012 年第 10 期。

[41]黄蓉生、白显良:《关于加强高校思想政治理论课社会实践教学环节的几点思考》,《学校党建与思想教育》2009 年第 2 期。

[42]黄振宣:《高校思想政治理论课实践教学内涵的再思考》,《教育与职业》2010 年第 17 期。

[43]贾晓慧:《从"政治思想"到"思想政治"话语的演变——新中国思想政治教育的发展及特点》,《天津行政学院学报》2008 年第 5 期。

[44]贾彦琪、汪明:《教师主导:摒弃仰或深化》,《江苏高教》2017 年第 6 期。

[45]姜小平、陈滔娜:《学习共同体理念与"思想道德修养与法律基础"课程教学》,《中国大学教学》2009 年第 2 期。

[46]蒋明敏:《新媒体发展背景下高校思想政治理论课网络教学的路径探讨》,《皖西学院学报》2013 年第 4 期。

[47]金宏妍、张向前、王艳:《增权理论模式下高校学生工作创新研究》,《燕山大学学报(哲学社会科学版)》2009 年第 3 版。

[48]金艳:《基于国家理论的"思想道德修养与法律基础"课的爱国主义专题教学探索》,《思想教育研究》2019 年第 9 期。

[49]荆钰婷、谭劲松:《高校思想政治理论课专题式教学模式新探》,《思想理论教育》2010 年第 23 期。

[50]雷骥:《互动教学法在"思想道德修养与法律基础"专题课教学中的应用——以洛阳师范学院新生"感恩教育"专题多媒体教学为例》,《学校党建与思想教育》2011 年第 26 期。

[51]李桂梅、郑自立:《高校"思想道德修养与法律基础"课案例教学刍议》,《思想

理论教育导刊》2017 年第 1 期。

[52]李家新、汤俊雅:《从赋权理论看 MOOCs 教学的本质》,《高校教育管理》2015 年第 3 期。

[53]李明:《硕士研究生思想政治理论课模块化—专题性—交互式教学模式的构建》,《现代教育管理》2021 年第 7 期。

[54]李巧针:《新形势下高校思政课教学面临的新困境与改革思路》,《北京教育(高教)》2020 年第 3 期。

[55]李蓉:《高校思想政治理论课网络教学探析》,《大学教育》2012 年第 9 期。

[56]李铁英:《"慕课"背景下高校形势与政策课教学模式创新之思》,《继续教育研究》2015 年第 11 期。

[57]李秀林:《马克思主义哲学原理教学方法自议》,《高教战线》1983 年第 10 期。

[58]李忆华、黄建美、黄秋生:《微博与高校"形势与政策"教育》,《内蒙古师范大学学报(教育科学版)》2013 年版。

[59]梁海娜:《新媒体时代高校思政课教师话语权的消解与提升》,《教育评论》2020 年第 2 期。

[60]凌小萍、张荣军、严艳芬:《高校思政课线上线下混合教学模式研究》,《学校党建与思想教育》2020 年第 5 期。

[61]刘惠等:《试析思想政治理论课教学方法中的案例教学法》,《思想理论教育导刊》2012 年第 11 期。

[62]刘婧:《从统一性到多样性:后现代主义教学模式的重构》,《教育理论与实践》2020 年第 25 期。

[63]刘万海:《论教师增权与教师新课程角色的实现》,《教育理论与实践》2003 年第 12 期。

[64]刘韵清、李晓衡、李忆华:《博客在形势与政策课教学中的运用》,《内蒙古师范大学学报(教育科学版)》2010 年第 5 期。

[65]刘正浩、潘晓琴:《改进大学生社会实践教学的路径与对策》,《思想理论教育》2009 年第 13 期。

[66]鲁兰沁:《马克思主义理论课改革断想——关于"灌输论"和"灌输式教学模式"的形成》,《齐齐哈尔师范学院学报(哲学社会科学版)》1987 年第 2 期。

[67]罗爱武:《思想政治理论课案例教学:何以可能?何以必要?如何设计?——基于案例与理论关系视角的分析》,《社会纵横》2010 年第 9 期。

[68]罗天莹、连静燕:《NGO 在农民工利益表达中的作用机制——基于赋权视角

的实证研究》,《中国社会组织》2012 年第 8 期。

[69]马平均、贺广丽:《“思想道德修养与法律基础”课师生互动教学及转化研究》,《学校党建与思想教育》2019 年第 8 期。

[70]苗伟:《确立分众化普及方法》,《理论月刊》2016 年第 9 期。

[71]宁婷婷:《论高校形势与政策课堂的教学方法》,《吉林省教育学院学报(学科版)》2010 年第 4 期。

[72]宁晓菊:《课堂教学与实践教学功能的互补融通——基于“形势与政策”课程教学的改革》,《教育理论与实践》2010 年第 6 期。

[73]彭斌:《卢克斯的三维权力观》,《读书》2015 年第 4 期。

[74]彭继红:《正确把握马克思主义的整体性和时代性——〈马克思主义原理〉教学的一些体会》,《教学与研究》1993 年第 4 期。

[75]彭庆红、潘红涛:《高校“形势与政策”课程的体系构建与实践探索》,《思想教育研究》2015 年第 11 期。

[76]彭兴富:《思想政治理论课“三专式”专题教学模式探索》,《思想理论教育导刊》2017 年第 1 期。

[77]蒲清平、朱丽萍、周莹莹:《大数据时代基于 APP 的翻转课堂教学模式研究——以形势与政策课为例》,《黑龙江高教研究》2016 年第 5 期。

[78]齐慧敏、许晓平:《思想政治理论课专题教学法教学评价体系的构建》,《中国电力教育》2012 年第 23 期。

[79]钱广荣:《高校思想政治理论课的实践教学探讨》,《思想理论教育》2007 年第 3 期。

[80]秦程现、刘晓明、任永波:《以学习者为中心:赋权理论视角下高效课堂教学模式研究》,《河北能源职业技术学院学报》2020 年第 4 期。

[81]秦宣:《〈毛泽东思想和中国特色社会主义理论体系概论(2021 年版)〉修订说明和教学建议》,《思想理论教育导刊》2021 年第 9 期。

[82]曲为民:《坚持“少而精”,运用启发式——关于〈马克思主义原理〉课教学试点的体会》,《辽宁高等教育研究》1989 年第 2 期。

[83]阮博:《读图时代下高校思想政治理论课教学的“深度”困境及其应对》,《湖北社会科学》2020 年第 10 期。

[84]阮晓莺:《体验式教学法在“思想道德修养与法律基础”课教学中的探究与运用》,《思想理论教育导刊》2009 年第 1 期。

[85]阮星光、王春茹:《让案例教学法在高校思想政治理论课教学中发挥功效》,

《江苏高教》2007 年第 1 期。

[86]邵翠兰:《〈形势与政策〉教学方法研究》,《学理论》2009 年第 2 期。

[87]余双好:《改革开放以来高校思想政治理论课教学方法的创新发展》,《思想理论教育导刊》2018 年第 10 期。

[88]余双好:《关于思想政治理论课体验式教学的思考》,《思想教育研究》2012 年第 4 期。

[89]神彦飞、张妍妍:《提高高校"形势与政策"课教学实效性的三个环节》,《思想理论教育导刊》2012 年第 12 期。

[90]沈娟凤:《高校思想政治理论课互动教学国内外研究综述》,《时代教育》2015 年第 15 期。

[91]沈炜:《从说教灌输到增能赋权:高校思政教育模式改革的社会学思考》,《上海理工大学学报(社会科学版)》2014 年第 2 期。

[92]时华忠:《高校"形势与政策"课程教学方法研究》,《理论学习》2009 年第 1 期。

[93]时长江、刘彦朝:《课堂"学习共同体"教学模式的探索——浙江工业大学〈思想道德修养与法律基础〉课建设的研究与实践》,《教育研究》2013 年第 6 期。

[94]帅松林:《教材体系向教学体系、知识体系向信仰体系转化的教学探索与实践——以清华大学"思想道德修养与法律基础"课为例》,《思想教育研究》2012 年第 9 期。

[95]苏开敏、童庆满:《无领导小组讨论法在〈形势与政策〉课教学中的应用探究》,《内蒙古农业大学学报(社会科学版)》2010 年第 6 期。

[96]苏强、吕帆、周健民:《迷思与困惑:教师赋权失范的二重性》,《教育研究》2014 年第 11 期。

[97]孙蚌珠:《理论为本 · 内容为王 · 因材施教——提升思想政治理论课教学质量的思考》,《思想理论教育导刊》2017 年第 9 期。

[98]孙翡、罗建平:《论高校"形势与政策"课的新闻评论教学法》,《思想教育研究》2012 年第 10 期。

[99]孙静:《信息化网络化条件下高职思政课混合式教学模式的构建》,《天津职业院校联合学报》2017 年第 1 期。

[100]孙奎立:《"赋权"理论及其本土化社会工作实践制约因素分析》,《东岳论丛》2015 年第 8 期。

[101]孙来斌:《列宁灌输理论的当代价值澄明》,《思想理论教育》2020 年第 3 期。

[102]孙婷婷、骆郁廷:《论思想政治理论课网络教学方式的综合运用》,《学校党建与思想教育》2013年第22期。

[103]汤俪瑾、黄金满:《基于慕课的思想政治理论课混合式教学实践研究——以“思想道德修养与法律基础”课为例》,《思想理论教育导刊》2015年第10期。

[104]汤荣光:《高校〈形势与政策〉课方法论初探》,《呼伦贝尔学院学报》2008年第6期。

[105]唐瑶:《“慕课+翻转课堂”下的混合教学模式设计与实践——以“思想道德修养与法律基础”课为例》,《四川省干部函授学院学报》2018年第4期。

[106]陶德麟:《对马克思主义哲学原理课教学问题的几点看法》,《内蒙古社会科学》1984年第5期。

[107]陶倩、赵国庆:《“思想道德修养与法律基础”课“问题解析式”教学方法的运用探析》,《思想教育研究》2018年第9期。

[108]田国秀、李冬卉:《激活抗逆力:教师增能赋权的路径选择》,《华南师范大学学报(社会科学版)》2019年第3期。

[109]田莉:《教师赋权增能视野下的学校改进:内涵及策略》,《教育理论与实践》2014年第11期。

[110]田起香:《“思想道德修养与法律基础”课的“依法行使权利与履行义务”专题教学探究》,《思想政治教育研究》2021年第2期。

[111]王包泉、袁本文:《创新高校“形势与政策”课“全覆盖、不断线”教学模式的实践与思考》,《思想理论教育导刊》2013年第3期。

[112]王晖、邱华宇:《“思想道德修养与法律基础”课实验班的教学理念、模式、方法和趋向——以北京大学为例》,《思想理论教育导刊》2018年第11期。

[113]王惠:《重构与困惑:混合式教学在高校思想政治理论课中的实施与评估》,《现代教育科学》2017年第7期。

[114]王久高:《“中国近现代史纲要”教学组专题教学模式探析——以北京大学为例》,《思想理论教育导刊》2009年第3期。

[115]王萌:《网络教学系统评估研究综述》,《教育与职业》2008年第15期。

[116]王双群、曾丽华:《思想政治理论课“MOOC+SPOC+翻转课堂”混合式教学模式探索》,《思想理论教育》2019年第6期。

[117]王卫平等:《高校思想政治理论课社会实践教学机制建构初探》,《福建医科大学学报(社会科学版)》2010年第1期。

[118]王仙芳:《高校“形势与政策”课堂教学模式探究》,《中国成人教育》2010年

第 10 期。

[119]王显芳、郭智芳、姚兰芳:《高校“形势与政策”课应用 PBL 教学法的实践与探索》,《思想教育研究》2016 年第 2 期。

[120]王学俭等:《试论高校思想政治理论课社会实践的教学机制》,《思想理论教育导刊》2008 年第 4 期。

[121]王岩、殷文贵:《思想政治教育的春天与阻碍发展的八大因素》,《思想理论教育导刊》2019 年第 6 期。

[122]王永军:《赋权学习理论及实践案例研究:赋权视域中的技术变革学习》,《中国电化教育》2018 年第 11 期。

[123]文军:《CAI 技术在〈形势与政策〉教学中的运用》,《考试周刊》2007 年第 34 期。

[124]翁洁:《赋权理论对我国高等教育发展的意义初探》,《新疆教育学院学报》2013 年第 1 期。

[125]吴建峰:《“形势与政策”课的教学方法改进之我见》,《上饶师范学院学报》2010 年第 6 期。

[126]吴潜涛、王国维:《增强亲和力、针对性,在改进中加强思想政治理论课》,《思想理论教育导刊》2017 年第 2 期。

[127]吴晓斐:《在思想政治理论课教学中加强对网络教学平台的应用》,《出国与就业》2010 年第 18 期。

[128]吴晓义:《美国教学模式的演进》,《外国教育研究》1995 年第 4 期。

[129]习近平:《思政课是落实立德树人根本任务的关键课程》,《求是》2020 年第 17 期。

[130]夏慧贤:《赫尔巴特教学模式述评》,《上海教育科研》1993 年第 5 期。

[131]谢惠媛:《混合教学:推进高校思想政治理论课创新的有效方式》,《国家教育行政学院学报》2017 年第 21 期。

[132]徐秉国等:《高校思想政治理论课分众化教学策略探讨》,《学习月刊》2020 年第 9 期。

[133]徐秦法:《高校“形势与政策”课教学模式研究》,《思想教育研究》2011 年第 3 期。

[134]徐蓉:《“形势与政策”课教学应处理好三大关系》,《思想教育研究》2019 年第 2 期。

[135]严毛新:《高校“形势与政策”课教学现状与对策——基于浙江 8 所高校“形

势与政策”课教学现状的实证调查》,《思想教育研究》2011 年第 4 期。

[136]杨静娴、钟科代、周倩:《教育赋权视域下新时代高校思政课分众教学模式探索》,《郑州大学学报(哲学社会科学版)》2021 年第 2 期。

[137]杨丽全:《高校网络教学的研究现状与展望》,《开放教育研究》2014 年第 5 期。

[138]杨晓强、廖俊清:《网络传播对高校“形势与政策”课教学的双重影响及对策研究》,《教育与教学研究》2017 年第 3 期。

[139]姚昌、张晓波:《高校思想政治理论课教学现状分析与改进对策》,《思想理论教育》2015 年第 11 期。

[140]姚云:《谈教学模式的研究趋势》,《课程和教学理论研究》1995 年第 10 期。

[141]叶澜:《让课堂焕发出生命活力》,《教师之友》2004 年第 1 期。

[142]叶忠明:《高校形势与政策课教学存在的问题与对策》,《教育探索》2013 年第 8 期。

[143]于庆:《“毛泽东思想和中国特色社会主义理论体系概论”课专题教学模式探析》,《佳木斯大学社会科学学报》2010 年第 1 期。

[144]于霞:《多措并举实现“形势与政策”课建设的“师资攻坚”》,《思想理论教育导刊》2017 年第 9 期。

[145]余进利:《古典教学模式的现代意识》,《华东师范大学学报(教育科学版》1996 年第 2 期。

[146]余精华:《高校“形势与政策”课实践教学模式探析》,《思想理论教育导刊》2009 年第 3 期。

[147]余克:《在“精”和“管用”上下功夫——全国高校马克思主义原理教学研讨会综述》,《高校理论参考》1995 年第 2 期。

[148]余文森:《论新课程课堂教学改革的八大关系》,《当代教育与文化》2013 年第 1 期。

[149]宇文利:《思想政治教育课程论:现状、问题与发展》,《思想理论教育》2014 年第 4 期。

[150]臧宏、王立仁:《“思想道德修养与法律基础”课问题式专题教学的思考》,《思想理论教育导刊》2011 年第 4 期。

[151]张杰:《学生增权:高校课堂教学改革的新路径》,《江苏教育学院学报(社会科学版)》2009 年第 1 期。

[152]张雷声:《改革开放以来思想政治理论课教师队伍建设论析》,《思想理论教

育》2018 年第 10 期。

[153]张润枝、陈艳飞:《分众教学模式在高校思政课中的运用》,《湖北社会科学》2015 年第 11 期。

[154]张润枝:《以问题为导向的思想政治理论课分众教学模式探索》,《思想理论教育》2015 年第 2 期。

[155]张润枝等:《分众教学模式在高校〈中国近现代史纲要〉中的运用》,《湖北社会科学》2015 年第 11 期。

[156]张尚字:《参与式教学法在〈思想道德修养与法律基础〉课教学中的运用》,《教育理论与实践》2010 年第 24 期。

[157]张淑香、蔡静:《构建创新型思想政治理论课实践教学模式探索》,《沈阳农业大学学报(社会科学版)》2011 年第 4 期。

[158]张艳宏:《思政课"社会实践和课堂实践"相结合的实践教学模式优化研究》,《河南机电高等专科学校学报》2011 年第 1 期。

[159]张瑜、金哲:《指向深度融合的思想政治理论课混合式教学模式探索——以"思想道德修养与法律基础"课程为例》,《思想教育研究》2020 年第 12 期。

[160]张宇莲:《增权取向的"小组工作"教学模式》,《社会工作专业化及本土化实践——中国社会工作教育协会 2003—2004 论文集》,社会科学文献出版社 2003 年版。

[161]张玉兰:《"思想道德修养与法律基础"课角色体验教学模式探索》,《思想理论教育》2012 年第 23 期。

[162]张媛媛、崔亚珍:《高校思政课参与式教学的探索——以"思想道德修养与法律基础"课程为例》,《教育理论与实践》2018 年第 33 期。

[163]张志勇:《对教学模式的若干理论思考》,《中国教育学刊》1996 年第 4 期。

[164]赵冠闻、郭玲玲:《论分众传播的产生及发展——从媒介的演变看传播的发展》,《理论界》2006 年第 11 期。

[165]赵婷婷、田贵平:《网络教学到底能给我们带来什么——基于教学模式变革的历史考察》,《教育科学》2020 年第 4 期。

[166]赵雅芳:《思想政治理论课网络教学的实践与思考》,《鸡西大学学报》2008 年第 2 期。

[167]赵阳:《混合式学习模式在高校思想政治理论课中运用的问题与策略》,《教育理论与实践》2019 年第 21 期。

[168]赵勇:《思想政治理论课有效教学的反思与解决路径》,《思想理论教育》2015 年第 4 期。

[169]甄德山:《教学模式及其管理浅议》,《天津师范大学学报》1984年第5期。

[170]郑洁等:《高校思想政治理论课网络教学的现状、原因及对策》,《学校党建与思想教育》2017年第1期。

[171]周林刚:《激发权能理论:一个文献的综述》,《深圳大学学报(人文社会科学版)》2005年第6期。

[172]周琦:《宁波诺丁汉大学中国文化课专题教学研究》,《西昌学院学报(社会科学版)》2017年第1期。

[173]周倩、石耀月:《赋权型高校思政课堂场域中师生权力审视》,《法学教育研究》2021年第1期。

[174]周正:《教师课程权力研究的回顾与反思》,《教师教育研究》2008年第3期。

[175]朱宗友:《高校思想政治理论课参与式教学的探索与思考》,《思想理论教育导刊》2013年第7期。

[176]庄三红:《互动式教学在思想政治理论课中的热运用与冷思考》,《思想理论教育导刊》2019年第3期。

[177]左冰、保继刚:《从“社区参与”走向“社区增权”——西方“旅游增权”理论研究综述》,《旅游学刊》2008年第4期。

[178]董翠香、刁玉翠、党林秀、李梦欣、季浏:《英国国家中小学体育课程学习纲要解读及启示》,《成都体育学院学报》2015年第2期。

[179]彭豪祥:《有效教学反馈的主要特征》,《中国教育学刊》2009年第4期。

[180]黎世红:《论高校思想政治理论课网络教学的功能定位》,《学校党建与思想教育》2018年第19期。

[181]黎世红:《新时代思想政治理论课网络教学的目标构建与实现路径》,《学校党建与思想教育》2019年第11期。

[182]鲁蔚:《网络时代的高校思政课教学困境分析》,《教育现代化》2016年第35期。

[183]董金柱:《福柯的权力话语思想对意识形态话语权建构的意义》,《中共成都市委党校学报》2020年第2期。

[184]胡雪萍、杜海军、徐博文:《高校〈毛泽东思想和中国特色社会主义理论体系概论〉课教师队伍建设研究》,《思想政治教育研究》2014年第5期。

[185]张玲玲:《“毛泽东思想和中国特色社会主义理论体系概论”课教学中的主体缺位问题及其对策研究》,《思想教育研究》2017年第7期。

[186]胡明辉、蒋红艳:《案例教学在“概论”课中的运用研究》,《学校党建与思想

政治教育》2021 年第 3 期。

[187]王建红:《"概论"课中的研究型教学方法探析》,《思想理论教育导刊》2020 年第 11 期。

[188]潘娜娜:《结构化研讨在"概论"课教学中的应用研究》,《黑龙江高教研究》2019 年第 8 期。

[189]高星、李国兴:《方法论意识导向的"概论"课教学研究与实践》,《思想理论教育导刊》2019 年第 7 期。

[190]余保刚:《运用叙事教学提升大学生对思想政治理论课获得感——以"毛泽东思想和中国特色社会主义理论体系概论"课为例》,《思想教育研究》2018 年第 11 期。

[191]刘荣材:《协同创新框架下高校思想政治理论课分组讨论教学模式创新探讨——以"毛中特概论"课程为例》,《思想政治教育研究》2017 年第 3 期。

[192]赵付科:《"中国近现代史纲要"课专题教学设计的思考——基于 2021 年版教材的分析》,《思想理论教育导刊》2022 年第 2 期。

[193]张秀阁:《关于"中国近现代史纲要"课专题教学的思考》,《历史教学(下半月刊)》2021 年第 7 期。

[194]陈始发、熊小欣:《"中国近现代史纲要"课专题教学若干问题的探讨》,《思想理论教育导刊》2020 年第 11 期。

[195]姚桂荣:《"中国近现代史纲要"课教学中采取启发式教学的路径探索》,《思想理论教育导刊》2020 年第 3 期。

[196]孙晓杰:《双认同:中国近现代史纲要课教学的目标取向》,《中学政治教学参考》2021 年第 47 期。

[197]黄延敏:《"中国近现代史纲要"课教学的价值引领目标及其实现》,《思想理论教育导刊》2020 年第 12 期。

[198]段治文、郑玥:《关于提高"中国近现代史纲要"课教学质量的思考》,《思想理论教育》2020 年第 4 期。

[199]吴起民:《"中国近现代史纲要"教学的学理意涵刍议》,《中共党史研究》2020 年第 1 期。

[200] Cheryl, Holcomb - McCoy. Julia, Bryan. Advocacy and Empowerment in Parent Consultation: Implications for Theory and Practice, Journal of Counseling & Development, 2010(3).

[201]E.Whitney, G.Moore, Mary D., Physical Education Students' Ownership, Empow-

erment, and Satisfaction With PE and Physical Activity, Research Quarterly for Exercise and Sport, 2017(4).

[202] Maja, Klemenčič. From Student Engagement to Student Agency: Conceptual Considerations of European Policies on Student-Centered Learning in Higher Education, Higher Education Policy, 2017(1).

[203] Page, N. Czuba, C E. Empowerment: What is it?, Journal of Extension, 1999(5).

[204] Rappaport, J. Terms of empowerment/exemplars of prevention: Toward a theory for community psychology, American Journal of Community Psychology, 1987 (15).

[205] Rice E M, Schneider G T. A Decade of Teacher Empowerment: An Empirical Analysis of Teacher Involvement in Decision on Making. 1980 – 1991, Journal of Educational Administration, 1994(1).

[206] Sandra, H. Kirk, Clare., Rose Gann, Chery. Empowerment and ownership in effective internationalisation of the higher education curriculum, High Education, 2018(6).

[207] Sweetland, S. R., School characteristics and educational outcomes: Toward an organizational model of student achievement in middle schools, Educational Administration Quarterly, 2000(5).

[208] Swift, C. & Levin, G., Empowerment: An Emerging Mental Health Technology, Journal of Primary Prevention, 1987(1-2).

[209] Harry, R., A Core Curriculum for Tomorrow' s Citizens, The Education Digest, 2008(5).

[210] Zimmerman, M. A., Psychological Empowerment: Issues and Illustrations, American Journal of Community Psychology, 1995(5).

[211] Boehm, A., Empowerment: The Point of View of Consumers: Families in Society, The Journal of Contemporary Social Services, 2004(2).

[212] Courts, P. L., Literacy and Empowerment: The Meaning Makers, New York: Bergin & Garvey, 1991: 29.

[213] Michalinos Z., Modeling Teacher Empowerment: The Role of Job Satisfaction, Educational Research and Evaluation, 2005(5).

[214] Zeichner, K. M., Contradictions and Tensions in the Professionalization of Teaching and the Democratization of Schools, Teacher College Record, 1991(3).

[215] Prawat, R.S., Conversations with Self and Settings: A Framework for Thinking about. Teacher Empowerment, American Educational Research Journal. 1991(28).

[216] Short, Paula M., Rinehart, James S. Teacher Empowerment and School Climate, Questia: Journal Articles (Education), 1993(4).

[217] Wilson, S.M., Collican, M.J. How High and Low Self-empowered Teachers Work with Colleagues and School Principals, Journal of EducationalThought, 1996(2).

三、学位论文、报纸、网络文献

[1]习近平:《坚持中国特色社会主义教育发展道路　培养德智体美劳全面发展的社会主义建设者和接班人》,《人民日报》2018年9月11日。

[2]习近平:《决胜全面建成小康社会　夺取新时代中国特色社会主义伟大胜利——在中国共产党第十九次全国代表大会上的报告》,《人民日报》2017年10月28日。

[3]习近平:《做党和人民满意的好老师——同北京师范大学师生代表座谈时的讲话》,《人民日报》2014年9月10日。

[4]《习近平在全国高校思想政治工作会议上强调　把思想政治工作贯穿教育教学全过程　开创我国高等教育事业发展新局面》,《人民日报》2016年12月9日。

[5]《习近平主持召开学校思想政治理论课教师座谈会强调:用新时代中国特色社会主义思想铸魂育人　贯彻党的教育方针　落实立德树人根本任务》,《人民日报》2019年3月19日。

[6]方雪琴:《大众传播分众化趋势及对策》,郑州大学2002年硕士学位论文。

[7]董前程:《高校思想政治理论课教学模式改革研究》,东北林业大学2017年博士学位论文。

[8]舒仁凯:《从个体能力到集体行动——国外赋权理论研究》,南昌大学2018年硕士学位论文。

[9]石耀月:《教育赋权视角下高校思想政治理论课教学模式变革研究——以Z大学为例》,郑州大学2020年硕士学位论文。

[10]单颖文:《"一切历史都是当代史"?》,《文汇报》2016年8月19日。

[11]阮一帆、武彦斌:《消除思政课"痛点"提升教育满意度》,《中国社会科学报》2020年3月12日。

[12]苏阳、周倩:《以教育信息技术推动高校〈中国近现代史纲要〉分众教学模式应用》,《河南日报》2020年12月11日。

[13]滕珺:《教育是全人类共同核心利益——联合国教科文组织成立70周年提出教育新理念》,《中国教育报》2015年11月22日。

[14]夏晋祥、陈忠宁:《深入学习贯彻习近平总书记在思政课教师座谈会上重要讲话精神　准确把握思想政治理论课的定位》,《深圳特区报》2019 年 4 月 9 日。

[15]教育部发展规划司:《2021 年全国教育事业统计主要结果》,2022 年 3 月 1 日,见 http://www.moe.gov.cn/jyb_xwfb/gzdt_gzdt/s5987/202203/t20220301_603262.html。

[16]沈壮海:《讲出思想政治理论课应有的精彩》,2019 年 8 月 16 日,见 http://www.qstheory.cn/dukan/qs/2019-08/16/c_1124874609.htm。

[17]习近平:《思政课是落实立德树人根本任务的关键课程》,2020 年 8 月 31 日,见 http://www.qstheory.cn/dukan/qs/2020-08/31/c_1126430247.htm。

[18]中华人民共和国教育部:《中华人民共和国教育法》,2021 年 7 月 30 日,见 http://www.moe.gov.cn/jyb_xxgk/xxgk_jyfl/flfg_jyfl/202107/t20210730_547843.html。

[19]中华人民共和国教育部:《关于印发〈新时代高校思想政治理论课教学工作基本要求〉的通知》,2018 年 4 月 24 日,见 http://www.moe.gov.cn/srcsite/A13/moe_772/201804/t20180424_334099.html。

[20]中华人民共和国教育部:《教育部关于加强新时代高校"形势与政策"课建设的若干意见》,2018 年 4 月 24 日,见 http://www.moe.gov.cn/srcsite/A13/moe_772/201804/t20180424_334097.html。

[21]中华人民共和国教育部:《新时代高校思想政治理论课教学工作基本要求》,2018 年 4 月 14 日,见 http://www.moc.gov.cn/srcsite/A13/moe_772/201804/t20180424_334099.html。

[22]《中共中央办公厅　国务院办公厅印发〈关于深化新时代学校思想政治理论课改革创新的若干意见〉》,2019 年 8 月 14 日,见 http://www.gov.cn/zhengce/2019-08/14/content_5421252.htm。

[23]中华人民共和国中央人民政府:《中共中央办公厅、国务院办公厅印发〈关于进一步加强和改进新形势下高校宣传思想工作的意见〉》,2015 年 1 月 19 日,见 http://www.gov.cn/xinwen/2015-01/19/content_2806397.htm。

[24]中华人民共和国中央人民政府:《温家宝在北京三十五中的讲话:教育大计,教师为本》,2009 年 10 月 11 日,见 http://www.gov.cn/ldhd/2009-10/11/content_1436183.htm。

[25]中华人民共和国教育部:《新时代高等学校思想政治理论课教师队伍建设规定》,2020 年 1 月 16 日,见 http://www.moe.gov.cn/srcsite/A02/s5911/moe_621/202002/t20200207_418877.html。

[26]新华社:《总书记观摩思政课》,2022 年 4 月 26 日,见 http://www.xinhuanet.com/politics/leaders/2022-04/26/c_1128595799.htm。

[27]The Office of Educational Technology,Reimagining the Role of Technology in Education:2017 National Education Technology Plan Update,2017 年 1 月 19 日,见 https://tech.ed.gov/files/2017/01/NETP17.pdf。

后　记

好的教学方法和模式能够有效实现教学目标、提高教学质量、优化师生关系、促进学生发展，增强学生的参与感和主动性，促进师生之间的互动，对学生身心发展有重要影响。2019 年 3 月 18 日，习近平总书记在学校思想政治理论课教师座谈会上指出，“很多学校在思政课上积极采用案例式教学、探究式教学、体验式教学、互动式教学、专题式教学、分众式教学等，运用现代信息技术等手段建设智慧课堂等，取得了积极成效。这些都值得肯定和鼓励。”在此背景下，由我主持的国家社会科学基金高校思政课研究专项项目“基于教育赋权理论的新时代高校思政课分众教学模式研究”获批立项（批准号：19VSZ067）。经过课题组两年多的努力，项目成果通过专家鉴定，以“优秀”等次结项。本书《赋权型高校思政课分众教学模式研究》是在研究报告基础上修订完善而成。

习近平总书记在中国人民大学考察时强调，青少年思想政治教育是一个接续的过程，要针对青少年成长的不同阶段，有针对性地开展思想政治教育。本书坚持以习近平新时代中国特色社会主义思想为指导，按照上级政策和研究设计，借鉴交叉学科理论，将传统方法和新方法有机结合产生集成效应，以更有效地全面提升大学生的思想政治素质为目标，对高校开设的“马克思主义基本原理”、“毛泽东思想和中国特色社会主义理论体系概论”、“中国近现代史纲要”、“思想道德修养与法律基础”(2021 年更名为“思想道德与法治”)、“形势与政策”,围绕如何进行赋权型分众教学分门别类进行了探讨。来自郑州大学马克思主义学院、教育学院的臧豪杰、郑丹群、王晓颖、高昂、苏阳、谭宇,我的博士后、来自河南工业大学马克思主义学院的范玉鹏,河南师范大学马克思主义学院的王一平,郑州航空工业管理学院马克思主义学院的孙魏、孙彤,陕西师范大学教育学部的博士研究生石耀月,参加到研究当中并按照分工撰写了初稿。我对初稿提出意见,对每一部分都进行了仔细修改补充和完善,并统筹定稿。在阶段性研究当中,由我指导产出了 2 篇相关博士和硕士学位论文,9 篇高水平学术论文,分别发表在《中国社会科学报》《郑州大学学报(哲学社会科学版)》《法学教育研究》《学习论坛》等,共计下载超过 5000 次,1 篇被“学习强国”转载,产生了积极而广泛的影响。我的博士后宋博,博士研究生胡树飞、张珂,硕士研究生韩笑霖、薛毅恒等参与了文字校订和数据整理工作。

四年前,全球范围内突如其来的新冠疫情深刻影响了原定的研究计划,我们无法进行更多的现场问卷调查和访谈,而大量采用了线上问卷调查,交流研讨只能采用视频会议方式,这也成为研究中的遗憾。但我们克服了困难,顺利完成了各项任务。

2020 年 12 月,中共中央宣传部、教育部印发《新时代学校思想政治理论课改革创新实施方案》,要求在全国重点马克思主义学院率先全面开设“习近平新时代中国特色社会主义思想概论”课。高校思政课教学迈入新征程。2023 年 8 月,《习近平新时代中国特色社会主义思想概论》统编教材由高等教育出版社、人民出版社联合出版发行,坚持遵循教育规律、突出教学导向,在全国高校使用。这对于更好地用党的创新理论铸魂育人,引导青年学生树立正确的世界观、人生观、价值观进而努力成为担当民族复兴大任的时代新人具有重要意义。如何进一步推动思政课建设与党的创新理论同步前行、强化理论研究对教学的支撑作用、改进优化教学方式、切实提升教学质量和效果,值得持续深入进行研究,也为我们在项目成果的基础上探索赋权型《习近平新时代中国特色社会主义思想概论》分众教学模式提出了新的课题。

衷心感谢全国哲学社会科学工作办公室、河南省哲学社会科学工作事务中心对于研究工作的支持。郑州大学人文社科标志性学术著作专项给予了出版资助。

本书的付梓还要感谢人民出版社政治编辑一部陈光耀主任的慧眼识“珠”和祝曾姿编辑认真细致的工作。

书中引用了不少专家的观点,向他们表示感谢,若有疏漏之处,还请见谅。

思想政治理论课是高校落实立德树人根本任务的关键课程。习近平总书记强调,要“推动思想政治理论课改革创新,不断增强思政课的思想性、理论性和亲和力、针对性”。这为新时代我国高校思想政治理论课教学改革提供了根本遵循,指明了发展方向。教学方法是实现思政课教学目的的必要手段,是影响思政课教学效果的重要因素,也是讲好思政课的突破口。教学方法的多样性、灵活性为教学模式的创新和优化提供了可能。在实际教学中,教师需要根据具体的教学目标和情境,选择合适的教学模式,并在此基础上能动地使用各种教学方法,以达到最佳的教学成效。我们的研究是抛砖引玉,希望本书的出版能够推动高校思政课教学模式创新和应用,丰富教学方法,实现精准教学,提高教学质量,为培养德智体美劳全面发展的社会主义建设者和接班人助力赋能。

周　倩

2024 年 1 月

责任编辑：祝曾姿
封面设计：石笑梦
版式设计：胡欣欣

图书在版编目(CIP)数据

赋权型高校思政课分众教学模式研究 / 周倩著. 北京 ：人民出版社，2024. 12. -- ISBN 978－7－01－026929－0

Ⅰ. G641

中国国家版本馆 CIP 数据核字第 2024PH8190 号

赋权型高校思政课分众教学模式研究

FUQUANXING GAOXIAO SIZHENGKE FENZHONG JIAOXUE MOSHI YANJIU

周 倩 著

人民出版社 出版发行
（100706 北京市东城区隆福寺街 99 号）

北京九州迅驰传媒文化有限公司印刷 新华书店经销

2024 年 12 月第 1 版 2024 年 12 月北京第 1 次印刷
开本:710 毫米×1000 毫米 1/16 印张:26.25
字数:393 千字

ISBN 978－7－01－026929－0 定价:82.00 元

邮购地址 100706 北京市东城区隆福寺街 99 号
人民东方图书销售中心 电话（010）65250042 65289539